개정판

# 경찰과 사회

## 경찰학 12강 강의노트

이상훈 저

서출판 진영사

**경찰과 사회 -경찰학 12강 강의노트-**

이상훈

2019년 08월 29일 초판 발행
2022년 08월 24일 개정판 인쇄
2022년 08월 31일 개정판 발행
발행인 박 진 영
발행처 도서출판 진영사
인천광역시 부평구 주부토로 236번지 인천테크노밸리 U1 지식산업센터 B동 1507호
전화 : 032)505-4207
팩스 : 032)505-4206
E-mail : 0183734207@hanmail.net
등록 : 제2007-000001호

ISBN 978-89-6541-578-7 93350
값 23,000원

# 개정판 서문

행정안전부 경찰국이 출범했다. 경찰국 설치를 둘러싼 이번 사달의 시작은 경찰법상 경찰통제를 위해 독립기구인 국가경찰위원회가 있음에도 행정안전부에 경찰국을 신설하는 데는 정치적 의도가 있을 것이라는 우려였다. 경찰에 대한 견제는 분명 필요하다. '경찰의 독립' 주장은 어떠한 통제도 받지 않는 무소불위의 권력 추구를 말하는 게 결코 아니었다. 경찰이 통제 받지 않는 권력으로 독립된 나라는 세상 어디에도 없다. 대한민국 헌법은 기본적으로 모든 국가권력에 대해 견제와 균형의 원리가 작동하도록 설계되어 있다. 물론 현 상태의 국가경찰위원회 통제는 실효성이 없다는 비판은 여전히 유효하다.

역대 정치세력은 경찰권 개입을 통해 경찰의 독립성과 중립성을 침해했고, 결국 국민의 비난은 고스란히 경찰이 감내해야 했다. 자유당 정부, 군사독재, 문민정부에 이르기까지 경찰을 정치적으로 이용하려는 시도는 끊이지 않았다. 1991년에 이르러 경찰법을 제정하고 경찰청을 독립 외청(外聽)으로 두어, 이를 국가경찰위원회가 통제하도록 한 경찰법 설계는 정치경찰의 폐해와 결별하고자 한 국민적 합의다. 그런데 집권을 이유로 불쑥, 선거로 선택 받은 대통령이 임명한 장관이 경찰을 통제해야 하고, 그것이 '국민에 의한 민주적 통제'라고 주장한다.

경찰통제의 방식은 다양하다. 역사적 경험에 비추어보면 입법부 · 사법부 · 행정부에서 추천한 각각 3인의 시민대표들로 구성된 위원회 방식으로 의사를 결정하도록 하는 통제 방식이 가장 우리 현실에 가깝다. 우리나라는 여전히 대통령을 중심으로 과도하게 집중된 권력으로 인한 폐해가 극심하기 때문이다. 대통령이나 장관의 판단도 국가와 국민을 위한다는 측면에서 어련하겠으나, 다양한 배경을 가진 균형 잡힌 사고를 지닌 국민의 대표들로 구성된 위원회 방식의 경찰권 통제장치는 소수의 불통과 독단의 리더십에서 오는 위험을 줄일 개연성이 훨씬 크다.

## 개정판 서문

이 책의 개정판을 내게 되어 감회가 새롭다. 원고를 다시 검토하면서 경찰의 국가·사회적 가치를 다시 살피게 되었고 ,경찰의 권위가 존중받는 사회야 말로 가장 안전할 뿐만 아니라 구성원 서로에게 신뢰가 깊은 공동체를 완성하는 기반이 된다는 생각을 새삼 확인할 수 있었다.

가장 큰 변화는 제8강이 새롭게 바뀐 것이다. 기존에는 '경찰과 스트레스'를 주제로 서술하였는데, 이번 개정판에서는 이를 '자치경찰과 주민참여'로 완전히 바꾸었다. 2021년 7월부터 본격 시행된 자치경찰제에 대해 함께 논의할 시간이 필요하다고 본 것이다. 제4강에서 CPTED(셉테드)의 세대별 발전을 추가 언급하였고, 제12강에서는 경찰장구로 테이저 건(TASER Gun)에 대한 내용을 덧붙였다.

경찰은 우리 사회의 불침번이다. 모든 생산적 활동과 행복의 핵심 고리이다. 경찰에 대한 이해는 곧 우리사회의 정치·경제·사회적 환경을 이해하는 출발점이기도 하다. 가까운 이웃의 존재를 새삼 깨닫게 되고, 함께 살아가는 이웃의 안전과 행복이 나의 안전과 행복임을 알게 한다.

앞으로도 경찰의 국가·사회적 역할과 존재가치는 결코 변하지 않을 것이다. 법을 집행하고 질서를 유지하며, 특히 사회공동체의 항상성을 유지하기 위한 최소한의 경찰작용으로 구성원 누구에게나 공정할 것이다. 정의(正義)를 바로 세우는 일은 공동체 구성원 중 누구도 부당한 힘에 주눅 들지 않고 억울하지 않게 하는 것이다. 국민을 위한 국민의 경찰을 한 단계 더 성장시키려면 우리 시민들이 경찰에 대해 더 잘 알아야 한다. 이 책이 경찰에 대한 호기심에서 출발해서 경찰에 대한 관심과 공감으로 무럭무럭 생각을 키워 가는데 도움이 되었으면 한다.

2022. 8. 15.

대전대학교 연구실에서

**이 상 훈**

# 머리말

「경찰과 사회」를 주제로 하는 대학 강의를 개설하여 경찰과 시민사회가 나아가야 할 방향에 관한 의견과 주장을 피력한지도 벌써 10여년이 다 되어간다. 경찰은 시민의 안전을 위해 없어서는 안되는 참 고마운 존재이면서도 동시에 시민들의 볼멘소리를 제일 많이 듣는 존재다. 이런 연유로 거의 매일 아침에 신문과 방송으로 전해지는 경찰관련 뉴스를 접할 때면 '한 나라의 경찰 수준은 그 나라의 시민사회의 수준과 같다.'라는 말이 주는 냉정한 의미를 다시금 새기게 된다.

지난 2017년 9월부터 2018년 8월까지 뉴욕 존제이 형사사법 대학(John Jay College of Criminal Justice of CUNY))에서 의미 있는 연구년을 보냈다. 다행스럽게도 나에게는 뉴욕시민과 뉴욕경찰의 관계를 가까이에서 주의 깊게 살펴볼 기회가 되었다. 매일 같이 불특정 다수에 대한 총기사고(mass shooting) 뉴스가 들려오지만 뉴욕시민들의 뉴욕경찰에 대한 경외감(敬畏感, sense of awe)은 확고했다. 여기에는 당장이라도 무법천지가 될 수 있는 도시에서 유일하게 믿고 의지할 수 있는 존재라는 신뢰와 불법행동, 과장행동, 과잉행동은 목숨과 맞바꿀 수 있다는 조심성이 어우러진 뉴욕 분위기도 한 몫했다. 그렇다. 이와 같은 법에 대한 그리고 현실의 두려움을 늘 마음 한 구석에 두면서 경찰의 권위를 존중하는 사회분위기가 지배해 오고 있었던 것이다.

우리 사회가 이런 분위기를 통해 법을 지키고 서로를 존중하며 구성원 모두가 그 사회의 일원이라는 자부심을 느낄 수 있으려면 가장 먼저 해야 할 일이 무엇일까 고민해 보았다. 결론은 빛바랜 나의 「경찰과 사회」 강의노트를 출판하는 일이었다. 나의 강의를 듣고 고민했던 학생들은 어엿한 30대 사회인으로 성장하여 우리 사회의 주역으로 발돋움하고 있다. 불행했던 과거와 아쉽기만 한 현재의 경찰과 시민사회의 '관계'를 회복하는 데에 나의 강의노트가 도움이 되길 바란다. 우리 인간들의 관계처럼 경찰과 시민사회 관계의 회복과 성숙도 서로를 제대로 알아가는 것에서 시작된다.

## 머리말

12개 강의와 개별 강의가 3개의 장(章)으로 구성된 것은 대학에서의 3학점짜리 한 학기 수업노트의 흔적이다. 모든 내용은 그동안 경찰학 연구결과물에 터 잡고 있다. 강의노트가 풍성해지도록 도움 주신 경찰학 연구자들에게 깊은 감사의 말씀을 전한다.

2019. 8. 15.

대전대학교 연구실에서

**이상훈**

# 차 례

## 제1강 경찰과 경찰문화

## 차 례

### 제2강 경찰과 이미지



### 제3강 깨진 창과 범죄예방

## 제4강 환경설계를 통한 범죄예방



## 제5강 지역사회 경찰활동

## 차 례

### 제6강 민간경비와 청원경찰



### 제7강 여성과 경찰

## 제8강

## 자치경찰과 주민참여



## 제9강

## 경찰활동과 시민참여

## 차 례

### 제10강 공무집행 방해와 공권력 확보



### 제11강 경찰과 언론

## 제12강

# 경찰의 직무와 권한

# 제1강 I

# 경찰과 경찰문화

**제1장** 경찰 개념과 그 변천
**제2장** 경찰문화의 이해와 그 상징물
**제3장** 경찰문화의 내용

제1강

# 경찰과 경찰문화

〉〉〉 경찰과 사회 〉〉〉

## 제1장 경찰 개념과 그 변천

경찰과 사회에 관한 논의를 시작함에 있어서 우리가 우선적으로 해야 할 탐색으로는 경찰이 과연 어떠한 조직인가 하는 질문에 대한 답을 찾아가는 것이다. 흔히 경찰조직이 가지고 있는 독특한 분위기나 성격을 파악하는 작업이라고 이해하여도 좋겠다.

문화(文化)란 인간의 공동사회가 이룩하여 그 구성원이 함께 누리는 것으로 가치 있는 삶의 양식 및 표현체계를 말하는데, 언어 · 예술 · 종교 · 지식 · 도덕 · 풍속 · 제도 등은 그 구체적인 예라고 할 수 있다. '경찰'이라고 하는 것이 무엇인가, '경찰문화'라고 하는 것은 또 어떤 것인가 하는 것을 나누어서 살펴 볼 텐데, 경찰의 상징이라던가, 경찰 유니폼이라던가, 경찰의 계급제도와 같은 것을 통하여 경찰에 대한 전반적인 이해를 선행한 다음에 경찰이 가지고 있는 독특한 문화는 무엇인가를 살펴보기로 하겠다.

### 1. 경찰의 개념

먼저 경찰이란 무엇을 뜻하는 지 그 개념에 대해 알아보자. 오늘날 서구사회에서는 경찰(警察)이라고 하는 말을 폴리스(Police, Polizei)라고 칭한다. '경찰', '폴리스', '폴리짜이'라고 하는 말들이 모두 나타내고자 하는 본질적인 뜻은 시대에 따라 적지 않은 변천을 거쳐 오늘날의 의미를 가지게 되었다고 할 수 있다.

고대 그리스시대로 거슬러 올라가면 '폴리스'라고 하는 말을 찾아 볼 수가 있는데, 아크로폴리스(Acropolis)라는 말도 같은 맥락에서 그 의미를 규정할 수가 있다. 원래 아크로폴리스는 아크로(Acro-, 정상이나 높은 곳)와 폴리스(Polis, 고대 그리스 도시국가)의 합성어로서, '높은 도시'를 의미했다. 고대 그리스의 도시 중심이나 배후에 있던 언덕을 이르는 말이기도 하며, 도시의 종교적 · 정치적 활동의 중심이 되는 장소로 폴리스에는 수호신의 신전이 세워져 있었고, 전시(戰時)에는 시민투쟁의 최후의 보루 역할을 하기도 하였다. 파르테논 신전이 있는 아테네의 언덕이 아크로폴리스 가운데에서 가장 유명한 곳으로 단순히 아크로폴리스라고 하면 이곳을 가리킨다. 당시에는 이곳에 시민들이 모여서 국가의 의사결정을 하였으므로, 고대 그리스에서 폴리스(Polis)는 오늘날 보다 훨씬 광범위하게 입법, 사법, 행정을 전부 총칭해서 '국가권력' 자체를 의미했다고 볼 수 있다. 따라서 당시의 경찰이라는 용어는 이러한 도시국가(Polis)에 관한 일체의 규범과 국가질서 확보를 의미했다.

다른 표현으로 폴리스라고 하는 말 이외에 고대 그리스에서는 폴리타이아(Politeia), 폴리시아(Politia)라는 말도 썼다. 이것은 시민의 생존과 복지를 향한 일체의 국가적 관리활동이라고 설명할 수 있는데, 현대에 와서 우리가 폴리틱스(Politics)를 정치학(政治學)이나 정치(政治)라고 이야기하며, 폴리시(Policy)라고 하는 것도 정책(政策)이라고 쓰는 것을 보면 그 어원에는 폴리스(Police)라고 하는 것이 현재의 경찰처럼 소극적인 질서유지를 위한 작동원리에 머무는 것이 아니라 국가권력 전체를 의미했다는 것을 짐작하게 한다.

결론적으로 경찰이라는 용어는 고대 라틴어 'Politia'에서 유래하는 것으로, 도시국가(Polis)의 사회구성원, 즉 국가구성원의 생존을 넘어 질서유지는 물론 행복까지도 모두 포괄하는 일체의 정치 내지 국헌(國憲)을 총괄하는 개념으로 시작 되었다.

## 2. 경찰개념의 변천

이와 같이 형성된 고대 그리스시대의 경찰개념은 인류사의 변화와 발전을 거듭해 오면서 점진적으로 형성된 것으로 고대 이후에는 다음과 같은 역사적 변천과정을 거쳐 오늘날에 이르고 있다.

## (1) 중세시대

동로마제국의 후기인 14세기 무렵에 접어들면서 경찰개념은 교회행정 권한을 제외한 일체의 국가행정을 의미하게 되었다. 시대구분상의 중세란 그리스도교의 지배를 특징으로 하는 시대였다. 중세의 전반기가 그리스도교의 확장에 수반된 정치세력화의 과정이었다면, 후반기의 정치사는 세속의 정치권력을 놓고 벌어진 종교세력과 세속세력 즉, 교황(敎皇)과 황제(皇帝)의 대결의 역사였다고 할 수 있다. 중세는 교회와 교황에 의한 종교적인 사회였으며, 교회행정은 국가권력으로부터의 별개의 존재임은 물론 국가권력보다 우위에 있는 종교권력에 기반하고 있었다. 따라서 중세시대의 경찰개념은 종교적 교회행정이 세속적 국가행정으로부터의 독립하게 됨에 따라, 기존의 전체 국법질서를 의미하던 시대와는 달리 교회행정을 제외하는 일반행정과 입법, 그리고 재판을 포함한 일체의 국가행정을 의미하였다.

## (2) 경찰국가시대

경찰국가(警察國家, police state)는 강력한 국가권력을 배경으로 전제군주가 전체적으로 국가를 통치하는 17~18세기의 절대군주제의 전제국가를 말한다. 이들 국가는 강력한 국가권력을 배경으로 경찰권을 강화하였으므로 국민의 자유와 권리가 법적인 보장을 받지 못하으며, 국부의 증대를 위해 중상주의를 채택하였다. 결국, 중세가 십자군전쟁으로 무너지게 되고 바야흐로 새로운 시민집단에 의한 상비군의 지지를 받는 중상주의(重商主義) 중심의 절대군주 국가를 경찰국가라고 볼 수 있다.

당시에는 국가가 결정하는 모든 것들은 국가권력에 의하여 무한대로 집행될 수 있었다. 폴리스파워를 통해 군주는 무한한 권력을 행사할 수 있었던 것이다. '짐이 곧 국가다.' 즉, 내가 결심하면 모든 것이 나의 뜻대로 이루어져야 된다는 루이 14세의 말은 이러한 시대상을 잘 표현하고 있다.

당초에는 공공의 복지를 위한 국가작용 전체가 경찰작용으로 간주되어, 공공의 복지를 추구한 절대주의 국가를 복지국가 또는 경찰국가라 불렀으나, 이후 경찰권을 남용하여 국민의 생활을 감시 · 통제하는 국가를 비난하는 말로도 쓰이고 있다. 경찰국가시대의 경찰개념에는 소극적 질서유지라고 하는 오늘날의 경찰개념은 물론이고 국민을 보호하고 행복하게 해주는 적극적인 복리증진까지 포함하는 내무행정(內務行政) 전반을 의미하게 되었다. 따라서 경찰국가 시대의 경찰의 개념에는 외교(外交), 군사(軍事), 재정(財政), 사법(司法) 행정은 제외되었다고 본다.

### (3) 법치국가시대 - 제2차 세계대전 이전(Before)

경찰국가를 거치면서 계몽주의 사상가들이 나타나고, 이들이 이야기하는 자연법 사상, 국가 이전에 이미 우리 인간에게 주어진 천부인권(天賦人權)이 존재하며, 인간이 종교로부터 자유로워지면서 인간성을 회복하게 되는 인문주의(人文主義)와 자연법 사상(自然法思想)등을 사상적 토대로 하여 법치주의(法治主義)가 등장하게 되었다. 즉, 법에 의한 통치(Rule by Law)란 자의적 통치를 극복하고, 법에 의해서만 인간이 날 때부터 갖고 태어난 자유와 권리를 제한 할 수 있다는 이념이다. 시대상황이 이렇게 바뀌다보니 더 이상 국가가 함부로 시민의 권리를 제한하거나 의무를 부과할 수 없게 되었다.

이때에 비로소 국가의 기능도 경찰국가 시대에서 야경국가(夜警國家, night-watch state)시대로 변화되어 경찰은 '소극적인 질서유지 작용'으로 한정되었다. 국가 그 자체를 범죄방지를 주요 임무로 하는 야경에 불과한 것으로 보므로, 극단적인 개인주의 및 자유방임주의에 입각한 국가관과 밀접한 관련이 있다. 모든 국가는 개인의 권리를 침해하는 반도덕적 존재라고 보는 입장에서 오늘날 최소국가(最小國家, minimal state)라는 개념과 일맥상통한다.

경찰활동은 국가권력 중에서도 국민에게 명령하고 행동을 금지시키는 권력적 속성을 갖고 있으며, 무기를 사용하여 시민을 제압할 수도 있다. 따라서 복지활동을 하는 일반공무원 집단과 치안행정을 전담하는 경찰공무원 집단 간에 업무분장이 나타나게 되었다. 이로써 경찰의 개념은 오늘날 말하는 치안행정만을 의미하게 되었고, 복지경찰활동은 배제되었다.

#### ① 독일의 「프로이센 일반란트법(1794년)」

경찰에 관한 최초의 실정법으로 '경찰의 직무는 공적 평온, 안전 및 질서를 유지하고, 공공단체 또는 그 구성원에게 발생하는 위험을 제거하기 위하여 필요한 조치를 하는 것이다(동법 제2장 제7절 제10조)'라고 경찰의 개념을 규정하고 있다.

### ② 크로이츠베르크 판결(1882년)

법치국가 시대의 경찰개념을 파악하기 위해서는 이 시대의 이러한 경찰개념을 근거로 한 크로이츠베르크 판결(Kreuzberg Urteil)을 살펴볼 필요가 있다. 이 판결은 1882년 6월 14일 프 로이센의 상급행정법원의 판결을 이야기하는데, 이를 계기로 경찰작용의 영역에서 복지행정(福祉行政)적 요소가 제외되고 경찰개념은 위험방지라는 영역으로 제한되기에 이르렀다. 당시 베를린 경찰당국이 베를린 도심 한복판의 대공원(Große Tiergarten)에 있는 전승기념탑의 전망확보, 즉 미학적 관점에서 일정지역에서의 건축물 고도제한을 명령하자, 법원은 전승기념탑의 조망권을 훼손하지 않도록 통제하려는 경찰당국의 의도와는 달리, "경찰권은 소극적 위해방지를 위한 조치만 가능하고, 조망권 확보와 같은 공공복지를 위한 적극적 조치를 내릴 권한은 없다."고 판시한 것이다. 전승기념비의 전망이라고 하는 것은 상당히 미학적인 것이고 이것은 국민의 복지행정과 관련된 것으로, 국민의 생명, 신체, 재산보호라고 하는 치안행정과는 선을 그어 구별하기 시작한 것이다.

따라서 고도제한이라는 경찰명령은 경찰당국이 행사할 수 있는 권한 밖에 있으므로, 고도제한을 위한 경찰명령은 위법하게 되었다. 이 판결 이후로는 모든 경찰명령, 경찰강제 등은 위험방지에 국한되어서만 국민을 규제할 수 있다는 소극적 목적에 한정되게 되었다.

## (4) 법치국가시대 - 제2차 세계대전 이후(After)

경찰의 개념은 법치국가시대를 맞이하고 역사의 발전과 함께 계속 변해갔다. 제2차 세계대전이 지나면서는 또 다른 변화를 겪게 되는데, 그것은 국가적 영역이 보다 확장되어, 국가업무가 보다 세분화 되서 경찰업무도 범죄에 직접적으로 대응하는 구체적인 영역에 집중하도록 하여 국민의 생명과 신체, 그리고 재산을 보호하는 것에 국한하게 된다. 결과적으로 경찰의 업무 범주를 종래에 비하여 선택과 집중 그리고 전문화라는 측면에서 보다 줄여나가는 작업을 하게 된 것이다.

경찰의 개념이 국민의 생명과 신체, 그리고 재산을 보호하는 것에 국한하다 보니 소방, 도로, 영업행위, 건축 등은 물론, 오늘날 우리가 경찰사무 중 위생사무와 같은 협의의 행정경찰 사무를 다른 행정기관에 이관하여 구청과 같은 일반행정 부서에서 담당하고 있듯이, 경찰개념의 축소를 가져오게 되었다. 이러한 경향을 우리는 '비경찰화(非警察化)'라고 칭한다. 이는 경찰이 종래 가지고 있던 여러 가지 권한과 책임 가운데 일부를 일반 행정기관으로 분산시키는 것을 말한다. 제2차 세계대전 이후 독일에서는 보안경찰(保安警察)을 제외한 영업, 위생, 건축 등의 협의의 행정경찰 사무를 일반행정 기관의 사무로 이관하는 비경찰화 과정이 이루어졌다. 이러한 배경에는 미국의 대독일 정책이 군국주의 및 그 제도를 철저히 일소하려는 방법으로 비밀경찰조직의 철폐와 경찰제도의 개혁을 통한 권력분산에 목적이 있었던 것과 관련 있다.

### (5) 우리나라의 경찰개념 - 갑오개혁(1894년, 고종 31년)

우리나라의 경우에는 법치국가의 성립에 있어서 우리 국민 스스로 노력에 의해 근대적인 법체계를 형성하기는 어려웠다. 하지만 1894년 갑오개혁(甲午改革) 이후에 제정된 「행정경찰장정(行政警察章程)」을 통하여 대륙법계 국가의 소극적 의미의 경찰개념을 계수한 일본의 경찰개념을 그대로 받아들였다.

그 이전에 대명률(大明律)에서 시작하여 경국대전(經國大典), 속대전(續大典), 대전통편(大典通編), 대전회통(大典會通) 등의 법률과 같이 중국의 영향을 받은 법전은 있었지만, 그때까지는 전통적인 경찰의 개념은 일반행정 기관의 기능과 분리되지 않고, 일반행정 권력자의 공동체의 안전관리 차원에서 일반행정과 더불어 행하여졌다고 볼 수 있다. 이러한 경향은 삼국시대와 고려시대, 그리고 조선시대까지 이어온 경찰개념이라고 할 수 있다. 그렇지만 갑오개혁을 통하여 우리가 받아들인 법에 따라, 종래의 포도청이 폐지되고 내무아문 소속으로 경무청(警務廳)을 설치하게 된 것이다.

이때 경무는 경찰을 나타내는 용어로, 경찰의 「경(警)」자는 '경계하다, 지키다'라는 뜻이고, 「찰(察)」은 '살펴보다, 시찰하다'의 의미를 나타낸다. 따라서 경찰은 국민을 지키고 국민을 살펴본다고 하는 것, 즉 국민의 자유와 권리를 보호한다는 의미를 가지고 있다고 이해할 수 있다.

### (6) 현대의 경찰개념

영국의 수상을 지낸 로버트 필 경(Sir Robert Peel)은 현대적 의미의 경찰제도의 기초를 확립한 것으로 기록되고 있다. 그것은 그가 1828년 영국 런던에 수도경찰청(Metropolitan Police)을 만들면서 현대의 경찰조직의 직접적 기초가 되는 몇 가지 특징적 요소를 도입하였기 때문이다. 그 이전까지는 비록 「경찰」이라고 하여도 공권력을 행사하기는 했지만 제복을 입는다거나 군인처럼 계급장을 달고 일사분란하고 체계적인 명령으로 움직이는 그런 조직을 갖추었다고 말하기 어려웠던 것이다. 그래서 로버트 필 이후에 오늘 날과 같은 전문적이고 중앙집권적인 군대적 성격을 가진 경찰조직이 만들어지게 된 것이다.

경찰개념은 이처럼 역사적인 변천과정을 거쳐 오늘날에 이르고 있는데, 현대에 와서도 경찰의 개념은 부단히 변하고 있다. 우리나라의 경찰개념을 살펴보면, 법 집행을 통해서 공공의 안녕과 질서를 유지하고 국민에게 봉사하는 존재로서 변화하는 모습을 보이고 있는데, 이러한 내용은 두 개의 경찰법규에서 경찰의 직무범위에 관한 조항을 선명하게 나타난다. 즉, 국가경찰과 자치경찰의 조직 및 운영에 관한 법률(약칭: 경찰법) 제3조(경찰의 임무, 법률 제17990호. 2021. 3. 30. 일부개정)과 경찰관직무집행법 제2조(직무의 범위, 2022. 2. 3. 일부개정)에 나타난 경찰의 임무 혹은 직무의 범위에 관한 각각의 조항을 보면 오늘날 우리가 취하고 있는 실정법상의 경찰개념을 알 수 있다.

**※ 국가경찰과 자치경찰의 조직 및 운영에 관한 법률(약칭: 경찰법) 제3조(경찰의 임무, 법률 제17990호. 2021. 3. 30. 일부개정)**

1. 국민의 생명 · 신체 및 재산의 보호
2. 범죄의 예방 · 진압 및 수사
3. 범죄피해자 보호
4. 경비 · 요인경호 및 대간첩 · 대테러 작전 수행
5. 공공안녕에 대한 위험의 예방과 대응을 위한 정보의 수집 · 작성 및 배포
6. 교통의 단속과 위해의 방지
7. 외국 정부기관 및 국제기구와의 국제협력
8. 그 밖의 공공의 안녕과 질서 유지

## 3. 소결

지금까지 우리는 경찰과 경찰문화라고 하는 주제를 통해서 그 첫 단계로 경찰의 개념을 살펴보고, 관련 법규 상에 나타난 구체적인 경찰의 직무를 비교하여 보았다. 그동안 경찰이라고 하면 막연히 경찰, 폴리스, 폴리자이(警察, Police, Polizei)라는 단어만 떠올렸지, 그들이 구체적으로 어떤 역할을 하는가에 대해서는 잘 알지는 못했을 것이다. 그렇지만 고대 그리스 아테네에서부터 현대 우리나라의 「경찰법」과 「경찰관직무집행법」 등으로 내려오면서 여러 가지로 경찰의 개념에 변화가 있었고, 이에 따른 직무의 범위도 시대에 따라서 바뀌기도 하였지만, 경찰개념의 변화의 추이는 범죄와 무질서, 그리고 각종 사회문제에 대하여 보다 세분화되고 전문화되어가는 과정에 있다는 것을 확인할 수 있다.

경찰이라고 하는 개념 자체가 전체 국가권력의 행사로부터 서서히 축소되어 오로지 국민의 생명 · 신체 · 재산을 보호하고 질서를 유지하기 위한 소극적 활동에 머물러 있지만, 근본적으로 지향하는 것은 전체 국가권력을 의미했던 최초 그리스 아테네의 경찰개념이 추구했던 것처럼 국가권력을 통해서 궁극적으로는 국민의 행복을 증진시키려고 한다는 것이다. 경찰의 존재의의는 바로 시민모두가 행복한 세상을 만드는 것이므로, 경찰이란 개념 본질적으로 국민의 행복증진을 위해서 구체적으로 주어진 공권력을 행사하는 국가권력작용이라고 할 수 있다.

# 제2장 경찰문화의 이해와 그 상징물

## 1. 경찰문화의 개념

'경찰문화'를 구체적으로 살펴보기 전에 우리가 흔히 이야기 하는 일반적인 의미의 '문화'란 무엇인가를 미리 들여다 볼 필요가 있다. 문화(文化, Culture)란 문화인류학자에 따라 각각 다르게 정의되지만, 대체로 어떤 집단의 구성원이 지닌 사유, 정보교환, 행동, 생활 등 그 집단에서 습득하여 계승해 온 양식을 말한다. 달리 표현하면 문화라고 하는 것은 특정집단이 가지고 있는 전반적인 삶의 방식이라고 말할 수 있다.

우리가 흔히 이야기하는 '너하고 나하고는 스타일이 다르다'라고 할 때, 이는 살아가는 삶의 방식들이 다르다는 의미이다. 삶의 방식은 사실 너무 같아도 문제이고 너무 달라도 문제라고 할 수 있다. 너무 똑같으면 존재이유가 둘 중에 하나는 없을 것이고, 또한 달라도 너무 달라서도 문제가 아닐 수 없다. 문화를 이루는 사회는 복수의 구성원을 전제로 하니까 너무 다르면 이견과 충돌이 생기게 되고 종종 비극으로 치닫기도 한다. 그러므로 개념필연적으로 이질적일 수밖에 없는 문화 간의 충돌을 지혜롭게 조화시키기 위해서는 각각의 문화를 이해하려는 노력이 필요하게 된다. 경찰과 사회를 탐구하는 우리에게 있어서도 이러한 취지에서 경찰문화를 조심스럽게 들여다보는 작업이 그 무엇보다도 우선시되고 중요하다고 하겠다.

문화라고 하는 것은 살아 움직이는 생명체와 같다. 항상 기승전결(起承轉結)이 있고, 발생하고 성장·발전하며 소멸해가는 나름대로의 라이프 사이클을 가지고 있다. 조금 오래된 영화이고, 저자와 같은 세대들이 많이 보곤 했던 경찰영화 가운데, 투캅스(Two Cops)라는 영화가 있다. 두 명의 경찰관 이야기인데, 부패한 고참 형사와 원칙을 고집하는 신참 형사가 파트너가 되어 겪는 사건들을 코믹하게 다룬 영화다. 이야기의 표면적인 흐름에서는 성격이 다른 두 형사를 중심으로 경찰의 비리문제를 코믹하게 묘사하였다고 할 수 있지만, 그 저변에는 오랜 경찰근무로 능수능란해지고 세상의 부조리에 닳고 닳아서 부패경찰의 전형인 고참 형사와 이제 갓 경찰학교를 수석으로 졸업해서 일선 경찰서에 왔는데 학교에서 배운 것 그대로 곧이곧대로 업무를 수행하는 원칙주의자인 신참 형사 간의 문화적 갈등이라고도 볼 수 있다. 물론 신참 형사가 고참 형사를 닮아가다가 결국에는 부패의 정도가 오히려 고참 형사를 앞지르는 지경에 이른다는 흥미로운 스토리다. 경찰의 현실적인 한계 속에서 나름대로 모양새를 갖추고 있는 고참 형사의 경찰문화와 경찰학교 교본에나 나오는 원칙으로 무장한 신참 형사, 그리고 이와 같은 두 존재 사이에서 벌어지는 가치관의 충돌이라고 하는 것을 재미있게 그려나간다. 결국은 두 사람의 문화적 행태가 서로 충돌하는 가운데 하나의 문화가 하나의 문화를 삼키거나 어떨 때는 오버 랩 되면서 적당히 영향을 주고 영향을 받는 관계로 나타나게 되는 것이다.

이 영화는 고참 형사의 행태가 신참 형사의 근무태도에 영향을 미치는데 이게 1탄 · 2탄 · 3탄 시리즈로 나가다보니깐 나중에 신참 형사가 고참 형사 보다 한수 더 높은 부패된 경찰관이 된 그런 엔딩이 반전으로 끝나서 보는 사람으로 하여금 헛헛한 웃음을 주는데, 현직에 몸담고 있는 경찰공무원들의 입장에서는 아무리 영화 속 이야기라고는 하지만 완전히 공감할 수는 없는 내용이었을 것이다.

## 2. 경찰문화 이해의 필요성

### (1) 경찰문화는 우리사회의 실체를 반영하며 경찰 정책집행의 토대다

경찰의 현재 모습은 대한민국의 현주소라고 할 수 있다. 오죽하면 “한 나라의 경찰수준은 그 나라의 시민수준과 같다.”라는 표현도 있을까. 일반적으로 경찰의 부패 혹은 경찰의 무능을 이야기할 때 경찰은 우리나라의 발전상에 비해 아직도 후진적인 조직이라는 관점에서 비난을 하는 경우가 있다. 그래서 경찰의 인적 능력, 즉 그들의 역량은 우리사회가 국제사회에서 가지고 있는 위상에 비추어 뒤떨어져 있다는 부정적 시각이 일부 있는 것도 사실이다.

하지만 경찰의 현재 모습은 우리 대한민국이라는 사회를 그대로 투영한 하나의 그림자다. 플라톤의 ‘국가론’에 나오는 그 유명한 동굴의 비유를 들자면, 대한민국이라고 하는 지성으로서 알 수 있는 실재 세계인 이데아가 있으면 그것을 투영해서 이데아의 그림자가 동굴 벽에 나타나고, 동굴 안에서 평생 그림자만 쳐다보고 살아 온 사람들은 대한민국의 실체를 눈에 보이는 현상 세계인 그림자를 통해서만 인식하게 된다. 경찰의 무능이나 부패는 다름 아닌 우리 대한민국 사회가 가지고 있는 여러 가지 부정적 모습들이 투영된 것이라고도 할 수 있다. 우리사회가 경찰집단 혹은 경찰문화를 이해하면서 그들을 비난하기에 앞서 -물론 그들의 나쁜 행동과 무능력을 비호하려는 것은 결코 아니다- 그래도 우리사회가 가지고 있는 어느 정도의 부정적 측면이 야기한 투영된 그림자일 수 있다는 공감대가 전제되어야 할 필요가 있다. 우리는 이러한 그림자를 통해 지각하는 형상이 전적으로 잘못된 것만은 아니며, 우리 본래의 모습을 어느 정도는 진실에 가깝게 보여주고 있다는 사실을 애써 외면하여서는 안 된다. 이러한 기본적인 전제를 깔고 경찰문화 혹은 경찰조직의 부정 · 부패에 대하여 이야기 하자는 것이다. 단적으로 말하자면 경찰의 무능과 부패는 대한민국의 바람직하지 못한 모습들이 경찰문화에 하나의 현상 그대로 투영된 결과라고 볼 수 있는 것이다.

그렇다면 우리가 경찰과 사회를 본격적으로 논하기에 앞서 왜 먼저 경찰문화를 이해해야 하는가? 앞으로 경찰조직의 문화를 건강하게 형성하고 발전시키기 위해서는 우선 경찰의 현재의 모습을 알아야 되기 때문이다. 바로 대한민국 사회를 거의 그대로 투영하고 있기 때문에 우리사회의 단면이라고 할 수 있는 경찰문화를 이해하는 것이 필요하기 때문이다.

그 다음으로 지속적으로 이어지는 경찰정책이 경찰조직에 어떻게 받아들여질 것인가에 대한 사전적 판단자료로서도 경찰문화에 대한 이해가 필요하다. 이러한 시각은 고위직 경찰관들이 명심해야 하는 것이다. 반드시 경찰청장만을 고위 경찰관이라고 개념 짓지는 않겠다. 일선 경찰서장이든 지구대나 파출소의 일반 경위 · 경감급 간부이든 간에 수립된 정책을 시행함에 있어서 적어도 그 하부 조직원들이 가지고 있는 치안현장의 문화가 어떠한 상황에 있는지는 알고서 당장의 과업해결을 위한 방안을 이야기해야 하는 것이다.

### (2) 경찰문화의 다양하고 독특한 측면을 이해한다

다음으로 경찰문화가 가지고 있는 다양하고 독특한 측면을 이해하는 것은 경찰조직을 이해하고 나아가 경찰활동을 이해하는데 도움이 된다. 이러한 이해는 경찰을 둘러싼 각종 문제점과 그 해법을 도출해 내는 데에 있어서도 그 출발점으로서의 중요성을 지닌다.

비록 경찰조직이 통일된 복장과 계급제로 구성되어 있는 상명하복의 명령체계로 일사분란하게 행동하는 것을 기본으로 하고 있다고 하더라도, 현장 경찰관이 구체적으로 직면하고 있는 문화적 환경의 차이는 경찰관 개인의 공무집행이라고 하는 법집행 처분에 미세하게나마 차이를 가져오게 된다. 이것은 법집행이나 질서유지, 그리고 경찰서비스를 제공하는 경찰관의 경찰활동의 큰 틀에서는 유의미한 차이로 느껴지지 않을지는 몰라도, 경찰활동의 객체가 되는 시민 개개인의 관점에서는 전혀 다른 느낌과 해석, 심지어는 불공정하고 불평등한 처우를 받고 있다는 불쾌감으로 다가올 수 있다. 이러한 경찰의 조직적 특성에도 불구하고 경찰문화는 오히려 다양하고 독특한 측면을 가지고 있다는 점에 대한 시민들의 관심과 이해가 전제된다면 현실세계에서 맞닥뜨리게 되는 구체적인 경찰관 개인의 행동과 제반 경찰활동을 가져오는 경찰정책을 이해하는 데에도 적지 않은 도움이 될 것이다.

### (3) 지역사회경찰활동을 위한 경찰문화를 재정립한다

다른 나라의 침략을 대비하고 전쟁 기타 도발이라고 하는 특수한 상황에서만 군사작전을 펼치는 군대(軍隊)와는 달리, 경찰은 일상적으로 그 나라 국민들의 생명과 신체 그리고 재산을 지켜주는 등의 보호활동을 한다는 점에서 일반 국민들의 실생활에 깊이 관여하게 된다. 또한 경찰은 인적 구성방식에 있어서도 국민들의 입직(入職)을 통해 조직의 항구성을 실현해 나가며, 경찰활동의 기본전제 역시 범죄자의 영원한 사회격리보다는 건전한 시민으로서의 사회복귀를 전제하는 범죄 진압활동이기 때문에 국민들과 생활공동체의 구성원으로서의 공존관계를 완전히 단절할 수는 없다는 특성을 지닌다. 따라서 경찰은 항상 같은 시민의 눈높이에서 시민을 이해하고 시민의 신뢰를 얻고자 한다. 이러한 관계 속에서 법집행과 질서유지 그리고 경찰서비스 제공을 통하여 국민 모두의 행복을 추구하게 되며, 이러한 행동준칙 하에 경찰관은 부득이한 경우에만 예외적으로 시민에게 불편한 것을 감내하도록 강제하거나 명령하고, 또한 이를 금지할 수 있는 권한을 행사한다.

지역사회 경찰활동(Community Policing)은 바로 경찰활동의 기반이 되는 지역사회와의 관계개선을 통하여 경찰활동의 효율성을 보장 받고 경찰활동의 목표달성이라는 효과성을 극대화시키는 경찰철학이다. 동시에 경찰문화는 이러한 지역사회에 터 잡아 생성·발전·소멸하므로 경찰문화는 종국적으로 지역사회 경찰활동과 불가분의 관계에 있다고 하겠다.

## 3. 집단적 가치로서의 문화

행복에 관한 이러한 개인적 가치관을 넘어 문화(文化)는 집단적 현상으로서의 가치총합이다. 전체는 곧 부분의 합에 지나지 않는다는 논리에 동의할 수는 없지만, 적어도 일정부분까지는 개인들의 가치가 모여서 일정한 집단적 가치를 형성하고 이것이 하나의 문화현상으로 구현되는 것이다. 이러한 시각에서 본다면 총합으로서의 경찰문화 역시 개개인의 경찰관의 가치관과 윤리에 터 잡고 있다는 것을 부인할 수 없으며, 동시에 경찰관 개인은 경찰조직이라는 환경 속에서 구성원으로서의 자신이 가지고 있는 가치관과 윤리관을 얼마나 그리고 어떻게 실현할 수 있는가와 같은, 환경과 인간의 상호작용이라는 문제적 상황을 부단하게 겪기도 한다.

법정(法頂)스님의 말씀 중에 보면 행복의 비결이라고 하는 것은 따로 없는 것 같다. 그의 말씀에 의하면 필요한 것을 얼마나 갖고 있는가, 즉 우리가 명품을 얼마나 구매할 수 있고 또 어떤 브랜드의 자동차를 소유하는가는 우리가 행복해지는 데에 그리 큰 비중을 차지하는 것은 아니다. 소유 그 자체는 우리가 무한한 행복을 느끼는데 있어서 충분조건은 아닌 것이다. 그가 말하는 행복은 오히려 '불필요한 것으로부터 얼마나 자유로운가?'의 문제이다. 더불어 '행복은 미래의 목표가 아니다'라는 관점에서 내일의 행복을 위해 오늘의 행복을 잠시 접어두는 것에 마냥 동의 할 수는 없는 노릇이기도 하다.

## 4. 직업문화로서의 경찰문화

경찰이라는 직업 속에는 어떠한 문화가 존재하는가? 세상에는 수 없이 많은 다양한 집단이 존재하고 그 수만큼 다양한 직업문화가 존재한다고 볼 수 있다.

첫 번째로 직업문화는 경찰조직이 가지고 있는 경찰문화나 대학사회의 대학(大學)문화, 군대의 병영(兵營)문화, 그리고 연예인 사회의 연예인 문화 등과 같이 저마다 직업적 특성에 따라 서로 다른 문화와 구별되는 독특한 내용을 가지고 있다.

두 번째로 이 직업문화는 조직 속으로 어떻게 개별 조직구성원들이 편입되는 조직 동화(同化)방식을 이해하는데 도움을 준다. 하나의 조직문화를 형성함에 있어서 그 조직의 외부적 환경을 완전히 배제할 수 없다. 경찰관들은 경찰문화에 입문하기 전에도 어떠한 다른 조직의 문화를 접하고 향유하였을 것이다. 그가 전직 대학생이었다면 대학문화를 누렸을 것이고, 전직 기업인이었다면 기업인문화를 갖고 있었을 것이다. 이렇듯 저마다 다른 문화적 속성을 가지고 있던 사람들이 경찰조직으로 들어오면서 경찰문화에 다시 동화되는 과정을 거치게 되는데, 결국 경찰문화는 그 자체가 영원불멸의 일정한 형태를 지닌 불가변의 고정적 컨텐츠를 갖고 있다고 하기 보다는 경찰조직을 둘러싼 외부환경, 외부조직과의 관계나 특히 경찰 입직자(入職者)들이 경찰조직으로 가지고 들어오는 독특한 다른 문화적 요소들이 점진적으로 가미되면서 끊임없이 상호 영향을 주고받으며 변모하는 미완성의 문화라고 할 수 있다. 나아가 같은 경찰조직 내에서도 상하관계에 따라서 문화적 차이가 있을 수 있는데, 지휘관의 문화, 참모의 문화, 현장경찰관의 문화 등의 세부범주를 다시 나눌 수 있는 것과 같이, 같은 조직 내에서도 문화의 차이는 그 범주를 어떻게 정하느냐에 따라 다양하게 나타날 수 있다.

세 번째는 직업문화는 직장 내의 구성원과 비구성원을 구별하게 한다. 상대적으로 경찰과 일반시민이 있을 때 같은 경찰문화를 지닌 경찰관들은 스스로가 결속을 다질 수 있고 유대감이 형성되기 마련이다. 직업문화의 범주를 통하여 '우리'라는 공동체 의식을 형성할 수 있게 된다. 다른 집단과 '다르다'라는 구별을 통해서 그 집단은 자체 결속을 보다 강화할 수 있다. 하지만 다른 한편으로는 다른 문화적 가치를 가진 사람을 배격하는 배타성 형성이라는 부작용도 있기 때문에 그들과 충돌할 수도 있다는 위험성을 내포하고 있다.

## 5. 경찰의 상징물

〈그림 1-1〉은 경찰을 상징하는 문장(紋章, Emblem)이다. 이 엠블럼의 중심에 위치한 참수리 형상은 경찰마크(Symbol)로 2005년 국가경찰 창립 60년을 맞아 새롭게 선정한 것이며, 참수리가 무궁화를 잡고 하늘 높이 나는 모습을 형상화한 것이다. 참수리는 경찰을 나타낸 것이고 무궁화는 국가와 국민을 상징한다. 또한 참수리 목 부분의 저울은 공평

(公平)을 의미한다. 이는 미군정하의 1946년에 제작하였던 독수리의 상징물을 한국 독수리인 참수리로 새롭게 표현한 것으로 과거의 부정적 이미지를 털어 내려는 경찰조직의 새로운 시도의 산물이라고 하겠다. 이는 경찰이 국가와 국민을 수호하는 동시에 '최상의 치안서비스'를 제공하여 국가를 선진국가로 도약하는데 일조하겠다는 굳건한 의지를 형상화한 것으로 이해된다.

그림 1-1 ▎경찰 문장(紋章, Emblem)

참수리의 눈은 치안의 사각지대까지 세심하게 살피는 경찰의 예리한 통찰력을, 부리는 강함과 용맹스러움을, 그리고 머리 위의 깃털은 언제나 날렵한 참수리의 이미지를 강조함으로써 국민의 요구에 언제나 신속하게 대응하는 경찰의 준비된 자세를 표현하고 있다. 특히 무궁화 꽃잎은 5장으로 각각 경찰이 지향하는 충 · 신 · 용 · 의 · 인(忠 · 信 · 勇 · 義 · 仁)의 가치개념을 나타내고 있다(사이버 경찰청 홈페이지, http://www.police.go.kr 참조). 세 번째에 있는 가슴표장(흉장)은 태극 문양과 무궁화가 새겨진 것으로 마패모양을 하고 있다. 2001년 8월 15일 이전까지 사용하여 오던 독수리 문양이 새겨진 기존의 경찰 흉장이 미국 경찰의 흉장을 모방했다는 비판을 받아왔는데, 이를 비켜서서 이 흉장은 태극 문양과 무궁화 꽃을 넣어 한국적 이미지를 살리고 기존의 것과는 달리 계급과 근무지 표시를 없애 한번 지급받으면 계속 사용할 수 있도록 하고 있다. 앞의 원은 태양과 양지를 의미하고 뒤의 원은 달과 음지를 형상화하였다. 무궁화는 국가와 국민을 상징화하고 있으므로 전체적으로는 대한민국의 국기를 중앙에 품고 경찰이 국가와 국민을 수호하는 동시에 최상의 치안서비스를 제공하겠다는 의지를 표방하고 있는 것으로 평가된다.

## 6. 경찰의 계급

경찰의 계급은 총 11개로 구성되어 있다. 대다수의 경찰공무원이 입직하는 계급부터 기술하면 순경(巡警, police officer, )-경장(警長, senior police officer, )-경사(警査, assistant Inspector, )-경위(警衛, Inspector, )-경감(警監, Senior Inspector, )-경정(警正, Superintendent, )-총경(總警, Senior Superintendent, )-경무관(警務官, Superintendent General, )-치안감(治安監, Senior Superintendent General, )-치안정감(治安正監, Chief Superintendent General, )-치안총감 (治安摠監, Commissioner General, )의 순서이다.

그림 1-2 ❙ 경찰 계급과 계급장

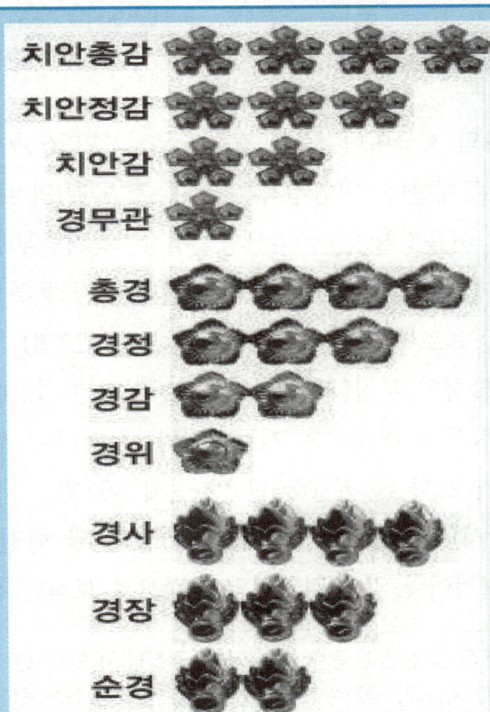

먼저 순경은 입직(入直)이라고 불리는 경찰관 입문의 시작계급으로 무궁화 꽃잎이 2개 있는 계급장을 착용한다. 경장은 무궁화 꽃잎이 3개인 경우이고, 경사는 무궁화 꽃잎이 4개로 표시된다.

경위는 계급장이 무궁화 꽃봉오리가 1개로 표시되며, 그 위에 경감은 같은 무궁화 꽃봉오리가 2개, 경정은 같은 꽃봉오리가 3개, 그리고 총경은 같은 꽃봉오리가 4개로 구성되어 있다.

경무관은 무궁화 꽃송이 1개로 나타내며, 치안감은 무궁화 꽃송이 2개, 치안정감은 무궁화 꽃송이가 3개, 그리고 치안총감은 무궁화 꽃송이가 4개로 표시되는 계급장을 착용한다.

**표 1-1 ❙ 경찰계급별 인력구성 현황**

2020년 12. 31. 기준

| 총계 | 치안총감 | 치안정감 | 치안감 | 경무관 | 총경 | 경정 | 경감 | 경위 | 경사 | 경장 | 순경 |
|---|---|---|---|---|---|---|---|---|---|---|---|
| 126,227 | 1 | 6 | 27 | 65 | 551 | 2,794 | 9,596 | 15,631 | 25,742 | 32,160 | 39,654 |

출처 : 경찰청, 2020 경찰통계연보, 2021.

치안총감은 경찰청장의 계급이며, 전체 경찰공무원 12만6천여 명(2020년 12월 31일 기준) 가운데 1인만이 존재한다. 치안정감은 현재 총 6개[1)]의 보직이 있는데, 그것은 경찰청차장, 경찰대학장, 서울경찰청장, 부산경찰청장, 경기남부경찰청장, 그리고 인천경찰청장이다. 치안감은 경찰청장의 참모로서의 경찰청 국장과 위의 치안정감 보직이 아닌 시·도경찰청의 청장 등으로 임명된다(2020년 말 현재 27명). 경무관은 경찰청의 심의관이나 대개 시·도경찰청의 부장(혹은 차장)으로 임명된다(2020년 말 현재 65명).

총경은 대개 경찰서장으로 대표되는 계급이지만, 본청이나 시·도경찰청의 과장으로 참모활동을 하는 경우가 보다 많다(2020년 말 현재 551명). 경정은 본청이나 시·도청의 계장이나 일반 경찰서의 과장으로 활동한다(2020년 말 현재 2,794명). 경감은 본청의 반장이나 시·도경찰청이나 일반 경찰서의 계장으로 보직한다(2020년 말 현재 9,596

1) 국가경찰과 자치경찰의 조직 및 운영에 관한 법률(약칭: 경찰법)가 2021년 1. 1.부터 발효됨에 따라 경찰청에 국가수사본부를 두게 되었고, 국가수사본부장 역시 치안정감으로 보하고 있다. 따라서 2022년 8월 현재 치안정감 계급의 인원은 총 7명이다.

명). 경위는 경사 계급에서 승진하는 경우가 일반적이나 경찰대학을 졸업하거나 간부후보생 시험을 합격하고 소정의 교육을 수료하면 임관하는데 일반 경찰서의 주임이나 지구대의 팀원 등의 임무를 수행한다. 승진시험이나 근속승진 등을 통해서 간부가 되는 숫자가 더 많다(2020년 말 기준 15,631명). 경사(2020년 말 현재 기준 25,742명), 경장(2020년 말 현재 32,160명), 그리고 순경(2020년 말 현재 기준 39,654명)은 경찰관서에서 경찰간부를 보조하여 업무를 수행하며 각급 경찰관서의 주무자로 활동하는 경우가 많다.

# 제3장 경찰문화의 내용

그동안 경찰문화는 경찰조직을 둘러싼 내부 및 외부환경에 대하여 여러 형태로의 작용 내지 반작용 과정을 거치면서 변천을 거듭하여 왔다. 경찰문화 역시 여느 조직문화와 마찬가지로 다른 조직의 문화와 구별되는 양상을 보이면서 독특한 하위문화(Sub-Culture)의 일면을 나타내며 변화하고 있다. 지난 시간에 공부한 문화 일반에 대한 학습을 전제하면서 경찰문화의 내용을 구체적으로 살펴보자. 경찰문화의 내용을 살펴보는 것은 우리로 하여금 경찰을 둘러싸고 있는 환경에 대한 대응기제로서 경찰이 경찰문화를 활용하는 현상을 쉽게 이해하는데 도움을 줄 수 있을 것이다.

## 1. 경찰문화와 일반문화

우리가 쉽게 접하는 대중문화가 그렇듯 문화현상은 어느 날 갑자기 나타나는 것이 아니다. 오랜 시간에 걸친 사회의 발전과정에서 서서히 형성되고 비로소 그 모습을 드러낸다. 경찰문화 역시 우리사회와 별개로 갑자기 생겨난 것이 아니라 경찰조직을 둘러싸고 있는 사회가 가지고 있는 일반문화와의 작용과 반작용이라는 영향을 서로 주고받으면서 그 모습을 갖추어 온 것이라고 할 수 있다. 이러한 의미에서 경찰문화도 일반적 사회문화에 대한 일종의 부문화(副文化, Sub Culture)인 셈이다.

일반적으로 이러한 부문화는 하위문화라고도 일컬어진다. 하지만 문화에 상위문화가 있고 하위문화가 있느냐는 불필요한 오해를 불러올 수가 있다는 점에서 용어상의 비판적 견해도 있다. 문화에 상위문화와 하위문화라는 서열이 있다고 하는 것은 문화 다원주의(cultural pluralism)적 입장에서 보면 옳지 않다는 것이 논거가 될 수 있다. 따라서 여러 가지 문화 중에 또 다른 문화라는 측면에서 이를 '부문화(副文化)'라고 이름 짓는 것이 보다 자연스러울 것이다. 하지만 이 역시 같은 맥락에서 '부(副)'라고 하는 한문의 뜻을 생각한다면, '정(正)'의 문화가 있고 '부(副)'의 문화가 있다는 식으로 이야기를 확대해 나갈 수도 있겠는데, 이를 중심문화와 주변문화라는 정도에서 '정(正)의 문화'와 '부(副)의 문화'의 차이는 그저 '같은 평면에서의 관계성(關係性)' 정도로 이해하면 좋을 것이다.

## 2. 경찰문화의 형성과정

이미 언급한 바와 같이 경찰문화를 이해하려 할 때, 현재 우리나라 경찰의 위상은 바로 우리 대한민국 사회의 현주소라는 입장에서 시작하여야 한다. 경찰의 이미지는 우리사회의 모습이 그대로 투사되고 경찰조직이라는 스크린에 그대로 나타나는 것이기 때문이다. 일부 축소와 과장 혹은 변형이 있을 수는 있겠지만 큰 틀에서 보면, 크건 작건 일반문화의 추세와 맥락이 경찰문화의 모습으로 상당부분 옮겨지는 것으로 이해할 수 있다. 모든 사회원리가 그렇듯이 양자는 상호 영향을 주고받으며 변모하기 때문이다.

우선, 경찰문화의 형성과 향유의 주체인 경찰관 개인(個人)부터 살펴보자. 경찰문화의 형성주체와 유지 · 변화과정에 있어서 경찰조직으로 들어가는 입직(入職) 절차를 거치면서, 즉 경찰관으로서 경찰조직의 구성원이 될 때까지 기존의 사회적 가치가 경찰조직의 경찰문화에 유입되고 영향을 미치게 된다. 물론 이러한 영향력은 상호작용을 통하여 조정될 수 있을 것이다. 예를 들어 경찰채용 시험에 합격해서 경찰교육 기관에 들어오는 교육생들을 보더라도 그가 갑자기 그동안의 사고방식과 행동습관을 완전히 버리고 백지상태로 입교하는 것은 결코 아니다. 한 인간이 성인이 될 때까지 장시간에 걸쳐 형성된 기존의 사고방식과 행동습관이 어디 갈 수 있겠는가. 경찰교육기관에서 어느 정도의 경찰관으로서의 기본적 사고방식과 행동요령을 교육 받으면서 기존의 그것이 일부는 수정이 되겠지만, 그것은 직업인으로서의 가장 기본적인 자질에 관한 불가피한 변화일 뿐, 근본적으로는 개인이 그동안 가지고 있는 가치관을 일단 그대로 가지고 들어오는 것으로 이해되어야 한다. 이러한 관점에서 오늘날 경찰의 위상은 지금 현재의 대한민국 국격(國格)을 상당부분 반영한 것이라고 말할 수 있다.

경찰조직에는 외부사회와 다소 구별되는 독특한 하위문화가 존재한다. 직업이라는 요소는 한 개인을 같은 직업을 갖지 않은 외부인과 구별하거나 차별화시키는 경향이 있다. 특히 경찰관은 유니폼을 입기 때문에 사회 일반인과 구별되는 외관을 가지게 된다. 또한 직업적으로 명령하거나 강제하는 업무 특성상 일반인들과의 심리적 · 감정적 거리가 생기는 것은 어느 정도 불가피하다고 할 수 있다.

이러한 차이는 같은 직장 내의 사람들끼리만 협력하게 만드는 조직폐쇄성으로도 연결된다. 경찰의 업무상 소통은 약어(略語)를 통해 이루어지고, 업무의 성질상 외부에 알려지면 제3자가 불의의 피해를 입을 수가 있어서 통상 자기가 가지고 있는 정보를 타인과 공유하려고도 하지 않게 된다. 이러한 조직폐쇄성은 구성원으로서의 자기결속력으로 고착되기도 하는데, 결국 경찰관은 경찰조직 내에서 끼리끼리 같이 있다 보니까 서로 많이 접속하게 되고 빈번한 교제를 통하여 점점 더 결속하게 된다. 결과적으로 다른 외부조직으로부터는 상대적으로 격리되는 결과로 이어질 개연성이 높아지게 된다.

## 3. 경찰 입직의 이유

대개 '전체(全體)는 부분(部分)의 단순 총합(總合)과 다르다'거나, '전체는 부분의 총합 이상의 그 무엇을 가진다.'라고 한다. 이와 같이 전체의 모습은 부분 혹은 부분의 단순집합에는 존재하지 않는 또 다른 특질을 갖게 되는 것이 오히려 일반적이라고 할 수 있다.

경찰로 입직하는 사람들은 다양한 성격을 갖고 있기 때문에 그 사람들이 경찰관이 되면 경찰 조직사회가 혼란스러울 정도로 상당한 변화를 겪을 것 같지만 대개는 그렇지 않다. 왜냐하면 경찰이 되고자 하는 사람들 즉, 직업으로서의 경찰관이 되고 싶은 사람들은 보편적으로 인성(人性, Personality)에 있어서 이미 기존의 경찰문화에 일정 부분에 동조하는 경향을 보인다. 그는 이미 현재의 경찰문화에 어느 정도는 매력을 느끼고 있거나 그러한 경찰문화의 향유자가 되고 싶어 하기 때문이다. 그는 경찰관이 되기 전부터 경찰조직과 경찰문화 지향적(Oriented)인 성향을 띤다. 당장에 경찰학과 전공 수업시간이나 경찰학과 학생들의 대학생활을 보면, 일부 학생들은 이미 자신이 경찰관이 된 것처럼 절도 있게 행동하려고 하거나 경찰조직과 같은 계급사회에서나 들을 수 있는 말투를 모방하고 있다. 세칭 '공시족(公試族)'이라고 하는 사람들의 외양이나 성격이 이미 공무원 사회의 분위기를 익히고 있거나 모방하여 행동하는 경향도 다른 좋은 예가 될 수 있을 것이다. 같은 또래의 법학이나 국문학을 전공하는 학생들과는 어딘가 다른 분위기를 느끼게 되는 것이다.

경찰이 되고자 하는 사람들은 기본적으로 무도(武道)에 관심이 많다. '경찰'하면 떠오르는 이미지는 TV나 영화 속에서 범인을 쫓아가서 체포하는 장면들을 많이 봐왔기 때문일 것이다. 경찰은 이렇듯 사무실에 앉아서 타이프 하는 업무라기보다는 좀 더 활동적이고 외향적이라고 생각한다. 통상 경찰지망생들은 모험심이 강해서 뭔가 추리해내고 증거를 확보하고 용의자를 체포하고 피의자의 자백을 받아내는 등의 도전적이고 모험적인 업무를 좋아하는 경향이 두드러지게 나타난다. 틀에 박히지 않은 일을 하고 싶어 하는 사람들이 경찰이 되고자 하는 것이다. 따라서 현실적으로는 오히려 유연한 사고를 할 수 있는 사람일수록 훌륭한 경찰이 될 수 있다는 점에 비추어 보면, 기존에 우리가 갖고 있는 바람직한 경찰상이라는 것이 경찰제복이나 계급 속에서 절도 있게 행동하거나 일정한 형식과 절차에 충실한 직업적 행동을 하는 것이라는 생각은 어쩌면 편견에 가깝다.

다음으로 자신이 외향적 성격의 소유자이거나 신뢰할 수 있는 사람이라는 자아관념을 가진 사람들이 입직하려는 경향이 강하다. 특히 채용인원 확대와 같은 국가정책이나 체력시험의 비중이 많은 시험제도의 특성으로 말미암아 자신의 경우에는 경찰로의 입직이 상대적으로 유리하다고 생각하는 경우에는 경찰에의 입직에 보다 열성적으로 행동한다. 미국의 경우에는 소수집단 우대정책(Affirmative Action)을 통해 인종, 성별, 종교, 장애 등의 이유로 불리한 입지에 있는 사람들에게 채용인원 할당이나 가산점 등의 혜택을 줌으로써 차별을 줄여나가고 있는데, 이를 통해 흑인, 동양계, 히스패닉 출신의 사람들이 대학입학이나 경찰조직에의 입직이 늘어났던 것도 사실이다. 물론 이러한 정책은 역차별

(reverse discrimination)이라는 반론[2]에 도전 받고 있기도 하다. 하지만, 오히려 구체적인 현장 경찰활동에 있어서는 소수집단 우대정책의 합리적인 이유를 찾을 수도 있다. 백인만이 경찰관이 되어서는 백인경찰이 흑인사회에 들어가서 경찰활동을 원만하고 효율적으로 수행하기란 결코 쉽지 않을 것이고, 또 히스패닉이 흑인사회에 들어가서도 마찬가지의 현상이 벌어질 것이라는 주장에 힘이 실리는 이유다. 그래서 세계의 많은 나라에서는 경찰활동 지역의 인구 분포에 따라 경찰관 채용의 인적 구성도 일정부분 조정해 나가는 인사운영의 경향을 보이고 있다.

예를 들어, 경기도 안산시(安山市)에는 외국인이 상대적으로 많이 모여 살고 있는데. 이곳에서는 다른 나라의 이민자를 경찰관으로 채용해서 화제가 되기도 했다. 베트남 출신의 경찰관은 베트남 지역을 포함한 지역을 관할 구역으로 하여 순찰을 한다. 순찰활동의 결과 많은 치안정보를 얻어내고 그 사람들로부터 준법과 질서유지에 도움을 받곤 한다. 다른 민족이나 인종인 경찰관에 의한 법집행이 있을 때에 생길 수 있는 불필요한 반감을 줄이고, 동일한 혹은 유사한 인종과 민족출신의 경찰관이 보다 유연하게 법을 집행하고 질서를 유지할 수 있도록 하는 법집행 환경을 조성해 나갈 수 있는 것이다. 이런 효과가 기대되고 경험적 자료로도 나타나고 있으므로 소수 인종과 민족에게도 경찰이 되는 문은 점차 넓어지고 있다.

여성의 경우에도 조직 내 성별구성(性別構成)의 비율을 고려한 정책에서 혜택이 주어지는 경우가 있다. 우리나라에서도 공무원을 채용하거나 승진을 함에 있어서 여성 할당(목표)제를 실시하고 있는데, 이와 같은 성비(性比)를 고려한 채용정책이나 승진정책이 확대됨에 따라 보다 많은 여성들이 경찰조직으로의 입직이나 승진을 함에 있어서 도움이 되고 있다.

2) 2016년 2월 뉴델리 인근 하리아나주에서 벌어진 격렬한 시위로 상점 500여 곳이 불타고 도로와 기차가 끊겼다. 시위를 주도한 건 카스트 제도의 중간 아래쯤 계급에 속한 '자트' 시민들로 이들은 공무원 채용과 대학 입시에서 하층 계급에 대한 우대 정책으로 인하여 자신들이 역차별을 받고 있다고 주장하고 있다. 유혈 충돌로 최소 19명이 숨지고 2백여 명이 부상을 입었다. 결국 인도정부는 자트 계급에 대한 정원 할당을 재검토하기로 했다(JTBC뉴스, 2016. 2. 23 방송요약).

## 4. 경찰문화의 특징

이제부터는 보다 구체적인 경찰문화의 특징을 살펴보도록 하겠다. 여기에는 다음과 같은 독특한 요소들이 발견된다.

### (1) 비밀 엄수

경찰은 상대적으로 많은 비밀을 간직한 조직이라고 할 수 있다. 경찰관들을 만나면 그들은 경찰관서 내부에서의 일들을 속속들이 이야기하기 보다는 상대방의 이야기를 듣는 것을 선호한다. 이것을 굳이 치안정보의 수집차원에서라기 보다는 오히려 자신이 소속되어 있는 경찰조직의 업무와 관련된 내용을 이야기하는 것을 꺼리는 성향이 반영된 것으로 보는 것이 현실에 가깝다. 경찰공무원은 법률로도 그런 기밀을 유지하도록 요구 받고 있는데(국가공무원법 제60조), 공무원은 재직 중은 물론 퇴직 후에도 직무상 알게 된 비밀을 엄수(嚴守)하여야 하기 때문이다.

경찰의 비밀엄수는 이와 같이 법률상 의무를 준수하기 위한 측면도 있겠지만 오히려 경찰이 가지고 있는 독특한 문화에서 기인하는 측면도 있다. 범죄수사에 있어서 용의자를 체포하는 과정에서 관련 수사내용을 발설하게 되면 체포활동이 제대로 되기 어려울 것이다. 관련자들은 경찰의 압수 · 수색을 통한 증거수집에 앞서서 관련 증거를 인멸한다거나 도주할 것이다. 따라서 비밀준수는 경찰의 업무수행에 있어서의 본질적인 내용이라고 할 수 있다. 지난 2019년 5월 25일 발생한 고유정 사건과 관련하여 검찰과 경찰이 갈등을 빚고 있는 피의사실공표 문제가 사회적 이슈로 떠오르고 있다.

피의사실공표죄(형법 제126조)[3]는 검찰과 경찰 등 수사기관이 피의자 기소 전에 범죄

---

3) 형법 제126조(피의사실공표)는 '검찰, 경찰 기타 범죄수사에 관한 직무를 행하는 자 또는 이를 감독하거나 보조하는 자가 그 직무를 행함에 당하여 지득한 피의사실을 공판청구 전에 공표한 때에는 3년 이하의 징역 또는 5년 이하의 자격정지에 처한다.'라고 규정하고 있다. 대법원은 '여기서 「피의사실」이란 수사기관이 혐의를 두고 있는 범죄사실로서 그 내용이 공소사실에 이를 정도로 구체적으로 특정될 필요는 없지만, 그것이 단순한 의견의 표명에 이르는 정도로는 피의사실을 공표한 것이라고 할 수 없다. 이때 그 발언이 피의사실인가 또는 의견인가를 구별함에 있어서는 언어의 통상적 의미와 용법, 문제 된 발언이 사용된 장소와 문맥, 그 발언이 행하여진 사회적 상황과 배경 등 전체적 정황을 종합적으로 고려하여 판단하여야 한다.'고 보았다(대법원 2013. 11. 28., 선고, 2009다51271, 판결).

혐의를 언론 등 외부에 알리는 것을 말한다. 이를 두고 국민을 알권리가 우선인지 아니면 피의자의 인권 보호가 먼저인지 논란이 일고 있다. 수사기관 등에 의한 피의사실의 공표는 단순히 의혹을 받고 있는 사람들에 대해서 유죄라고 낙인을 찍음으로써 그 사람의 인권, 재판받을 권리, 무죄추정 원칙 등 헌법상 기본권을 형해화시키는 문제가 있고, 다른 측면에서는 기본적으로는 피의자의 인권이 우선시되어야 하지만, 일정한 경우에는 국민의 알권리도 보장되어야 한다는 입장도 고려되어야 한다. 수사기관인 검찰이나 경찰에 공보준칙이 있는데 그 준칙들을 보면 범죄수법과 동기 등 국민에게 공개를 해서 유사범죄 발생을 막는다는 공익적 목적이 인정되는 범위에서는 공개를 할 수 있도록 되어 있는 것이다.

경찰은 업무수행 중에 다른 경찰관의 이름을 말하지 않는다거나, 동료에 관한 정보를 외부에 제공하지 않는다거나, 특별한 경우에는 조직 내의 상사에게조차도 어떤 비밀사실을 발설하지 않는다는 그들 나름의 독특한 문화나 규범을 지킨다. 위험한 직무수행의 특성상 경찰관은 자신의 파트너를 위한, 그리고 함께 일하고 있는 나머지 경찰동료들을 위한 관심과 배려를 중요하게 생각한다. 경찰은 자신의 동료에 대한 보호와 지원을 먼저 생각하는 특성을 가지고 있기도 한데, 이것은 다른 한편으로는 경찰의 내부감사가 이루어질 때에도 자신의 동료에 대한 사적 감정이 동료애라는 이름으로 지나치게 강하게 작용하여 정당한 업무집행이나 공정한 일처리를 방해하기도 한다.

'만일 허(虛)를 찔려서 당황하게 되더라도 다른 누군가를 끌어들이지 말라.'는 신념도 가지고 있다. 이것은 극단적인 경우에 있어서, '이번 사건의 모든 책임은 내가 지고 갑니다.'라며 자살하는 경찰관의 사례로도 알 수 있다. 이번 사태의 모든 책임은 자신에게 있으니 다른 동료경찰관들에게는 더 이상 죄를 묻지 말라며 자신의 목숨을 버리는 이 같은 경향 역시 경찰조직의 구성원으로서 일정한 비밀을 지키기 위한 경찰문화가 영향을 미친 하나의 현상이라고 할 수 있다.

'자신의 일을 마무리 하라.'는 경찰조직문화는 다음 근무자에게 일을 떠넘기지 말고 자신의 일을 끝까지 처리하라는 의미를 담고 있다. 경찰관들은 일반인이 자신이 맡은 일을 혼자서 끝까지 마무리해야 하는 것과는 달리 같은 업무를 근무교대를 통해 인수인계를 하며 일한다. 경찰은 공무원 조직 가운데에서도 업무를 24시간, 365일 쉬지 않고 직무를 수행한다. 퇴근을 이유로 일선 지구대나 파출소에 불이 꺼지는 것을 보기는 어렵다. 경찰서에서도 치안상황실 근무를 통해 관내의 경찰관련 각종 비상상황을 대비하는 조직운영이 이루어지고 있다. 이러한 업무특성은 자기가 담당했던 일 자체를 스스로 완결시키지 못하면 그게 다음 근무자에게 부담으로 전달되는 결과가 되는 것이다. 자기의 근무시간에 가봤더니 앞 근무자가 미처 처리하지 못한 일들이 오롯이 남아있다면 동료들 간의 신뢰와 협력, 동지애에도 적지 않은 균열이 생길 수 있음은 쉽게 예상할 수 있다. 따라서 '다음 근무를 위해서 적어도 내가 할 수 있는 일만큼은 남겨두지 마라'는 경찰조직문화가 존재하게 된다.

그리고 마지막으로 '단지 자신만을 위한 호의를 취하지 말라.'는 말이 있다. 특히 상사보다는 동료를 더 우선 시 하는 조직문화로 말미암아 업무 파트너는 생사고락(生死苦樂)을 같이 하는 중요한 존재로 여기게 되고, 결과적으로는 자신은 물론 자신의 파트너를 보호하기 위해서 함부로 발설하지 않는 비밀엄수주의라는 경찰조직의 독특한 문화를 만들고 있다.

### (2) 고립과 소외

이러한 비밀엄수주의는 다른 측면에서 고립과 소외를 가져온다. 친구들 사이에 자신의 속내를 밝히지 않는 사람이 있는데, 그 상대방은 그러한 친구를 진정한 동료로 받아들이지 않는 경향이 있다. 결과적으로 비밀을 많이 간직하고 상대에게 조차 진실하지 못한 것으로 받아들여지게 되는 사람들은 통상 고립과 소외에 직면하게 된다. 마찬가지로 경찰은 이런 저런 이유로 비밀을 지켜야하는 업무의 특성상 대인관계나 사회적으로 고립되기 쉽다. 그래서 소외감마저 느끼는 경우가 적지 않은데, 이러한 경우에 심리적 방어기제(防禦機制, defense mechanism)를 작동하여 경찰조직에서 일반인들을 먼저 외면하고 경찰관 자신들만의 커뮤니티를 만들어서 어울리는 행동을 하기도 한다. 요즘에는 한 두 사람의 왕따를 인위적으로 만들면서 입장을 같이하는 자들끼리 아주 맹렬한 기세로 결속을 한다. 이들의 결사는 다른 존재에 대하여 배타적이며 자신들이 보고 싶거나 듣고 싶은 것만 보는 자발적 고립과 소외를 통해 비밀엄수주의를 고집한다.

경찰업무는 그 성격에 있어서 본질적으로 시민에게 명령하고 강제하고 금지한다는 특성이 있다. 같은 공무원 중에서도 사회복지 담당 공무원은 생존과 복지를 위한 서비스를 제공한다면, 경찰은 벌금 내라와 같은 강제행위가 일반적이다. 따라서 시민들 입장에서는 경찰관들끼리 비밀엄수를 안 해도 고립을 시키고 싶은 그런 존재일 수 있음에도, 오히려 비밀스럽게 일을 하고 유니폼을 입고 경찰들끼리 결속을 다지다보니 결과적으로 더욱더 고립되고 개별 경찰관 스스로는 심한 소외감을 느끼게 될 수도 있다.

나아가서 경찰의 무능이나 인권침해 사실이 밝혀지거나, 불법집회와 시위가 있으면 이를 경찰관이 진압하는 과정에서도 카메라 기자들은 경찰이 폭행이나 모욕을 당하는 것은 보도하지 않는 반면, 경찰이 강경하게 진압하는 장면은 집중보도한다. 경찰과 언론은 때로는 반목하고 때로는 서로를 후원하는 공생관계에 비추어 이해가 되는 부분도 일부 있지만, 과도한 물리력의 행사, 뇌물수수, 무능력, 부패, 잔혹성에 관한 언론기사는 시민들을 분노하게 한다. 결과적으로 경찰은 점점 사회로부터 정의롭지 못한 집단으로 매도되거나 고립되고 소외되기도 한다.

경찰활동에 있어서도 범죄예방 활동이 주로 순찰차를 이용한 예방순찰이 이루어지다보니 도보나 자전거 순찰을 하는 경찰관보다는 더 고립될 수밖에 없다. 순찰차에서 내려서 시민들과 소통해야 범죄예방은 물론 지역사회의 크고 작은 문제에 대한 인식의 범주로 늘려나갈 수 있을 터인데, 마냥 순찰차만 타고 관내를 차창 밖으로만 관찰하는 식의 적당한 거리두기는 시민들과의 접점을 점점 잃어가는 결과를 가져오게 하고 결과적으로 고립과 소외를 자초하는 현상이 생기게 된다.

한 때 신문 지면에서는 경찰이 시위현장에서 포위당하여 무장 해제되고 폭행당하는 사진이 종종 보도되곤 하였다. 이것은 경찰의 소외와 고립의 결과를 상징적으로 보여주고 있는 것이기도 하다. 평소 경찰관들이 지역사회 경찰활동을 통해서 보다 많이 시민들과 소통했더라면 이런 결과는 피할 수 있었을 것이다. 물론 여러 가지 정치적인 이슈에서 양대 세력이 충돌하다 보니 거기에 일정 국가의 질서유지를 위해서 출동한 경찰의 입장에서 다른 세력에 의해서 공격을 받을 가능성은 있을 수 있다. 그렇지만 시민들로부터 신뢰받지 못하고 나아가 공격을 받는 경찰로서는 고립과 소외의 원인과 해결책에 대하여 깊은 성찰의 기회를 가질 필요가 있다.

### (3) 결속력, 충성, 냉소주의

결속력, 충성, 냉소주의라는 경찰조직의 특성은 고립과 소외의 원인이거나 반대로 이것의 결과일 수도 있다. 경찰업무의 특성에도 불구하고 시민의 존경과 사랑을 받는 경찰도 분명 존재한다. 내부적 결속은 제한된 경찰력으로 복잡다기한 사회문제와 범죄문제를 해결하는 조직적 원동력이 되기도 한다. 결속을 통한 힘의 결집은 충성으로 나타나기도 하고, 이러한 목표지향적인 조직의 결속은 행정의 효율성과 효과성을 담보해낸다는 점에서 긍정적 측면을 가지고 있다. 하지만 냉소주의는 아무리 자기 방어적 심리기제에서 비롯되었다고 볼 수 있을지라도 사회적 유대를 근본적으로 해체할 수 있다는 점에서 경계하여야 한다. 경찰의 조직과 경찰활동은 지역사회와 멀어지면 멀어질수록 그 한계에 봉착한다는 점을 명심할 필요가 있다.

## 5. 순찰실험과 시민접촉

1970년대 미국에서는 경찰이 시민과의 접촉을 늘리기 위해서 경찰활동을 어떻게 하여야 할 것인가를 연구하는 몇 가지 실험들이 있었다. 이른바 예방순찰의 범죄예방 효과에 관한 실험이 그것이다.

미국 미주리주 캔자스시티(Kansas City) 경찰서에서는 1972년에 경찰 순찰차를 가지고 순찰실험을 했다(Kansas City 예방순찰실험). 이는 일상적인 예방순찰의 효과를 결정하기 위한 실험으로 캔자스 시내의 순찰지역을 3개의 집단으로 나누고 각각의 집단에는 5개씩의 순찰구역을 만들었다. 제1순찰집단은 사후 대응적 순찰을, 제2순찰집단은 구역 당 순찰차 한 대의 평균적인 수준으로 표준예방순찰을 하는 통제집단으로서의 순찰을, 그리고 제3순찰집단은 사전 예방적으로 순찰을 실시하였다. 전체적으로 순찰차가 2~3배로 증가되었으나 각 순찰집단에서의 범죄율이나 경찰서비스의 만족도 또는 시민들이 느끼는 안전감에 있어는 별 영향이 없다는 연구결과가 발표되었다. 경찰순찰을 감소시키면 범죄가 증가할 것 같고, 경찰순찰을 늘리면 경찰의 범죄예방활동의 증가를 가져와 범죄는 줄어들 것으로 예상되지만 실험결과는 그렇지 않았다. 경찰 순찰차로 사전 예방적이거나 사후 대응적인 순찰활동을 증가시키더라도 가만히 순찰차를 세워놓고 있는 경우와 같이 범죄율이나 경찰서비스의 전달 또는 시민의 범죄두려움에 대한 개선은 좀처럼 나타나지 않았다. 반면에 일상적인 순찰을 생략해도 범죄는 증가하지 않았다. 이는 순찰차를 통한 경찰활동의 증가에도 불구하고 유의미한 효과는 측정되지 않았다는 것을 의미한다. 나아가 시민들조차 순찰차의 순찰을 증가시키는 경찰활동이 있었음에도 불구하고 시민들의 만족감에는 변화가 거의 없었다는 것이다. 그 이유를 살펴봤더니 차량을 타고 순찰하는 것은 시민들에게 있어서는 순찰차의 증가가 안전감에 별 차이를 느끼지 못하게 하였고, 범죄자들에게조차도 체포의 불이익을 받을 확률의 증가로 받아들여지지 못하였던 것이다.

순찰의 효과가 입증된 것은 1973년 뉴저지주 뉴왁(Newark)시에서의 도보순찰 실험이다. 도보순찰 경찰관의 순찰근무를 증가시켰더니 신뢰가 회복된 효과가 나타난 것이다. 순찰차에 의한 순찰증가는 경찰관에 대한 가시성의 증가에 영향을 주지 못한 반면, 도보순찰은 경찰관의 가시성(Visibility)에 영향을 준 것이다. 부모가 아이와 눈을 맞추고, 교수가 학생과 눈을 맞추는 것이 소통에 긍정적인 영향을 주듯이, 경찰관이 시민의 곁에서 가까이 움직이는 활동을 늘려나가는 것은 순찰차가 분주하게 지나다니는 것에 비해 안전감에 효과를 발휘한다는 것이다.

반면에 이러한 실험결과로 지역 주민들의 안전감은 증가하였으나 범죄의 감소에는 영향이 없는 것으로 확인되었다. 도보순찰의 강화는 실질적인 범죄 감소의 효과로 이어지지는 않았지만 범죄에 대한 두려움이 없어지는 안전감은 경찰관들이 도보순찰을 강화한 결과 심리적으로 아주 긍정적인 효과가 있었던 것이다.

이후 1979년 미시간주 프린트(Flint)시에서 이런 도보순찰과 차량순찰을 병행하여 실시되었다(Flint시 도보순찰실험). 특히 이 순찰실험에서는 지역사회에 기초한 도보순찰실험을 실행하였다. 14개의 지역에 배치된 22명의 도보순찰경관으로 상업지역뿐만 아니라 거주지역도 순찰하였다. 실험과정에서 경찰은 법집행 서비스와 조직화된 지역 감시를 제공하였고 자문위원회를 만들어 다른 지역사회 기관과의 연계활동을 하였으며, 지역사회의 문제해결과 안전의 확보, 노인문제와 청소년 범죄 등 지역사회 문제에 접근하였다. 경찰관들은 전담 순찰구역을 가지고 지역사회와 상호작용을 증대시켰다. 그 결과 실험지역이 다른 지역에 비해 범죄가 실질적으로 감소되었고, 시민들은 경찰관의 도보순찰로 인해 자신이 안전하다고 느꼈으며, 특정한 지역사회의 문제에 대하여 경찰관에게 문제해결을 위한 제언을 하는 빈도도 증가하는 효과가 있었다. 반달리즘의 감소, 지역사회 경찰활동의 긍정적 효과, 신고의 증가, 경찰에 대한 우호적 관계, 상담시간의 증가, 피해자 지원에도 효과적인 것으로 평가되고 있다. 나아가 도보순찰 경찰관들도 자신들의 전문성과 업무만족도가 증가하였다고 보고하였다.

시민과의 접촉시간과 빈도를 늘리면서 시민이 경찰을 인정하고 존경하는 태도가 늘어났고 시민과 우호적으로 이야기하고 어려운 청소년들에 대한 인생 상담은 물론, 여러 가지 사회적 지원을 주선해 준 결과 존경받는 직업인으로서 경찰관의 만족도 역시 증가한 것으로 보고되었다.

이와 같이 도보순찰이 갖고 있는 범죄 신고에 대한 긍정적 효과와 지역사회와의 관계 개선 효과는 피해자나 비행 청소년 선도에 있어서 효과적일뿐만 아니라, 다소 부정적인 경찰문화의 결과로 나타나게 되는 소외의 문제를 해결해 줄 수 있는 방안으로서도 해석된다. 경찰문화가 갖고 있는 결속감, 비밀엄수 그리고 그의 결과로서의 소외감을 해결해 줄 수 있는 것은 시민들과의 접촉기회를 늘려서 소통하는 시간을 증가시키는 것이다.

우리나라의 경우, '순(巡)는 있는데 찰(察)이 없었다.'고 얘기하는 것은 이렇게 많은 사람들이 순찰을 통해서 경찰의 소외문제를 없애고 경찰이 스스로 만족하고, 특히 시민이 심리적으로 범죄에 대한 두려움을 없애고 경찰에 우호적인 관계로 개선하기 위해서는 경찰이 많은 노력을 해야 된다는 것을 의미한다.

시민에게 다가가가서 도보순찰을 늘려나가고 시민과의 접촉기회를 많이 늘려나가는 것이야말로 평범하지만 경찰의 소외를 극복하고 경찰관의 자긍심을 높이는 방법이다. 시민들도 어쩌다 가까이 다가오는 순찰경찰관에게 상냥한 미소를 먼저 한 번 날려볼 일이다.

### 순(巡)은 있는데, 찰(察)은 없었다

이상훈 · 대전대 경찰학과 교수

경찰이 파출소를 통폐합해 운영하던 순찰지구대 편제를 바꾸어 동네 파출소를 부활시킬 모양이다. 순찰지구대 제도는 2003년부터 본격화된 지역경찰제로, 파출소에 산재한 경찰력을 통합 운영함으로써 경찰의 현장대응 능력을 향상시킨다는 데 목적이 있었다. 이 제도 도입에 따라 인력이 적은 이른바 '골목길 파출소'는 사라져갔다.

그러나 도입 취지와는 달리 시행과정에서 순찰지구대 제도의 역기능도 도드라졌다. 골목길에 있던 파출소가 대로변 지구대로 흡수 통합된 뒤 시민과 경찰의 거리는 멀어졌다. 현장을 순찰(巡察)하는 경찰관들의 입에서 "순(巡)은 있는데, 찰(察)은 없었다"는 자조 섞인 소리가 나오는 지경이 됐다. 순찰차를 타고 관내지역을 기계적으로 돌기는 하지만, 제대로 된 범죄예방 활동을 하지 못한다는 얘기다.

필자는 경찰 인력의 집중과 기동력을 중심으로 하는 순찰지구대 개념은 국토가 넓은 미국 경찰의 순찰전략이라고 알고 있다. 때문에 우리 여건에는 맞지 않는다. 오히려 요즘은 미국에서도 한국과 일본의 파출소 시스템을 모방해서 지역사회 경찰활동(community policing)을 강조하고 있다. 순찰지구대 제도는 어쩌면 세계적 흐름을 거꾸로 간 셈이다.

우리 경찰은 앞으로 얼마나 지역주민과 밀착해서, 그들의 안전을 보호할 수 있느냐에 최우선 관심을 두어야 한다. 요즘 경찰은 '경찰은 시민과 3분 거리 안에 있습니다'라고 말하지만, 이 구호도 당장 버려야 한다. 신고 받고서야 뛰어가는 경찰이 아니라, 항상 곁에 있는 경찰이어야 한다. 작년 촛불사태 때 경찰이 공격당한 것은 스스로 부족했기 때문이 아닌지 반성도 한번 해볼 일이다. 더 이상 창밖을 서성대는 민생치안은 없어야 한다.

(조선일보, 2009년 9월 12일, A35면)

## 제2강 I

# 경찰과 이미지

**제1장** 이미지의 가변성
**제2장** 경찰 이미지 형성의 영향요소
**제3장** 경찰 이미지 결정요인

제2강

# 경찰과 이미지

>>> 경찰과 사회 >>>

## 제1장 이미지의 가변성

우리에게는 피사체인 사람이나 사물을 대할 때 마음에 떠오르는 인상, 영상, 혹은 그림이 있다. 이것을 이미지(Image)라고 한다. 대개 사람들은 어떤 사람이나 사물에 대해서 이미지를 갖고 있지만 그것은 영구 고정불변(固定不變)은 아니라는데 논의를 시작할 여지가 있다. 예를 들어 A라는 사람에 대하여 좋은 이미지를 가지고 있었지만 그 사람을 조금 더 알고 났더니 전혀 다른 사람이라고 느껴질 정도로 좋지 않더라고 이야기할 수 있는 반면, 또 어떤 경우는 반대로 그 사람을 보았을 때의 첫인상은 그다지 좋지 않았었는데, 점점 더 알고 봤더니 소문과 달리 꽤나 괜찮은 사람이더라는 말을 하기도 한다.

이와 같이 하나의 형상화된 이미지와 같이 우리가 지니고 있던 특정한 인식도 좀 더 자세히 알아감에 따라 그 모습이 점차 변해가기도 한다. 그동안 경찰(警察)에 대한 우리의 이미지도 경찰의 역사와 더불어 개인이 직접 혹은 간접체험을 통해서 다양한 가치평가와 형태로 구축이 되어 왔다. 우리가 세상에 태어나서 경찰이라는 존재를 본인이 직접 경험해보지는 않았어도, 경찰에 대한 이미지는 우리사회에서 일정하게 구축되어 왔으며 앞으로도 그렇게 지속적으로 유지될 가능성도 적지 않다.

이와 같이 우리는 직접적 혹은 간접적 경찰경험을 통하여 경찰에 대한 이미지를 생성하거나 확대 재생산하고 있다. 그것은 입에서 입으로 전해지기도 하고, 또는 귓가에 맴도는 말로 인식되기도 한다. 경찰에 대한 막연하나마 일정한 이미지가 부지불식중에 자리매김하고 있는 것이다. 어느 날 차를 운전하다가 교통경찰관과 맞닥뜨리게 되는 경우가 있는데, 그 경찰관의 말투나 태도 그리고 문제된 행위에 대한 업무처리의 과정과 결과에 대해서 직접체험을 하게 되면 그 막연한 이미지는 보다 사실에 가깝게 형성되고 구체화될 가능성이 높아진다. 상대방인 경찰관에 대한 이미지는 물론 그가 소속되어 있는 경찰조직 전체에 대한 이해의 폭이 보다 긍정적이 되거나 혹은 현격하게 부정적으로 바뀔 수도 있다. 이러한 직접적인 경찰경험은 경찰조직 전체에 대한 호감(好感) 혹은 비호감(非好感)으로 돌변하기도 한다.

이렇게 우리에게 형성되는 일정한 이미지는 그 이미지 주체에 대한 우리의 사고와 행동을 자리매김(Positioning) 함에 있어서 결정적인 요소가 된다. 특히 경찰이미지는 통상 직접적인 경험을 통하여 형성된 것이라고 하기 보다는 대부분 매스컴(Mass Communication)이라고 하는 언론매체를 통하여 부각되는 여러 가지 사건 · 사고와 관련된 보도 태도 및 보도 내용과 연관성이 더 많다고 할 수 있다. 이렇게 형성된 경찰에 대한 이미지들이 적지 않은 시간동안 보다 확고하게 형성되어 결국 시민들이 경찰을 대하는 태도로 나타난다. 경찰의 입장에서는 국민 대다수가 이렇게 언론기관의 보도 태도와 보도 내용에 의해 경찰의 이미지가 형성되어 간다는 것을 알고 상대적으로 대 언론(對言論)활동 등 홍보활동을 보다 잘하려고 할 것이다. '경찰과 이미지'에 관한 이야기는 그동안 '경찰과 언론'이라는 주제로 경찰학에서 수 없이 논의되어 온 오랜 테마(Thema)다. 이번 강의에서는 이에 관한 전반적 이야기를 다루고자 한다.

## 1. 픽션 예술과 경찰 이미지

통상적으로 어떤 사람이나 사물로부터 받는 느낌이나 인상은 그 사람이나 사물의 본질이나 가치와 항상 일치하는 것은 아니다. 사물본성의 가치가 그 외부의 평가라고 할 수 있는 이미지(Image)와 딱 맞아 떨어지는 경우는 오히려 드물다. 통상 과장되어 있거나 모자라다고 보는 것이 옳을 것이다. 경찰에 대한 이미지도 마찬가지다. 경찰에 대해 시민들이 갖고 있는 이미지는 일정부분 사실과 다르게 과장되거나 축소된 경우가 많다.

경찰에 대한 과장된 이미지의 경우로는 경찰을 지나치게 영웅(英雄)으로 묘사하는 것이다. 영화배우 브루스 윌리스(Bruce Willis)가 주인공으로 나오는 미국영화 속에서의 경찰은 전지전능한 사람으로 그려진다. 그는 빌딩과 빌딩사이를 차를 타고 뛰어넘어가도 전혀 문제가 없는 슈퍼영웅이다. 영화배우 톰크루즈(Tom Cruise) 역시 비상한 머리와 능숙한 장비운영, 그리고 백발백중의 사격솜씨를 가진 환상적인 경찰관으로 묘사된다. 이렇게 영화를 비롯한 여러 가지 언론매체나 영상물을 통해서 경찰에 대한 이미지가 상당히 높아져간다. 이에 따라 경찰에 대한 우리 일반시민의 기대수준도 덩달아 한껏 올라간다고 볼 수 있다.

하지만 우리가 실제 현실 속에서 사건 · 사고와 연루되어 직접 경찰을 접하게 되거나, 경찰에 관한 언론의 보도를 통해 접하게 되는 경찰의 모습은 그동안 영화 등을 통해 우리가 가지고 있던 경찰이미지와는 상당부분 차이(差異, gap)가 있음을 알게 된다. 그것은 바로 경찰에 대한 실망감으로 이어지게 되고, 그래서 경찰에 대한 전체적인 이미지는 다소 실망스럽거나 대체적으로 부정적인 경향에 머무는 경향이 많다. 극적 요소로 과장된 영화 속 인물인 브루스 윌리스나 톰크루즈와 비교하다 보니 우리나라의 경찰은 직무능력(職務能力, Man Power)이 떨어진다고 생각하게 되는 극단적인 경우도 있다.

**그림 2-1 | 슈퍼영웅으로 그려지는 영화 속 경찰모습**

〈그림 2-1〉에서 보는 바와 같이 영화 속에서는 무소불위의 액션경찰을 슈퍼영웅으로 묘사하고 있다. 영화가 그려내는 이러한 영웅몰이는 영화 속 액션의 재미를 위한 작위적인 경우에 해당한다. 이에 비해 지난 2009년 용산참사[4]발생을 둘러싼 보도와 같이 대부

분의 언론은 경찰에 대해 부정적인 태도를 보이고 있다. 이러한 보도태도는 독자를 비롯한 시민들에게 경찰에 대한 부정적인 이미지를 구축하거나 이미 갖고 있는 부정적 이미지를 보다 강화시킨다. 용산참사로 경찰특공대원이 순직했고 철거민 중에서도 사상자가 나오는 등의 안타까운 일이 벌어졌는데, 사회적으로 이러한 양측 죽음에 대한 평가가 크게 엇갈렸다.

사회적 · 경제적 약자의 죽음에 대한 배려를 이해하지 못할 바는 아니지만, 철거민과 더불어 순직한 경찰의 죽음에 대해서까지 사회적 의미부여에 너무 많은 차이를 두는 것은 결코 바람직하지 않다. 그동안 우리사회가 가지고 있던 경찰에 대한 이미지가 얼마나 좋지 않았으면 죽음에 대한 평가에 이르기까지도 이처럼 냉혹하였겠는가하는 점은 다시금 되짚어 볼 문제이다.

연쇄살인범 강호순 사건에서 결정적 역할을 했던 프로파일러(profiler)[5]에 대한 과잉보도도 문제될 수 있다. 우리는 프로파일러의 예를 영화를 통해 많이 접해 왔다. 영화에서는 프로파일러가 범죄현장에 남겨진 담배꽁초, 독특한 범행수법, 낙서의 흔적 등에 주목한다. 연쇄살인범의 경우에는 간혹 자기고유의 흔적을 의도적으로 남기거나 상징을 그

---

4) 2009년 1월 20일 서울특별시 용산구 한강로 2가에 위치한 용산4구역 철거현장에 남아있던 남일당 건물 옥상에서 점거농성을 벌이던 세입자와 전국철거민연합회(전철연) 회원들, 경찰, 용역직원들 간에 충돌이 벌어지는 가운데 발생한 화재로 인해 다수의 사상자가 발생한 사건이다. 철거민 5명과 경찰특공대 1명이 사망하고 23명이 크고 작은 부상을 입었다. 화재원인(재판부는 “농성자들이 망루로 진입한 경찰 특공대원에게 던진 화염병의 불이 인화물질의 유증기에 옮겨 붙어 화재가 발생했던 것”으로 판단), 시위의 폭력성(검찰 발표에 따르면, 농성자들은 화염병 400개, 염산병 40여 개, 쇠파이프 250여 개, 골프공 1만 개, 새총 20개, 1톤이 넘는 시너 등으로 무장하고 있었다고 함), 용역직원의 경찰작전개입, 진압과정에서의 안전대책, 경찰의 과잉진압 여부 등에 대한 논란이 있다. 당시에 실시한 KBS 100분토론 인터넷 설문 ‘용산 참사의 가장 큰 원인은 무엇이라고 보는가?’의 결과는 ‘경찰의 과잉진압’ 48%(19,222명), ‘불법 과격시위’ 45%(18,049명), 재개발 사업의 구조적 문제 7%(2,845명)로 집계됐다. 사건이 증폭되자 2009년 2월 3일 청와대 국민소통비서관실 행정관이 경찰청 홍보담당관에게 용산 참사를 무마시키기 위해 경기서남부지역 연쇄살인사건을 적극 활용하라는 이메일을 보내 문제가 되기도 하였다(민주당 김유정의원 폭로).

5) 프로파일러(profiler)란 증거가 불충분하여 일반적인 범죄수사기법으로는 해결되기 힘든 연쇄살인사건이나 범행동기가 불분명하거나 상식적이지 않은 범죄사건 수사 등에 투입되어 용의자의 성격, 행동유형 등을 분석하고, 도주경로나 은신처 등을 추정하는 역할을 하는 수사요원을 말한다. 범죄심리분석요원 또는 범죄심리행동분석요원이라고도 한다. 범죄사건의 정황이나 단서들을 분석하여 용의자의 성격과 행동유형, 성별 · 연령 · 직업 · 취향 · 콤플렉스 등을 추론함으로써 수사방향을 설정하고, 용의자의 범위를 좁히는 데 도움을 준다. 또 도주경로 · 은신처 등을 예상하고, 검거 후에는 심리적 전략을 구사함으로써 자백을 이끌어내는 역할도 한다.

려두기도 한다. 이러한 범죄행동 특성은 경찰과 일반인에 대한 범인 자신의 과시욕과 관련되었을 수도 있는데, 그런 모든 자료들을 모아 분석하고 이를 추론해서 용의자의 성별, 나이, 학력수준, 도주경로, 은신처 등을 추론해 낼 수 있다.

실제 강호순 사건의 경우에는 30대 후반의 경기도 일대에 거주하는 차량을 소지한 남자라는 분석 결과를 토대로 용의자를 좁혀 나갈 수 있었다. 이와 같이 1000여명의 용의선상에 있는 사람들을 줄여 100명, 50명으로 좁혀나갈 수 있었던 것은, 이런 범행현장에 남겨진 증거와 용의자의 행동유형의 특징을 세밀하게 분석한 프로파일러의 노력의 결과라고 할 수 있다. 하지만 프로파일러가 범죄현장에서 범인의 행동을 분석하여 범인을 정확하게 특정해 낼 수 있다는 식의 드라마나 소설 내용은 결코 현실적이라고 할 수 없으며 지나치게 사실을 과장한 측면이 많다.

이와 같이 프로파일러의 역할과 성공사례를 언론에서 보도하는 경우에, 우리가 미국 드라마 CSI(범죄현장조사, Crime Scene Investigation) 마이애미나 CSI 뉴욕 혹은 CSI 라스베가스에서 보는 그런 극화(劇化)된 프로파일링 수사나, 범죄수사 드라마에서의 치밀한 프로파일러들과 단순 비교한다면 현실적 괴리감이 존재하는 것은 피할 수 없을 것이다. 드라마 속이 아닌 현실에서도 사람들은 요즘 경찰들이 왜 영화에서 본 것처럼 사건을 속 시원하게 해결하지 못하는지에 의문을 갖기도 한다. 따라서 경찰에 대한 이미지(Image)와 경찰의 실상(實相, Reality)의 차이가 생기는 이유와, 적어도 경찰의 본질이 부정적으로 왜곡되는 원인과 그 대책에 대해 논의하는 것은 의미가 있다.

## 2. 경찰에 대한 환상

### (1) 경찰이 전적으로 범죄를 미리 막아야 한다

영웅에 가까운 경찰 이미지가 모여서 일부에서는 경찰에 대한 환상까지 만들어지곤 한다. 환상(幻想, fantasy)이란 절대적으로 이 세상에 존재할 수 없는 것임에도 불구하고 존재한다고 믿는 헛된 생각이나 공상을 말한다. 적지 않은 수의 국민들은 경찰이 전적으로 범죄를 막아야 한다고 믿고 있을 것이다. 그래서 범죄가 빈발하게 되면 경찰이 범죄예방활동을 충분하게 하지 못하였기 때문이라고 생각하고 경찰을 비난하기 일쑤다. 하지만 범죄예방의 책임자는 경찰뿐이라는 생각도 역시 환상에 지나지 않는다. 미국의 학자 베일리(David Bayley)는 이러한 사실에 주목하고 있다.

베일리는 그의 저서 '미래의 경찰(Police for the future)'에서 경찰이 모든 범죄를 예방해야 하고, 또 예방할 수 있다고 하는 그런 사회적 믿음은 환상이라고 정의하였다. 결코 이 세상에서는 가능하지 않은 이야기라고 말하고 있는 것이다. 만약에 이러한 환상을 믿게 된다면 결국 현실적으로는 도저히 불가능함에도 불구하고 무리한 것을 경찰에 요구하게 되는 결과를 가져올 수 있다. 경찰이 범죄를 제대로 예방하지 않아서 계속 범죄가 발생하고 있으므로 경찰은 범죄예방에 대해서 무능력하다고 생각하게 되고, 결국 사람들은 경찰조직 모두가 무능력하다고 생각할 수 있다. 하지만 범죄발생에 대한 책임은 결국 우리 사회 모두의 몫이다.

### (2) 모든 범죄 발생의 원인은 경찰의 책임이다

베일리(David Bayley)가 이야기하는 범죄예방이란 어떤 범죄가 발생하기 이전에 범죄가 일어나지 않도록 이를 미연에 방지하는 것을 의미한다. 극단적인 예시(例示)이겠지만 범죄의 원인이 경제적인 이유에서 돈이 궁하여 범죄를 저질렀다면 경찰은 이러한 범죄의 예방을 위하여 무슨 역할이라도 하여야 하는데, 만약 용의자가 실업상태이기 때문에 돈이 필요하여 범죄를 저지르지 않을 수 없었다면 경찰은 범죄를 예방하기 위하여 이 사람의 직장을 구해주어야 할 것이다. 나아가 각종 범죄의 원인에 따라서 필요한 양식을 주거나 돈을 지원하거나 여러 가지 재화나 서비스를 제공하여야 할 것이다. 국회에서 기물손괴행위와 업무방해행위가 있었다면 경찰은 이것을 예방하기 위해서 여당과 야당이 서로 대립할 수밖에 없었던 정치적인 원인들, 예를 들어 국정감사의 증인채택 문제나 패스트트랙 법안 국회통과와 관련된 쟁점사항을 먼저 해결해야만 이러한 원인에서 비롯된 폭력사태는 예방될 수 있을 것이다.

이런 식의 범죄예방이라면 궁극적인 범죄예방의 책임을 경찰에게만 맡긴다고 하는 것 자체가 잘못된 일이고 그러한 사회적 기대는 환상에 가깝다. 경찰은 단지 범죄를 마음먹고 실행함에 있어 범죄를 저지를 수밖에 없는 어떤 급박한 처지에 놓여있는 일부 범죄자들이 범죄를 저지르고자 하려는 상황에서 현장을 순찰하거나 현장에서 경계근무를 서고 있음으로 해서 그것을 일시 막아주거나 다른 지역을 쫓아버리는 행동변화 정도로만을 범죄예방의 의미를 생각하여야 할 것이다. 따라서 범죄예방을 경찰에게 전적으로 맡기고 의지하는 것 또는 경찰만이 할 수 있다고 막연히 믿는 것은 하나의 환상에 지나지 않다.

지역사회 경찰활동(Community Policing)과 문제지향 경찰활동(Problem Oriented Policing)에 관한 논의가 우리에게 시사하는 바는 지역사회와 공동체 주민이 경찰활동의 중심이 되어 범죄와 무질서를 발생시키는 보다 근본적 원인에 집중하라는 것임을 명심할 필요가 있다.

### (3) 경찰은 항상 '민중의 지팡이'다

경찰은 스스로를 '민중의 지팡이'라는 이미지와 그대로 일치시키고자 한다. 그래서 '우리는 민중의 지팡이로서 언제나 국민들에게 봉사한다.'라고 이야기한다. 하지만 몇 몇 시위현장에서는 일부 시민들이 '경찰은 민중의 몽둥이이며 시민에게 폭력을 행사하는 조직이다.'라고 비난하는 경우를 볼 수 있다.

실제로 '지팡이'라고 하는 것은 시민에 대한 봉사자라는 상징이다. 봉사의 대상이 되는 시민은 선량한 시민일 것이다. 민주시민이고 준법시민일 것이다. 그러한 전제에서 경찰이 오랜 시간동안 자신이 '민중의 지팡이'라는 이미지를 만들어 왔다. 하지만 불법행위가 저질러지는 범죄현장에서 경찰이 기존의 봉사하는 자세를 그대로 일관한다면 오히려 문제가 아닐 수 없다. 시민에 대한 봉사자로서의 역할은 그 필요성이 영(Zero)으로 수축되어야 하는 상황이 되는 것이다. 불법의 상태에 대해서도 경찰에게 온전히 경찰서비스 제공자로서의 부드러운 이미지와 봉사자의 역할만 수행하기를 요구하는 것은 불가능한 일이다. 이러한 상황에서는 불법행위자들을 보호한다기보다는 오히려 단호한 모습으로 정당하고 엄정한 법집행을 할 수 있는 경찰관의 자세가 요구된다. 이런 상충되는 두 가지 가치와 경찰역할을 동시에 알려주지 않고 그냥 우리는 민중의 지팡이로써 봉사하고 서비스한다는 이미지를 지나치게 강조해 왔고, 그런 인식의 차이에서 오는 오해 때문에 불법 시위 현장에서마저 불필요한 불신과 비난을 받아왔다는 측면도 있다.

오히려 경찰은 어떤 면에서는 부족하다거나 혹은 경찰의 능력에는 일정한 한계가 있을 수밖에 없다는 점을 인정하여야 한다. 어떤 인간이나 조직도 언제나 임계점을 뛰어넘는 능력을 발휘할 수는 없다. 한계(Limit) 그 이상은 어떻게도 할 수 있는 상황이 아닐 것이므로 불가능한 것은 있을 수밖에 없다고 봄이 오히려 자연스럽다. 통상은 한계상황에 도달하기 전까지, 즉 자기의 능력 안에서 최선을 다할 수 있을 뿐이다. 대형사건이 발생하고 나면 상투적인 대책 가운데 하나가 경찰채용을 대폭 늘리는 것이다. 대개 경찰관을 늘리면 범죄가 줄어든다고 믿기 때문이다. 그렇다면 경찰을 무한대로 늘리면 범죄가 줄어들까? 극단적인 예로 국민 모두를 경찰관으로 채용하면 과연 범죄가 없어질 것인가? 아닐 것이다. 이를 다음과 같이 설명할 수 있다.

### (4) 경찰관 숫자가 늘어나면 범죄발생이 줄어 들 것이다

공직자의 부정과 비리가 많이 보도되고 있는 가운데 화이트 칼라범죄(White Color Crime)는 줄어들 기미를 보이지 않는다. 경찰도 각종 비리나 부패 기타 음주운전을 하다가 걸려서 경찰직을 그만두는 사람이 증가하고 있는 것을 보면, 범죄라는 것은 경찰관의 숫자를 극한으로 늘려도 막을 수가 없다고 하겠다.

역사적으로 보더라도 고대, 중세, 근대, 그리고 현대에 이르기까지 범죄방지와 안전을 담당한 국가조직들이 모든 범죄를 뿌리까지 뽑아 완전히 없애버리겠다고 주장해 왔지만, 오늘날까지 범죄는 여전히 발생하고 있으며 점점 더 많아지고 흉포해지고 광역화하고 있다. 이러한 점을 보면 역사적으로 보더라도 완전한 범죄예방은 어쩌면 환상이라고 할 수 있다.

그렇다면 경찰은 무능력하고 불필요한 존재인가? 결론부터 말하자면 경찰은 범죄예방에 있어서 책임을 지는 오직 하나인 유일(唯一)한 조직이어서는 안 된다는 것이다. 범죄를 예방하는 데 있어서 경찰과 시민이 따로 있는 것이 아니다.[6] 범죄예방을 위해 존재하는 경찰도 지역사회 경찰활동을 하면서 범죄에 대한 치안정보를 스스로 해결하기 보다는 시민(市民)으로부터 도움을 받는 것이 보다 효율적이다. 범죄예방에 있어서 범죄발생의 조짐을 가장 잘 알고 있는 사람은 바로 가까이 살고 있는 시민이다. 술을 마시고 나면 나쁜 술버릇을 보이는 사람들이 있다. 기물파손, 가정폭력 등 이러한 주취자(酒醉者)들에

6) 제21대 민갑룡 경찰청장은 2018년 7월 24일 취임식에서 근대 경찰의 창시자인 로버트 필(Robert Peel) 경이 남긴 '경찰이 곧 시민이고 시민이 곧 경찰'이라는 원칙을 언급하였다. '제복 입은 시민'으로서의 경찰 정신을 언급하면서이다. 경찰은 공동체의 일원으로서 항상 시민과 함께 해야 한다. 왜냐하면 경찰의 존재 이유와 힘은 바로 시민의 지지와 협력에서 시작되기 때문이다. 경찰은 단지 시민을 대표해서 경찰사명을 부여받았고, 제복은 이러한 시민과의 약속의 상징이라고 보았다(제21대 경찰청장 취임사 참조).

의한 범행이 존재하는 것을 경찰이 실시간으로 일일이 다 알 수는 없다. 그러나 옆집 사람이나 집안 식구들이 알고 있기 때문에 폭음이나 주벽을 시작했을 때 미리 보호요청을 하는 것이 범죄예방에 있어서 매우 중요하다. 이러한 결정적 역할을 바로 시민이 하는 것이기 때문에 범죄예방은 경찰이 유일하게 책임지도록 하기 보다는 시민과 함께 어우러져서 해결해야 한다. 더 이상 경찰 채용 증원이라는 대책이 범죄를 예방한다는 편견을 버려야 한다. 경찰은 범죄예방에 대한 유일한 책임자가 될 수 없기 때문이다.

## 3. 경찰 이미지 개선의 필요성

### (1) 이미지의 개념과 경찰 이미지 형성의 필요성

이미지(Image)란 무엇일까? 1922년 리프만(Walter Lippmann, 1889-1974)은 그의 저서 '여론(Public Opinion)'에서 여론의 본질과 형성의 메커니즘, 그리고 여론형성에 있어서 미디어의 역할 등을 언급하면서, 이미지라는 것은 심상(心象)이나 영상(映像)을 뜻한다고 정의하고 있다. 따라서 이미지가 어떻게 머릿속에 있는가에 따라서 마치 '그림'이 그려진다는 말을 쓰듯이 이미지란 하나의 관념을 형상화하는 그림이라고 할 수 있다.

이러한 이미지의 개념은 1950년대에 들어와서 소비자행동연구(消費者行動研究) 분야에서 상당히 각광을 받게 된다. 대형마트나 백화점에 가면 많은 물건들이 있는데, 펜 하나를 구입하려고 해도 그 종류가 수십 수백 가지나 된다. 그곳에서 어떤 펜을 구입하여 소비하느냐 하는 것은 바로 그 소비자가 가지고 있는 상품에 대한 이미지의 영향을 적지 않게 받게 된다. 이러한 이미지는 '기업 이미지', '제품 이미지', '상표 이미지' 등 브랜드 가치라고 하는 것으로부터 많은 영향을 받기 때문에 오히려 기업에서 제품의 생산과 마케팅, 판매활동에 도움을 주기 위하여 소비자의 행동을 연구하였다. 이 과정에서 소비자에게 어떻게 좋은 이미지를 형성시키며, 소비자에 대한 나쁜 이미지, 특히 기업이나 제품에 대한 좋지 않은 이미지는 어떻게 다시 좋게 돌려놓을까 하는 연구로 각광을 받게 된 것이다. 이게 좀 더 국가적 차원으로 넘어가서는 국가 이미지나 국가 브랜드 가치에 이르기까지 이미지의 산업화나 상업화는 비약적인 발전을 하게 되었다.

행정학이나 정치학 분야에서 이러한 국가 이미지나 정부 이미지에 대해 이야기를 많이 한다. 경찰학도 마찬가지로 경찰의 이미지를 어떻게 가져가느냐에 따라서 경찰서비스에 대한 시민들의 선택이나 호감도(好感度)에 적지 않은 영향을 미치므로 본격적인 연구를 필요로 하게 되었다. 브랜드 이미지에 따라 물건을 선택하는 소비자의 행동처럼 치안도 하나의 서비스로서 경찰서비스에 대한 이미지에 따라 시민들의 행동선택도 적지 않게 달라질 것이다.

경찰에서도 시민들로부터 올바른 선택을 받기 위해 경찰 이미지를 높이고자하는 보다 많은 노력이 필요하게 되었다. 과거에는 국부사상(國父思想)이라고 하여 국가가 아버지고 시민은 자식이라고 여겨서 국가가 하라는 대로 강압하고 명령하고 지시하면 자식인 시민들은 이에 따르면서 순응한다는 관계를 전제한 경찰활동이 주요한 내용을 차지하였던 것도 사실이다. 과거에는 이러한 경찰 이미지로도 경찰행정(警察行政)이 가능하였겠지만, 이제는 완전히 다른 세상이 되었다. 이제는 국가나 경찰과 시민 양자가 서로 대등한 관계를 넘어서서 오히려 시민이 국가나 경찰보다 우위에서 경찰행정에 참여하고 경찰정책을 결정하고 모든 경찰활동에 대해서 평가하는 시대이기 때문에 경찰의 이미지라고 하는 것은 국민에겐 긍정적으로 형성되도록 만들어가는 노력이 경찰에서 보다 많이 요구된다. 경찰이미지의 정도에 따라서 경찰예산이나 경찰인력 나아가 경찰의 존립까지도 주권자인 시민들에 의해서 결정되기 때문이다.

### (2) 일본 제국주의 시대와 경찰 이미지

우리나라의 경찰 이미지는 왜 대개 부정적인가? 그 근원은 바로 일본 제국주의 시대에서 유래하였다고 보는 것이 일반적이다. 우리 역사 가운데에서도 일본 식민지 지배는 강압적이었고 식민통치체제 하의 경찰활동 역시 폭력적이었다. 점령한 나라와 점령당한 나라의 국민이라는 관계는 대등하지 않기 때문에 우리 국민을 물리력으로 몰아 부치고 법의 적용에 있어서도 매우 과도하고 준엄했다. 일본 제국주의 시대를 배경으로 했던 "순사(巡査)가 오면 울던 아이도 눈물을 뚝 그친다."는 옛말을 보더라도 경찰(警察)은 아이들에게조차도 무서운 존재라는 이미지를 풍겼다. 이런 일제 강점기에 무섭기만 했던 점령국의 앞잡이로서의 경찰의 이미지는 아직까지도 우리에게 각인되어 있다고 평가된다. 일본 경찰을 공격하면 이는 우리나라를 강점한 일본에 저항하는 가치 있는 행동으로 받아들여지는 것이 당시의 전반적인 사회분위기였고, 이러한 저항과 투쟁의 대상이 경찰이라는 이미지는 계속 이어져서 민주화 시대에 민주화를 주장하는 사람은 투사이고 그 외에 침묵하는 사람들은 비민주 또는 반민주적이라는 흑백논리가 한 시대를 풍미할 정도로 절정을 이루게 된다. 이때에는 정당성이 없는 군사정권을 비호하는 경찰을 공격하는 행위는 민주투사(民主鬪士)로써 영웅시되는 그런 시절이었다. 이것이 우리나라의 현재 경찰 이미지 형성에 아직도 앙금처럼 남아있다고 볼 수 있다.

〈표 2-1〉과 같이 일제경찰 조직표를 보면 총독부라고 하는 큰 조직 하에 헌병과 경무부를 두고, 경성총감부라고 말하는 오늘날의 서울시경찰청을 따로 두어서 순사와 헌병을 담당조직으로 치안유지를 하였다.

**표 2-1 ❙ 일본 식민지 당시의 경찰기구표**

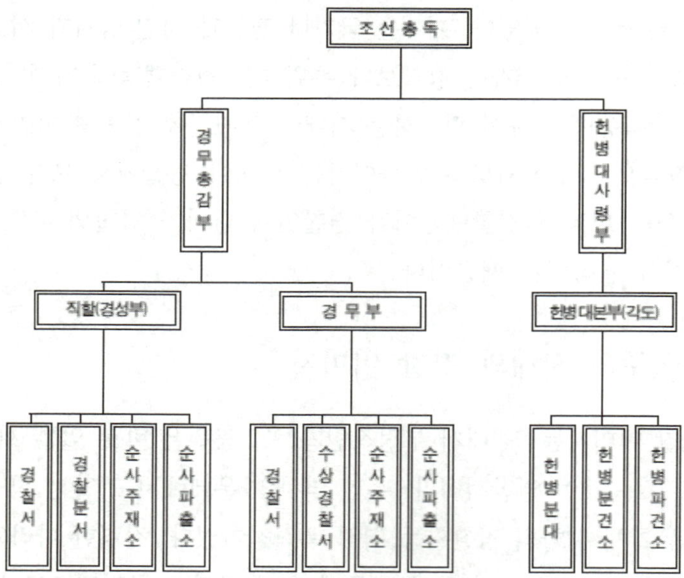


출처: 김민철, 일제 식민지배하 조선경찰사 연구, 1994.

그리고 일제시대의 경찰의 구성을 보면 상위 그룹의 경찰부장은 전부 일본사람이고 〈표 2-2〉의 합계를 보면 1910년대에는 조선인과 일본인의 숫자가 조선인 3,400여명 일본인 2,200여명으로 나타난다. 이것은 1943년 해방 전으로 가면서 일본 경찰은 15,000여 명이고 한국경찰은 8천여 명으로 1/2이 조금 넘는 수치를 보이고 있다. 식민지배가 길어지면서 일본인 경찰이 조선인 경찰보다 2배 가까운 비중을 차지하는 것을 알 수 있다. 실질적으로 보다 많은 일본경찰이 우리국민을 탄압했음에도 불구하고 일제시대 경찰에 대한 좋지 않은 이미지들이 일부 남아 있고, 해방 이후 70여년이 지난 대한민국 경찰에까지 좋지 못한 영향을 끼치고 있음은 안타까운 일이 아닐 수 없다.

**표 2-2 ❙ 경찰관의 계급별 · 민족별 구성**

| 구분 | | 1910 | 1915 | 1920 | 1923 | 1927 | 1932 | 1935 | 1940 | 1943 |
|---|---|---|---|---|---|---|---|---|---|---|
| 경찰부장 | 일본 | 14 | 14 | 13 | 13 | 13 | 13 | 13 | 13 | 13 |
| 경시 | 일본 | 32 | 28 | 37 | 40 | 41 | 48 | 48 | 62 | 77 |
| | 조선 | 15 | 9 | 12 | 14 | 11 | 9 | 9 | 9 | 8 |
| 경부 | 일본 | 167 | 165 | 360 | 369 | 322 | 338 | 339 | 394 | 482 |
| | 조선 | 101 | 92 | 125 | 105 | 95 | 86 | 87 | 89 | 75 |
| 경부보 | 일본 | - | - | 653 | 718 | 611 | 604 | 605 | 752 | 881 |
| | 조선 | - | - | 73 | 200 | 170 | 154 | 155 | 156 | 127 |
| 순사 | 일본 | 2053 | 2137 | 9451 | 12028 | 10131 | 10163 | 10227 | 12980 | 13307 |
| | 조선 | 3312 | 3127 | 7651 | 8160 | 7057 | 7913 | 7926 | 8572 | 7968 |
| 합계 | 일본 | 2266 | 2344 | 10515 | 13168 | 11129 | 11166 | 11232 | 14201 | 14969 |
| | 조선 | 3428 | 3228 | 7861 | 8479 | 7333 | 8162 | 8177 | 8826 | 8178 |
| 총 원 | | 5694 | 5672 | 18376 | 21,647 | 18482 | 19328 | 19409 | 23027 | 23147 |

출처: 김민철, 일제 식민지배하 조선경찰사 연구, 1994.

### (2) 해방 이후의 경찰 이미지

그 뒤 일본 식민지배로부터 갑작스럽게 벗어나게 되고, 미군의 점령 하에 군정(軍政)을 받게 되는데, 그 당시 경찰업무 담당부서는 경무부(警務部)로 경찰총수는 장관급 지위에서 경찰조직을 지휘할 수 있었다. 이러한 권력적 위상을 경찰이 가지게 된 것은 해방 후 혼란스러운 해방정국에서 질서유지(秩序維持)가 제일 중요하다고 정책당국이 판단하였기 때문에 가능했다. 하지만 일제시대(日帝時代)에 식민지경찰을 형성하던 일제경찰 부역자들의 상당수가 경찰조직에 여과 없이 진입하게 되었고, 이것은 폭압적이고 정권 비호적인 일제경찰 이미지와의 단절을 필요로 했던 시대적 요구와는 크게 벗어난 정책과오라고 평가된다.

미군정(美軍政)에 의한 국가체제 정비의 일환으로 경찰서비스(Police Service)를 강조하는 미국식 경찰제도가 소개되면서, 당시 우리나라 경찰은 '민중의 지팡이'라고 하는 슬로건에 걸맞게 경찰서비스와 질서유지를 강조하는 시기를 맞게 되었다. 국내 정세가 조금 더 안정이 되자 경찰업무의 위상이 낮게 평가된 결과, 내무부 조직 내로 들어가서 치안국(治安局)이 되고 말았다. 이것은 내무부 속의 하나의 부서(국 단위)가 되는 것으로 과거 경무부와 내무부가 대등한 위치에 있다가 내무부 소속의 치안국장 역할을 수행하면서 경찰조직의 위상이 축소되는 시절이었다. 그 뒤 6.25 전쟁이 반발되어 북한군과의 전투에 전투경찰대가 나가게 되는 시대상황을 접하게 된다. 이른바 호국경찰의 시대를 맞게 된 것이다.

해방이 되면서 경찰 이미지 변화에 획기적인 기회가 될 수 있었던 것은 새로운 정부의 출현이었다. 하지만 가장 커다란 아쉬움이 남아 있는 대목은 바로 이승만 정부의 치안정책의 부재였다. 이승만 정부는 해방이 되면서 초대 정권으로서 사실상 패망한 일본으로부터 모든 국가의 통치 권력을 갑자기 넘겨받는 역할을 한다. 실질적으로 그러한 역할의 상당부분을 수행하였던 게 당시 경찰조직이고, 경찰인력의 적지 않은 부분은 일제시대 경찰업무를 하였던 유경험자들로서 그들이 그대로 독립국가가 된 대한민국의 경찰로 그대로 재직할 수 있는 길을 열어두었던 것이다. 해방 전후사에 있어서 일제의 잔재를 청산하지 못한 정치적 유산이 그대로 경찰조직에서도 나타나게 된 빌미를 제공한 셈이다.

### (3) 대한민국 역대 정부와 경찰 이미지

이렇게 일제의 잔재를 청산하지 못한 경찰조직은 이승만 정부의 정치권력 유지를 위하여 정치적 색깔을 그대로 드러내는 오류를 범하였고, 급기야 3.15 부정선거에 연루되고 시민, 특히 학생중심의 4.19 혁명세력이 주장하는 척결대상의 하나로 등장하게 된다. 정부수립 이후 일련의 과정들은 일그러진 경찰 이미지의 회복을 불가능하게 하고 있었다. 경찰은 일제로부터의 나쁜 고리를 끊지 못하였을 뿐만 아니라 독재정권과 부정선거를 비호한 조직으로 단죄되고 척결되어야 할 대상으로 남게 된 것이다.

1961년에는 5.16 군사정변이 일어나고 결과적으로 박정희 정부가 들어서게 된다. 초기에는 군사혁명위원회로 시작하여 상당히 많은 부정부패를 척결하였고 경찰 역시 당시 남북 간 체제경쟁과 대남도발의 시대상황을 반영하여 정보(情報)나 대공(對共)을 확대하여 간첩이나 대남혁명조직 색출작업에서 역할을 강화하였다. 결과적으로는 시민생활의 안전이라는 민생치안의 이미지로부터는 동 떨어지게 되는 계기가 되었다.

1979년에는 박정희대통령 시해사건인 10 · 26 사태가 일어나서 박정희 정부가 순식간에 무너지고 민주화의 봄을 맞이하게 됨으로써, 6 · 29 선언이라고 하는 노태우 대통령 후보자의 대통령직선제 수용의 대국민 항복 선언을 함으로써 민주화의 불길을 더욱 거세게 만들었다. 이때 정권차원의 판단과 맥을 같이하던 경찰은 대통령 간선제를 내용으로 하는 당시 헌법질서의 수호, 헌법을 지키겠다는 의미의 호헌(護憲)이라는 정부입장에 서서 시민 중심의 호헌철폐운동을 불법시위로 규정하고 차단하고자 하였다. 경찰은 본질적으로 질서유지를 위한 국가기관이기 때문에 어쩔 수 없는 법집행이었다고 할 수도 있었지만, 시민과 역사로부터 민주화에 역행하는 집단으로 매도되는 상황에 처하는 불행한 시기였다.

1991년에는 우리나라 경찰 역사상 획기적인 사건이 일어났으니, 바로 경찰조직이 과거 내무부 치안본부에서 현재의 행정안전부의 외청(外廳)으로 독립하게 된 것이다. 법무부 검찰청과 같은 차원의 행정안전부 경찰청(警察廳)으로 새롭게 자리매김한 것이다. 하지만 이러한 조직상의 독립에도 불구하고 최근까지도 국가경찰위원회의 실질적 권한이나 경찰청장의 경찰조직 운영상의 정치적 중립성과 독립성은 국민의 기대에 비해 그다지 크게 개선되지는 못하고 있다는 평가가 여전하였다.

2022년 7월에는 행정안전부에 경찰국을 설치하는 문제로 경찰과 정치권이 큰 홍역을 치르는 일이 있었다. 행정안전부는 수사권 조정으로 권한이 늘어난 경찰권에 대한 통제 필요성과 책임장관제 실시에 따른 실질적인 인사제청권 행사라는 명분으로 추진하였으나, 이에 반발하여 전국경찰서장회의가 강행되었고 경찰청은 적극 참가자들에 대한 인사조치로 대응하는 등 강대강의 구조로 맞붙었다.

대한민국 수립 이후 역대 정부는 경찰권 개입을 통해 경찰의 독립성과 중립성을 위협했고, 결국 국민의 비난은 고스란히 경찰이 감내해야 했다. 자유당 정부, 군사정부, 문민정부에 이르기까지 경찰을 정치적으로 이용하려는 시도는 끊이지 않았다. 1991년에 경찰법을 제정하고 경찰청을 독립 외청(外聽)으로 두고, 이를 국가경찰위원회가 통제하도록 한 경찰법 설계는 정치경찰의 폐해와 결별하고자 한 국민적 합의다. 집권을 이유로 불쑥, 선거로 선택 받은 대통령이 임명한 장관이 경찰을 통제해야 하고, 그것이 '국민에 의한 민주적 통제'라고 보기는 어렵다.

경찰에 대한 견제는 분명 필요하다. 모든 국가권력에 대해 견제와 균형의 원리는 예외 없이 작동하는 게 맞고, 우리도 미흡하지만 그렇게 해왔다. '경찰의 독립' 주장이 어떠한 통제도 받지 않는 무소불위의 권력을 추구한 게 결코 아니다. 경찰이 통제 받지 않는 권력으로 독립된 나라는 세상 어디에도 없다.

경찰통제의 방식은 다양하다. 역사적 경험에 비추어보면 입법부 · 사법부 · 행정부에서 추천한 각각 3인의 시민대표들이 위원회 방식으로 의사를 결정하도록 하는 통제방식이 가장 우리 현실에 가깝다. 대통령제를 채택하고 있는 우리나라는 여전히 대통령을 중심으로 과도하게 집중된 권력으로 인한 폐해가 극심하기 때문이다. 대통령이나 장관의 판단도 국가와 국민을 위한다는 측면에서 어련하겠으나, 다양한 배경을 가진 균형 잡힌 사고를 지닌 국민의 대표들로 구성된 위원회 방식의 경찰권 통제장치는 소수의 불통과 독단의 리더십에서 오는 위험을 줄일 개연성이 훨씬 크다.

### (4) 소결

지금까지 살펴 본 것처럼 우리나라 경찰의 역사는 우리나라의 역사만큼이나 굴곡진 시간을 겪어왔으며, 그만큼 왜곡된 이미지는 지금까지도 돌이키기 쉽지 않은 지경에 이르게 되었다. 바로 이와 같은 맥락에서 왜곡되어 온 좋지 않은 이미지를 어떻게 불식할 것인가에 대해 대한민국 구성원 모두가 보다 많은 관심을 가져야 할 것이다. 경찰 이미지는 곧 대한민국의 이미지와 직결된다는 생각을 전제하고, 우리 젊은이들은 앞으로 대한민국의 미래로서 세계를 파트너 삼아 보다 큰일을 해야 할 그런 세대인 만큼 바람직하지 못하게 왜곡된 경찰 이미지가 있다면 이를 바로잡고 또한 있는 그대로의 진실을 바라볼 줄 아는 태도와 능력이 그 어느 때보다도 필요한 때다.

# 제2장 경찰 이미지 형성의 영향요소

경찰 이미지와 관련된 예를 하나 들어보자. 우리는 스마트폰이나 첨단 전자제품을 많이 사용하고 있데, 이러한 제품에 고장이 발생한 경우에는 보통 제조사의 A/S 센터를 이용하게 된다. 가까운 A/S센터를 안내 받게 되고, 그곳에서 정해진 절차를 통해서 제품 수리를 받게 되는 것이다. 다시 일상으로 돌아와 A/S 받은 사실을 잠시 잊고 지내고 있는데 며칠이 지나서 한통의 전화가 온다. "고객님 제품수리를 받으셨는데 만족하십니까?" 그리고 "고객님을 대하는 직원의 태도에는 만족하십니까?" 등과 같은 질문을 받게 된다. 대개는 서비스 만족 여부에 대해 회사로부터의 전화를 받고 깜짝 놀란다. 이러한 예는 민간부분에 있어서의 서비스의 수준이 얼마나 고객감동을 얻고자 하는지를 우리에게 보여준다.

우리나라 서비스 산업의 수준은 이제 세계시장에서도 인정받을 정도로 유명하다. BTS 등 아이돌 연예기획사가 주도하는 K-POP 열풍을 굳이 언급하지 않더라도, 우리나라의 민간기업의 서비스는 이제 세계적 수준으로 높아지고 있다. 동사무소에 필요서류를 발급받으러 가면 예전에 비해 동사무소의 인테리어가 산뜻하게 바뀌었다는 것을 금방 느낄 수 있다. 주민센터로 명칭도 바뀌었으며 그곳에 들어가면 사람들을 대하는 분위기도 과거에 비해 상당히 친절하다는 것을 경험할 수 있다.

이에 비해 신호위반이나 과속 등 여러 가지 이유로 경찰관서와 통화하거나 경찰서에 직접 가본 경험이 있을 것이다. 경찰서에서 "출두해 달라."는 고지서를 받으면 일단 마음이 편하지 않은 것은 대개의 사람들이 느끼는 감정이다. 경찰관서를 찾아가고 담당자를 만나는 것조차도 꺼려지고 어렵다고 생각한다. 경찰관련 업무라는 것이 본질적으로 나에 대한 규제(規制)나 제재(制裁) 등을 주요내용으로 하고 있기 때문에 마음도 무겁고 즐겁지 않은 게 사실이다. 이에 비해 앞에서 본 고장 난 스마트폰 등과 관련해서는 고장이 난 것을 고쳐야 하는 나의 개인적 고충을 이들이 도와준다는 입장에서 보게 되므로 먼저 감사하다는 마음을 갖게 되는 것은 당연하다. 그런 면에서 경찰관서를 방문할 때에 비해 민간 서비스 기업을 방문할 때 우리가 갖게 되는 마음은 상대적으로 편안하다고 할 수 있다.

양자를 같은 평면에서 비교해 보면, 경찰관서를 간다는 것은 기본적으로 자신에게 금지와 명령을 강제하는 업무와 관련된 것이고, 민간서비스 회사에 가는 경우에는 자신의 불편이나 고충을 해결해주는 업무라는 점에서 그 일을 대하는 우리의 마음가짐에서부터 출발점이 다를 수 있다. 이러한 측면에서 경찰업무는 일정부분 상대방에게 만족도 평가가 제한적일 수 있다는 특질을 갖는다. 물론 경찰업무에는 시민의 고충을 도와주는 기능도 많다. 어려운 상황에서 자신을 도와 준 경찰관에게 감사한 마음을 전하는 훈훈한 이야기가 종종 전해진다. 그렇지만 우리 마음속에 우리가 경험했던 과거의 좋지 못한 기억들을 깨끗하게 없애 버리기에는 아직 시간이 좀 더 필요한 것 같다.

## 1. 고객

요즘 일반인이 일상적으로 사용하는 말 가운데 하나이긴 하지만, 경찰이 사용하는 말 중에는 과거와 비교하면 놀라울 정도로 생소한 말이 있다. 경찰이 사용하는 "고객(顧客)"이란 말이 점점 늘어나는 것이다. 고객(Customer)라는 말은 민간기업체에서는 "상점 따위에 물건을 사러 스스로 찾아오는 손님"이라는 뜻으로 사용한다. 자신의 필요에 의하여 스스로 판단하여 재화나 서비스를 구하고자 찾아오는 손님이 바로 고객인 것이다. 고객은 기업을 살리고 기업에 종사하고 있는 모든 종업원을 살리며, 또한 그 종업원이 부양하는 가족 모두를 살린다. 이런 의미에서 국민경제와 국가경제 전체의 근간이 된다. 이것이 바로 고객이다. 그런데 경찰과 같이 국민에게 국가가 강제로 세금을 징수하고 그 세금을 기반으로 급여를 제공받는 공무원들이 고객이란 말을 사용한다는 것은 상기의 개념 본질적(概念 本質的) 입장에서는 약간의 어색함이 묻어나는 표현이기도 하다. 피상적으로 경찰서비스의 제공대상으로서의 국민을 고객이라고 칭하는 면이 강하다.

이런 본질적인 의구심을 떠나 시민들에게 좋은 치안서비스는 제공되어야 하고 또 서비스의 중심에는 항상 고객이 있어야 하며, 고객만족이 서비스의 목표가 되어야 함은 아무리 강조해도 지나치지 않다. 그런 측면에서 경찰관의 인식을 민간기업체 수준의 '고객'이라는 용어의 함의(含意) 수준으로 끌어 올리려는 노력의 일환으로써 '고객'이란 용어를 쓴다고 하는 것은 경찰행정에 있어서 마땅한 일이면서도 가히 '참신하다'라고까지 평가할 수 있다.

## 2. 국가고객만족도

'고객'이란 말과 함께 많이 사용되는 것이 '고객 만족도'라는 표현이다. 종래에는 경찰에게 경찰관서에서 법집행 및 경찰서비스와 관련된 어떠한 일을 마친 시민이 결과적으로 불편함을 느꼈든지 혹은 그렇지 않았든지 간에 그것은 그 시민이 무언가를 잘못하였기 때문에 경찰서에 와야만 했으며, 자신의 입장을 소명하고 돌아가는 것은 단순한 그의 의무에 지나지 않았다. 그러한 의무의 이행에 있어서 시민이 느끼는 일부 불편함과 고충은 단순히 그가 당연히 감내해야할 그의 몫일뿐이었다. 하지만 이제는 경찰에서도 이유가 어떠하든 방문한 모든 국민에 대해서 만족도가 어떻게 되는지에 대해 많은 관심을 갖고 있으며 만족도 향상에 노력하고 있다.

이것은 문민정부가 들어선 다음에 구체화된 여러 가지 획기적인 행정서비스 개선노력의 결과다. 요즈음은 모든 국가행정기관들이 국민을 상대로 고객만족도 조사를 하고 있으며, 경찰청 역시 예외가 아니다. 그래서 일반 행정안전부, 기획재정부, 국토교통부 등과 같은 여러 가지 기관들이 제공하는 행정서비스에 대한 만족도를 시민들이 평가하듯이 경찰서비스에 대한 시민들의 평가도 이런 차원에서 이루어지고 있다.

행정서비스에 대한 국가고객만족도(NCSI, National Customer Satisfaction Index)는 실제로 국민들에게 제공되는 행정서비스에 대한 시민만족의 정도에 관하여 국가에서 조사가 이루어지고 있다. NCSI(국가고객만족도) 조사는 매년 이루어지고 있는데, 이 자료의 의미를 정확히 하려면 조사대상 기관의 서비스 수준의 절대량 비교수치와, 전년 대비 당해 연도의 서비스상승률(上昇率)을 구별해서 보아야 한다는 점이다. 간혹 일반적으로 서비스 수준이 높다고 하는 삼성전자나 LG전자와 비교하면서 다른 행정관청인 우체국, 상수도서비스, 전력공사, 세무행정보다 경찰이 높은 만족도를 보이는 것으로 표시되기도 하는데, 이는 서비스 만족도의 기관 간 절대량의 단순비교가 아니라 각각의 기관의 서비스만족도의 전년 대비 상승률 비교인 경우가 있다. 예를 들어 국민소득이 1,000불 되는 A국과 10,000불 되는 B국의 경제성장을 상승률을 중심으로 살펴보면, A국이 국민소득이 1,000불이 늘어 2,000불이 되면 100%성장 하는 것이지만 B국의 국민소득이 같은 정도인 1,000불이 늘어났다면 10% 밖에 성장하지 못했다고 볼 수 있는 것이다. 이때 상승률의 단순비교는 A국이 B국에 비해 상승률에 있어서는 10배나 높은 수준을 나타내게 된다. 마찬가지로 삼성전자와 LG전자의 기존의 서비스 만족도가 매우 높았기 때문에 같은 수준의 서비스 만족도가 상승하였다고 하더라도 그 전년 대비 상승률(%)은 상대적으로 낮게 나타나게 된다. 설혹 관련 자료에서는 이들 민간기업이 서비스 만족도에 있어서 30% 정도의 성장률에 불과하지만 서비스 만족도의 절대량 비교에 있어서는 오히려 높은 만족도를 보인다. 상대적으로 경찰에 대한 고객만족도는 과거에 절대치가 너무 낮았기 때문에 최근 들어 많은 대국민 홍보활동과 적극적인 대민서비스 개선을 통해 만족도를 높임으로써 그 전년 대비 성장률(%)에 있어서는 비교적 높은 비율로 상승하였다고 해석할 수 있다. 때문에 상승률로 보자면 경찰은 100%의 성장률에 가까워지지만 삼성전자나 LG전자는 그보다 낮은 30% 정도의 성장률에 그치는 것으로 나타날 수도 있는 것이다.

서비스 만족도의 절대적인 수치가 서비스 간의 우열을 절대적으로 나타낸다고 할 수는 없다는 점도 유의하여야 한다. 민간기업 서비스와 국가행정 서비스는 서비스의 성격 면에서 그 질적 차이를 가지고 있기 때문이다. 민간기업의 서비스를 이용할 때와 국가행정 서비스 특히 경찰서비스를 이용하게 될 때에는 서비스 이용자의 입장에서는 그 상황이나 마음가짐이 애초부터 다르다고 볼 수 있다. 전자제품을 많은 돈을 주고 샀는데 고장이 났다면 언짢은 마음으로 서비스를 요구하게 되지만, 이러한 민간기업의 서비스를 받은 후에는 마음이 풀리게 마련이다. 좋지 않은 상황에서 이런 상황을 개선(改善)하려는 서비스의 결합으로 인해 보다 좋은 상황으로 변하는 적극적 형태를 띠고 있기 때문이다.

이에 반해 경찰서비스를 이용할 때는 우선 스스로의 자유로운 의사에 의해 이용하는 경우보다는 어쩔 수 없는 주변상황에 의해서이거나 법적 의무를 이행하기 위해서 이용하는 경우가 더 많을 뿐만 아니라, 상황의 변화 역시 좋지 않은 상황에서 명령하고 강제하는 수단을 통해 상황을 변화시켜가긴 하겠지만, 변화된 상황이란 고작 법적 절차의 진행이나 법적 판단의 확정 등의 소극적 변화에 지나지 않은 경우가 많기 때문이다. 예를 들어 경찰서비스의 경우 "피해자 진술을 다하셨으면 우리가 상대방의 진술을 마저 듣고 검토해서 다시 연락드릴 테니까 오늘은 이만 돌아가세요."라는 응대를 접하고, 아니나 다를까 시간이 지나고 나더라도 피해자에게 일방적으로 유리한 판단보다는 쌍방에게 적정한 수준에서 결정이 나는 경우와 같이 결과적으로는 양자 모두가 경찰서비스에 만족하지 못하는 마무리로 이어지는 경우가 더 많다. 이런 식의 경찰서비스가 제공되다 보니 시민의 기본적인 마음가짐 자체가 달라서 민간기업 서비스와 경찰서비스를 하나의 동일한 평면에 놓고 그 만족도의 절대수치를 단순 비교하는 것 자체는 무의미하다고 할 수 있다.

하지만, 이렇게 단순한 수준의 전년대비 상승률 비교에 그치더라도 과거에 비해 이젠 국가가 시민의 입장에서 만족도를 최우선으로 하여 국가고객만족도(NCSI) 조사를 하고 있다는 것 자체만으로도 자유민주주의 국가에 살고 있는 개인으로서 국가의 관심과 보호를 받고 살고 있구나 하는 자존감과 시민을 위한 경찰의 존재의의를 재삼 확인하는 차원에서 본다면 상당히 고무적인 일로 평가할 수 있다.

## 3. 경찰력 증원과 기술집약적 경찰인력 정책

경찰서비스에 대한 고객만족도를 높이는 방법 가운데 하나로, 2018년 12월 말 현재 11만 8천명 남짓한 경찰인력을 최고 15만~20만 명 수준으로 매년 단계적으로 높이는 방안을 생각할 수 있다. 경찰인력을 조금 늘려서 경찰관의 숨통을 조금이라도 터준다면 경찰서비스에 대한 시민 만족도가 아무래도 현재보다는 나아질 수 있지 않을까 하는 기대 때문이다. 1인의 경찰관이 담당하는 국민의 수(경찰관 1인당 담당인구)가 선진국의 300명 수준인 경우와 우리나라의 현행 437명 수준(2018년 기준)인 경우를 비교한다면, 그 업무를 수행하는 경찰관이 시민을 대하는 근무태도부터가 다를 것임은 쉽게 예견할 수 있다. 물론 이와 같이 획기적으로 경찰관의 숫자를 늘리는 것은 국민이 세금을 더 많이 부담하여야 하는 문제 때문에 국가적으로 부담이 되겠지만, 필요인력을 현실적으로 조금씩이라도 늘려가는 것은 절실히 요구된다. 세계적인 불황과 높은 실업률을 감안하더라도 국가적인 고용창출의 수단으로 공무원 증원을 고려하는 일본정부의 정책을 참고한다면, 경찰력의 필요불가결한 인원증원은 보다 적극적으로 고려해 볼 필요가 있다. 공무원 채용시험 중에서도 경찰만큼 단일조직 공무원 채용시험으로 매년 3천 명 에서 5천 명씩 뽑는 경우는 없다. 이러한 맥락에서 경찰이 되기를 선호하는 수험생들이 대단히 많은 것은 더 이상 놀라운 일이 아니다.

우리나라의 경찰인력 관련자료 통해 경찰관 및 1인당 담당인구수의 변화를 살펴볼 필요가 있다. 우리나라 경찰인력 수급상황이 어느 정도 개선되고 있는가 혹은 경찰관 1인당 담당국민을 몇 명 수준으로 유지하고 있는가를 본다. 담당인구 숫자가 줄어들면 좋은 쪽으로 개선되고 있다 볼 수 있고, 반대면 점점 악화되고 있다고 평가할 수 있다. 〈표 2-3〉에서 보는 바와 같이, 경찰관 1인당 담당인구가 2006년에는 504명이지만, 14년이 지난 2020년 통계를 보면 411명으로 93명 감소한 것으로 나타난다. 단순 수치만 비교해 보면 점점 더 경찰이 담당해야할 시민의 숫자가 줄어드는 셈이다. 적어도 양적인 측면에서는 그만큼 경찰관의 업무가 과거에 비해 가벼워지고 있는 것으로 해석할 수 있다.

하지만 통계에 나타난 2006년 당시의 경찰환경과 2020년 현재의 경찰환경은 질적으로 완전히 다른 양상으로 나타나고 있음을 간과해서는 안된다. 세칭 '묻지마' 범죄(무동기 범죄), 아동학대 및 아동대상 성범죄, 은둔형 외톨이 범죄, 국제적 조직범죄, 사이버 범죄 등 새로운 경찰환경을 헤쳐 나가야 할 경찰인력의 숫자는 단지 숫자에 불과할 수 있다. 이미 경찰은 종래와 같이 단순한 노동집약적 경찰력 운영에서 벗어나 과학기술의 혜택을 범죄와의 전쟁분야에서도 활용하는 과학치안으로의 새로운 길을 걷고 있다. 이제는 새로운 기술집약적 경찰력 운영이라는 경찰정책으로의 전환이 이루어지고 있음을 주목할 필요가 있다.

**표 2-3 ┃ 경찰관 및 1인당 담당인구변화**

| 연도 | 2006 | 2007 | 2008 | 2009 | 2010 | 2011 |
|---|---|---|---|---|---|---|
| 경찰관 | 97,782 | 99,554 | 97,732 | 99,554 | 101,108 | 101,239 |
| 1인당 담당인구 | 504 | 498 | 504 | 498 | 492 | 501 |

| 연도 | 2012 | 2013 | 2014 | 2015 | 2016 | 2017 |
|---|---|---|---|---|---|---|
| 경찰관 | 102,386 | 105,357 | 109,364 | 113,077 | 114,658 | 116,584 |
| 1인당 담당인구 | 498 | 485 | 469 | 456 | 451 | 444 |

| 연도 | 2018 | 2019 | 2020 |
|---|---|---|---|
| 경찰관 | 118,651 | 122,913 | 126,227 |
| 1인당 담당인구 | 437 | 422 | 411 |

출처: 사이버경찰청, 경찰통계자료, 2022. 8. 11. 검색.

## 4. 민간경비 등 사회적 치안인프라 적극 활용 정책

이러한 경찰인력의 부족으로 인한 치안부재를 일부 해소해 주고, 경찰과 함께 범죄예방이라는 치안업무를 민간인 신분에서 직업적으로 하고 있는 사례를 민간경비 산업(Private Security Industry)에서 쉽게 찾아 볼 수 있다. 민간경비 등 우리사회가 가지고 있는 치안인프라를 적극 활용하는 정책은 경찰조직의 개방성과 경찰정책의 융합적 사고의 확장이라는 측면에서 경찰활동의 효율성과 경찰 이미지 개선에 긍정적 효과를 가져올 것으로 판단된다.

경찰의 국가 · 사회적 치안자원 총동력 전략 수립에 있어서는 먼저 민간경비산업 분야에 종사하는 민간경비원이 현재 어느 정도의 규모인지 살펴볼 필요가 있다. 〈표 2-4〉와 〈표 2-5〉에서와 같이 민간경비업체는 민간경비원과 더불어 매년 늘어나는 추세임을 알 수 있다. 또한 2008년에서 2020년에 이르기까지 경비업을 영위하는 법인 수(업체 수)는 완만하게 증가하는 경향을 확인할 수 있다.

**표 2-4 | 민간경비업체 및 허가업종 현황**

| 구분 | 업체 수 | 업종 계 | 시설경비 | 호송경비 | 신변보호 | 기계경비 | 특수경비 |
|---|---|---|---|---|---|---|---|
| 2008 | 3,048 | 3,628 | 2,923 | 51 | 446 | 146 | 62 |
| 2009 | 3,270 | 3,906 | 3,144 | 50 | 489 | 139 | 84 |
| 2010 | 3,473 | 4,151 | 3,351 | 52 | 514 | 140 | 94 |
| 2011 | 3,651 | 4,381 | 3,529 | 45 | 540 | 152 | 115 |
| 2012 | 3,836 | 4,556 | 3,718 | 41 | 527 | 148 | 122 |
| 2013 | 4,077 | 4,822 | 3,971 | 42 | 525 | 145 | 139 |
| 2014 | 4,287 | 5,040 | 4,184 | 40 | 538 | 139 | 139 |
| 2015 | 4,449 | 5,203 | 4,338 | 38 | 540 | 146 | 141 |
| 2016 | 4,570 | 5,337 | 4,456 | 42 | 548 | 146 | 145 |
| 2017 | 4,321 | 5,193 | 4,342 | 39 | 525 | 148 | 139 |
| 2018 | 4,542 | 5,461 | 4,528 | 41 | 600 | 149 | 143 |
| 2019 | 4,502 | 5,324 | 4,420 | 37 | 583 | 145 | 139 |
| 2020 | 4,438 | 5,265 | 4,355 | 29 | 603 | 146 | 132 |

출처: 사이버경찰청, 경찰통계자료, 2022. 8. 10. 검색.

반면 민간경비업체 수의 증가도 민간경비 산업분야에서 매우 중요한 항목이지만 더욱 중요한 것은 종사하는 인력규모라고 할 것이다. 2020년 말 기준으로 경찰인력이 12만6천여 명으로 집계가 되어있는 반면, 〈표 2-5〉에서와 같이 2020년 민간경비원의 숫자는 16만 4천여 명에 달한다. 우리나라 전체의 치안수요를 감안할 때 치안서비스 공급과 관련된 일에 종사하는 치안부문 인적자원은 경찰과 민간경비의 총합으로 29만여 명에 달하는 것으로 파악된다. 치안서비스 공동생산 내지 공동체 치안의 협력자 규모가 공공부문은 물론 민간분야에 있어서도 골고루 증가하고 있음을 알 수 있다.

민간경비의 성장 · 발전에 대하여 경찰조직 내에서는 결코 우호적이지 않은 비중이 적지 않은 것도 사실이다. 하지만 범죄예방과 생활안전 분야, 교통 분야, 기타 민간경비산업에서 특성화된 분야에 대한 적정한 사무배분을 전제한 업무분장은 자치경찰제의 시행과 관련하여 보다 적극적으로 수용할 필요가 있으며, 경찰업무의 전문성을 보다 높이기 위해서라도 적극적으로 검토하여야 할 것이다.

**표 2-5 ▌민간경비원 현황**

| 연도 | 2015 | 2016 | 2017 | 2018 | 2019 | 2020 |
|---|---|---|---|---|---|---|
| 경비원 수 | 153,767 | 147,049 | 156,066 | 158,020 | 157,774 | 164,014 |

출처: 사이버경찰청, 경찰통계자료, 2022. 8. 10. 검색

## 5. 조직적 · 인적 · 환경적 특성, 정책참여 기회 및 언론 관계

경찰조직의 특성에 비추어 보았을 때에도 경찰행정의 비밀주의 등 시민에 대하여 공개적이지 못하고 비밀 · 보안유지 등의 분위기 때문에 경찰조직은 시민들에게 무언가를 숨기며 쉬쉬하는 것으로 인식되게 되므로 경찰에 대한 이미지가 좋아지는 데에는 조직특성상 일정한 한계가 있다.

경찰관 개개의 인적 특성에서도 권력 지향적이거나 권위주의적인 경향을 띠는 경우가 많다. 경찰행정의 특수성이라고 할 수 있는 책임성, 위험성, 긴급성, 예측불가능성 등으로 인하여 경찰업무에 종사하는 사람으로서의 시민 친화적이기 보다는 오히려 권위적인 태도를 취할 경향이 상대적으로 높다. 따라서 고객 눈높이의 말투와 고객 만족의 목표를

지향하는 경찰이미지 형성에는 일정한 한계가 있을 수 있다.

출생배경, 성별, 나이, 거주지, 교육, 직업. 등 개인 환경적 특성도 이미지 형성에 영향을 준다. 만약 경제적으로 궁핍하게 살아갈 경우 소득이나 여러 가지 여건 상 생활이 어렵고 힘이 든다. 마찬가지로 직업이나 교육적 측면에서 보았을 경우에도 어떤 특정 이미지를 형성하는데 영향을 주는 것은 개인 환경적인 특성이 있을 수 있다.

경찰정책 형성과정에의 참여 여부 및 참여 가능성 역시 이미지 형성에 영향을 준다. 경찰서 단위로 이루어지는 시민의 참여기회는 정책집행과 평가를 통해 환류되어 가는 과정에서 참여자들은 경찰정책의 전반에 대한 호감을 가질 수 있다. 경찰행정에 대한 주민참여라고 하는 것은 굉장히 중요하다. 경찰업무상 특성이면서도 이미지 평가에 있어서 부정적 요소라고 볼 수 있는 비밀주의, 자기들만의 결속, 배타성 등을 모두를 해결 할 수 있는 것이 바로 시민참여다. 참여를 통하여 국민과 경찰이 서로에게 다가설 수 있고, 나아가 지역사회 범죄문제와 관련된 여러 가지 정보들을 공유할 수 있다면 열린 조직으로서의 이미지 형성에도 도움이 될 것이다.

그림 2-1 ❙ 경찰과 언론의 관계

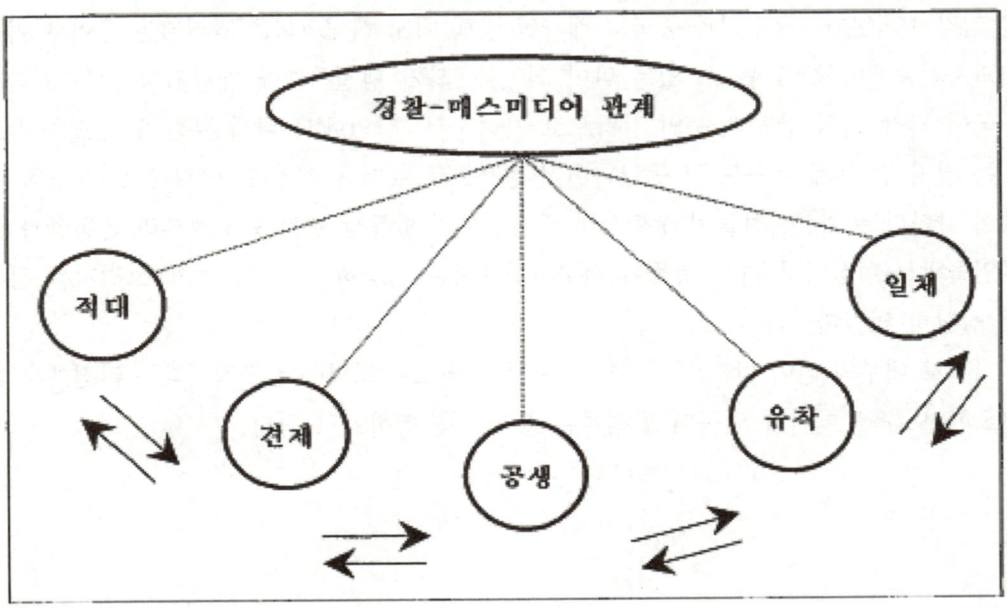


출처: 김양현, 2004: 19.

언론과의 관계도 중요하다. 경찰에게 언론은 불가근불가원(不可近不可遠)의 존재이다. 경찰이 결코 가까이 하기도 어렵고 멀리 하기도 어려운 관계가 바로 언론관계이다. 실제로 경찰과 언론의 관계는 공생관계에 있다고 볼 수 있다. 중요한 사건사고에 대한 취재원을 제공하는 현장이 경찰서나 사건사고 현장이다. 경찰 역시 언론매체를 통해서 범죄자 공개수배나 유사 범죄의 예방을 위해 주의신호를 보낼 수 있다. 특정 사건에 대해 시민여론을 상기시켜 주는 것 역시 경찰이 도움을 받는 것이다. 〈그림 2-1〉에서 보는 바와 같이 경찰과 언론은 일체 내지 유착관계와 견제 내지 적대관계라는 양극 사이에서 끊임없이 오고가는 진자운동을 하고 있는 것이다.

## 제3장 경찰 이미지 결정요인

철의 장막(iron curtain, 鐵 帳幕)이나 죽의 장막(bamboo curtain, 竹 帳幕)이란 말은 각각 1940년대 구소련과 중국의 배타적 정책 내지 폐쇄정책을 가리키는 용어로 이젠 백과사전에서나 찾아 볼 수 있는 말이 되었다. 과거 냉전시대에 개방되지 않은 소련과 중국이 각각 철의 장막과 죽의 장막으로 가려져서 그 안에서 대체 무슨 일이 벌어지고 있는 건지 전 세계 누구도 잘 몰랐다며 상징적으로 표현을 해왔다. 이렇다 보니 영화 속에서 나타나는 소련사람들의 생활상과 소련정부의 활동상 또는 중국정부의 활동상과 중국인들의 생활상이라 하는 것들이 서구사회에서는 굉장히 우스꽝스럽게 그려지는 경우가 상당히 많았다.

경찰도 내부의 일이 밖으로 새어나가는 것을 극도로 회피하는 조직이라는 관점에서 불필요한 오해와 이미지 왜곡이 발생하는 불이익을 당하기도 한다.

## 1. 경찰영화 속에 그려지는 이미지

한국영화에서도 경찰 캐릭터가 자주 등장한다. 대부분의 한국영화에서 그려지는 우리나라 경찰의 모습은 상당히 희화적(戱化的)이다. 등장인물 가운데 경찰로 나오는 인물은 지나치게 익살맞거나 우스꽝스럽게 묘사되고, 비열하거나 탐욕적이기도 하다. 계급이 높을수록 고지식하거나 폭력적인 경우가 대부분이다. 경찰서장들은 성격(personality)이나 리더십(leadership)이 수준 이하로 그려진다. "범인을 잡아오지 못하면 내 모가지가 날아간다."라며 폭력을 행사하거나, "너 죽고 나죽자."식의 과격행동을 하기도 한다. 이렇게 작가들이 상상해 내는 경찰의 이미지는 현실과 상당히 동떨어져 있다. 물론 권력을 갖지 않은 예술인이 현실 권력을 가진 자에 대한 나름대로의 과장된 자기식 표현이라고 이해할 수는 있지만, 일정부분 경찰이라는 집단은 영화 속에서 경찰집단 내에서만 결속을 다지고, 자신들만의 유니폼을 입고 다니며 비밀을 엄수하고 소외가 되어서도 충성하고, 주위환경에 대해서 냉소하는 자세를 취하는 인물이 대부분이다. 물론 비장미 넘치는 주인공을 제외하고는. 이런 이미지 왜곡에 대하여는 작가 개인의 사실적 경험도 있겠지만 경찰관련 정보와 이미지를 가져다주는 각종 매체의 유형에 의해서도 영향을 받는다.

## 2. 정보 유형별 영향력

갈트너(Gartner)는 이미지 형성의 과정에 있어서 같은 정보 내용일지라도 그것을 전달하는 매체 유형별로 서로 다른 신뢰성과 영향력을 가진다고 보았다. 〈표 2-6〉에서 보는 바와 같이, ① TV, 라디오, 브로셔 등과 같은 일반적 광고매체의 광고내용은 신뢰성에 있어서 낮다고 보았다. 하지만 비록 신뢰는 하지는 않지만 시장침투력으로 표현되는 영향력에 있어서는 높다고 보았다. ② 인터넷을 통한 홍보내용은 신뢰성은 낮거나 보통이지만 노출이 많이 될수록 사람들은 긍정적으로 인식하는 경향이 있으며 ③ 관광기관으로부터 어떤 홍보물을 받으면 그 내용은 신뢰성이나 영향력 둘 다 보통이라고 보았다. ④ 일반적 광고매체를 통해 유명인이 출연한 간접 홍보내용은 당해 연예인의 팬들은 신뢰할 수 있을지 모르나 일반적으로 그 신뢰성은 낮거나 보통 수준에 머물며, 노출성이나 광고

빈도에 따라서 시장침투력 즉 영향력에서는 높을 수 있다고 보았다. ⑤ 지명도가 있는 사람의 글 또는 기사를 통한 홍보내용 역시 신뢰성이나 영향력은 둘 다 보통이라 볼 수 있으며 ⑥ 다큐멘터리나 TV프로그램 등 뉴스와 대중문화를 통한 홍보내용은 신뢰성에서는 높다고 평가하고 영향력에 있어서는 보통이거나 높을 수도 있다고 여기며 ⑦ 관광종사자 경험이 있는 사람으로부터 얻은 정보내용은 신뢰성은 보통이지만 영향력은 대체로 낮다고 보았다. ⑧ 친구나 친지로부터 얻은 정보내용은 신뢰성은 보통이나 시장침투력 등 영향력은 낮다고 평가하였다. 특히 친구나 친지에게서 직접 듣거나 얻은 정보내용에 대해서는 높은 신뢰성을 보였다. 하지만 가까운 친구나 친지가 전해 준 정보라고 할지라도 그 신뢰성과는 별도로 시장에 대한 영향력은 오히려 낮다고 보았다. 객관성을 중시하는 시장에 대한 영향력은 구전으로 전해지는 개인 간의 주관적 신뢰성을 이미 넘어서 있기 때문일 것이다.

**표 2-6 ▌매체 유형별 신뢰성과 영향력**

| 유형별 정보내용 | 신뢰성 | 시장침투력 (영향력) |
|---|---|---|
| 일반적 광고매체(브로셔, TV, 라디오 등)의 광고내용 | 낮음 | 높음 |
| 인터넷을 통한 홍보내용 | 낮음/보통 | 높음 |
| 관광기관으로부터 얻은 홍보내용 | 보통 | 보통 |
| 일반적 광고매체를 통해 유명인이 출연한 간접 홍보내용 | 낮음/보통 | 높음 |
| 지명도가 있는 사람의 글 또는 기사를 통한 홍보내용 | 보통 | 보통 |
| 뉴스와 대중문화를 통한 홍보내용(다큐멘터리, TV프로그램 등) | 높음 | 보통/높음 |
| 관광 종사자경험이 있는 사람으로부터 얻은 정보내용 | 보통 | 낮음 |
| 친구나 친지에게 얻은 정보(구전)내용 | 높음 | 낮음 |

출처: W.C. Gartner, 1993: 210.

이러한 주장에 근거할 경우에 경찰 이미지 개선에 있어서 신뢰성이 높은 다큐멘타리, TV 프로그램, 뉴스, 대중문화를 통한 경찰 홍보 비중을 확대하거나, 친구나 친지 등 개인적 경험을 주요 내용으로 하는 경찰관련 정보가 개인들 간에 긍정적으로 평가되고 전달될 수 있도록 분위기를 조성하는 노력이 필요하겠다. 이런 측면에서 볼 때, 최근 MBC 예능프로그램을 통해서 제작 · 방영되고 있는 「시골경찰」에 이은 「도시경찰」[7]은 경찰의 리얼리티를 잘 살리면서 경찰 이미지 홍보에 긍정적 효과를 내고 있는 것으로 평가된다.

## 3. 경찰 이미지의 형성요인

### (1) 인구 · 사회학적 측면

개인적 측면에서 보면 대체로 남성이냐 여성이냐에 따라서 경찰에 대한 이미지가 상당히 다르게 나타나고 있다. 남성의 경우 경찰에 대해 호의적인 편이 그다지 많지 않은 반면, 여성인 경우에는 남성에 비해 덜 비판적이며 호감을 많이 가지고 있다고 본다. 물론 남성과 여성 개개인의 경험의 내용에 따라 다르게 나타날 수도 있을 것이다.

자동차 필수시대에 살고 있는 우리로서는 교통경찰이 경찰 홍보에 일등공신이 되어 줄 수 있다. 단속위주에서 계도위주로 업무의 비중을 전환하여 상습적인 교통법규 위반자가 아닌 경우에는 교통범칙금의 부과를 면제해 준다면 그 효과는 과태료나 벌금의 징벌로 개선되는 교통법규 준수 기대효과를 넘어설 것이다. 경찰 이미지 홍보효과 역시 클 것으로 예상된다.

이와 같이 직접적인 경찰 접촉을 통하여 긍정적인 이미지를 갖게 되었을 경우에는 언론매체에서 경찰을 희화하건 왜곡하던 간에 직접적으로 경험한 사람들은 오히려 언론이

---

7) 서울용산경찰서를 통해 도시의 이면과 삶을 보여줄 '도시경찰'은 '시골경찰'을 잇는 경찰 시리즈 리얼 예능 프로그램으로 한적한 시골 마을이 아닌 서울의 범죄 현장에 연예인들이 직접 뛰어들어 범죄와의 정면 승부에 나선다. 이 프로그램은 힘든 '도시경찰' 생활을 통해 시청자들에게 경찰들의 삶과 애환을 보여준다. 출연자들은 "막상 해보니 다른 세계의 분들이라고 생각했던 경찰들이 우리하고 똑같은 사람이었다는 걸 깨달았다. 너무나 따뜻한 시간이었다. 형사라는 이미지가 조금 더 부드러워졌으면 하는 바람이 있다"라거나, "경찰들의 노고가 진정성 있게 전달된다는 취지가 있었기 때문에 선택했다"고 말한다(스포츠투데이, 2019. 01. 14. 요약).

이야기하는 것 보다는 자신의 경험을 더욱 신뢰하기 때문이다. 연령, 가족관계, 주거지역, 종교, 교육수준, 소득수준의 관계 역시 경찰을 대하는 심리상태와 무관하지 않다고 본다면 이러한 요소들 역시 경찰 이미지 형성에 크고 작은 영향을 미칠 것으로 본다.

### (2) 경찰과의 업무상 접촉 측면

실질적으로 피의자로 경찰에 체포되는 경험을 가진 사람들은 경찰과는 대체로 갈등구조를 형성할 것이다. 범인이 범죄를 저질렀을 때 이를 제지하고 체포한 경찰관이 원망스러울 것이다. 물론 대오각성 하여 자신에게 깨달을 수 있는 기회를 준 경찰관에게 고마움을 느끼는 범죄자 역시 적지 않으나, 대체적으로는 쫓는 자와 쫓기는 자와의 갈등구조 속에서는 부정적 이미지가 많이 형성될 것이다. 하지만 경찰이 실종아동을 찾아 집으로 인도해 주었을 경우에는 협력구조를 넘어서 경찰에게 협력과 감사의 긍정적 효과를 나타낼 것이다.

이러한 접촉에 의한 경험이라는 것은 업무구조상 경찰이 체포업무에 충실하다 보면 피의자에게는 경찰에 대한 이미지가 좋아질 수는 없겠지만, 범죄현장에서 경찰이 범인을 체포하는 것을 주위의 시민들이 목격하였을 경우에는 경찰에 대한 호감과 신뢰라는 좋은 이미지를 가질 수 있을 것이다. 몸을 사리지 않고 흉기를 든 강도를 제압하여 체포하는 모습에서 시민은 물론 본연의 업무에 충실했던 경찰관 스스로도 직업적 자부심과 긍지를 느낄 것이다. 정당한 법집행 행위를 통하여 정의를 바로 세워 갈 때 그 주변에 있는 시민들이 오히려 박수를 쳐 준다는 사실에서 긍정적 경찰 이미지는 한껏 높아 질 수 있다고 본다.

### (3) 경찰 이미지, 행위 역동성과 감정 역동성

역동성이란 다이나믹(Dynamic)하며 변화무쌍한 것으로 이야기 할 수 있다. 경찰활동이 본질적으로 행위 역동성을 가진다고 한다면 이러한 경찰의 역동적 행위에 대하여 시민이 느끼는 감정은 실로 다양하게 나타난다는 점에서 감정 역동성이 있다고 말할 수 있다. 경찰과 접촉 시 피의자로서 체포를 당한 경험이라면 심리적 스트레스가 일어날 수 있을 것이겠지만, 자신의 실종아동의 안전을 확보하고 집으로 돌려보내 준 경찰과의 신뢰를 경험한 시민은 경찰에 대한 긍정적 이미지를 갖게 될 것이다. 산중에서 길을 잃고 두려움 속에 112신고를 하였고, 경찰의 위치추적을 통해 구조되었을 때는 안도감과 함께 감정의 역동성을 불러 일으켜 대상에 대한 긍정적 인지변화를 가져오게 된다. 구조당시의 경찰관 개인의 행동은 물론 언어와 근무자세 등도 이러한 감정 역동성에 큰 상승작용을 가져다 줄 것이다.

신속한 경찰출동에 대해서도 마찬가지로 개인의 감동적 역동성은 다양하게 나타나게 된다. 5분 만에 출동한 같은 경찰에 대하여도 신고를 한 시민의 반응은 동일하게 나타나지 않을 것이다. 5분이라는 출동시간은 사건 · 사고 현장에 있는 신고자의 입장에서는 50분처럼 느껴졌을 가능성이 있기 때문이다. 서로 다르게 나타나는 감정의 역동성은 다분히 주관적이며 여기에는 특별한 기준도 있을 수 없다. 5분 만에 도착하였더니 "이제야 왔냐!"며 큰소리 치고 화를 내는 시민이 있는 반면, 20분 만에 도착한 경찰에 대해서도 굉장히 감사하게 여기는 시민도 있다. 시민이 처한 긴박한 상황이 주는 역동성과 경찰이 현장에 도착한 시간은 물론 문제해결의 가능성과 그 정도에 따라 행위와 감정의 역동성은 복합적으로 나타날 수 있을 것이다.

### (4) 대중매체

대중매체인 방송이나 인터넷이 주로 이용되는 정보화 시대에 있어서의 주요 판단 근거와 자료는 대중매체의 보도내용과 태도이다. 이런 보도를 통하여 사람들이 사안에 대하여 판단하는데 있어 결정적 역할을 하게 된다. 언론은 본질상 사실을 확인하고 보도하지만 동시에 사실에 대한 평가를 내놓는다. 이른바 사실에 기초한 언론보도의 방향성이 나타나게 된다. 소위 언론의 여론형성 역할이 부각되는 것이다. 이러한 보도태도에 따라서 우리의 판단이 상당히 다르듯이 경찰을 때리거나 시민이 맞는 장면을 언제 어떠한 시각과 논리로 보도하느냐에 따라서 대중들은 많은 영향을 받게 된다. 언론은 또한 경찰의 선행사례를 보도하는 반면에 이에 못지않은 부패 사례도 보도하는데 이 비율을 어떻게 가져가 갈 것이냐의 문제도 경찰 이미지에 적지 않은 영향을 줄 것이다. 경찰의 경우 이러한 대중매체의 보도 태도와 보도 관점의 문제에 대응하기 위해 '사이버 경찰청'을 설립하여 언론보도에 적극적으로 대응하는 등 보도내용에 대한 대응은 물론 홍보수단을 보다 다양하게 하려는 노력을 하고 있다.

## 4. 경찰 이미지의 결정요인

경찰이미지의 결정요인 가운데 부정적 요인으로 체포·구속과 같이 접촉환경이 갈등적인 문제나 국민에게 부담을 주는 요소인 할당 건수에 따른 무리한 교통단속의 문제, 그리고 경찰서 방문 시 더럽고 소란한 분위기나 경찰에 대한 부도덕하거나 권력남용의 기사보도가 논의된다. 이에 비해 '이웃감시인 구성'과 같이 접촉환경이 협력적인 경우나 교통사고 발생 시 능력 있고 공정하게 처리하는 모습, 그리고 경찰의 선행과 공적에 대한 호의적인 기사보도 등은 긍정적 요인으로 언급되고 있다.

경찰 이미지의 결정요인을 논하기 전에 본질적으로 경찰이 가지고 있는 본연의 임무를 어떻게 잘 수행하느냐를 먼저 판단할 수 있어야 할 것이다. 경찰임무의 속성상 법을 집행하고 사건 당사자의 시시비비를 공정하게 가려야 하는 입장이라면 공평하게 사건이 처리될 수 있도록 주의를 기울일 필요가 있을 것이다. 시민은 단순한 법집행의 대상이 아니다. 사건 당사자를 단순하게 객체화해서는 안 되며 사건 당사자 각자의 논리와 시각을 경청할 수 있어야 한다. 당사자이 입장에서 같이 고민하고 이해할 줄 알아야 한다. 그렇지만 종국에 가서는 '법은 이렇다.'라고 하여 단죄할 수 있는 전문기술을 익혀야 한다. 소위 커뮤니케이션 스킬(Communication Skill)은 가해자와 피해자를 막론하고 모두의 입장을 헤아릴 줄 아는 소통법이다.

경찰공무원이라는 사실만으로 존경 받는 시대는 지나간 지 오래다. 경찰관이 현장에서 법을 알고 또 자신의 업무처리 기술을 알고 있어서 전문적으로 처리해 나갈 때 존중받는 경찰이 될 것이다. 요즘 경찰의 근무여건이 좋아졌다고 하여 일부 개인적 이익이나 개인적 편익을 추구하는 조직 분위기가 엿보이고 있다. 과연 경찰이 되고자 했던 초심(初心)은 어디로 갔는가를 잊지 말고 국가와 사회공동체에 대한 애국심과 봉사정신을 잊어서는 안 될 것이다. 시민들은 적어도 아직은 경찰이 '단순한 직업인으로서의 경찰' 이미지를 초월하여 충성하고 명예를 존중하며 헌신하는 공무원으로 시민 곁에 있기를 바라고 있기 때문이다.

법집행과 질서유지를 위한 경찰업무를 지나치게 강조하다 보면 봉사·친절·서비스 등의 가치를 소홀히 할 경우가 있다. 친절이라는 것에 법을 녹이고 법 속에 친절이라는 것이 서로 녹아져 있어서 자신이 경찰관으로서 범법자를 대하는 법집행자로서의 태도를 엄중하게 하고 동시에 친절해야 할 것이다. 범법자라 할지라도 그 사람을 배려하는 태도가 요구된다. 배려하는 가운데 법을 집행하고 혼내주는 가운데 동정할 수 있는 그런 경찰관이 점점 많아질 때 경찰의 이미지는 보다 좋아질 것이라고 본다.

경찰이 정말 잘한다는 평가를 받으려면 수동적으로 법과 정의가 무너지고 문제가 발생했을 때에 사후적으로 신고가 접수되면 반응하는 서비스에만 머물러선 안 될 것이다. 찾아가는 서비스를 위하여 미리 준비하고 예방하려는 노력을 하여야 할 것이다. 얼마 전 충청북도경찰청에서 찾아가는 서비스 중의 하나로 일경일로(一警一老)라는 경찰활동을 통하여 사회적 약자인 노인들을 배려하는 서비스 정신을 보여 준 적이 있다. 시민의 입장에서 어떠한 치안서비스가 필요할 것인가를 부단히 고민하는 것이야말로 실질적으로 경찰이미지 개선에 큰 도움이 될 것이다.

경찰 이미지에 영향을 미치는 개인적 경찰 경험과 언론의 보도 태도지만, 결국은 이 모든 것의 중심으로 이 두 가지 문제를 다 풀어갈 수 있는 것은 경찰관 스스로의 공정한 업무태도와 청렴한 자기관리가 될 것이다.

## 5. 경찰 이미지 형성과 경찰홍보 기능의 역할

현재 경찰홍보는 경찰 비난보도에 대한 대응위주의 소극적 홍보에 치중하고 있어서 문제다. 이러한 홍보태도로는 국민과의 소통이라는 보다 근본적이고 적극적인 홍보활동에 많이 부족하다고 평가된다. 경찰홍보 기능에서는 주로 기자실에 출입하는 기자들에게 편의를 제공하여 유리한 보도를 하도록 분위기를 형성하고, 부정적 기사가 나왔을 때에는 이를 삭제하거나 축소보도를 요청하는 것을 핵심 업무로 인식하는 경향이 있다. 이러한 구태의연한 방식으로는 국민들에게 정의를 위해 희생하는 고마운 경찰이라는 이미지를 회복할 수 없다. 경찰이 스스로 국민들에게 다가가는 기획기사나 감동이 있는 스토리텔링 사례를 발굴하여 보도하려는 중장기적 안목의 접근이 절실한 상황이다. 하지만 경찰조직의 분위기는 경찰의 홍보기능은 단지 부수적이거나 2차적인 경찰업무라고 생각해서인지 홍보부서의 인력부족은 물론 전문성 결여 등의 문제점이 여전히 지적되고 있다.

홍보기능의 새로운 역할로는 경찰정책의 수립을 지원하기 위한 홍보기능 차원의 시민

여론 수렴과정도 필요하다. 현재는 각 기능별로 담당업무에 대한 주민의사 수렴과정을 운영하고 있고, 전문 여론조사 기관을 통한 여론조사도 실시하고 있다. 그마저도 주로 정책집행 과정에서의 시민만족도 조사 수준에서 머물고 있다. 앞으로는 홍보기능이 주도하는 여론 수렴과정과 수렴된 여론의 분석 결과가 경찰정책으로 이어지도록 정책수립과 집행 및 평가와 피드백이라는 절차적 요소가 보다 강화될 필요가 있다. 경찰정책의 모든 부분에는 시민들이 경찰에게 바라는 고객의 니즈(Needs)로 채워져 있어야 하기 때문이다. 이러한 이유로 시민들과 호흡하고 이들의 반응을 가장 잘 알 수 있는 홍보기능의 '정책신문고' 역할은 더욱 그 필요성이 강조되어야 한다.

한편, 경찰조직은 홍보기능을 통한 경찰 이미지 제고라는 보다 근본적인 전략을 수립하여야 한다. 경찰조직의 홍보기능의 중요성에 대한 인식전환이 없다면 경찰활동에 대한 긍정적 이미지 형성을 위한 체계적 접근이 어렵게 되고, 이는 경찰의 노력을 스스로 뭉개버리는 어리석음을 범하는 결과로 이어질 것이다.

민간의 선진 홍보기법에 대한 활용전략을 세우고 집행하여야 한다. 이를 위해 전문 역량을 가진 언론전문가를 주요보직에 개방형 공모직위로 영입하는 등 전·현직 언론인과 기획 및 광고 전문가들이 경찰과 시민 사이에서 경찰의 우군으로서 역할을 할 수 있도록 조직과 인사를 보다 확대하여야 한다.

홍보의 대상도 그 전선을 확대하여야 한다. 종래에는 주로 성인들을 대상으로 캠페인성 홍보를 하여왔다면 향후에는 유치원 어린이부터 학생, 여성과 노인에게 이르기까지 다양한 계층으로 확대하여야 한다. 매체도 기존의 뉴스나 신문만 고집할 것이 아니라 영화나 드라마에서 예능프로그램에 이르기까지 다양한 계층이 즐겨 찾는 매체를 적극 활용해야 할 것이다.

제3강 I

# 깨진 창과 범죄예방

제3강

# 깨진 창과 범죄예방

〉〉〉 경찰과 사회 〉〉〉

## 제1장 깨진 창 이론의 출현

우리가 지금 다루고 있는 「경찰과 사회」라는 범주에 속하는 몇 가지 주제를 논함에 있어서 범죄(犯罪, crime)라는 요소를 떼어놓고 이야기 하기는 쉽지 않다. 경찰이 우리사회에서 하는 역할이 주로 범죄를 예방하고 법을 집행하며 질서를 회복하고 유지하는 업무를 담당하기 때문이다. 범죄예방정책을 시행함에 있어서 경찰이 어떠한 경찰학 혹은 어떠한 범죄학의 이론적 배경 하에 경찰활동을 하는가를 살펴보는 것은 우리 강의의 학습목표이기도 하다. 이 가운데에서 가장 대표적인 것이 깨진 창 이론(Broken Window Theory)이다. 이를 이론적 기초로 하여 우리나라 경찰은 이미 '기초질서 확립운동' 등과 같은 경찰정책을 시행한 바 있다. 먼저 깨진 창 이론에 관하여 살펴보자.

### 1. '깨진 창'의 개념

건물 전체적으로 볼 때, 유리창이 깨질 때에는 엄청난 물리적 힘에 의해서 한꺼번에 모든 창이 깨지는 경우도 있겠지만 대개는 어느 하나의 유리창이 깨지고 시간적 차이를 두면서 전체적으로 건물에 사용된 유리가 하나 둘씩 깨지는 경우가 일반적일 것이다. 멀쩡한 집에 어쩌다 하나의 창이 깨진 경우에 한동안 이를 그대로 놔두면 어떤 일이 벌어질까? 지나가는 사람들은 저 집은 유리창이 깨져도 갈아 끼우지 않고 방치하는 것을 봐서는 집에 사람이 살지 않거나 비록 살고 있다고 하더라도 집주인은 자신의 재산이 깨지고 망가지는 것에 대해서 무신경한 사람이라고 오해할 공산이 크다. 이것은 현실에 있어서 추가 범죄행위를 끌어들이는 하나의 신호(Signal)로 작용하게 된다. 우리가 우연히 돌을 던지다가 실수로 어느 집의 유리창을 깨뜨렸을 경우에 그 집에서 아무런 반응이 없으면, 다음 번의 시도는 실수가 아닌 고의로 발전하게 될 가능성이 높다. 한 번 더 던져 깨뜨려도 또 마찬가지일 경우에는 그 파괴속도가 점점 더 빨라지고 심각해져서 건물에 있는 모든 창들이 깨지는 결과로 이어지기도 한다.

한 '사회'에 있어서 '범죄'가 확산되어 가는 과정도 마찬가지이다. 위의 사례에서 어떤 집은 한 '사회'를 의미하고, 하나의 깨어진 창은 '범죄'를 의미하게 된다. 어느 지역에서의 사소한 무질서를 경찰이 보고도 못 본 척 그대로 방치한다면 이를 지켜보던 많은 시민들에게는 경찰이 이러한 행위에 대해서는 더 이상 처벌하지 않는다는 하나의 신호(Signal)로 받아들여질 수 있다. 이렇게 되면, 그 후에는 동종 · 유사한 행동이 반복되어 그 강도와 범위가 세지고 확대되어서 건강했던 전체사회가 범죄로 뒤덮이게 된다. 깨진 창 이론은 이와 같이 사소하고 단순한 사건의 발단(Motivation)으로 말미암아 결과적으로는 전 사회가 범죄로부터 시달림을 받고 괴로워하는 것으로 비화될 수가 있고, 반대로 이러한 사소한 부주의와 무질서를 경찰이 처음부터 미리 예방한다면 그 후에 연쇄적으로 생길 수 있는 범죄를 줄여 나갈 수 있다는 점에 착안하고 있다.

## 2. 짐바르도의 실험과 범죄 신호

1969년 미국 스탠포드대학교 심리학자 짐바르도(Philip George Zimbardo, 1933~)교수는 재미있는 실험을 한다. 두 곳의 실험장소가 선정되었는데, 한 곳은 미국 동부 뉴욕시에 위치한 흑인 슬럼가 브롱스(The Bronx)였고, 다른 한 곳은 미국 서부 캘리포니아에 위치한 백인 중산층 거주 지역인 팔로알토(Palo Alto)였다.

먼저 브롱스에서는 번호판이 떼어진 보존상태가 동일한 2대의 자동차를 가져다 놓고 1주일간 방치해 두었다. 그 중 한 대는 보닛만 열어 놓았고, 다른 한 대는 의도적으로 창문을 조금 깬 상태로 두었다. 1주일 후에 관찰한 결과, 두 자동차에는 확연한 차이가 생겼는데, 보닛만 열어 둔 자동차는 1주일간 별로 변화가 없었는데 비해, 차의 유리창을 깬 상태로 둔 자동차는 10분 만에 배터리는 물론 연이어 타이어까지도 전부 없어지고 말았다. 그 후로도 낙서와 손괴행위가 이어지고 실험 1주일 만에 자동차는 완전히 고철 상태가 되어 버렸다. 실험용 차량에 처음 손을 댄 사람은 아빠, 엄마 그리고 어린 아들로 이루어진 일가족으로 라디에이터와 배터리를 가지고 가버렸고, 24시간이 지난 후에는 값나가는 물건은 모두 사라져 버렸다. 그 후 무자비한 파괴가 시작되었는데, 창문은 깨지고 의자 커버는 찢어지고 자동차는 아이들의 놀이터가 되어버렸다. 대부분의 어른 '파괴자'들은 보기에도 번듯한 백인이었다고 기록되어 있다.

그 뒤 팔로알토에서도 똑 같은 실험을 했으며 유사한 실험결과를 얻었다. 이러한 결과는 종래 미국사회에서의 범죄문제는 주로 흑인들의 범죄성향 때문이라며 흑인들에게 그 책임을 미루던 사회분위기에 경종을 울리게 되었다. 이러한 실험결과는 파괴나 범죄행위는 그 것이 허용되는 상황이라는 인식이 행위자에게 있는 경우에는 흑인이든 백인이든, 경제적으로 어렵든 여유가 있든 상관없이 모두가 범죄로 나아갈 수 있다는 점을 시사한 것이다. 짐바르도교수의 자동차실험에서 깨진 창이 바로 자동차 전체에 대한 공격을 유발하는 촉매제 역할을 하였는데, 실험용 차량의 깨진 창은 행인들로 하여금 공격해도 무방하다는 신호(Signal)나 범죄허용의 신호(Signal)로 해석된 것으로 볼 수 있다. 이 차는 관리가 되지 않고 있고 주인도 이 자동차를 버렸거나 더 이상의 추가피해가 있더라도 차 주인은 개의치 않을 것이라는 신호(Signal)로 인식했던 것이다.

단지 유리창을 조금 파손시켜 놓았을 뿐이었는데도, 그것이 없던 상태와 비교해서 약탈이나, 파괴 가능성이 매우 높아진다는 연구결과는 개인이 가지고 있는 범죄성향과는 별개로, 어떤 상황적 요소에 의해서도 범죄가 발생할 수 있다는 새로운 인식을 가져다주었다. 이러한 상황이 주는 범죄신호는 쓰레기 투기나 약탈, 파괴활동을 단기간에 급격히 상승시킬 수도 있다는 것을 알게 해 주었다. 이 실험에서 사용된 '깨진 창'이라는 가정상황으로 인해 '깨진 창 이론(Broken Window Theory)'이라는 새로운 법칙이 만들어졌으며, 이 이론은 1990년대 뉴욕 지하철 범죄의 해법으로 현실에 적용되기에 이른다.

## 3. 짐바르도 실험의 시사점과 의미 확장

이러한 짐바르도의 자동차 실험은 일반적으로 수학에서 100-1의 값은 언제나 99가 되지만, 범죄심리학적인 측면에서의 범죄신호(Criminal Sign) 효과에 있어서는 100-1의 값이 0이 될 수도 있다는 점을 보여주었다. 즉 완벽함을 상징하는 100과 사소한 결함을 상징하는 1은, 어떤 특정한 상황 하에서는 그 공식적인 산술 값에도 불구하고 0이라는 결과로 나타날 수도 있다는 것을 논증해 낸 것이다.

마케팅 전문가 마이클 레빈은 이 이론을 경영학에 응용하여 "깨진 유리창의 법칙"으로 확장시켰다. 기업에 사소한 실수나 준비부족은 치명적이 경영에 실패를 불러올 수 있다는 이론이다. 범죄학에서 출발한 이 이론은 일반 조직관리 측면에서도 적용할 수 있다. 조직 내의 사소한 잘못에 대하여 관대하게만 대처하는 것이 반복될 경우 종국적으로는 조직에 나쁜 영향을 주게 되고, 결국 더 큰 문제를 야기할 수도 있기 때문이다.

이렇게 방치된 물건이라는 신호를 보내는 상황에서는, 평소 법을 어기는 일은 생각해 본 적도 없고 준법정신이 투철하다고 믿고 있는 사람들조차도 단순한 재미나 피해자 없는 약탈행위를 할 수 있는 절호의 기회로 인식할 수 있다. '아무도 신경을 쓰지 않는다.'는 신호를 보내는 상황이나 행동에 의하여 상호존중의 분위기와 법과 질서를 지키려는 사회풍조가 흔들렸을 때에는 범죄와 무질서는 언제든 어디서든 일어날 수 있는 것이다.

깨진 유리창과 같은 사소한 허점을 그대로 방치하게 되면 결과적으로 더 큰 범죄가 발생한다. 이 실험용 자동차를 하나의 사회로 생각해 보자. 깨진 유리창과 같은 사소한 듯 보이는 허점을 그대로 방치하면 더 큰 범죄가 발생함과 같이, 한 지역에서의 사소한 범죄행위로 생각해서 이를 그대로 방치해 둔다면 전체사회가 범죄로 뒤덮이게 될 것으로 짐작할 수 있다.

## 4. 깨진 창 이론과 1990년대 뉴욕

'깨어진 창 이론'이란 낙서나 유리창 파손 등 경미한 범죄를 방치하면 결국 큰 범죄로 이어지게 된다는 범죄심리학 이론으로, 우리의 일상생활에서 사소한 침해행위가 발생했을 때 이를 제때 처리하지 않으면 결국 더 큰 범죄행위로 발전하게 된다는 것을 의미한다. 깨진 창 하나를 방치해 두면, 그 지점을 중심으로 범죄가 확산되기 시작한다는 이론이다.

깨진 창 이론(Broken Windows Theory)은 1982년 3월 월간지 애틀랜틱(Atlantic Monthly)에 미국의 범죄학자인 제임스 윌슨(James Q. Wilson)과 조지 켈링(George L. Kelling)이 공동 발표한 '깨진 창(Broken Windows)'이라는 글에 처음으로 소개된 사회 무질서에 관한 이론이다.

깨진 창 이론은 범죄로 얼룩진 세상을 깨끗하게 제대로 정돈하려면 반드시 엄청난 그 무엇을 요구하는 것은 아니라는 것을 보여주고 있다. 범죄와의 전쟁을 선포하고 살인범을 색출하고 강도를 잡고 조직범죄를 소탕하는 것과 같이, 보다 직접적이고 노동집약적인 경찰력 동원이 있어야만 범죄 없는 세상으로 변화시킬 수 있을 것 같지만 반드시 그런 것만은 아니라는 것이다. 이 사회를 변화시키는 큰 힘이라는 것은 어쩌면 이런 작은 변화를 통해서 이루어지는 것인지도 모른다. 남아메리카 브라질에 있는 나비 한마리가 날갯짓을 하면 이 날갯짓에 의한 바람이 미국 텍사스에 토네이도를 일으킬 수 있다는 의미를 지닌 '나비효과(Butterfly Effect)'라는 말이 시사하고 있듯이 사소한 작은 변화가 큰 반향을 일으킬 수 있다. 범죄라는 결과는 가져오는 나비효과의 나비 날갯짓은 바로 우리사회에 범죄 신호를 보내는 최초의 깨진 창이라고 할 수 있다.

1990년대 뉴욕시 거리는 슬럼화가 진행되고 있었다. 1994년 취임한 루돌프 줄리아니 뉴욕시장과 윌리엄 브레튼 경찰국장은 절망적인 범죄 상황을 개선하기 위해 "깨진 창" 이론을 뉴욕치안에 적용했다. 지금까지 사소한 경범죄로 눈감아 주던 뉴욕지하철 내 무임승차, 구걸, 노상방뇨 등을 체포하기 시작한 것이다. 이제 뉴욕경찰의 시각에서는 지하철 개찰구를 뛰어 넘는 자는 현상수배범일수 있고 노상 방뇨자는 강도질을 하러 가는 자일 수도 있었다. 사소한 것에 제대로 대처하지 못하면 사람들은 점점 대담하게 되고 큰 잘못을 저지를 수도 있다는 슬로건으로 이에 강력히 대처했다. 일부 시민들은 반대여론도 있었지만 대다수는 찬성하였다. 결과는 성공적이라는 평가를 가져왔다. 뉴욕시의 범죄 발생 건수가 급격히 감소했고, 범죄 도시의 오명을 불식시키는데도 성공했다. 뉴욕시에서의 연간 2,200건에 달하던 살인사건이 1,000건 수준으로 줄어든 것이다.

## 5. 루돌프 줄리아니와 윌리엄 브래튼

루돌프 줄리아니(Rudolph William Louis Giuliani, 1944~ )가 뉴욕주 검사로 재직하면서 마피아 조직을 일거에 소탕하는 활약을 본 뉴욕시민들은 그를 뉴욕시장으로 연임(1994~2001)시킨다. 뉴욕시장이 된 줄리아니 시장은 뉴욕의 범죄문제를 속 시원하게 해결해달라는 시민들의 바램을 모르는 바는 아니었다. 하지만, 줄리아니는 '전기 하수도'라 불릴 정도로 최악이었던 뉴욕지하철의 노숙자를 없애거나 구걸이나 낙서를 금지하고 무임승차자를 단속하는 업무를 강화하는데 경찰력을 집중할 뿐이었다. 그동안 뉴욕시민들은 출퇴근 시에 지하철을 이용하면서 범죄위험을 어느 정도는 감수하며 지내고 있었는데, 뉴욕경찰이나 뉴욕사회는 그와 같은 사소한 범죄보다는 살인이나 무장강도 같은 사회적 이슈가 되는 범죄에 보다 많은 관심을 두기를 바랐으므로 뉴욕 지하철의 범죄행위는 사실상 방치하여 오던 터였다. 거창한 사회정의(社會正義)를 실현하여야 한다는 입장에서 보면 뉴욕경찰이 노숙자, 구걸, 낙서 등에 힘을 빼는 것은 정말로 터무니없는 일이었겠지만 줄리아니 시장은 이러한 변화를 통해서 뉴욕지하철은 범죄소굴이라는 세간의 인식에서 벗어나게 하려는 데 주안점을 두었다. 노숙자 척결, 낙서금지, 무임승차 단속을 통해 변화를 시작하였다는 신호(Signal)와 더불어 경찰은 이러한 사소한 일탈이나 무질서에 대해서도 한 치의 양보도 없는 법적용을 한다는 신호(Signal)를 주고자 한 것이다.

우리나라도 지하철 무임승차 시에 수십 배의 벌금을 내듯이 뉴욕경찰도 역시 이런 식의 강력한 법집행을 강조한 것이다. 그 당시의 통계에 따르면 뉴욕지하철에서 무임승차하려다 붙잡힌 사람 7명 중 1명은 수배자였고 20명 중 1명은 무기를 갖고 있었다고 한다. 줄리아니 시장은 그의 소신대로, 취임하자마자 1994년 2월에 윌리엄 브래튼(William J. Bratton, 1947~ )을 경찰청장으로 임명하여 깨진 창 이론에 입각한 강력한 경찰정책을 시행하였다. 결과적으로 미국에서 가장 악명 높았던 뉴욕의 범죄를 상당히 많이 낮췄다하는 평가를 받고 있는데, 그 시작은 대규모 강력범죄사건의 소탕작전이 아니라 지하철 내 무질서와 같은 주요 범죄유발 환경을 바꾸어 가는 작은 변화에서 시작하였다는 것을 알 수 있다.

## 6. 행동선택의 범죄심리학적 배경과 시사점

루돌프 줄리아니 뉴욕시장과 윌리엄 브래튼 뉴욕 경찰청장이 실제 경찰정책에 활용하였던 '깨진 창 이론'은 미국의 범죄학자 제임스 윌슨(James Q. Wilson)과 조지 켈링(George L. Kelling)의 공동연구를 통해 보다 체계화되었음은 이미 살펴 보았다. 1982년 3월 『Atlantic Monthly』를 통해 대중에게 소개[8]된 이 이론은 경찰과 사회안전이라는 측면에서 깨진 창을 어떤 신호(Signal) 로 볼 것인가에 주목하고 있다.

이제 우리는 그동안 경찰관들이 어깨띠에 '기초질서를 지키자', '침을 뱉지 말자', '쓰레기를 버리지 말자'라고 새기고 캠페인을 하는 것을 볼 수 있었다. 이것이 바로 깨진 창 이론에 배경을 둔 범죄예방 경찰정책이자 범죄예방 경찰활동임을 알 수 있다. 우리가 쉽게 접할 수 있는 가까운 예로 깨끗한 5성급 호텔과 지저분한 여관급 숙소에서 사람들의 행동이 적지 않게 다르다는 점을 생각해 볼 수 있다. 보통사람들에게 심리적으로 보다 편한 곳은 늘 보아서 익숙하게 느껴지는 적당한 쓰레기와 적당한 무질서가 있는 곳 일지도 모른다. 하지만 5성급 호텔이란 곳은 어디하나 흠잡을 때 없이 깨끗하고 너무나 깔끔하기 그지없다. 보통 호주머니에 쓰레기나 담배꽁초가 있을 때에는 걸어 다니며 이것들을 버릴 쓰레기통이나 소위 '마땅한 곳'을 찾게 된다. 하지만 깨끗한 5성급 호텔에 갔을 때는 이런 '마땅한 곳'을 도저히 찾을 수가 없어서 결국 버리지 못하고 그냥 호주머니에 두는 경우가 많다. 만약 5성급 호텔이라고 하더라도 약간 지저분한 장소를 찾게 되면, 이곳이 바로 '마땅한 곳'으로 판단하고 여기에다가 호주머니의 쓰레기를 버렸을 것이다. 설령 깨끗한 5성급 호텔이라고 하더라도 누군가가 버린 담배꽁초가 한동안 그대로 방치되어 있다면 제아무리 5성급 호텔이라고 하더라도 순식간에 그 장소는 쓰레기장으로 변할 것임을 쉽게 예상할 수 있다.

또 다른 예로 우리가 뷔페식당을 이용할 때의 행동선택을 들 수 있다. 대개 결혼식 피로연이 있는 일반 뷔페식당에 가게 되면 사람들로 혼잡하고 좌석부족으로 대기하는 줄이 길게 늘어질 가능성이 많다. 이 경우에는 자신의 행동을 보다 민첩하게 하면서, 상대에 대한 식사예절을 차리기 보다는 자리다툼이라는 경쟁에 가까운 행동을 취하게 된다. 반

8) Wilson, J. Q. and G. Kelling(1982). "Broken Windows: The Police and Neighborhood Safety." Atlantic Monthly, March, pp. 29-38.

면 고급스러운 호텔 뷔페식당을 이용하게 될 때에는 주변 사람들이 차분하고 여유 있게 음식을 조금씩 떠가는 것을 보면서 행동이 더 조심스러워지는 경우를 경험하게 된다. 두 곳의 뷔페식당을 이용한 자신에게는 이미 2개 이상의 선택가능한 행동양식이 잠재해 있었던 것임을 알 수 있다. 같은 사람도 환경변화에 대한 상황인식에 따라서 매번 다른 행동을 할 수 있는 것이다.

이렇듯 인간의 행동이 환경의 영향을 받아서 나타나듯이 범죄라는 인간행동도 상황변화와 그에 따른 행동양식의 학습에 의해 다르게 나타날 수 있다. 범죄학에서 범죄는 '학습'의 결과라고도 한다. 인간의 행하는 하나하나의 행동도 개별상황에 적절하다고 판단해서 이루어지는 행동이 사회적으로 학습(Learning)되고 강화(Reinforcement)되어서 나타난 것이다. 범죄도 하나의 학습된 행동인 것이다. 이 상황(공간)에서는 범죄를 해도 무방하겠다는 신호(Signal)가 인식되면 혼잡한 일반 뷔페에서는 함부로 행동하듯이, 스스럼없이 무질서한 행위, 파괴행위, 심지어 범죄행위마저도 하게 된다. 그러나 분명히 같은 사람이라고 하더라도 5성급 호텔에 가게 되면, 깨끗하게 관리되어 정돈된 환경 속에서는 쓰레기를 함부로 버리는 행동을 자제하고 규율에 따라 행동하게 된다. 이와 같이 설령 범죄와 관련된 생각을 하고 어떤 장소에 갔더라도 그 장소가 범죄라는 것을 도저히 상상할 수 없을 정도로 질서정연하고 정돈되어 있는 것을 보게 되면, 그 순간 범죄를 준비한 사람도 범죄를 포기하거나 적어도 다음으로 미루거나 다른 장소로 이동하게 만들 것이라는 것이 깨진 창 이론이 가져다주는 시사점이다. 피실험자들이 깨진 창을 통하여 범죄신호(Signal)를 읽었듯이, 우리사회의 기초질서라고 할 수 있는 아주 사소한 무질서와 작은 일탈행위를 경찰이나 시민들이 방관했을 때에는 전체사회로 걷잡을 수 없이 범죄로 확산되어갈 수 있을 것이다.

# 제2장 깨진 창 이론과 뉴욕경찰(NYPD)

일반정책이나 행정작용과 마찬가지로 경찰정책(警察政策)이나 경찰활동(警察活動)도 그 사회와 사회구성원의 상황과 맥락에 맞도록 수립되고 집행된다. 경찰도 우리와 같은 이웃이고 시민이다. 그는 직업적으로 경찰의 직분을 충실하게 실천하는 것이며 이 역시 시민대표들이 국회에서 만든 법률을 집행하는 것이지 이를 넘어선 어떠한 권한도 함부로 행사할 수는 없다. 이는 경찰관 스스로도 명심할 사항이지만 시민들이 이를 감시하고 그렇게 하도록 환경을 만들어가는 것임을 잊어서는 안된다.

깨진 창 이론과 이를 배경으로 한 기초질서 확립차원의 강경한 법집행정책인 무관용 경찰활동(Zero Tolerance Policing), 형사사법망의 확대 등의 경찰정책을 잘 이해하여야 하는 필요성도 여기에 있다. 범죄행위든 경찰활동이든 결과적으로는 우리 시민들이 만들어가는 사회적 상황에 기인하기 때문이다. '그 나라의 경찰수준은 그 나라의 시민수준이다.'라는 말도 이러한 시각에서 설명할 수 있다.

경찰관이 직업적 차원에서 일정한 행위를 강하게 권장하거나 엄격하게 제지한다고 해서 우리사회의 제반문제들이 근본적으로 변화되는 것은 아니다. 낙서를 지운다거나 무임승차를 못하게 한다거나 침을 뱉지 않거나 기초질서를 잘 지키는 환경 자체를 만드는 것이 중요하다. 이렇게 되면 범죄를 저지르고자 하는 또 다른 잠재적 범죄자에게 우리 사회가 주는 신호(Signal)는 "하지 마라"이며, 또 다른 신호는 "다른 곳에나 가서 해라"라는 신호가 될 것이다. 우리 사회 전체가 이러한 신호를 주게 되면 결국 죄를 범할 곳이 없게 될 것이라는 결론에까지 도달할 수 있다. 그것이 바로 경찰과 범죄문제를 이야기하는 우리가 함께 바라보아야 할 곳이다.

## 1. 국가형벌권의 한계

엄연한 불법행위는 통상 법에 의해 제지되고 처벌 받는다. 그런데 한사람의 부랑자가 거리에서 구걸하는 행위나 사람들이 다니는 길모퉁이에 낙서를 하는 행위는 엄단하여야 하는 범죄행위는 아니어서 이를 적극적으로 제지하고 형사 처벌하는 것에는 부정적인 것이 일반적인 사람들의 생각이다.

우리가 다루고자 하는 주제는 바로 이러한 '사소함' 정도로 평가되는 행동과 사건이 하나의 신호(Signal)가 되어 보다 많은 무질서가 사회에 확대 · 재생산되어 결국에는 걷잡을 수 없이 많은 범죄로 양산되기에 이르는 결코 바람직하지 않은 순환과정에 관한 것이다. 가벼운 새털도 쌓이면 그 무게에 배가 가라앉는다는 적우침주(積羽沈舟)의 교훈처럼, 사소한 무질서가 우리사회에 쌓이고 또 쌓이면 범죄예방에 있어서 결코 좋지 않은 신호(Signal)로 작용할 수 있기 때문에 애초부터 이를 제거할 필요가 있다는 주장에 관하여 논의하고자 한다.

형법에서 이야기하는 범죄라는 것은 우리가 살고 있는 공동체에 개인적 · 사회적 · 국가적인 해악을 끼치는 행위라고 정의된다. 어떠한 행위를 범죄로 규정하고 금지된 행위를 하면 처벌을 함으로써 행위자 본인에게 책임을 묻는 것은 물론, 이를 보고 있는 다른 사람들이 범죄행위로 나아가지 못하도록 한다. 이러한 범죄예방 대책으로는 이와 같은 일벌백계(一罰百戒)식의 처벌을 통하여 사회 일반인들이 이를 보고 범죄로 나아가지 못하도록 하는 일반예방과 범죄행위를 한 당사자에 대한 처벌을 통하여 범죄자 자신이 다시 범죄행위를 하지 못하게 하는 특별예방이 있다. 범죄예방을 위한 이러한 2가지 접근방식이 그 기초로써 무질서와 같이 아직은 형법상의 처벌수단을 동원할만한 구체적이고 의미 있는 범죄행위라고는 평가되지 않지만, 사회구성원의 삶의 질을 해치고 나아가 우리사회에 범죄가 만연하게 되는 데 불쏘시개 역할을 하게 될지도 모른다는 우려 때문에, 비록 사소한 비행일지라도 경찰활동의 대상으로 특별한 관심을 가질 필요성이 제기된다. 다만, 이 경우에는 국가의 형사사법 처분의 대상을 도덕적 영역까지 무차별적으로 확대된다는 문제와도 깊은 관련성을 가지고 있어서 비판이 제기된다.

범죄행위에 대해 국가가 개입하여 처벌하고 규제하는 이유는 그 사람의 행동이 다른 사회구성원에게 해를 끼쳤기 때문이다. 그렇다면 아직 국가형벌권을 동원할 정도의 해를 끼쳤다고 평가하기에는 이르지 않았다고 평가되어 왔던 영역에 속하는 구걸(Begging)과 같은 행위에 대하여는 어떻게 하여야 할 것인가? 그렇다고 이를 만연히 방치해 두어서는 공동체의 삶의 질을 해하는 결과를 가져올 것이다. 그러면 이러한 행위에 대해서는 경찰이 어떻게 대응하여야 하는 것이 옳은가? 궁극적으로 국가가 경찰력을 동원하여 개입하여야 하는 시민들의 행동은 어디까지인가? 깨진 창에 관한 이번 논의를 통하여 우리는 다소 철학적인 의문에 대한 해답에 도달할 수 있을지도 모른다.

## 2. 무질서와 범죄 확산

경찰관이 한사람의 부랑자를 체포하는 것에 대해 사람들은 비난할 수도 있다. 그 사람은 경제적 능력이 없기 때문에 여기저기 떠돌아다니며 노숙을 하고 배가 고프면 구걸을 해서 먹는 사람일 뿐이며, 이런 단순 부랑자는 형사사법 차원에서 우리 사회에 결코 해(害)가 되지 않는데도 불구하고 왜 경찰이 체포하는가라고 비난할 수 있는 것이다. 부랑자가 타인을 결코 해한 것은 아니라는 측면에서는 경찰이 그를 체포하는 것이 정당하지 않다고 할 수 있을 지도 모른다. 하지만 우리는 그가 '결코' 해가 되는 행동을 우리사회에 하지 않은 것인지를 곰곰 생각해 볼 필요가 있다. 적어도 해를 끼칠 '가능성' 정도라도 갖고 있는 것은 아닌지도 살펴 볼 필요가 있는 것이다.

이런 부랑자 한명이 나타난 거리에서 부랑자의 존재가 그대로 방치되는 상황이 지속된다면 다른 부랑자가 생겨서 가세할 가능성에 동의하는 것은 그리 어렵지 않다. 전 시간에 이야기 한 혼잡한 일반 뷔페와 잘 정돈된 호텔뷔페의 사례를 떠올려보자. 이 경우 결혼식 피로연이 열리는 일반 뷔페식당과 5성급 호텔 뷔페식당은 그 장소가 가지고 있는 일정한 신호(Signal) 때문에 함부로 행동하게 하거나, 오히려 함부로 행동하지 못하게 하는 그 무엇이 존재하였다. 마찬가지로 한사람의 부랑자가 일정기간동안 방치된다면 같은 처지의 사람들이 모여들게 되고, 이것이 수십 명 또는 수백 명의 부랑자로 불어난다면 그 사회는 범죄예방을 위한 질서유지 차원에서 보더라도 우리가 흔히 이야기하는 일반적인 시민들이 모여 사는 공동체로서의 상식적 행위들이 무너지게 될 것이다. 그 거리는 일반시민들이 맘 놓고 걸어 다닐 수 없을지도 모른다. 부랑자가 수 없이 늘어난다면 그 사회는, 적어도 그 공간에서만큼은 온전한 사회생활이나 경제활동이 이루어지지 못할 우려가 있다. 이러한 상황은 결과적으로 공동체 전체를 파괴할 수 있기 때문에 애초에 그 최초의 한명의 부랑자를 경찰이 체포해서 사회복지시설로 데리고 가고, 국가가 그를 지원하여 준다면 이러한 대응을 지나친 경찰활동이라고 비난할 수는 없을 것이다.

하나의 깨진 유리창이 방치된다는 점과 도시전체의 무질서와 범죄의 확산관계를 전체적으로 고려한다면 이것을 이해할 수 있을 것이다. 이것이 바로 경찰과 지역사회의 안전을 고려하는 주장의 주요 내용이자 깨진 창 이론가들의 주장이기도 하다.

## 3. 뉴욕시 범죄해결의 실마리

1994년 루돌프 줄리아니가 뉴욕시장으로 업무를 시작하기 전인 1980년대까지의 뉴욕의 치안상황은 좋지 않았다. 연간 약 60만 건의 중범죄가 일어났다. 뉴욕을 방문하는 사람들은 뉴욕지하철을 타지 말라는 충고를 들어야 했다. 중범죄사건의 90%가 '지하철 범죄'였기 때문이다.

뉴욕시(NYC)는 맨해탄(Manhattan), 브롱스(The Bronx), 브루클린(Brooklyn), 퀸즈(Queens), 그리고 스테이튼 아일랜드(Staten Island)의 5개 구(區, Borough)로 이루어져 있다. 미국에는 인구 10만 명 이상이 거주하는 도시가 189개 정도가 있는데, 뉴욕은 이들 도시 가운데 줄리아니 시장이 취임하기 전에는 범죄발생 통계상의 치안순위가 87위 정도였다. 미국의 범죄지표상에 나타난 통계를 기준으로 비교하면, 줄리아니 시장이 효과적인 경찰정책을 시행한 후에는 150위로 범죄발생 통계상의 수치가 떨어졌다. 그와 브래튼 경찰청장의 경찰정책이 효과적이었다는 것이다.

깨진 창 이론에 근거한 경찰정책의 일환으로 시행했던 일 중 하나는 지하철 무임승차자를 단속하는 것이었다. 요금을 내야지만 이용할 수 있는 대중 교통수단을 요금을 내지 않고 무단으로 이용하는 것은 그 자체가 하나의 불법행위이다. 지하철 낙서를 지우는 사업도 병행하였는데, 이 역시 법집행당국이 우범자나 범죄자들에게 주는 신호(Signal)로서의 역할을 하였다. 이제는 지하철에도 변화가 있을 것이고 강력하게 법을 집행할 것이라는 메시지를 계속 준 것이다. 부랑자들이 구걸하고 노숙하며, 쓰레기와 낙서가 널려있는 지하철은 범죄행동을 용인하는 공간이라고 생각하는 범죄자들의 인식에 변화를 주고자 함이었다.

줄리아니가 뉴욕시장이 되기 전에 그는 뉴욕주 검사였다. 그는 살인, 강도 등 중대범죄와 마피아 조직수사에 성공적인 결과를 내었고 시민들은 그를 환호했다. 이러한 범죄전문가로서의 그의 역량을 기대하여 뉴욕시민들은 그를 시장으로 선출하였다. 하지만 줄리아니 시장과 그가 임명한 브래튼 경찰청장은 뉴욕시민들의 실망과 비난에도 불구하고 지하철범죄문제를 해결함에 있어서 다른 철학을 가지고 접근하고 있었다. 그들은 거리나 지하철의 구걸이나 무임승차와 같은 무질서를 회복하는 일에 보다 많은 관심을 가지고 있었던 것이다. 'Reduce disorder and you will reduce crime'이라는 슬로건으로 보다 가시적(可視的)인 사회문제들에 대해 우선적으로 접근하는 방식을 취했다. 보이지 않는 범죄(犯罪)에 대응하는 것 이상으로 당장에 보이는 무질서(無秩序)를 회복하는 경찰활동이 가져다주는 범죄예방효과에 주목한 것이다.

줄리아니 시장의 범죄문제 해결을 위한 접근방법은 비록 그 시작이 경범죄를 선택하여 5년 동안 6,000개 지하철 차량의 낙서를 지우게 되는 실로 '터무니없는 작업'으로 시작하였다. 하지만, 그 결과 2,200건에 달하던 지하철 범죄가 1,000여건으로 절반 가까이 줄일 수 있었고, 전체적으로도 1988년경에는 100만 건 이상이었던 뉴욕의 범죄율이 1994년도 이후에는 70만 건으로 줄었고, 그 이후 다시 40만 건까지 감소하는 결과를 낳았다. 이 모든 것은 깨진 창 이론에서 정의한 것과 같이 기초질서 등 사소한 것에 대한 보다 엄격히 통제는 범죄문제에 대해 보다 엄중하게 대응할 것이라고 하는 강력한 신호(Signal)로 받아들여지는 분위기 전환과정을 통해 범죄예방효과를 거둔 것이라고 평가된다.

## 4. 반달리즘과 그래피티

필자가 2011년 영국 런던과 프랑스 파리 등의 유럽도시를 배낭여행할 때, 〈그림 3-1〉과 같이 스프레이 페인트로 건물 벽이나 심지어는 자동차에까지 형이상학적인 그림을 그리거나 글씨를 써서 건물이나 자동차 고유의 멋을 훼손한 것을 자주 보았다. 행위자의 입장에서는 나름대로의 예술적 활동이라고 말하겠지만 일반 시민들이나 특히 필자와 같이 문화적 배경이 다른 동양인이 보았을 때에는 그것이 아름다운 도시미관을 해치는 일에 불과하였다. 런던이나 파리라는 도시 전체적으로는 그리 심각한 비중을 차지하고 있는 것은 아니었지만, 정돈된 유럽의 풍경에 비하면 이것은 문화 파괴주의자의 과잉행동이라고 생각되었다. 기존의 뉴욕지하철에 있는 낙서는 이와 같이 반달리즘(Vandalis m)[9]으로 해석되었던 것이다.

**그림 3-1 ▎반달리즘이 투사된 유럽의 자동차**

출처: 저자가 직접 찍은 사진. 2011. 6.

하지만 최근 이러한 경향은 그래피티(Graffiti)가 공적으로 개방된 공간을 기반으로 하는 거리예술(Street Art)로 승화되면서 현대예술의 한 장르로 자리 잡아가는 움직임이 두드러지고 있다. 아직도 낙서인가 혹은 예술인가의 논쟁이 완전히 사라진 것은 아니지만, 최근 뉴욕, 베를린 등 세계적인 도시에서는 그래피티 원색의 화려함과 인종차별, 반전 등 강렬한 메시지를 전달하여 사회를 변화시키면서, 도시의 공간적 특성을 살린 디자인과 지역민에게 예술향유 기회를 제공하는 거리의 예술로 관심을 모으면서 대중적 인기를 모으고 있다.

2018년 뉴욕시 브루클린 윌리엄스버그 인근지역에는 그래피티를 감상하기 위해 몰려든 세계인의 발길이 이어지고 있었다. 그래피티 워킹투어는 두 세 시간의 유료가이드가 있을 정도다. 과거 독일인 집단거주지였던 이곳은 도시공간의 슬럼화와 맞물려 있었던 시대적 상황 속에서 빈 공장건물을 카페나 레스토랑으로 변모시키고 그래피티 예술가의 작품을 유치함으로써 범죄지역으로 더 이상 발전하지 못하도록 하고 있었다. 단순한 낙서로 천덕꾸러기 취급을 받던 그래피티가 예술로 승화되듯, 시대가 바뀌자 도시정책도

9) 반달리즘은 노르만족의 하나인 반달족이 유럽 대륙과 해안을 약탈하기 위해 출몰하고 있었는데, 이들이 지나간 곳에는 생명체가 남아나지 않았고 풀뿌리조차 남기지 않았다고 하여 파괴자의 전형처럼 알려져 있었다. 이와 같이 다른 문화나 종교 예술 등에 대한 파괴하는 행위를 상징적으로 반달리즘(Vandalism)이라 부르게 된 것이다.

그래피티를 이용하여 도시공간에 생명력을 불어넣기 위해 적극 권장하는 모습도 확인할 수 있었다. 어느 유명 맥주회사는 유명 그래피티 작가의 작품형식으로 자기 회사 맥주광고를 그래피티 형식으로 건물 벽에 그리도록 하여 광고하고 있었다. 범죄와 무질서의 신호로 제거되던 낙서에서 거리의 예술로 거듭난 그래피티의 변신은 놀라운 인식의 변화가 아닐 수 없다.

**그림 3-2 ▎최근 예술로 승화된 그래피티(뉴욕 브루클린)**

출처: 저자가 직접 찍은 사진, 2018. 6.

## 5. 깨진 창 이론과 나비효과

나비효과(Butterfly Effect)라는 용어는 기상관측과 관련하여 비롯된 말이다. 이미 언급한 바와 같이 미국의 기상학자 에드워드 로렌츠(E. Lorentz)가 남아메리카의 브라질에서의 나비 날개 짓이 미국 텍사스주에 토네이도를 발생시킬 정도의 엄청난 변화를 가져올 수 있을 것이라는 과학이론을 소개했던 것이다. 이 말은 대개 어떤 일이 시작 될 때에는 아주 작은 양의 차이 밖에 없지만 결과적으로 보면 굉장히 큰 변화를 가져오게 됨을 비유하는 경우에 사용된다.

예를 들어, 두 개의 선(線)이 아주 미세한 거리를 두고 아주 작은 각도만큼의 차이를 두고 가까이 접해있는 경우, 지금 당장에는 거의 붙어 있는 것으로 보이지만, 이것이 수십 킬로의 거리로 연장되면 상상한 것 이상으로 상당히 거리가 벌어지게 되는 현상을 생각할 수 있다. 또한 물리학에서 말하는 카오스 이론(Chaos Theory)과도 관련되어, 대단한 혼돈 상태의 시작이나 그 단초는 굉장히 사소한 것의 움직임이었는데, 이것이 돌기 시작하면서 엄청나게 많은 혼돈상태를 가지고 와서 우주의 변화를 일으키게 되었다는 것을 설명하고 있다. 최초에 이 현상을 설명할 때는 나비가 아닌 갈매기가 사용되었지만, 이후에 보다 시적(詩的)으로 표현하기 위해 갈매기를 나비로 바꾸었다고 한다.

경찰정책의 시행에 있어서도 초기 조건의 민감한 의존성에 주목하여야 한다. 이 초기라고 하는 것이 양적으로 얼마나 크게 확대되고 질적으로도 얼마나 심각해져 갈 수 있는지에 대한 검토는 대단히 중요한 정책의 성공요소이다. 바로 이러한 초기 조건에서 범죄문제를 미연에 방지해보자는 범죄대응을 위한 경찰전략 혹은 경찰이론이 바로 깨진 창 이론(Broken Window theory)이다. 작은 변화가 결과적으로 엄청난 변화를 초래할 수 있는 경우를 가장 잘 표현하고 있다.

## 제3장 깨진 창 이론의 적용과 응용

우리의 일상생활을 깨진 창 이론의 관점에 비추어 보자. 우리가 고칠 수 없는 고질적 습관이라는 것도 따지고 보면 아주 사소한 버릇에서 시작되었을 것이다. 그래서 좋은 버릇을 들이면 성공의 습관을 가져온다고 하고, 그렇지 않은 경우에는 실패하는 습관이나 행동을 갖게 되어 인생자체가 안 좋은 방향으로만 자꾸 전개될 수도 있을 것이다. 이번 기회에 자신에게 있는 작지만 좋지 않은 버릇들, 내가 생각해 보아도 결코 좋다고 할 수 없고 남이 알면 조금 창피한 그런 버릇이 있다면 그것을 한번 바꾸어 보는 것도 좋겠다. 반대로 좋은 버릇과 습관이 있다면 이것을 동료에게 권해 보기도 하고, 자기 자신에게도 이러한 성공습관을 더욱 더 발전시켜 긍정적 자기신념으로 강화시키는 것도 좋을 것이다.

## 1. 깨진 창 이론의 적용, 그 후(後)

깨진 창 이론을 뉴욕지하철 경찰활동에 적용하고 난 다음의 이야기이다. 지하철에서 일정한 성과를 올리게 되자, 뉴욕사람들의 긍정적 평가와 더불어 지하철이 예전에 비해 몰라보게 좋아졌다는 언론보도가 나간 후 뉴욕경찰은 이러한 정책을 뉴욕시 전체에 확대 적용하게 된다. 그로부터는 경찰이 나서서 기초질서를 어기는 사람들에게 조목조목 위법 사실을 지적하고 예외 없이 처벌하게 되는데, 이러한 경찰정책을 무관용 경찰활동(無寬容 警察活動, Zero Tolerance Policing)이라 부른다. 말 그대로 조그마한 질서위반에 대해서도 너그럽게 받아들이거나 용서하지 않고 강력한 경찰력을 발동하여 처벌을 보다 강화하는 경찰정책을 펴게 된 것이다. 그동안 주로 절도나 무장폭력 또는 강도행위에 경찰력이 집중돼 있던 것을 이제부터는 도심 곳곳에 있는 낙서를 지운다거나 무단횡단을 제지하거나 쓰레기 무단투기 같은 경우와 같이 예전에는 그냥 넘기던 경범죄에 대해서도 경찰이 강력한 단속을 실시하였다.

어느덧 뉴욕시의 분위기는 조그마한 불법도 허용하지 않는 쪽을 급선회하게 되었다. 그러다보니 대부분의 범죄자들은 범죄를 포기하거나 뉴욕 이외의 인근 지역으로 범죄 장소를 옮겨가는 일이 늘어나게 되었다. 일종의 풍선효과(風船效果, Balloon Effect)를 가져 왔을 것으로도 볼 수 있겠지만, 이로써 뉴욕에서의 전체 범죄발생건수는 급감하게 되었다. 이후 FBI 자료에 따르면 2005년 범죄발생률 조사결과 뉴욕시는 인구 37명당 1건의 범죄가 발생한 것으로 나타나서 미국의 10대 대도시 가운데에서는 제일 안전한 곳으로 알려지고 있다.[10] 물론 2005년의 자료이므로 깨진 창 이론에서 발전한 무관용 경찰활동의 시행 효과 외에도, 2001년 발생한 9·11테러 이후의 치안확보에 대한 집중적 노력의 결과도 내재되어 있을 수 있다는 것도 함께 고려해야 할 것이다.

10) 2005년 FBI 발표에 따르면 가장 위험한 대도시는 텍사스주 댈라스로 인구 12명당 1건의 범죄가 발생한 것으로 조사되었다. 그 뒤로 산호세(2위), 인구 26명당 1건인 로스앤젤레스(3위), 샌디에고(4위) 그리고 시카고, 필라델피아, 휴스턴, 샌안토니오, 피닉스 순이다.

## 2. 무관용 경찰활동

깨진 창 이론을 배경으로 한 범죄예방 목적의 경찰정책으로 발전하여 한 것이 무관용 경찰활동(Zero Tolerance policing)이다. 여기서 'Zero'는 잘 알고 있다시피 아무것도 없다는 뜻의 무(無)이며, 'Tolerance'란 누구를 봐준다는 뜻의 관용(寬容)이나 자비와 같이 경찰이 위반자의 잘못에 대해 질책하지 않고 너그럽게 참고 넘어가는 것을 의미한다. 'Policing'이야 당연히 경찰활동(警察活動)을 의미하므로, 무관용(Zero Tolerance) 경찰활동이란 사소한 무질서나 위반행위에 대해서도 절대 그냥 넘어가는 일이 없도록 하겠다는 의미에서 강력한 경찰권의 발동을 천명하는 경찰정책이 되는 셈이다. 대개는 경미한 범죄가 쌓여 중대범죄로 발전하게 되므로, 경미한 범죄에 대해 관용을 베풀지 않고 오히려 보다 더 적극적이거나 공격적으로 법집행을 해야 한다는 경찰전략을 배경으로 하고 있다.

일반적으로 국면을 전환할 수 있는 신호(Signal)는 커다란 그 무엇에서 비롯되기 보다는 눈에 보이는 사소하지만 비상식적인 것들을 보다 상식적인 방향으로 돌려놓아 제자리를 잡게 해주는 과정에서 더 많이 생기며, 이러한 전략은 보다 더 효과적일 수 있다. 경찰관들이 유니폼을 입고 거리에서 기초질서 위반 사범들을 단속하면, 사람들이 횡단보도를 이제부터는 제대로 건너야 하겠다거나 신호등을 보다 잘 지켜야겠다고 생각하게 된다. 지금 이 시간에도 경찰관들은 보이지 않는 곳에서 강도를 쫓고 살인범을 추적하는 활동을 하고 있지만 보통사람들은 이를 보지 못하고 잘 알지도 못한다. 경찰정책의 전략상 가시적인 측면에서 경찰이 무질서를 바로잡아가는 것은 좋은 효과를 가져 올 수 있는 경찰활동이 될 수 있다.

이렇게 '조금도 참지 않는 경찰활동'을 하려면 경찰관의 수가 많아야 될 것이다. 따라서 뉴욕시에서 경찰관의 수가 급격히 늘어나게 되는데, 당시에 줄리아니 시장은 뉴욕시 경찰관을 무려 7,000명이나 증원하게 된다. 이렇게 늘어난 경찰관은 거리에서의 가시적(可視的) 경찰관의 숫자를 늘리게 되고 상대적으로 범죄를 마음먹은 범죄자에게 범행포기나 중단의 심리적 압박을 줄 수 있다는 부수효과도 줄 수 있었다.

## 3. 컴스텟과 현장 책임성 강화

무관용 경찰정책과 더불어 뉴욕경찰의 성공을 가져온 요소로는 당시의 뉴욕경찰청장 윌리엄 브래튼이 도입한 범죄정보관리에 기초한 경찰력 운용시스템이다. 컴스텟(Compstat) 이라고 불리는 이 시스템은 COMPARE STATistics(비교통계를 사용한 경찰운용 시스템)의 줄임말이다. 컴스텟은 시의 적절하고 정확한 정보(timely and accurate information or intelligence), 신속한 자원배치(rapid deployment of resources), 효과적인 전술(effective tactics), 그리고 부단한 후속조치(relentless follow-up) 등이 가능하도록 구성되어 있다.[11] 뉴욕시는 당시 과학기술의 발전을 경찰활동에 효과적으로 접목시키는 과학치안을 일찌감치 시작하였던 것이다.

윌리엄 브래튼은 컴스텟에 입각하여 관련 경찰서장 회의(Compstat Meeting)를 직접 주재하였다(그림 3-3 참조). 매주 열리는 이 회의에서는 뉴욕 관내의 범죄발생정보를 기초로 경찰력의 보다 효율적인 운용을 최우선 전략으로 삼아 경찰서장들에게 계속 지시하고 점검하고 확인한 것이다. 물론 현지 지휘관에게 상당한 재량과 자원을 제공함으로써 책임성을 강화한다는 전략은 지켜졌다. 우리나라로 말하자면 파출소나 지구대에 있는 경찰관들이 관내에 발생한 모든 범죄를 컴퓨터에 실시간으로 입력하도록 하였기 때문에, 경찰청에서 화면만 보면 어느 지역에 어떠한 범죄들이 어떻게 발생되고 있는가를 실시간으로 알 수 있었다. 따라서 범죄가 상대적으로 많이 벌어지는 장소에 경찰력을 집중시킬 수 있었고, 범죄가 상대적으로 많이 벌어지는 시간대에 많은 경찰인력을 집중배치하여 보다 많은 순찰을 시킬 수도 있었다. 한정된 경찰력을 일정한 지역에 똑같이 균등하게 배치하는 것은 비효율적(非效率的)이다. 범죄는 경험적으로 항상 일어나는 곳에만 주로 일어나기 때문이다. 그곳은 범죄를 저지르기에 상당히 좋은 조건을 다른 지역보다는 상대적으로 많이 가지고 있기도 하다. 따라서 그 지역에 경찰력을 집중적으로 운영한다면 범죄가 자연스럽게 줄어들 수 있는 것이다.

---

11) Dennis C. Smith and William J. Bratton, "Performance Management in New York City: Compstat and the Revolution in Police Management," in Dall Forsyth (ed.), Quicker, Better, Cheaper? Managing Performance in American Government , New York: Rockefeller Institute Press, October 2001. p. 477.

그림 3-3 ▌뉴욕경찰 컴스텟 회의(NYPD CompStat meeting)

출처: NYPD news(http://nypdnews.com/2016), 2016.

컴퓨터 장비를 통하여 범죄발생정보를 관리하는 비교 통계 중심 경찰전략으로 인해, 어느 지역에 경찰을 집중시킬 것인가에 관한 경찰의 전술적 인력운용계획을 세우는 데에 상당히 효과적이었음은 물론이다. 여기에 적절한 인력의 배분결과를 토대로 예산배분도 연계 운용하였다. 따라서 컴퓨터에는 실시간으로 비판적인 정보, 중요정보나 살인범죄와 같이 사회적으로 파장이 큰 범죄를 계속하여 통계로 잡으며 이것을 처리하고 있는 그 지역경찰의 인적사항들을 전부 입력하여 그 지역의 경찰관 누구든 자신의 움직임들이 서장이나 청장에게 보고되는 상황에서 섣불리 행동하지는 않을 것까지도 기대하였다. 현장경찰관에게 동기를 부여함과 동시에 그 결과를 집중적으로 수집하여 데이터분석에 활용하였다. 이것은 실질적으로 브래튼청장이 현장에 나와 현장 경찰관들을 직접적으로 지휘하는 현장지휘의 효과로 나타나기도 하였다. 범죄발생과 경찰력 운영의 통계가 누적될수록 그 효과가 어떻게 작용하는지를 관할서장이 직접 챙기고 볼 수가 있었기 때문에, 이러한 컴스텟의 활용 역시 성공적인 뉴욕경찰의 무관용 경찰정책 구현에 많은 도움을 주었다고 볼 수 있다.

이런 무관용 경찰정책은 적극적(Proactive) 경찰전략에 속한다. 경찰이 경찰서에서 112신고를 통한 출동이라는 사후적 대응(Reactive)에 주력하는 소극적인 경찰활동에 비하면 컴스텟 상의 통계를 이용하여 어느 지역에서 어떤 시간대에 무슨 범죄가 발생하는가에 대해 미리 알고, 경찰력을 그 시간대에 미리 집중적으로 배치하고 순찰을 실시할 수 있었고 결과적으로 보다 많은 범죄예방효과를 발휘할 수 있었던 것이다.

또 하나의 성공요소는 확신에 찬(confident) 경찰전략과 단호한(assertive) 경찰전략이라고 볼 수 있다. 과거 오로지 시민의 신고를 통하여 사건을 접수하고 3분이나 5분 내로 출동하기에만 바빴던 경찰이 아니라, 이제는 컴스텟을 통하여 미리 범죄발생정도를 예측하며 준비할 수 있는 확신에 차 있었던 것이다. 이처럼 경찰관 자신이 확신에 차있기 때문에 자신감은 표정이나 행동에서 나타나는 것이다. 이렇게 사소한 범죄에 대해서도 강력하게 법집행을 하는 것은 당장에는 시민들에게 불편하게 느껴질지도 모른다. 하지만 결과적으로는 지역사회의 범죄통계수치를 낮출 수 있다는 경찰관의 확신에 찬 행동으로 이어지면서 기초질서 위반사범에 대해서도 단호해질 수 있다고 보았다.

## 4. 뉴욕시 경찰활동에 대한 비판

당시 뉴욕경찰의 이러한 경찰활동에 대하여 모두가 박수를 치며 반긴 것은 아니었다.

첫 번째로는 이렇게 경찰력을 실시간으로 현장중심으로 지휘해 가면서 계속해서 범죄에 대해 즉각적으로 대응하는, 그리고 아주 단호하고 확신에 찬 적극적 경찰활동은, 자칫 1970년대나 1980년대 초반 영국에서 시행하였던 군대식 경찰전략으로의 회귀(回歸)라는 비판을 들을 수 있었다. 경찰은 분명 군인과는 구별되는 조직임에도 불구하고 마치 군인이 전쟁하듯이 범죄자에 대해서 맹폭격을 가하는 방식과 같은 경찰정책은 영국경찰에서 이미 실패한 것으로 결코 효과적이지 않다고 본 것이다.

두 번째로는 이러한 경찰력 운용은 흑인사회나 소수집단과의 관계를 더욱 악화할 수 있었다. 보통 범법자라고 칭하는 사람들은 흑인사회나 소수집단들과 같이 그 사회의 주류로부터 벗어난 사람들이다. 따라서 그들은 정치적 · 경제적 · 사회적 약자들이었다. 이러한 약자들의 사소한 범법행위까지도 낱낱이 공격적이고 적극적으로 단속하는 경찰활동을 하다보면 소수집단들은 마치 자신들을 타깃으로 삼아서 국가가 죽이려 한다고 생각할 수 있었을 것이다. 그래서 경찰에 대해서 호의적이기 보다는 적대적인 사람으로 만들 수 있으며, 이것이 조금 더 발전하면 국가에 대해서 적대적인 사람과 집단을 만들어 낼 수도 있었던 것이다.

무관용 경찰정책의 결과, 경찰은 지역사회를 기반으로 하면서 지역사회와 서로 끊임없이 주고받는 소통이 단절되어 사회로부터의 '경찰고립(警察孤立)'을 자초하게 될 수도 있다. 국가가 법집행을 너무 강하게 해 나간다면 시민사회, 특히 소수집단 사람들은 자기에 대해서 국가가 핍박을 한다고 생각하여 국가를 버리고 경찰을 버릴 수도 있다. 이것이 경찰고립을 자초하여 종국적으로 경찰이 시민과의 소통을 통하여 범죄와의 전쟁에서 승리할 수 있는 기반 자체를 잃을 수 있다는 비판을 받게 된 것이다.

## 5. 무관용 경찰활동에 대한 비판

뉴욕시 경찰활동에 대한 효과성 평가에 대하여는 이미 서두에서 살인범죄가 2,200건에서 1,000건으로 거의 반 정도가 줄었고, 전체적인 도시의 범죄발생률의 하락폭이 무려 34%가 나왔다고 소개하였다. 하지만 단적으로 뉴욕시 경찰활동의 결과로 이러한 범죄감소 효과가 실증적으로 나타났다는 주장이라면 비판의 여지가 있다. 이러한 범죄감소 효과에 대하여 소극적으로 평가하려는 입장에 있는 사람들에 따르면, 뉴욕시의 범죄가 크게 감소하였다는 통계수치는 틀린 것이 아니지만 이것은 뉴욕시에서 루돌프 줄리아니 시장과 윌리엄 브래튼 경찰청장이 깨진 창 이론을 근거로 무관용 경찰정책을 실시했기 때문만이 아니라, 1990년대 미국의 전반적인 범죄수치는 감소하는 추세에 있었고 그러한 맥락에서 뉴욕시에서도 범죄감소의 원인을 찾을 수 있다는 주장이다.

이러한 비판을 하는 사람들이 제시하고 있는 근거는 미국의 25개 대도시 중에서 17개 지역에서 범죄가 감소했다는 내용의 보고서다. 이들은 뉴욕시를 뺀 16개의 주에서는 루돌프 줄리아니와 윌리엄 브래튼이 깨진 창 이론에 입각한 무관용 경찰활동을 실시하지도 않았지만 범죄율은 뉴욕과 같이 감소했다고 주장한다. 따라서 '무관용 경찰활동'과 '범죄율 하락'이라는 2개의 변수는 서로 상관관계(相關關係)가 있는 것이 아니며, 위와 같이 미국 전반에 나타난 범죄율 감소의 추세(Trend)의 경향을 보여주는 하나의 예(例)에 불과하다는 입장에서 그 효과성을 부정적으로 평가하려는 것이다. 설령 무관용 경찰정책의 정책효과의 비중을 넓히더라도 결과로서의 범죄감소 효과는 모두 경찰의 무관용 경찰정책에서 비롯된 것만은 아니며, 여러 가지 보완적(補完的)인 다른 정책들이 결합된 결과일 뿐이라는 것이다.

당시 미국에서 범죄가 전반적으로 감소하게 된 주요 원인으로는 경제적 호황과 인종갈등의 약화, 그리고 낙태의 합법화 경향 등을 들 수 있다. 이러한 경제적 호황의 효과로 범죄가 줄어들었다고 볼 수도 있는 것이기 때문에, 경찰의 정책변화와 더불어 이러한 경제적 호황으로 말미암은 일자리 창출을 통하여 실업자가 줄어들고, 그 만큼 범죄로 나아가는 예비 범죄자가 늘지 않아서 범죄 역시 줄어들었다고 보는 것이다. 결국 뉴욕시의 범죄감소 효과는 다른 보완적인 정책효과와 더불어 일어난 것으로 보아야 할 것이다.

또한 인종적 갈등도 약화되었으며, 낙태를 합법화하는 주(州) 역시 많이 늘어나게 되었다. 뉴욕 역시 낙태를 합법화하다보니 낙태는 더 이상 범죄가 되지 않았고, 낙태율이 증가함에 따라서 정상적이지 못한 관계에서 태어나서 올바른 양육과 경제적 지원을 받기 어려운 아이들이 범죄자로 성장하는 비중이 상대적으로 줄어들게 되었다는 등의 이유로, 뉴욕시의 범죄감소는 이제 루돌프 줄리아니와 윌리엄 브래튼의 경찰정책에 의해서만 완성되었다는 주장에 대하여 그 평가는 어느 정도 제한적이거나 평가절하될 수밖에 없을 것이다.

더구나, 무관용 경찰활동은 결과적으로 시민과의 갈등을 유발시켜서 지역사회관계의 악화를 초래했다. 경찰활동은 지역사회를 기반으로 한다. 경찰관 역시 지역사회에서 채용된다. 대개 지역사회의 구성원이 성장하여 직업으로서의 경찰이 되는 것이다. 하지만 경찰과 지역사회 관계가 악화되면, 좋은 경찰자원이 경찰조직에 들어오지 않을 것이며, 시민들로부터 협조 또한 받지 못하고 사회적으로 고립이 될 수도 있다. 경찰은 더 이상 지역사회로부터 범죄정보를 받을 수도 없을 것이고 시민들은 경찰에게 협조하지 않을 것이다. 극단적인 예로 도망가는 범죄자를 추적하는 경찰관이 있다고 하자, 범죄자의 행방을 시민에게 물어보니 모두 다 쉬쉬하며 안 가르쳐 주거나 심지어는 반대방향을 안내하여 추격을 어렵게 하거나, 증인이나 목격자를 찾아서 진술을 요청하였으나 거절하며 협조를 거부한다면 범죄와의 전쟁에서 결코 경찰이 이길 수 없을 것이다. 그런데 무관용 경찰정책이 오히려 지역사회관계의 악화를 초래하였다면 이것이 장기적인 관점에서 과연 올바른가에 대한 비판이 가능하다.

다음 비판으로는, 흔히 잡범이라 하는 경미한 범죄자들마저도 무관용 경찰정책으로 말미암아 강력하게 처벌하여 교도소로 꾸준히 수감시키다 보니, 교도소의 인구가 과밀하게 되어 교도행정상 부작용이 발생하게 되었다는 평가이다. 교도소 수용인원이 1,000명인 경우에 수용대상자가 1,100명을 넘어가게 되면 100여명의 누군가를 석방해야 하는 문제가 발생하게 된다. 그런데 국가의 경찰정책이 기초질서 위반사범을 강력하게 단속하여 이 지역사회에 있는 범죄 유발적 분위기를 완전히 없애겠다는 정책이 계속 추진되면, 당장에 기초질서 위반사범을 석방할 수는 없어서 결국 기존의 중범죄자들을 조기 석방하는 방법 밖에 없을 것이다. 하지만 그 중에는 살인자나 강도, 강간, 방화 전과자들이 사회에 쏟아져 나오게 되는데, 이것은 본말(本末)이 전도(顚倒)된 것이라는 비판이 있다. 이와 같이 무관용 경찰정책이 강하게 추진되는 만큼 예상하지 않은 사회적 비용도 역시 증가할 것으로 볼 수 있다.

따라서 무관용 경찰정책은 단기적 처방이지 장기적으로 경찰이 추구해야할 경찰정책으로서는 부족하다. 무관용 경찰정책이 주는 충격효과(Shock Effect), 즉 단기적으로 기초질서 위반사범을 없애자고 집중 단속한 뒤 다시 풀어주고, 다시 충격(Shock)을 가한 뒤 풀어주는 것을 반복함으로서 지역사회와의 갈등이 장기화되는 것을 피해 가야한다는 입장에서는 무관용 경찰정책은 단기적 처방이지 결코 장기적 경찰정책으로는 볼 수 없다. 그럼에도 불구하고 1990년대 뉴욕시에서의 무관용 경찰정책으로 인한 범죄감소 효과에 대해서는 여전히 국제적으로 성공적인 법집행 모델로서 평가받고 있다.

## 6. 깨진 창 이론과 경영학

깨진 창 이론은 범죄학이나 경찰학에서만 활용되는 것은 아니다. 오히려 경영학에서 더 많이 쓰인다. 미국의 K마트, 미국항공(American Airlines), 맥도날드는 세계 일류기업이었다. 하지만 고객선호 1등이라는 자만감으로 말미암아 고객서비스의 소홀, 오만, 접수 미숙, 느림, 어린이 경품용 장난감의 부족 등의 눈에 보이지 않는 서비스 품질 저하로 후발주자인 다른 기업들에게 최고의 기업이라는 명성을 내주고 있다.

크게 물건자체에 하자가 있는 것도 아니었지만, 고객만족에 있어서의 2% 부족이라는 사소한 그 무엇 때문에 서비스 제공 상의 사소한 불만족들이 쌓이고 쌓여서, 깨진 유리창 이론에서와 같이 결국에는 전체 유리가 다 깨지는 문제로 확대되었고, 결과적으로 이런 세계적 회사들도 계속 추락해가고 있는 것이다.

이와 같이 기업경영에 있어서도 이런 사소한 부주의로 인하여 성장이 가로 막히고 답보상태로 계속 갈뿐인 기업의 원인과 해법을 설명할 때 바로 '깨진 창 이론'이 인용되고 있다. 예를 들어 핸드폰이 고장이 나서 A사에 A/S를 받으려고 할 경우 점원들이 소비자로 하여금 만족시키고 있다고 평가될 경우에, 사람들은 그 회사의 제품을 계속 사용해도 되고 나아가 그 회사의 주식을 사도 좋겠다는 생각을 하게 된다. 이것 역시 일종의 신호(Signal)다. 만약 B사에 A/S를 받으러 갔는데 점원의 불친절로 인하여 그 회사의 서비스 계약을 해지하게 되었다면, 당장에 위약금을 물더라도 그 회사와의 연을 끊는 것이 좋을지도 모른다. 나아가서 그 회사의 주식을 혹시 가지고 있다면 그 것 역시 바로 매도하는 것이 옳을 수도 있다. 이러한 것이 바로 사소한 것이지만 굉장히 큰 신호(Signal)로 다가오는 것이라는 사실을 우리는 '깨진 창 이론'을 통해서 배울 수 있었다. 이렇게 다양한 경제활동 영역에서도 여러 가지 현상을 설명 가능하게 하는 것이 '깨진 창 이론'이기도 하다.

이상으로 '깨진 창 이론'을 이용하여 범죄예방을 어떻게 할 것이냐를 살펴보았다. 아주 사소한 버릇이 큰 습관을 만들고 결과적으로는 우리 인생에 큰 영향을 미치듯이, 우리사회의 사소한 질서위반행위가 가지고 있는 우리사회에 대한 신호(Signal)는 이제부터는 우리에게 결코 사소하게만 느껴지지는 않을 것이다.

# 제4강 I

# 환경설계를 통한 범죄예방

**제1장** 범죄행동과 환경적 영향
**제2장** 셉테드 대상범죄와 구성요소
**제3장** 일상생활 속에서 만나는 셉테드

제4강

# 환경설계를 통한 범죄예방

〉〉〉 경찰과 사회 〉〉〉

## 제1장 범죄행동과 환경적 영향

환경설계를 통한 범죄의 예방(Crime Prevention Through Environmental Design)에 관한 논의는 실질적인 범죄예방에 있어서 주변 환경 자체를 구체적 · 현실적으로 어떻게 설계하면 범죄행동의 유발을 억지할 것인가를 그 내용을 한다. 범죄 친화적인 사회분위기가 되지 않도록 어떻게 환경을 설계할 것인가를 범죄 예방적 관점에서 바라보는 것이다. 먼저 환경설계를 통한 범죄예방에서 말하는 범죄예방의 개념부터 살펴본다.

### 1. 범죄예방과 환경

예방(豫防, Prevention)이라 하면 쉽게 감기예방을 생각할 수 있다. 독감에 걸리지 않기 위해서는 인플루엔자 바이러스(Influenza Virus)에 감염되지 않도록 미리 조심할 필요가 있다. 범죄예방(犯罪豫防, Crime Prevention)도 마찬가지이다. 범죄가 발생하지 않도록 우리사회가 미리 어떻게 조심할 것인가에 대한 관심을 갖는 것이 요구된다. 범죄가 발생하고 난 다음에 가해자를 찾아서 처벌하는 것보다 범죄가 발생하기 전에 미리 범죄를 유발하는 기회 자체를 줄여 나가는 것이 보다 효과적이다.

사건 · 사고의 대부분은 어떠한 기회(Chance)에서 기인하는 경향이 있다. 그러한 일을 하기에 적당한 상황이나 기회가 그러한 일의 시작과 완성을 결정짓는 때도 많다. 우리는 범죄행위로 나아갈 수 있는 적당한 기회가 욕망을 지닌 대부분의 사람들을 충동하여 범죄로 내몰고 있는 경우를 자주 본다. 따라서 범죄예방을 위한 하나의 방법은 이러한 범죄 기회 자체를 줄이는 것이라고 할 수 있다. 그렇지 않아도 어떤 사람이 급하게 돈이 필요해서 길거리를 배회하고 있는데 고급시계를 차고 있는 만취한 사람이 쓰러져있고, 게다가 주머니에 두둑한 현금봉투를 지니고 있는 상황이라면 그 사람은 강한 범죄 유혹을 느낄 것이다. 오히려 이러한 상황을 마치 하늘이 자신에게 보내 준 절호의 기회라고 합리화할 수도 있다. 이러한 자기 합리화는 범죄행위로 나아가게 만드는 방어기제(防禦機制, Defense Mechanism)로 작용한다. 만약 이런 범죄 기회 자체가 없도록 주변 환경을 바꿔줄 수만 있다면 외부요인에 의한 충동범죄는 예방할 수 있을 것이다.

범죄학에서는 모든 사람을 잠재적 범죄자(潛在的 犯罪者, Potential Criminal)로 정의하고 있다. 우리 인간에게는 범죄의 씨앗이 있다는 말이다. 우리 인간은 모두 욕망을 가지고 있다는 점, 욕망의 대상은 유한하다는 점, 이러한 욕망의 자기통제는 한계가 있다는 점 등을 고려해보면 모든 사람들은 범죄자가 될 개연성을 갖고 있는 셈이다. 이러한 잠재성이 구체적인 행동으로 나타나기 전에 이를 미리 막는 행위자 본인 이외의 환경적 접근의 범죄예방법이 필요한 이유가 여기에 있다.

환경설계를 통한 범죄예방은 사람들이 환경적 요인에 의해 범죄 유혹을 받는 상황을 차단해줌으로써 잠재적 범죄자가 범행으로 나아가지 않도록 미리 통제해 주기 위한 범죄예방 전략이다. 전통적 범죄학은 잠재적 범죄자인 인간(人間)에 초점을 맞추어 범죄원인을 규명하고, 이러한 개인적 · 사회적 범죄원인을 제거하거나 치유함으로써 범죄를 예방하고자 했다. 하지만 환경설계를 통한 범죄예방은 개인적 범죄원인에 관심을 두기보다는 모든 사람을 둘러싸고 있는 환경(Environment)이 가지고 있는 범죄 유발요소 혹은 범죄 억지요소에 주목한다. 모두가 잠재적 범죄자이기 때문에 인간 개인을 구별하여 범죄가능성을 따로 구별한다는 것은 논리적으로 불필요한 것이기 때문이다. 이처럼 환경설계를 통한 범죄예방은 구체적인 범죄자 개인에 관점을 두기보다는 범죄자를 둘러싼 환경에 주목한다.

## 2. 범죄예방 활동의 종류

범죄예방 활동은 크게 3가지의 범주로 나누어진다. 여기에서 환경설계를 통한 범죄예방은 제1차적 범죄예방(Prime Crime Prevention)에 속한다.

제1차적 범죄예방은 아직 범죄와는 상당한 거리가 있는 일반인들에게 범죄환경과는 완전히 격리되어 있을 수 있도록 함으로써 범죄예방을 하고자 하는 것이다. 따라서 일반 시민들이 범죄를 유발하는 나쁜 환경 때문에 자신도 모르게 범죄로 나아가는 것을 막기 위하여 일상의 생활환경 개선을 강조한다.

이웃감시(Neighborhood Watch)는 통상 범행을 저지를 때 주변에서 자신의 범행을 혹시 누가 보지 않을까 해서 주변을 살피게 되는데, 만약 다른 사람이 자신을 보고 있다고 인식하게 되면 범행을 중지하게 되는 심리를 이용하여 구체적인 범죄행동으로 나아가지 못하도록 강제하는 범죄예방 수단이다. 이웃감시를 통해 범죄를 예방하려면 먼저 이웃사람들이 서로의 행동을 지켜보아주는 것이 중요하다. 그런데 도시화가 진행되면 오히려 범죄가 늘어난다고 한다. 대도시에서는 옆집에 누가 사는지를 모른다. 관심조차 없다. 비록 사람들이 모여서 살고는 있지만 서로에 대해 관심 있게 지켜봐주는 일이 드물다. 당장의 나에게 피해가 없는 한 다른 사람들에게 어떠한 일이 벌어져도 무관심한 것이다. 흔히 '익명성(匿名性)'이 늘어나는 도시환경은 바로 범죄적 환경에 보다 가까이 다가서고 있는 것이다. 서로가 서로를 지켜 보아줄 때 범죄가 예방된다. 지속적인 범죄예방 교육을 통해서도 잠재적 범죄인 스스로가 잠재되어있는 자신의 범죄씨앗이 발아하는 것을 억제할 수도 있다. 설령 이웃이 감시를 하지 못하는 상황이라면 이웃의 감시를 대신할 수 있는 경비원들에 의한 감시도 모두 잠재적(潛在的) 범죄자를 대상으로 하는 제1차적 범죄예방의 예시가 된다.

제2차적 범죄예방(Secondary Crime Prevention)은 잠재적인 범죄자를 초기에 발견하는 등 보다 구체적인 범죄징표를 나타낸 행위자를 찾아내어 처벌하고 개선하려는 노력이다. 여기에서는 경찰이라고 하는 구체적인 기관과 제제수단이 등장하게 되는데, 비행소년을 감별해내어 고용훈련을 시키는 등 보다 구체적으로 우범자에 초점을 맞추게 된다.

제3차적 범죄예방(Tertiary Crime Prevention)의 초점은 전과자와 같이 범죄행위로 나아갈 개연성이 매우 높은 사람들을 대상으로 더 이상 범죄가 발생하지 않도록 하는 예방활동이다. 범죄자가 교도소에서 자기의 형사책임을 다하고 출소했을 때 다시 재범을 하지 못하도록 관리함으로써 범죄예방의 효과를 얻는다. 오랜 시간동안 교도소 안에서 교화개선이라는 교정활동을 하게 되면 일반 사회에서의 자생능력을 잃어버리기 때문에 석방을 앞둔 일정기간 동안에는 중간교도소나 가석방, 그리고 보호관찰 등을 통해 사회복귀 훈련을 병행하고 있다. 이것이 갱생보호(更生保護)이며, 그들이 사회에 잘 정착할 수 있도록 도와주는 것이다. 전과자를 직장에 채용하는 것도 그들의 사회정착을 도와 범죄에의 유혹을 떨칠 수 있게 하므로, 전과자의 고용(雇傭) 역시 3차적인 범죄예방의 범주에 들어간다.

범죄예방의 3단계 중 환경설계를 통한 범죄예방(셉테드, CPTED)은 제1차적 범죄예방으로 분류된다는 사실을 다시 한번 기억하면서 그 연혁을 살펴보자.

## 3. 셉테드(CPTED) 개념과 연혁

환경설계를 통한 범죄예방(Crime Prevention Through Environmental Design)은 약칭하여 셉테드(CPTED)라 부른다. 제퍼리(C. Ray Jeffery)가 1971년에 그의 저서 '환경설계를 통한 범죄 예방(Crime Prevention Through Environmental Design)'에서 셉테드 개념을 최초로 제안하여 체계를 마련하였다. 범죄예방에 있어서 그 때까지 집중되었던 범죄자 개인에 대한 관심을 바야흐로 범죄자를 둘러싼 물리적 환경에 대한 관심으로 전환시킨 것이다. 이 개념을 설정할 때 가장 중요한 개념은 방어 공간(Defensible Space)이다. 일본말로 '나와바리(なわ-ばり, 縄張り)'라고 하는 영역(領域)이다. 행위자 자신의 최소한의 방어영역 개념을 제시해서 셉테드에 영감을 준 사람이 오스카 뉴만(Oscar Newman)이다. 뉴만은 1972년에 이 개념을 만들어내고 셉테드 개념을 보다 논리적으로 발전시켰다.

뉴만의 방어공간에는 실질적 방어물과 상징적 방어물이 존재한다. 예를 들어 울타리도 사람이 쉽게 넘을 수 없게 2m 가까운 높이로 만들면 이것은 실질적 방어물(實質的 防禦物)에 속한다. 하지만 높이가 30~50cm 밖이 안 되는 높이의 울타리를 설치하였다면 이것은 상징적인 방어물(象徵的 防禦物)에 속한다. 침입을 기도하려는 사람에게 적어도 울타리를 넘어 타인의 영역을 침범한다는 인식을 갖게 할 것이므로, 불법행위에 관한 심리적 압박을 통해 침입행동을 통제할 수 있다. '잔디를 보호합시다.'라는 표지판이 있긴 하지만 주변에 아무런 울타리가 없는 경우와 발로 쉽게 살짝 넘어가기에도 충분한 높이일지라도 울타리를 쳐 놓으면 사람들은 심리적으로 그 곳을 넘어가면 안 된다는 생각을 하게 되는데, 바로 이것이 잔디를 보호하는 상징적 방어물이라고 보게 된다. 물리적으로 높은 담을 쌓는 것도 범죄를 예방할 수 있는 실질적 방어물이지만 비록 높이는 낮지만 울타리가 없는 것보다는 자신의 영역을 표시해 두는 정도의 낮은 울타리라도 설치하는 것이 바로 상징적 방어물로써 영역성을 표시하는 것이므로 범죄예방에 도움이 된다. 범죄의도를 가지지 않은 통상의 사람들은 타인의 영역이라는 인식만으로도 더 이상의 침입행위를 하지 않게 된다. 이러한 영역성의 표시조차 없다면 어쩌다 우연히 마당에 들어오게 된 침입자는 주인이 없다는 사실과 방치해놓은 고급 자전거가 갑자기 갖고 싶어졌다는 갈등상황에 처하게 되어 범죄의 결과로 이어질 수도 있는 것이다. 적지 않은 수의 주거침입절도가 일어나는 이치다. 이러한 정도의 범죄행위는 어렵지 않게 예방할 수 있는 효과가 예상되는 개념이 바로 방어공간인 것이다.

자연적 감시(Natural Surveillance)도 영역성의 표시와 더불어 범죄예방에 있어서 중요한 요소로 작용한다. 자신의 재산을 본인 스스로의 감시를 통해 보호하는 수단도 있지만, 이웃사람이나 근처를 지나는 행인의 시선에 자연스럽게 노출시킴으로써 이루어지는 사실상의 감시도 범죄예방에 효과적이다. 영역성의 표시와 자연적 감시를 통한 접근통제(Access Control)는 셉테드의 구성요소가 되면서 범죄예방 수단으로 자리 잡아가고 있다. 미국의 범죄예방연구소(NCPI, National Crime Prevention Institute)는 셉테드의 개념과 목적을 보다 구체화시키고 있는데, 적절한 디자인의 효과적인 활용을 통해서 범죄발생의 수준 및 범죄에 대한 두려움을 감소시켜 삶의 질을 보다 향상시키는 것이라고 정의하고 있다.

## 4. 셉테드(CPTED)의 가정과 전제

이떤 이론을 전개할 때 가정(假定)을 설정한다는 것은 그 이론이 가지고 있는 한계점을 보완하고 그 스스로의 신뢰성과 타당성을 갖추는데 도움이 된다. 셉테드의 가정은 제대로 된 건축과 환경설계, 올바른 관리만 가능하다면 실질적인 범죄감소는 물론 범죄에 대한 두려움(Fear of Crime) 감소 및 삶의 질(Quality of Life)을 향상시킬 수 있다는 것이다.

집을 제대로 지어놨지만 깨진 창 이론에서 보았듯이 올바른 관리가 안되면 순식간에 집이나 자동차가 부서지고 공동체가 훼손되며 범죄로 오염되는 결과를 가져올 수 있다. 여기서 '제대로 된'이나 '올바른'이라고 하는 수식어들이 바로 셉테드의 가정(假定)이다. 기존에도 건축과 환경설계가 없었던 것은 아니다. 기존에도 관리가 없었던 것도 물론 아니다. 그렇지만 셉테드가 이야기하는 범죄예방을 위해서는 건축과 환경설계, 그리고 관리가 제대로 되어야 한다는 의미에서 이런 수식어들을 가정에 두고 있다. 역설적으로 어떤 건축물에서 범죄가 자주 일어난다는 것은 건축이나 설계가 제대로 되어 있지 않거나, 설령 제대로 되었다손 치더라도 올바른 관리가 되지 않아서 범죄가 지속적으로 발생한다는 논증을 위해 필요한 가정을 두고 있는 것이다.

셉테드 이론에 있어서 이러한 가정(假定)은 범죄가 발생할 수 있는 어떤 물리적 환경을 변화시킴으로써 범죄자로 하여금 범죄를 저지르지 못하게 하는 결과를 가져올 수 있다는 것이다. 모든 사람들은 잠재적 범죄인이다. 사람들은 욕망을 가지고 있고 이러한 욕망에 비해서 우리가 만족스럽게 가질 수 있는 자원은 한정되어 있으며 그 자원을 획득할 수 있는 기회조차도 갖기 어려운 경우가 많다. 그렇다면 범죄자를 둘러싼 환경에 보다 관심을 두어서 모든 사람들이 욕구를 가지고 있고 그래서 범죄행동을 할 수 있다는 것을 전제(前提)하고, 그러한 욕구가 범죄행위로 표출되지 않도록 억지할 수 있는 환경의 조성이 필요하다는 것이다. 비록 범죄를 하고자 하는 어떤 사람이 있더라도 누군가가 계속 그 사람들 따라 다니며 감시하고 지켜본다면, 그 사람은 평생 동안 완전범죄를 저지를 수가 없을 것이다. 이러한 가정은 불가능에 가깝더라도 사람을 둘러싼 환경자체가 이러한 감시자 역할을 할 수 있다면 대부분의 사람들이 범법행위로 나아가는 것을 막을 수 있다. 이런 범죄를 저지르지 못하게 하는 결과를 가져올 수 있는 환경을 설계하는 것이 셉테드의 목표가 되는 것이다.

다음은 범죄기회(Crime Opportunity)이다. 셉테드는 범죄기회 자체를 환경설계나 자연적 감시, 그리고 영역성의 표시 등으로 줄여 나갈 수 있다고 가정한다. 경찰과 더불어 이웃 등 시민사회가 전부 서로를 지켜보도록 하는 것은 범죄행위로 나아가려는 잠재적 범죄자들로 하여금 스스로를 제지하는 효과가 있다는 가정을 하고 있는 것이다.

## 5. 제2세대 및 제3세대 셉테드(CPTED)로의 진화

셉테드(CPTED)의 시작은 물리적 환경을 개선하여 공학적으로 설계된 공간을 사용하는 인간의 행동변화에 착안한 것에서 비롯되었다. 이와 같이 물리적 환경개선에 역점을 두고 있는 범죄예방 전략을 제1세대 CPTED(1st Generation CPTED)라고 한다. 이에 비하여 지역사회의 결속력이라는 사회적 관계를 중심으로 하는 주민의 활동성을 중시하고 이를 통하여 범죄예방 효과를 강조하는 전략을 제2세대 CPTED(2nd Generation CPTED)라고 부른다.

이제 셉테드는 환경설계를 통한 감시와 통제요소의 강화와 범죄에 대한 도시공간의 요새화라는 구조적 변화(제1세대 셉테드)와 더불어 사회문화적 차원에서 다양성을 존중함으로써 사회경제적으로 주민들 간의 공동체 의식 형성을 통한 범죄예방 전략(제2세대 셉테드)에 이어, 이러한 도시의 물리적 측면과 사회적 측면의 전략을 기반으로 여기에 녹색기술과 디지털 수단을 통한 도시공간 재프로그래밍에 중점을 두어 궁극적으로 도시이미지를 개선하고 여기에 공공예술의 개념까지 반영하는 제3세대 CPTED(3rd Generation CPTED)[12] 개념으로 발전하고 있다.

12) 자급자족 에너지를 가로등 조명의 원동력으로 사용하거나, 한 명의 'Big Brother'가 아닌 점조직으로 분산된 감시 혹은 수많은 'little sisters'를 기반(개인 휴대장치인 스마트폰을 소지한 개인)으로 디지털 기술과 사이버 공간을 활용하여 물리적 공간과 사이버 공간 모두에게 안전한 환경을 구현한다는 특징을 가진다. 상세는 박미랑 외2인(2021), 42-49쪽 참조.

# 제2장 셉테드 대상범죄와 구성요소

앞서 살펴보았듯이 감시의 기회를 보다 확대하고 명확한 경계설정 및 영역성 등을 잘 살리면서 범죄를 억제할 수 있는 환경설계와 올바른 관리라고 하는 운영의 문제는 셉테드의 중요한 요소이면서 동시에 과제이기도 하다. 셉테드에서 강조하는 이러한 환경적 요소는 우리가 주로 활동하고 있는 캠퍼스 내에서도 적지 않게 볼 수 있는데 CCTV가 설치되어 있는 캠퍼스 공간도 셉테드 환경의 좋은 예이다.

세상은 넓고 할 일은 많다고는 하지만 그 전제는 아는 만큼만의 세상이 보인다는 것이다. 미처 몰랐다면 알지 못한 만큼 세상은 좁고 단순할 것이다. 알게 되면 관심의 장으로 세상이 들어 올 것이다. 이제 셉테드를 알게 되었으니 평소 우연히 지나치던 CCTV를 보면, 저 CCTV가 왜 이 곳에 설치되었으며 범죄예방에 어떤 효과를 발휘할까라는 생각을 해보게 될 것이다. 그 CCTV는 당신의 행동은 누군가에 의해 감시되고 있다는 신호(Signal)를 보내는 역할을 한다. 그럼으로써 범죄발생의 함수(Funtion) 값을 만족시킬 수 없도록 강제한다. 범죄의 기회가 눈앞에 있더라도 범죄자의 입장에서는 누군가가 자신을 쳐다보아서는 안 된다는 변수가 충족되어야 하기 때문에 다른 사람들이 나를 본다고 하는 인식으로 말미암아 범죄행동을 재고하게 될 것이다. 이러한 논리적 흐름이 이해된다면 이제 본론으로 들어가 보자.

## 1. 셉테드의 실천전략

셉테드가 본질적으로 갖추어야 하는 실천전략이자 핵심개념으로는 ①영역성 강화 ②자연적 감시 ③접근통제 ④활동성 증대 ⑤유지 및 관리가 있다.[13)]

13) 개념과 분류에 있어서 5가지 모두를 기본원리로 명명하거나(박현호, 범죄예방 환경설계 CPTED와 범죄과학, 2017), 이를 다시 세분하여 ①영역성 강화 ②자연적 감시 ③접근통제를 기본원리로, ④활동성 증대 ⑤유지 및 관리를 부가원리로 나누어 구분하기도 한다(경찰청 생활안전국, 범죄예방 환경개선 정책의 바람직한 방향, 2016).

첫 번째로는 영역성(Territoriality) 강화를 들 수 있다. 특정 지역에 대한 배타적 권리를 주장할 수 있는 인지적 가상공간을 의미한다. 예를 들어, 맹수를 보면 자기의 영역을 표시하기 위해서 오줌 등 배설물을 이용하여 냄새를 피우거나 털을 나무에 비벼서 흔적을 남긴다. 다른 동물이 지나가다가도 이러한 표시를 알게 되면 대개 피해서 가도록 하는 것이다. 그렇지 않고 그 영역을 넘어서게 되면 싸움이 벌어진다. 타인의 영역에 도전한 도전자와 자신의 영역을 지키기 위한 지배자의 다툼이 일어나는 것이다. 영역성 강화는 바로 자신의 영역을 보호하고자 침입자로 하여금 자신의 영역을 존중해 달라는 신호(Signal)를 보내는 요소라 할 수 있다.

두 번째는 자연적 감시(Natural Serveillance)이다. 사람들의 일상적 활동 속에서도 가시성(可視性, Visibility)을 최대화할 수 있도록 공간배치를 하는 것이다. 대개 조경(造景)이라는 것은 나무를 심고 돌을 가져다 놓으며, 여러 가지 인공구조물을 설치하는 것을 말하는데, 전체적인 미관과 생활의 편의를 추구하고 있다. 셉테드는 이러한 조경에도 반드시 범죄예방의 개념이 가미되어야 한다고 본다. 나무가 우거지면 그늘을 제공하게 되어 여름엔 시원한 공간을 제공한다. 하지만 다른 측면에서 보면 나무가 우거지고 그늘이 지면 사람들이 볼 수 있는 가시성이 떨어지게 되므로 감시의 사각지대가 생겨나게 된다. 범죄를 저지르는 사람의 입장에서 보면 하나의 은폐물로써 범죄공간이 될 수도 있어서 범죄에 용이하게 이용된다. 따라서 아름다운 주변의 미관을 미화하면서도 동시에 범죄자가 범행에 조경시설을 이용하지 못하도록 어떻게 효과적으로 환경설계를 할 것인가가 관건이 된다.

중국의 북경 천안문 광장에서 만날 수 있는 곳이 바로 자금성이다. 자금성 입구에서 황제의 정원에 이르는 공간에는 나무가 한 그루도 없다. 황제가 거처하는 황제의 정원에만 기암괴석과 나무가 있을 뿐이다. 어마어마한 공간인 자금성에 나무가 한 그루도 없는 이유는 자객이 나무를 은폐물이나 엄폐물로 이용하거나 침입에 용이하게 할 수도 있다는 우려를 궁궐설계에 반영한 것이다. 이런 시각에서 본다면 셉테드는 최근에 창안된 개념은 아니라고도 할 수 있다. 은폐물이나 엄폐물을 없애야만 자기가 안전해 줄 수 있다는 생존본능이 실제 환경설계에 적용되어 범죄예방에 이용되었던 것이다.

거리의 조명인 가로등(街路燈)의 경우에도 종래에는 주로 도로를 비추는 조명이었지 도로 옆의 인도에 대해서는 관심을 별로 두지 않았다. 그러나 요즘의 가로등은 도로를 비추는 조명 외에 인도를 비추는 조명을 함께 가지고 있다. 인도를 다니는 사람들의 보행의 편익도 고려하는 것이지만 범죄예방의 목적 또한 반영된 것이다. 늦은 시간에 으슥한 도로에 정차되어 있는 승용차 옆을 지나는 행인을 보호하는 것은 조명을 밝게 해주고 누군가가 지켜보고 있다는 사실과 그 가능성이다. 이러한 가로등을 통해 아주 자연스러운 감시가 이루어지는 것이다.

세 번째로 접근통제(Access Control)이다. 인도와 차도, 출입문 등 사용목적과 사용권한을 설정하여 권한 없는 자의 출입을 차단하려는 것이다. 실질적으로 이런 배타적 영역성을 인식하고 자연적 감시의 가능성도 알고 있는 범죄자일지라도 범죄목적이 강한 경우에는 침입시도를 강행할 수 있다. 이러한 경우를 대비하여 물리적으로 효과적인 철제울타리를 설치하거나 강화유리를 사용할 수 있다. 강화유리는 충격에 대해 내구성이 강해 잘 깨지지 않도록 제작된 유리이다. 강화필름 역시 유리에 부착하여 유리가 잘 깨지지 않도록 하는 것으로 물리적 침입에 대해서 장애물을 제공하여 침입의도를 좌절시키거나 침입시간이 더 길어지도록 강요하는 것이다. 이러한 강화유리나 강화필름 등이 접근통제를 위한 좋은 예가 될 수 있다. 센서 등 침입경보장치를 설치하여 접근을 통제할 수도 있다. 예를 들어 어떠한 시설에 CCTV와 각종 센서를 치밀하게 설치한 경우에는 외부자가 그 시설에 들어가서 물건을 훔친다는 것은 대단히 어렵다고 볼 수 있다.

네 번째로는 활동성 증대(Activity Program Support)이다. 농구장이나 노천카페 등을 설치하고 사람들이 이를 활발하게 이용하도록 하여 자연적 감시를 강화하는 것이다. 도시의 으슥한 공간에서 범죄발생이 우려되는 경우에는 이곳에 구성원들이 모여 북적대도록 한다면 범죄예방의 효과를 기대할 수 있다. 이를 통해 자연적 감시가 보다 확장되거나 그 가능성을 높여주기 때문이다. 예를 들어 미국의 대형마트의 넓은 주차장을 보면 으슥한 공간이 될 수 있는 구석진 주차공간에 개방형 농구대를 만들어서 사람들이 길거리 농구를 즐길 수 있도록 하는데 그 시간에는 비록 구석진 어두운 곳에 차를 세워 둔 이용자들일지라도 안전한 쇼핑을 할 수 있다. 사람들이 비록 운동에 집중해 있을지라도 옆에서 이루어지는 폭행이나 여러 가지 납치행위에 대해서는 자연적 감시가 가능하기 때문이다.

다섯 번째는 셉테드 목적으로 설치된 시설물과 공공장소를 지속적으로 유지 및 관리(Maintenance and Management)하는 것이다. 셉테드 개념이 도시공간 설계에 반영되지 않은 경우에는 대부분 기존의 시설에 부가하여 범죄예방 구조물을 설치하는 경우가 많다. 하지만 처음 셉테드 공간의 완성과 제공 당시에는 일정 기간 효과를 발휘할 수 있지만 지속적인 유지와 관리가 수반되지 않으면 또 다른 슬럼지역으로 변모하는 경우가 많다. 범죄예방은 구조물 자체에서 방사되는 결과라기보다는 공동체 구성원의 끊임없는 소통과 상호작용에 의해서만 가능하다.

## 2. 셉테드의 참여자

셉테드에 관여하는 사람들은 어떤 사람일까? 범죄와 관련된 범죄학자나 환경설계를 하게 되니까 설계와 관련된 사람들, 그리고 활동성 확대 프로그램 증대를 위해서는 구청이나 시청의 공무원, 그 다음에 자연적 감시와 접근 통제까지 염두해 두면 지역사회의 일반인 모두가 참여자라고 할 수도 있다. 셉테드는 범죄예방을 목적으로 하지만 다른 경찰활동과는 달리 경찰이 독자적으로 할 수 있는 영역이 아니다. 도시를 기획, 설계, 건설하는 사람이나 도시를 이용하는 시민, 그리고 경찰은 물론이고 시청 및 구청 공무원 등 그 참여자는 광범위하다.

셉테드 개념이 반영되는 유시티(U-City, Ubiquitous City)나 스마트 시티(Smart City)를 조성하기 위해서는 막대한 자금과 정치적 결단이 필요하게 된다. 자연스럽게 정치인도 참여하게 되고 예산이 집행되려면 법이 있어야 하므로 입법기구도 필요하게 된다. 사회복지사나 교육기관, 교육당국도 셉테드의 참여자로서 관여하게 될 것이며, 공공 또는 민간개발업자나 건축 사업가나 도시계획자, 건축설계사나 경찰과 보안전문가 등도 당연히 참여가 요망된다. 전체적으로 자치단체의 대민서비스 기구, 가로등, 교통, 청소, 공원이나 주차관리 등 이 모든 셉테드 참여자들 가운데 경찰은 하나의 구성부분으로서만 역할을 한다. 셉테드는 전 지역사회가 하나로 어우러져서 함께 머리를 맞대고 접근하여야 하는 범죄예방 노력인 것이다.

네덜란드의 Paul교수의 주장처럼 셉테드란 가이드라인이나 설계안과 같은 결과물(Out Put)이라기보다는 하나의 반복적인 프로세스(Process)이자 시스템(System)으로 접근하는 것이 타당하다고 본다. 계속 주행하는 자동차와 같이 연료가 필요하면 연료를 넣어야 할 것이고 윤활유가 필요하다면 윤활유를 주입하여야 할 것이며, 가끔은 차량이 정지하여 사람이 타거나 내릴 필요성도 고려하는 가운데 여러 가지 변화 속에서도 목표되는 지향점은 모든 사람들의 가야할 각자의 목적지까지 안전하게 이동하는 것이므로 이에 부응하는 것이 셉테드라고 보면 될 것이다. 따라서 셉테드는 다양한 참여자의 협력이 요구되는 진행형(~ing)으로서 완성을 추구하는 종합예술이라고 볼 수 있다.

이러한 셉테드 참여자를 전문 영역에 따라 분류해 보면 4가지 범주가 된다. 우선 참여자의 단위로는 ①환경설계자 ②부동산관리자 ③지역사회 ④법 집행관으로 볼 수 있을 것이다. 환경설계자에는 도시계획가나 건축가, 개발업자나 건축업자 등과 같은 엔지니어가 있으며, 부동산 관리자에는 개발업자나 건축업자가 있다. 지역사회는 개인, 조직, 회사 등으로 구성되며, 법집행관은 경찰이나 민간 쪽에선 보안이나 위험전문가를 예로 들 수 있을 것이다. 이외에도 지방자치단체나 의회와 같은 정치인도 당연히 포함된다.

## 3. 셉테드의 관심 대상범죄

셉테드가 지향하는 범죄예방의 주요 표적(Target)이 되는 관심대상 범죄가 있다. 통상 다음의 7가지의 범죄가 그 표적(Target)으로 논의된다.

### (1) 침입강도와 침입절도

침입이란 다른 사람 몰래 다른 사람이 소유하거나 점유·관리하는 공간에 들어가는 것이다. 주거 등에 몰래 들어가서 재물을 훔치는 것은 주거침입절도를 구성한다. 침입해서 절도를 하는데 주인이 깨어나므로 체포를 면탈하기 위해 주인을 폭행한 후 물건을 들고 도망갔다면 이는 준강도죄를 구성하게 될 것이다. 이렇듯 남몰래 하여야 하는 범죄를 행함에 있어서는 다른 사람의 눈에 띄게 되는 것은 범죄자에게 있어서는 가장 두려운 장애요소가 될 것이다. 그래서 CCTV에 의한 감시나 이웃감시가 있게 된다면 이러한 범죄는 줄어들게 된다.

### (2) 파손 등 손괴행위

재물의 파손행위는 손괴죄를 구성할 수 있다. 일종의 파괴를 본질로 하는 행위는 반달리즘(Vandalism)에서 설명되고 있으며, 공공연한 장소에서 낙서를 한다거나 쓰레기 무단투기와 노상방뇨 등 무질서 행위를 포함하고 있다. 길거리에 세워져있는 자동차에 대한 무차별적 파괴행위가 종종 CCTV에 녹화되어 공개되곤 하는데 이러한 재물의 손괴행위를 막는 수단도 누군가가 지켜보고 감시하는 것이 가장 효과적이므로 셉테드의 관심대상 영역에 속한다.

### (3) 폭력행위

폭력행위는 단순폭행에서나 폭행을 통한 재물의 탈취와 같은 강도 등에서 나타난다. 싸움과 같은 쌍방 폭력행위는 행위가 종료되고 나면 양자의 주장이 첨예하게 다른 것이 보통이다. 자기 자신에게 유리한 내용만 주장하거나 허위사실을 주장하여 상대방을 가해자로 몰고 가는 경우도 많다. 이러한 경우에는 당사자들이 싸움을 하고 경찰서로 왔는데 어떻게 싸움의 발단이 시작되었고 과정은 어떠하였으며, 그 결과에 대한 상호간의 조치는 어떠했는가에 대해서 주장이 서로 다르게 된다. 게다가 어떠한 증인도 있지 않은 경우에는 시시비비를 가리기가 더욱 어렵게 된다. 하지만 CCTV를 통해 사건의 진행이 모두 녹화되어 있다면 문제의 해결은 보다 쉬워질 수 있다. 일상에서도 비밀스러운 장소에서 이루어진 폭행사건에 대해서 CCTV가 그 내용들을 모두 찍어 문제해결에 도움을 준 실제사례를 쉽게 찾아볼 수 있다. 범죄수사에 있어서 증거를 확보하는 것 외에도 이렇게 자신의 행위가 녹화되는 상황에서는 폭력행위로 나아가는 것 자체를 스스로 통제하게 되므로 범죄예방 효과를 얻을 수 있는 것이다.

### (4) 차량범죄

차량범죄는 차량과 관련된 범죄로서 차량을 훔치는 범죄와 차량 내부의 물건이나 자동차의 부품을 분리하여 훔쳐가는 행위 또는 차량의 파손이나 방화 등을 포함한다. 이러한 범죄는 야간에 주로 이루어지며 주간에도 사람이 없는 으슥한 곳에서 이루어지기도 한다. 그렇다면 사람이 드문 곳에서의 범죄예방을 위한 감시는 역시 CCTV 기타 셉테드

차원의 감시를 증가시킬 필요가 있다.

차량용 블랙박스도 광의의 셉테드 개념에서 논의될 수 있다. 녹화품질과 저장용량, 자동차가 시동이 꺼지고 정차하고 있는 동안에도 작동할 수 있는 전원, 채널 수, 야간촬영을 위한 촬영조도 등에서 괄목할만한 성능을 확보해 가고 있는데, 차량에 부착되어 있어서 움직이는 감시의 눈이라고 할 수 있다.

### (5) 절도

절도에는 상점 들치기, 소매치기, 날치기, 공공기물 절도 등이 있다. TV를 보면 종종 나오는 편의점 강도사건을 보면 편의점 내 CCTV가 있다는 것을 강도들 역시 잘 알고 있다. 그래서 대개 얼굴을 가리기 위해서 복면을 쓰고 범행을 저지른다. 해외기사를 보면 복면을 썼다고 생각한 범인이 일단 침입하여 총을 겨누었는데 거울을 무심코 보았더니 분명히 착용했고 생각한 복면이 벗겨져 있어서 복면을 다시 제대로 쓰고 범행을 했지만, 연속동작으로 촬영되는 영상은 그 순간 놓치지 않아서, 결국 CCTV 녹화기록 때문에 체포된 사례를 볼 수 있다.

야간에 혼자 근무하는 24시간 편의점이나 사람이 혼잡한 대형매장에서의 절도행위를 방지하기 위한 노력 등 자연적·인공적 감시의 눈을 피하려는 절도행위에 대한 관심은 셉테드의 영역에도 포함된다.

### (6) 방화

방화는 대개 인적이 드문 시간과 장소에서 행하여진다. 범죄행위는 순식간에 일어나고 증거는 모두 불타버린다. 사후에 사건의 진행을 모자이크로 재조립하기에는 적지 않은 증거들이 이미 연기로 사라져 버린 경우가 많다. 더구나 주택가가 아닌 산악지역에서의 방화는 방화범을 잡는 것 보다 방화로 사회가 잃게 되는 자연의 재산적 가치가 엄청나다고 할 수 있다. 감시의 눈길이 이러한 곳에도 있게 하는 것이 셉테드의 기본 개념이다.

### (7) 유괴나 납치

유괴나 납치는 주로 아동, 여성, 노약자를 대상으로 한 범죄이다. 일단 사건이 발생하면 경찰이 제일 먼저 수집하는 증거자료로, 초등학생의 유괴일 경우 초등학교의 등하굣길에 있는 CCTV를 피해학생의 예상동선을 따라 전부 분석해 나가는 것이다. 일단 피해학생이 나타난 장면이 포착되면 그때부터는 그 학생이 지나간 궤적을 따라 설치되어 있는 모든 CCTV의 녹화화면을 계속 연결하게 된다. 연결을 하다 보면 용의차량이나 용의자가 납치된 학생과 접촉하고 어떤 곳으로 데려가거나 차량에 태우는 장면을 확보할 수 있다. 그 차량을 다시 교통단속카메라를 중심으로 추적하여 결국 차량번호나 주정차 위치를 확인하고 그 차량의 소유주나 그 차량의 이용자를 중심으로 용의자를 줄여 나가면 사건이 해결될 수 있다.

## 4. 셉테드의 적용사례

셉테드 개념의 적용은 이미 여러 곳에서 이루어졌거나 진행되고 있는데, 최근 도시환경의 새로운 구축을 통해서도 나타나고 있다. 세종특별자치시의 경우도 셉테드 개념이 반영된 유시티(U-City)14)를 구축하고 있다. 도시설계에 셉테드 개념을 반영하기 위하여 경찰전문가나 범죄전문가, 설계, 도시설계, 기획, 건축가, 정치인, 시민사회, 민간전문가 등 모두가 참여하여 넓은 도시의 공간을 유기적으로 연결하면서 범죄로부터 보다 자유롭게 생활할 수 있는 주거환경을 만들기 위해 노력하고 있다.

14) 우리나라에서의 유시티 계획도시는 점차 증가하고 있는데, 파주 운정, 화성 동탄, 성남 판교, 수원 광교, 시화 MTV 등을 그 예로 들 수 있다. 그런데 우리나라의 유시티 계획은 일본의 도쿄 유비쿼터스 테크놀로지 프로젝트 혹은 긴자 및 오사카 U-City, 아일랜드의 Digital Hub 등과 같이 구도심의 재생(再生)개념과도 거리가 있고, 또한 핀란드의 Arabiaranta나 스페인 자라고사의 Milla Digital 등과 같은 거주민에 대한 서비스 강화를 목표로 출발했다고 보기도 어렵다. 우리나라의 유시티 개념의 특징은 오히려 대규모 신도시의 상품화(商品化)를 위하여 추진되는 경향을 보이고 있다.

그림 4-1 ▍아파트 등 공동주택에 적용된 셉테드 사례

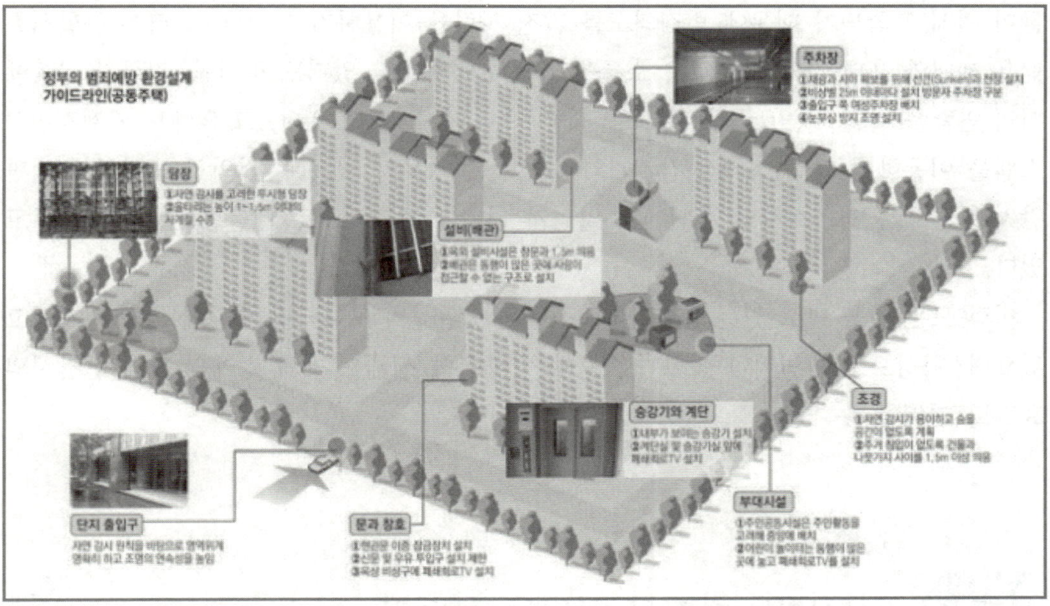


출처: 매일신문(http://mnews.imaeil.com), 2013년 10월 10일.

개별적 소규모 단위에서의 셉테드 노력도 확산되고 있다. 위 〈그림 4-1〉을 보면 아파트에 처음 진입할 때부터 상당히 출입통제가 철저하다. 전자식 출입카드를 이용하지 않으면 들어갈 수가 없으며, 설령 들어간다고 하더라도 주차구역으로의 이동로마다 CCTV가 차량의 동선을 녹화하기 때문에 불순한 목적을 가지고 침입하더라도 구체적 범죄행동으로 나아간다는 것은 결과적으로 대단히 위험하다는 신호(Signal)를 침입자에게 주게 된다.

공동현관이나 엘리베이터 등 곳곳에 열화상 감시카메라가 설치되어 있다. 2008년 일산에서 발생한 어린이 납치미수사건의 범인을 포착해 낸 것도 범행현장인 엘리베이터에 설치된 CCTV였다. 몇몇 연쇄살인 사건의 수사단서를 제공한 것 역시 CCTV다. 건물 옥상에 출입하는 것 역시 대부분 CCTV에 의해 감시되고 있다. 옥상이라는 곳이 범죄적으로 위험한 장소이기도 하지만, 불이 났을 때는 대피공간으로 사용되는 곳이다. 그 외의 용도로는 대부분 비행이나 자살을 하는 곳으로 간혹 사용되어 왔기 때문에 이러한 자살 범죄예방을 위하여 출입 통제시스템을 설치하고 있다.

공동 현관출입문 시스템은 요즘은 벨을 누르면 자동적으로 주인에 의해서 접근자의 얼굴이 먼저 포착되기 때문에 범죄의도를 가진 사람은 이용하기 어렵다. 인터폰 통합시스템은 세대와 세대 간의 자유로운 소통을 가능하게 해주고 있기도 하지만, 긴급한 상황에서의 연락을 취할 수 있는 네트워크를 제공하는 기능을 하고 있다. 그 외에도 기계경비시스템을 이용하게 되면 적외선 감지기가 설치되는 경우가 있는데, 적외선을 건들게 되면 감지된 신호가 경비회사나 주인에게 알려져 침입에 효과적으로 대응할 수 있게 해주고 있다.

이런 모든 것을 담고 있는 통합관제시스템은 상황실의 모니터링 요원에 의해 관제되고 있으며, 화상으로 확인이나 녹화가 가능하기 때문에 셉테드 개념 속에의 자연적 감시의 효과도 기대할 수 있다.

## 제3장 일상생활 속에서 만나는 셉테드

지금까지 환경설계를 통한 범죄예방, 즉 셉테드(CPTED)를 이론중심으로 살펴보았다. 이번에는 셉테드 개념을 실제적용 사례를 통해 숙지해 보도록 하겠다. 아래에는 셉테드와 관련한 그림이 몇 가지 있는데 이것을 보면 셉테드 이론과 구성요소들이 구체적으로 우리 생활환경 속에서 어떠한 모습으로 적용되고 있는지를 확인할 수 있다. 이러한 범죄예방을 목적으로 하는 도구 내지 수단으로서의 셉테드를 여러 가지 그림을 통하여 살펴보도록 하자.

## 1. 대구광역시 도심 전역으로 확대 적용

**그림 4-2 ▎대구광역시 골목길 범죄예방 디자인**

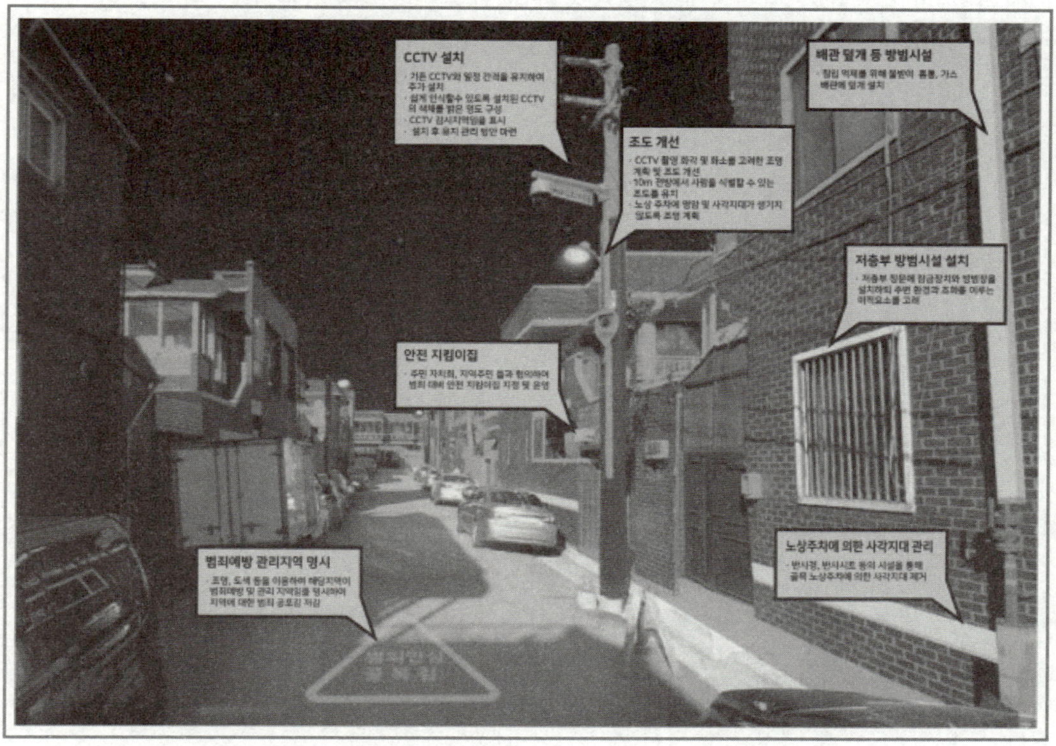


출처: 매일신문(https://news.imaeil.com), 2019. 1. 10.

셉테드 개념이 적용된 공간은 우리주변에 대단히 많다. 〈그림 4-2〉는 우리의 일상 주거지역에 셉테드를 적용하여 생활안전을 도모하려는 골목길 범죄예방 디자인을 보여준다. 대구시는 2019년 1월 10일 범죄예방 도시디자인 기본계획에 따라 원룸 촌에 무인 택배함을 설치하고 거리와 필로티 하부 주차장 등의 밝기를 개선하는 등 셉테드를 전면 도입하기 위한 기본계획을 발표했다.

**대구 전역에 범죄예방 디자인 '셉테드'(CPTED) 도입한다**

주거 지역에서 일어나는 범죄를 도시디자인을 통해 예방하는 '셉테드(범죄예방 환경설계 기법 · CPTED)'가 대구 도심 전역으로 확대 적용된다. 대구시는 이를 위한 가이드라인인 '대구시 범죄예방 도시디자인 기본계획'을 수립했다고 10일 밝혔다.

셉테드(Crime Prevention Through Environmental Design)는 범죄자의 범행 의지가 꺾이도록 도시 환경을 바꿔 범죄율을 낮추는 도시디자인 기법이다. 시는 2015년 '범죄예방 도시디자인 조례' 제정 이후 일부 시범지역에서 사업을 진행해왔다.

시는 지난해 대구경찰청과 경찰서의 도움을 받아 지역 내 범죄 발생 경향을 파악하고 지역별 공간구조를 체계적으로 분석했다. 이 결과를 바탕으로 지역 특성에 맞는 범죄 예방 방안을 도출해 디자인 방향과 가이드라인을 제시했다.

이번 기본계획은 공공 공간에서 자연적 감시를 강화한 것이 특징이다. 시야를 막는 장애물을 최소화하고 출입구와 담장, 조경시설 등을 조망할 수 있도록 만들어 주민과 행인이 자연스럽게 감시할 수 있도록 한 것이다.

대구시는 우선 주민들의 범죄 불안감이 큰 노후 주거지 일대와 다가구주택(원룸)촌, 골목길 등에서 셉테드를 중점 적용할 방침이다. 또한 원룸촌에 무인 택배함을 설치하고 필로티 하부 주차장 등의 밝기도 개선하기로 했다.

노상주차가 많은 골목과 필로티 구조 건물이 밀집한 곳은 CCTV를 확대 설치하고, 가로등과 필로티 하부 조명을 더욱 밝힌다. 시야 사각지대를 줄이고자 미러시트(반사율이 높은 시트지 마감재)나 반사경을 설치하는 방안도 권고했다.

막다른 골목에는 벽화, 화분, 텃밭 등을 배치하고 주민들이 직접 관리하도록 유도해 통행량을 늘리고 범죄 사각지대를 줄일 계획이다.

시는 앞으로 5년마다 범죄예방 도시디자인 기본계획을 개편하는 한편, 도시디자인 기법을 환경정비와 도시재생사업 등에도 접목해 대구 전역으로 확산시킬 방침이다.

시는 셉테드가 적용되면 지역 범죄 발생빈도가 크게 떨어질 것으로 보고 있다. 영국의 경우 2004년부터 꾸준히 셉테드를 적용한 결과, 10년 만에 범죄율이 절반가량 떨어졌고, 주민들의 거주지 만족도가 크게 높아졌다. 우리나라에서도 서울과 부산, 경기 등이 도심 내 셉테드를 적용하는 조례를 제정하거나 사업을 펼치고 있다.

권오환 대구시 도시재창조국장은 "지역성을 고려한 대구만의 범죄예방 도시디자인 계획을 수립해 효과적이고 체계적으로 도시공간을 디자인 하겠다"고 했다.

매일신문, 홍준헌 기자 hjh@imaeil.com

출처: 매일신문(http://mnews.imaeil.com), 2019. 1. 10.

## 2. 셉테드와 공간배치 개념

한편 〈그림 4-3〉과 같이 셉테드 개념을 적용하는 도시 건축물 구조의 배치를 보면 자연적 감시와 영역성의 구축이 요소요소마다 이루어져 있는 것을 발견할 수 있다. 그것은 셉테드 개념 구성요소의 하나인 활동성 증대(Activity Program Support)와 어울려 범죄예방을 보다 효과적으로 달성할 수 있도록 설계되고 있다.

**그림 4-3 ▎셉테드를 위한 개념도**

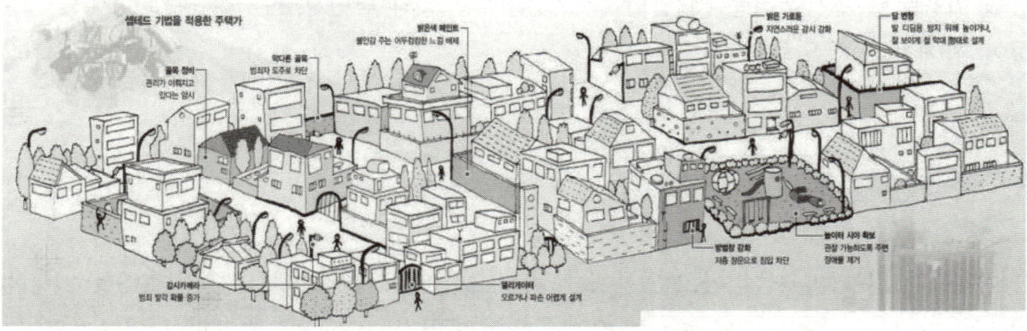


출처: 구글 이미지

〈그림 4-3〉에서 보면 가장 눈에 띄는 것은 마을의 중앙에 위치한 개방형 놀이터와 촘촘히 설치되어 있는 가로등이다. 이것은 공간자체에 조명의 비중을 높여서 언제 어디서나 자연적 감시가 용이하도록 하려는 것이다. 밤이라 어두워서 혹은 다른 건물에 가려서 볼 수 없는 경우를 최대한 줄여나가려는 건축공간의 배열도 주목할 만하다. 놀이터의 위치는 얼마 전까지만 하더라도 집을 지을 수 없는 자투리 공간에 마련되었다. 그것도 법적으로 필요한 최소한의 공간으로 구색을 갖추기 위한 생색내기에 불과하였다. 몇 가지 놀이기구와 나무로 담을 쌓은 듯 다른 공간과의 구별을 강조하는 경우가 많았다. 그런 이유에서인지 그 시설은 놀이터가 아니라 일부 청소년들의 비행장소로도 자주 이용되었고, 아이들이나 주민들이 지나다니기에도 꺼려지는 공간이기도 하였다. 너무 외지고 어두워서 범죄로부터 위협받을 수도 있었기 때문이었다.

그러나 셉테드를 위한 개념도에서 보는 놀이터는 아이들이 잘 보이며 볕이 잘 드는 가장 밝은 장소에 위치하고 있으며, 이 놀이터가 바라보이는 인접 공간에는 높은 인공구조물을 짓지 않아서 어디서든 쉽게 볼 수 있도록 하고 있다. 자식을 둔 부모뿐만 아니라 그 마을에 살고 있는 다른 거주자들 입장에서도 감시가 용이하도록 한 것이다. 따라서 누구나 언제나 어디서나 놀고 있는 아이들을 자연스럽게 바라볼 수 있도록 공간배치를 하고 있다. 물론 CCTV를 통한 범죄예방의 노력도 병행된다. 이 그림 속의 조경수나 그 위치도 전부 높낮이를 신중하게 고려하였으며 건물 자체의 높이도 어떤 한 건물에서 다른 건물을 쳐다보았을 때 막히지 않도록 방향을 잘 잡고 있다는 것을 알 수 있다. 저층공간에 대해서는 방범창을 설치하여 창문을 통한 침입에 대비하고 있다. 담은 침입자가 담장을 이동통로로 사용하는 것을 방지하기 위해 통상의 평면보다는 철 막대 형태를 가미하여 장애물로 활용하고 있다.

## 3. 영역성 강화

주택이나 건조물을 둘러싸고 있는 울타리의 경우에도 영역성에 대한 신호(Signal)기능이 낮아지지 않도록 관리될 필요가 있다. 간혹 이런 울타리들이 연결되어 있다가도 〈그림 4-4〉와 같이 일부 구간이 끊어진 채 방치되는 경우가 있다. 이렇게 되면 사람들은 울타리가 끊어진 공간을 필요에 따라 통행에 이용하게 된다. 예전에는 없었던 길도 생기고 사실상의 출입구로서의 역할도 하게 된다. 이렇게 되면 울타리는 더 이상 영역을 표시하고 영역을 강화할 수 있는 실질적 기능을 할 수가 없게 되고, 영역성 표시의 상징적 역할을 수행하는 데에도 적지 않은 지장을 받게 된다.

그림 4-4 ▎울타리의 영역성 표시

출처: 구글 이미지

이 경우 단순하게 울타리의 벌어진 틈을 봉쇄하는 방법 이외에도 차선책으로는 조명을 추가적으로 설치하여 감시기능을 보다 높인다거나 감시카메라를 설치하여 범죄의도를 가진 자의 출입을 심리적으로 저지할 필요가 있다. 아니면 기존 사용용도에는 속하지 않았겠지만 현실적인 출입의 편익을 고려하여 제2의 혹은 제3의 출입문으로 용도변경을 하는 것도 생각할 수 있다. 이렇게 출입문으로 공식화하게 되면 예전에는 이용을 삼가던 사람들도 자유롭게 이용하게 되어 유동인구를 늘리는 자연적 감시나 출입통제라는 부대효과를 얻을 수 있고, 단순한 울타리를 예정하였기 때문에 설치가 미미하였던 조명도 보강하고 감시카메라까지 설치한다면 셉테드 개념이 구현되어 범죄예방의 효과는 훨씬 더 많아질 것이다.

그림 4-5 ▎출입구의 영역성 표시와 자연적 감시

출처: 구글 이미지

〈그림 4-5〉는 출입구에 적용된 셉테드 개념을 보여준다. 왼쪽 그림 출입구에는 상징물을 출입도로 양쪽에 설치해 줌으로써 양 설치물이 갖고 있는 심리적 연장선이 바로 주택의 영역임으로 나타낼 수 있도록 하여 그만큼 영역성이 강화된 것이다. 출입구에 설치구조물이 없었을 경우에는 공동주택의 전용 영역과 공중이 자유롭게 다닐 수 있는 일반도로의 영역 간 경계가 허물어져서 보호해야할 주택의 영역성 확보가 애매해지게 된다. 이 경우 아파트 주민들의 입장에서는 자신들을 보호하기 위한 영역성 표시에 실패하게 되는 것이다. 하지만 이곳에 상징물을 설치함으로써 상징물과 상징물을 연결하는 가상의 선을 중심으로 주택단지의 영역과 그 밖의 영역이 보다 정확하게 나누어질 수 있게 된다. 이것이 출입구에 상징물을 설치하여 영역성을 강화한 사례라고 할 수 있다.

〈그림 4-5〉 오른쪽 그림을 보면 디자인 측면에서 보면 재질감이 좋은 돌을 성의 담장 모양으로 쌓아올려서 시각적인 효과를 내려고 하고 있으나, 범죄예방의 입장에서 본다면 침입자들에게 오히려 은폐물 역할을 하게 되어 범죄예방 측면에서는 불리하다고 할 수 있다. 이렇듯 감시자의 입장에서 사각지대(死角地帶, Dead Zone)가 없도록 하는 것이 요구되므로 이 부분에 대한 시야를 확보하기 위해서 이를 제거하거나 투시형 벽면으로 바꾸는 것이 바람직하다.

영역성의 경계를 표시하기 위한 비슷한 예로는 코레일(Korail, 한국철도공사)에서 2009년 9월부터 운영하고 있는 고객신뢰선을 들 수 있다. '고객의 양심을 믿어보자'는 신뢰의 실험이다. 다른 이름으로는 운임경계선(運賃境界線)이라고도 부르는데, 〈그림

4-6>에서 보는 바와 같이 바닥에 노란색 띠의 형태로 붙어 있으며 그 띠에는 'We Trust You(Only paid customers pass this line)'란 한글과 영문 글씨가 표기되어 있다.

그림 4-6 ❙ Korail의 고객신뢰선과 영역성

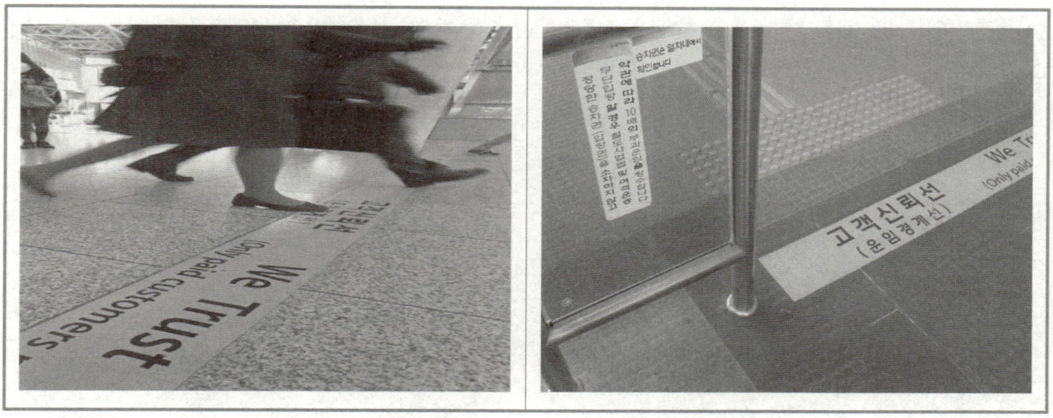


출처: 중앙일보(https://news.joins.com) 2011. 1. 30. 기타 구글 이미지

서울역이나 대전역 등을 이용할 때 발아래를 유심히 살펴보면, 과거 개찰구와 검표원이 있었던 자리에 고객신뢰선이 설치되어 있음을 알 수 있다. 무임승차자를 단속하기 위해 열차승객의 출입을 일일이 감시하던 시설과 인력이 모두 없어진 것이다. 기차 안에서 열차 운행 중에 승무원이 무선통신시스템을 갖춘 PDA를 통해 검표하는 것에 모두 맡겨 놓은 것이다. 이러한 개방형 개찰구시스템을 보완하여 주는 것이 바로 고객신뢰선이다. 고객신뢰선을 통해 정당한 철도이용자만을 위한 공간이라는 영역성을 표시함으로써 실질적으로 과거에 있던 개찰구와 검표원의 역할을 대신하고 있는 것이다. 이러한 노란 띠로 표시되는 운임경계선은 요금을 정당하게 지불하고 기차를 탑승한 사람들만 넘을 수 있고 그렇지 않은 사람은 운임경계선이니 돌아가라는 영역성의 신호(Signal)인 것이다.

## 4. CCTV 설치와 설치 안내

다음으로 자연적 감시를 보다 강화하기 위해서 도처에 설치되고 있는 것이 CCTV이다. 〈그림 4-7〉에서 보는 바와 같이 'Cameras Operating(카메라가 작동중입니다)'이라고 표시되어 있다. 이는 개인정보보호법(2017. 10. 19. 시행, 법률 제14839호)에 규정된 '정보주체가 쉽게 인식할 수 있도록 안내판 설치 등 필요한 조치를 하여야 한다'는 내용(동법 제25조, 영상정보처리기기의 설치 · 운영 제한)에 따른 것이다. 이것은 헌법상의 기본권인 행복추구권이나 신체의 자유, 거주이전의 자유 및 기타 초상권이나 자기정보통제권의 한 내용이기도 하다.

**그림 4-7 ❙ CCTV 운영 경고표시 및 설치 안내**

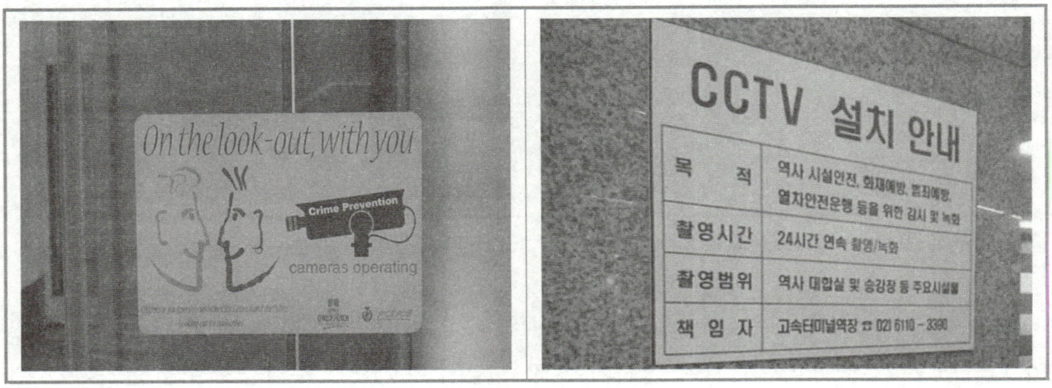


출처: 구글 이미지

법률에 규정되어 있는 것은 본질적으로 이러한 영상정보처리기기(CCTV)의 설치 · 운영권자와 국민의 기본권 간의 충돌을 조화롭게 하기 위한 것이다. 이것은 범죄예방 차원에서도 상당한 의미를 내포하고 있는데, 범죄행위를 하려는 사람에게 '당신을 보고 있어요.' 라는 경고는 그의 범죄행동을 저지하는데 중요한 신호(Signal)로 작용할 수 있기 때문이다. 범죄를 저지르고자 하는 자가 범행장소를 물색하려고 지역을 서성거리다가도 이런 표시나 안내문을 보면 발길을 돌릴 것이다. 지금까지 서성거린 행동들이 모두 다 녹화가 되어있는 상태에서 더 이상 범죄로 나아갔다가는 자신이 체포될 가능성이 매우 높다고 생각할 것이기 때문이다. 그 사람은 당장의 범죄의사를 포기하거나 적어도 범행 장소를 다른 지역으로 옮기기로 하고 일단은 범행을 중단할 것이라고 셉테드는 이러한 경고표시를 통해 기대하고 있는 것이다.

## 5. 보다 안전한 장소

우리가 이용하는 공간을 좀 더 안전한 장소로 만드는 만큼 우리는 비로소 행복해질 수 있을 것이다. 보다 더 안전한 장소(Safer Places)를 만들려면 공공장소에서는 폐쇄적인 공간을 최대한 줄여서 효과적인 자연감시가 이루어지도록 환경 설계를 할 필요가 있다. 나무의 수종선택은 물론 높이나 모양에 있어서도 건물에 살고 있는 사람들과 지나가는 행인들의 시선이 일정부분 겹쳐서 중첩적 자연감시가 될 수 있도록 공간을 배치하여야 한다. 이것이 나무가 아니고 기존의 공간구조처럼 벽이나 기타 시야를 가리는 구조라면 범죄예방 차원에서는 그 효과를 기대하기가 어려워진다. 하지만 나무와 같은 조경물이기 때문에 시야를 가릴 수 있는 부분을 제거하고 다듬어서 주변의 시선들이 서로 겹쳐서(Cross) 이중의 두터운 자연감시를 가능하게 한다. 〈그림 4-8〉 아랫부분을 보면 'QUIET', 'BUSY', 'QUIET'라고 공간의 성격이 구분되어 있는데, 건물의 외진 공간에는 비교적 조용한 장소도 있지만 건물과 건물 사이에 존재하는 가운데 통로부분은 차나 사람들로 붐비는 곳으로 일상적인 자연적 감시가 가능함을 보여준다면, 상대적으로 취약한 양쪽의 공간에는 경비인력이나 CCTV 장비를 통한 범죄예방 수단을 보다 강화하여 범죄예방을 위한 시스템 운영을 구축하는 전략을 구사하여야 한다.

**그림 4-8 | 보다 안전한 장소**

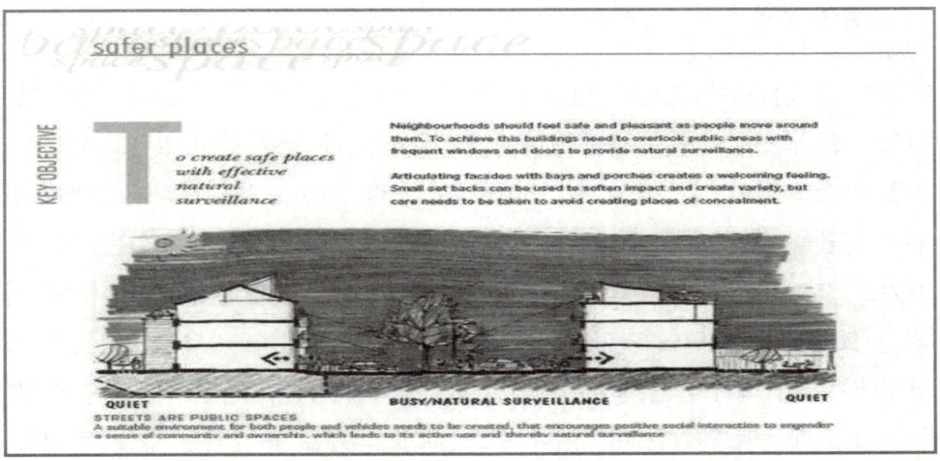


출처: 구글 이미지

또한 〈그림 4-9〉에서 보는 바와 같이 개인 주택단지 같은 경우나 아파트 저층공간시설을 설계할 때에는 1층의 창의 높이를 낮추어서 외부로부터도 자연스럽게 내부의 일부가 들여다보이게 만드는 것이 범죄예방에 유리하다. 물론 개인생활이나 주거생활(Privacy)이 일정부분 노출될 수는 있겠지만, 개인적 공간과 생활의 일부를 내어 주는 대가로 범죄로부터 보다 안전하게 보호 받을 수 있다면 수용할만한 가치가 있다. 지나가는 행인의 나를 지켜보아 준다거나 지켜볼 수 있는 가능성이 열려있다는 것만으로도 나와 나의 공간은 다른 침입자들부터 보다 안전해질 수 있는 것이다.

그림 4-9 ❙ 자연적 감시영역의 확대

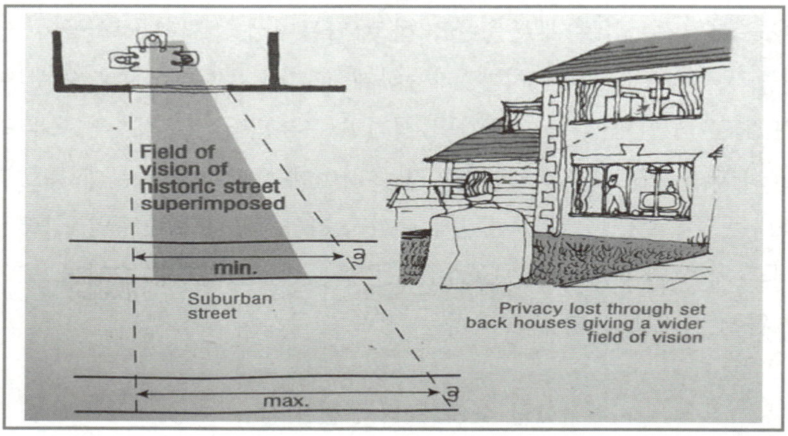


출처: 구글 이미지

예를 들어 두 집을 비교할 때, 한 집은 매우 높은 담장을 가지고 있고, 다른 한 집은 담이 없고 도로와 인접한 부분에는 잔디로 경계표시만 해 놓은 집이 있다고 한다면 범죄예방에 있어 어느 집이 더 유리할 것인지 생각해 보라. 이것은 범죄자의 입장에서 판단해 보면 쉽게 정답을 찾아 낼 수 있다. 높은 담장과 담장 위에 이중으로 설치된 견고한 철조망을 갖추고 있는 집의 경우, 이러한 보안시설 자체가 이곳은 재산이 비교적 많은 사람이 살며 지킬 그 무엇이 집안에 많다는 신호(Signal)로 읽혀질 수 있다. 또한 담장이 높은 집은 담장에는 침입하기가 쉽지 않겠지만, 일단 침입에 성공만 하면 외부로부터 강한 폐쇄성을 지니기 때문에 웬만한 비명이나 구조신호도 외부로 전달되지 않을 것이다. 이에 비해, 담장이 낮거나 따로 없는 집인 경우에는 일단 침입하기는 쉽겠지만 지나가는 행인에 의해서 발각되기도 쉽고 통상의 구조신호나 긴급상황을 외부로 전달할 수 있는 가능성이 높아져서 침입자가 발각될 위험이 높을 것이다. 결국 담장이 없고 잔디 등의 경계표시만으로 영역을 표시한 집이 범죄로부터 보다 더 안전한 집이 될 수도 있다. 이러한 셉테드 개념으로 위 그림을 해석해보면, 담이 없고 외부로부터 보다 개방되어 보다 넓은 시야를 확보해 주는 공간설계는 비록 사생활(Privacy)의 일부가 제한될 수는 있겠지만 결과적으로는 범죄로부터 보다 안전한 환경을 만들 수 있다. 지나치게 사생활 보호를 강조하여 두꺼운 커튼이나 블라인드를 사용하는 것 역시 범죄라고 하는 또 다른 그림자를 불러들일 가능성이 있다.

## 6. CCTV의 범죄예방 효과성 논란

CCTV(폐쇄회로 TV, Closed Circuit Television)는 조지 오웰의 소설 '1984년'에 나온다. 소설 속 오세아니아는 절대자인 대형(大兄, Big Brother)이 소리를 줄일 수는 있으나 끌 수는 없는 텔레스크린과 시골의 한적한 곳까지도 감시할 수 있는 마이크로폰으로 사람의 정신과 육체를 지배하는 전체주의 사회다. 셉테드의 CCTV가 텔레스크린처럼 혹시 우리사회가 감시와 사생활 침해의 전체주의 사회로 가는 기폭제 역할을 하는 것은 아닌지, 혹은 이로 인해 개인의 사생활이 현격하게 침해받지나 않을지에 대한 우려를 낳고 있다.

CCTV를 도입할 당시에는 설치여부에 대한 사회적 논란은 첨예하게 나누어져 있었다. 하지만 당시 연쇄살인범 강호순 사건이나 일산 어린이 유괴사건의 단서를 찾아 사건을 해결하는데 큰 역할을 한 이후, CCTV의 범죄예방효과를 개인의 사생활 침해 가능성에 대한 우려보다 유용한 것으로 평가하는 분위기다. 최근에는 국가나 지방자치단체를 중심으로 공공장소에 대한 범죄예방용 CCTV 설치가 나날이 증가하고 있다.

하지만 아직도 CCTV에 대한 부정적 시각이 자리 잡고 있는 것도 사실이다. 관련 신문기사를 보면 2008년 국정감사 당시 한 국회의원이 CCTV와 관련한 자료를 배포하면서 논란을 불러 일으켰다. 2008년도 8월 기준으로 서울지역 방범용 CCTV가 총 1천 797대가 있는데, 이것은 2006년 8월 현재 955대에 비하면 2년 사이에 800대 가량이 늘어났다고 전제한다. 그런데 재미있는 것은 CCTV가 무려 761대가 있는 강남지역과 128대뿐인 종암동 지역을 비교하면서, 강남지역은 CCTV가 많으니 CCTV의 범죄예방효과 덕분에 범죄율에 있어서는 서울시 전체 범죄증가율 평균인 3.8% 보다는 당연히 낮아야 함에도 불구하고 오히려 강남지역은 4.5%로 서울시 전체 범죄증가율(3.8%)보다 0.7% 높고, 이에 비해 CCTV가 128대뿐인 종암동 지역과 같은 경우에는 범죄증가율이 3.6%로 서울시 전체 범죄증가율(3.8%)보다 0.2% 낮게 나타나고 있다는 사실을 제시하면서 그 해석을 CCTV에 대한 부정적 시각에 힘을 보탠 것이다.

그는 이러한 사실에 비추어 CCTV의 설치를 늘리는 것이 범죄예방 효과와는 실질적인 연관성은 갖고 있지 않다고 주장하였다. 나아가 범죄예방효과가 없거나 미미하다면 오히려 국민의 사생활 보호를 위하여 CCTV의 설치를 늘려나가는 것은 이제 자제해야 한다는 논리를 펴고 있다.

**"CCTV와 범죄예방, 실질적 연관성 없다"**

2년 간 1.9배 증가… 하지만 범죄예방 효과는 그다지 높지 않아

국회 행정안전부 안경률 한나라당 의원은 13일 경찰청 국정감사에서 서울지역 방범 CCTV 운영대수 증가에 비해 범죄예방 효과는 그다지 높지 않은 것으로 타났다고 밝혔다.

안 의원에 따르면 서울지역에 설치 운용되고 있는 방범용 CCTV는 2008년 8월 현재 총 1,797대로 2006년 동월 955대에 비해 2년 새 1.9배가 증가했다.

하지만 급증하고 있는 방범 CCTV와 범죄예방 효과간의 실질적인 연관성 여부를 확인하는 것은 향후 추가설치 및 운용 효율성 제고를 위해서도 선결돼야 하는 과제이며, 이러한 측면에서 두 가지 형태로 자료를 비교 분석해 본 결과는 두 가지 모두 당초예상과 다른 의외의 결과가 나타났다.

2008년 현재 방범 CCTV가 가장 많이 운용되고 있는 강남 등 5개 지역과 가장 적게 운용되고 있는 종암 등 5개 지역의 2006년도와 2007년도의 5대 범죄 발생 변동내역을 비교 분석해 본 결과, 방범 CCTV 최다 운용 5개 지역의 전체 범죄 증가율은 4.5%로 서울시 전체 증가율 3.8%보다도 더 높게 나타났다.

그리고 최다 운용지역 방범 CCTV 설치대수 761대의 6분의1에 불과한 128대가 설치된 최소 운용 5개 지역의 전체 범죄 증가율이 3.6%로 오히려 더 낮은 것으로 나타났다.

또한 2006년 이후 2008년까지 최근 2년간 방범 CCTV가 가장 많이 증가한 용산 등 5개 지역과 가장 적게 증가한 강서 등 5개 지역의 2006년도와 2007년도 5대 범죄 발생 변동내역을 비교분석한 결과, 방범 CCTV가 가장 많이 증가한 5개 지역의 전체 범죄 증가율이 6.0%인 것으로 조사됐다.

반면 최다 증가 지역 증가대수 353대의 15분의 1에 불과한 24대가 증가한 최소 증가 5개 지역의 전체 범죄 증가율이 5.7%로 오히려 더 낮은 것으로 나타났다.

이에 안 의원은 "이처럼 두 가지 비교분석 모두에서 방범CCTV와 범죄예방과의 실질적인 연관성이 없다"고 주장했다.

그리고 안 의원은 "현재와 같이 설치효과 및 운용상의 문제점 등에 대한 충분한 검증 없이 대당 약 1,500만원의 설치비용과 연간 100여만 원의 유지비용 등 수 백 억 원을 들여 각 지역이 경쟁적으로 확대하는 것은 자칫 국민의 세금부담을 가중시키고, 불필요한 사생활 침해 문제를 확산시킬 우려가 있다"며, "지금이라도 방범 CCTV 확대 일변도의 계획에서 벗어나 방범 CCTV의 설치효과와 운용효율성 제고방안 마련을 위한 관계 전문기관 및 지자체와의 객관적인 검증작업을 가질 필요가 있을 뿐만 아니라, '푸른 가로등' 설치방안과 같은 다각적인 범죄예방 방안도 적극 모색할 필요가 있다"고 지적했다.

[김정완 기자(boan3@boannews.com)]

보안뉴스(https://www.boannews.com), 2008. 10. 13.

그러나 단순사실에 대한 범죄학적 배경지식이 없는 이러한 분석은 대단히 위험하다고 할 것이다. 분석이 보다 타당성을 갖기 위해서는 어느 한 지역을 시간적으로 나누어서 동일한 구역에 방범용 CCTV가 없었을 때와 방범용 CCTV를 설치했을 때를 비교해 보아야 한다. CCTV가 없을 때에는 범죄율이 높다가 CCTV를 설치하니 범죄율이 떨어졌다고 하는 식의 시계열 분석(時系列分析, Time Series Analysis)을 하는 것이 오히려 올바른 접근방법이다. 강남지역에서 CCTV 설치 전후의 범죄예방 효과를 비교·분석하는 방법으로 같은 시간대에 다른 지역을 비교대상으로 놓고 분석하는 횡단면적 분석(Cross-Sectional Study) 내지 지역비교연구(Geographical Comparison Study)도 생각할 수는 있겠지만, 이 연구방법은 지역적·문화적·경제적 특성이 전혀 다른 강남지역과 강북 종암 지역을 같은 평면에서 하나의 변수만 가지고 단순 비교하는 것이기 때문에 이들 지역이 가지고 있는 범죄 유인력이나 범죄 친화적 환경이 어느 정도 다른 것인가에 관한 변인을 고려하지 않을 경우에 필연적으로 이와 같은 분석의 오류를 낳게 되는 것이다.

대개 강남이란 곳은 유흥가들처럼 모든 범죄를 끌어들이는 범죄 유인력이 강한 공간이다. 일방에서는 많은 돈을 소비하려 모이는 곳이고, 타방에서는 범죄를 통해 금전적 이득을 취하려고 달려드는 곳이기도 하다. 이에 비해 강북 종암동 지역은 일반 주택가로서 본질적으로 주간에 직장에 나가는 사람들이 주로 거주하는 주택지역의 성격이 강하다. 상대적으로 범죄를 위해 이곳을 찾아오는 외부인은 드물 것으로 분석된다. 따라서 이러한 지역적 특성을 무시하고 CCTV의 설치대수의 단순비교만 가지고 CCTV의 방범효과를 부정한 것은 논리가 부족하다고 할 수 있다. CCTV는 범죄사건의 중요한 단서들을 확보하는데 용이하고, 통계적으로도 이를 통해 많은 사건이 해결된 전례에 비추어 보면 범죄문제 해결에 있어서 좋은 장비이다. 수사와 범인 체포과정에서도 많은 역할을 하고 있기 때문에 CCTV의 적절한 설치는 지속될 필요가 있다.

다만 CCTV의 관리와 운영 측면에 있어서 국민의 사생활을 침해하는 요소들이 없는지를 감시하는 활동은 보다 강화될 필요가 있다. 녹화되어 있는 개인정보를 누가, 언제, 어디서, 어떻게, 그리고 언제까지 보존하고 그 이후는 어떠한 기준과 방식에 의해 폐기하도록 하는지에 관한 CCTV의 관리 및 운영방식을 법으로 엄격히 규제하는 보완책을 마련하여야 한다.

제5강 I

# 지역사회 경찰활동

제5강

# 지역사회 경찰활동

〉〉〉 경찰과 사회 〉〉〉

## 제1장 지역사회 경찰활동의 등장

사회심리학에는 에펠탑 효과(Eiffel Tower Effect)라는 용어가 있다. 에펠탑은 1889년 프랑스혁명 100주년 기념 파리 만국박람회의 상징으로 건축가 에펠(Alexandre Gustave Eiffel, 1832~1923)에 의해 건축되었다. 오늘날에는 철골구조 건축물의 백미로 평가되고 있지만 건축 초기만 해도 고풍스런 파리의 미관을 해치는 철골 탑으로 인식되어 해체위기를 겪기도 하였다. 에펠탑은 320미터의 거대한 높이 탓에 파리의 시민들은 어디에 있던 항상 에펠탑을 자연스럽게 볼 수밖에 없었고, 좋든 싫든 매일 함께한 이 괴물에 친근감을 느끼게 되었다. 결과적으로 오늘날엔 파리지앵은 물론이려니와 전 세계인으로부터도 칭송과 사랑을 받게 되었다. 이른바 단순 노출효과(單純露出效果, Mere Exposure Effect)라고도 할 수 있다. 어떤 대상이 반복적으로 노출되면 시간이 지남에 따라 친밀감이 상승하게 되고 호의적 태도를 형성하게 된 결과라는 것이다.

지역사회 경찰활동에 관한 논의의 단초 역시 단순 노출효과를 넘어서서 경찰이 시민에게 적극적으로 다가가고, 시민과 경찰의 잦은 접촉과 협력을 통하여 경찰에 대해 친밀감이 상승하고 호의적 태도를 형성하도록 하자는 데에서 출발하였다. 이는 범죄문제 해결(Crime Solving)뿐만 아니라 지역사회의 제반문제 해결(Problem Solving)에 있어서 경찰과 시민이 함께 노력하는 것이 바람직하다는 경찰전략에서 비롯되었다고 볼 수 있다.

## 1. 지역사회 경찰활동의 개념

지역사회 경찰활동(Community Policing)은 그 용어에서 짐작할 수 있는 바와 같이, 지역사회라는 우리가 서로 어울리면서 함께 살아가는 장소적 공간인 생활공동체를 중심으로 하는 경찰활동을 말한다. 여기서 '지역사회(Community)'는 단순한 장소적 공간개념을 넘어선 개념이다. 지역적 연고(緣故)에 의하여 자연 발생적으로 이루어진 공동 사회로써 구성원인 주민들은 공통의 사회관념, 생활양식, 전통, 공동체 의식(共同體 意識)을 공유하거나 공유하는 것을 지향하는 공간이다. '경찰활동(Policing)' 역시 이러한 사회공동체와 그 구성원을 대상으로 하는 공공서비스 활동이다. 경찰도 지역사회에 대해서 보다 많은 신뢰를 얻고 상호 신뢰하는 가운데 경찰목적을 달성해 가고자 하는 장기적 차원의 범죄예방과 질서유지를 위한 경찰전략을 연구하고 있다.

지금까지 경찰은 사건이나 사고가 있을 때에만 범죄현장에 출동해서 피해자나 목격자 혹은 가해자를 접촉하는 소극적(Reactive)인 경찰활동에 머물렀다면, 지역사회 경찰활동은 이러한 전통적 경찰활동을 넘어서, 평소에도 지역주민과 소통하며 이러한 기회에 범죄문제를 포함한 지역사회의 제반 문제를 경청하고 문제해결을 위해 함께 노력하는 적극적(Proactive)인 경찰활동이라는 특징을 가지고 있다.

기본적으로 경찰은 범죄문제의 해결을 위해서 범죄를 둘러싼 여러 가지 관련정보의 수집이나 적극적인 시민의 협조와 신고를 얻어내기 위한 경찰 이미지 개선 등에 결코 소홀히 할 수 없다. 범죄예방과 범죄문제 해결을 위한 노력은 이제 경찰만이 감당할 수 없으며 지역주민도 함께 해야 한다. 이렇게 경찰과 주민이 범죄 예방활동에 함께 참여하게 되고 범죄나 무질서 등에 대한 지역사회의 문제를 발견하고 경찰력만이 아니라 경찰 이외의 지역사회가 가지고 있는 모든 사회자원(social resources)을 총 동원해서 문제해결을 하고자하는 경찰과 지역사회의 공동노력이 지역사회의 경찰활동의 취지이다. 이제는 범죄의 예방과 검거는 물론 지역사회의 각종 문제에 대해서 경찰과 지역사회가 함께 해답을 찾는 접근방법이 필요하다. 공동체 내에서 경찰은 한 순간도 하나의 섬(島, Island)으로 존재 할 수 없다. 지역사회와 동떨어진 외계인으로서는 존재할 수는 없기 때문에 지역사회에 터 잡아서 존재하고 지역사회의 기반에서 경찰활동을 하여야 한다.

지역사회 경찰활동이 중요하게 부각된 것은 전통적 경찰활동의 한계(限界)를 극복하고 보다 효율적인 경찰활동을 위한 철학에 기초한다. 미국과 같이 종래에는 지역사회의 경찰활동을 구체적으로 시행하지 않던 나라들이 폭증하는 범죄문제에 대처하는 것이 경찰의 힘만으로는 어렵고 지역사회의 협조가 있어야만 가능하다는 경험적 인식을 하게 되었다. 결국 지역사회 경찰활동이란 경찰과 지역주민과의 협력과 관계개선, 그리고 궁극적으로는 상호신뢰를 통해 결국 범죄문제를 근원적으로 해결하고자 하는 하나의 철학이며 전략이라고 하겠다.

## 2. 지역사회 경찰활동을 위한 전제

지역사회 경찰활동을 보다 효율적으로 실행하고 보다 활성화하기 위해서는 요소별·단계별 노력이 필요하다.

먼저 지역사회와의 파트너십 형성이 필요하다. 공동의 목표를 향해 함께 가기 위한 전제조건이기 때문이다. 이 때, 주민들의 적극적 참여를 유도할 뿐만 아니라 수렴된 의견이 경찰의 정책결정에도 반영될 수 있도록 하는 열린 자세가 요구된다. 일회성 행사에 그치거나 주민들을 들러리로 만들어 경찰홍보에만 급급한 단시안적 경찰행정은 더 이상 있어서는 안된다. 이러한 파트너십 형성을 통해서 지역사회에 남아있는 범죄나 무질서 문제를 해결함으로써 지역사회 주민의 삶의 질(Quality of Life)을 향상시킬 수 있다.

지역사회 경찰활동은 경찰의 한계 내지 경찰조직의 한계에서 비롯되었으므로 기존의 경찰활동과 경찰조직을 그대로 유지한 상태에서 파트너십을 형성하거나 범죄와 무질서를 해결하여 주민의 삶의 질을 향상시키겠다고 생각하면 그것은 오산이다. 경찰조직의 작동원리도 근본적으로 변화시켜서 순찰활동의 비중을 늘려나가야 하며, 현장 경찰관의 업무영역과 권한 및 책임도 보다 확대해야 한다. 주민을 만나서 서로 지역사회의 제반문제에 대해 이야기하는 것 자체가 경찰관의 주요 업무영역에 속하고, 이러한 활동이 평가(評價)요소에서 많은 비중을 차지하도록 경찰의 인사운영이 바뀌어야 한다. 그렇지 않다면 계급사회인 경찰조직은 보다 성과에 도움이 되는 업무 위주로 근무시간을 운용할 것이기 때문이다.

지역사회 경찰활동의 논의는 범죄예방을 위해서는 지역사회에 있는 범죄를 포함한 제반문제를 함께 해결하여야 한다는 차원에서 문제중심 경찰활동(problem-oriented-policing)으로 귀착되기도 한다. 경찰이 전문화되다 보면 시민들이 전문집단인 경찰에 쉽게 다가가기가 어렵다는 점이 문제된다. 전문가인 의사라든가 변호사는 우리가 평소 쉽게 접하기는 어렵다. 간혹 큰 문제가 생겨 전문적 대처가 필요한 경우에만 찾게 되는 예외적인 존재가 전문가(專門家)이기 때문이다. 예전에는 경찰조직이 전문가 집단이 되고자 노력하였다. 그렇지만 너무 전문성만 강조해서 일반시민과의 거리가 생기게 되어 이것이 또 다른 문제를 야기하기도 하였다. 근본적으로 경찰업무는 주민의 신고나 협조를 필수요소로 하는 특성을 지니고 있기 때문에 범죄예방 활동은 물론, 진압 및 수사 활동이 모두 다 어렵게 된 경우를 들 수 있다. 대부분의 사건 · 사고는 시민의 제보활동을 통해서 문제해결의 실마리를 찾고 있기 때문에 지역주민의 접촉과 협력을 강화하는 것들이 얼마나 중요한지는 충분히 이해 할 수 있다. 경찰이 전문성을 추구하는 한편 주민들과의 일반적 접촉과 협력을 늘려나가는 지역사회 경찰활동 철학이 대두한 것도 이러한 배경에서이다.

## 3. 지역사회 경찰활동의 등장배경

지역사회 경찰활동은 그동안 범죄문제에 효과적으로 대처하지 못한 전통적인 경찰활동에 대한 비판을 배경으로 등장하게 되었다. 미국에서 체계화된 지역사회 경찰활동론은 일종의 경찰철학으로 미국의 전통적 경찰활동에서 발견된 문제점에 대한 몇 가지 반성에 기초한다. 첫째, 차량순찰 중심의 경찰활동에 대한 반성이다. 미국의 광활한 도시환경은 도로망의 확대를 가져왔는데, 기동성 요구 때문에 자동차 순찰이 범죄예방활동의 주요부분을 차지하였다. 자동차는 현대 과학기술의 집합체로서 범죄예방을 위한 경찰장비로 채택되었을 때에 상당한 환영을 받았다. 범죄신고 전화에 대응하여 신속하게 경찰관을 현장에 보낼 수 있었기 때문이다. 그런데 차량순찰의 증가는 상대적으로 도보순찰을 줄이는 결과를 가져왔다.

둘째, 경찰활동의 본질을 신고에 신속하게 대응(Reactive)하는 것으로 본 반성이다. 경찰이 사전에 우범지역을 중심으로 예방(Proactive)순찰을 하기 보다는 출동차량을 대기지점에 세워두고 주민의 출동요청이 접수될 때까지 기다리는 것이 당연시 되었다. 신고가 접수되면 가장 빨리 현장에 도착하는 것을 경찰활동의 효율성 척도로 삼았다. 하지만 이것은 범죄가 발생하는 것 자체를 막거나 줄이는 것과는 거리가 있다. 실제 신고를 하여 출동하는 경우를 보더라도 피해자나 신고자가 범행 중이거나 범행이 끝나자마자 신고하는 경우는 오히려 드물다. 범인에게 신체적으로 제압 당해있거나 공포로부터 벗어나서 신고하기까지는 적지 않은 시간이 걸린다. 따라서 제 아무리 신고접수 후에 3분 내지 5분 안에 범죄현장에 도착한다고 하더라도 범죄현장에서 차를 타고 달아나는 범죄자들, 특히 범죄 이후에 자기의 도주로를 미리 연구하고 아주 민첩하게 도주하는 범죄자를 체포하기란 쉽지 않았다.

셋째, 예방보다는 세상 사람들의 관심의 초점이 되는 수사(搜査)에 치중했다는 반성이다. 상대적으로 범죄예방 활동의 비중이 부족했다고 볼 수 있다. 예전에는 민완형사의 추리와 자백에 의존하던 수사가 과학적 수사장비와 수사기법의 개발과 증거 수집방법의 과학화로 인하여 경찰 스스로가 수사 전문가를 자처하게 되었다. 따라서 시민의 협조 없이도 경찰 스스로가 과학의 힘을 빌려 범죄문제를 해결할 수 있다는 일종의 자신감이 경찰 전문화를 통해서 표출된 바도 있었다. 물론 경찰 전문화(警察 專門化)는 역사적으로 경찰이 정치로부터 독립되고 정치적으로 중립되어 경찰본연의 임무를 하겠다는 하나의 명분(名分)으로서 추진된 경찰 발전단계 상의 역사적 배경도 있지만, 경찰이 전문성에 기대어 일반 시민을 멀리하고 나아가 범죄예방보다는 사후 수사에 치중하였던 전통적 경찰활동에 대한 반성에서 지역사회 경찰활동의 필요성이 새삼 주목을 받게 되었다.

넷째, 준 군대식(Paramilitary) 조직으로서의 속성에 함몰되어 있었다는 반성이다. 경찰조직도 마치 군인조직과 같이 운영하는 것이라는 편견에 빠졌던 것이다. 경찰은 군인과 같이 유니폼을 입고 무기를 들고 있다는 측면에서는 군인과 유사한 측면이 많다고 생각할 수도 있다. 이렇듯 군대식 조직을 너무 강조하다보니 시민들은 경찰을 지역사회 공동체의 일원이 아닌 듯 거리를 두게 되었다. 심지어는 경찰에게 돌을 던지거나 공격을 해서 치명상을 입혀도 무방하다는 인식마저 나타났다. 이러한 배경 속에서 미국의 1960년대와 1970년대, 특히 1970년대 월남전과 관련한 반전시위(反戰示威)가 일어났다. 경찰이 너무 강경하게 진압하다 보니 흑인이나 유색인종들이 반발하게 되고, 인종차별에 항의하는 폭동으로 번졌다. 이런 것에 대한 통렬한 반성(反省)으로 경찰은 지역사회 주민과 협력해야 할 필요성을 절감하게 된 것이다. 고전적 인간관리, 권위주의적 경찰조직

관리로는 민주화되고 시민의식이 상당히 높아진 공동체에서 더 이상의 경찰활동이 어렵다는 반성을 배경으로 지역사회 경찰활동이 부각되었다.

다섯째, 대학 졸업자 등 고학력자들이 대거 경찰에 유입되었다. 이들 고학력 경찰관들은 고전적 관리기법에 따른 권위나 명령에 대해서 심정적으로 반감을 가지고 있었다. 자신도 대학을 나왔고 배울 만큼 배운 사람인데 모든 업무처리에 있어서 시시콜콜하게 권위적으로 대하면서 지시와 명령을 한다는 것은 사기관리나 근무의욕 고취에 있어서 도움이 되지 않았다. 이들은 현장경찰관(Street Officer)으로서 필요한 재량권을 요구하였다. 자신의 인격과 실력으로 현장에서 재량권을 발휘할 수 있도록 요구한 것이다. 이젠 모두가 전문지식이 있다 보니까 수평적 관계에서 서로 협력하고 토론하면서 현장 재량권을 가지고 서로 자신의 담당업무를 책임지고 수행해 나가는 쪽으로 조직분위기가 전환될 필요성이 대두되었다.

흔히 '팀제(Team System)'으로 알려진 제도를 예로 들 수 있다. 예전에는 주임, 대리, 과장, 차장, 부장, 이사 이렇게 직급이 있었다면 이것을 팀(Team)이라는 시스템 안에서 모두 녹여버리고 업무중심 조직으로 전환하여 팀장(Boss)과 팀원(Member)라고 하는 것으로 조직운영기법이 단순화된 것이다. 경찰조직에서도 이러한 팀제가 도입되어 운영이 되고 있다. 이처럼 지역사회 경찰활동은 그 구성원으로 하여금 권한과 책임의 배분에 있어서도 현장중심으로 재편성되도록 조직과 인사의 운영방식까지 많은 변화를 가져오게 하였다.

## 4. 전통적 경찰활동과 지역사회 경찰활동의 비교

지역사회 경찰활동은 전통적 경찰활동을 획기적으로 변화시킨 경찰철학이다. 그만큼 경찰활동의 패러다임을 완전히 바꾸는 공동체 인식에 대한 대전환이었다. 전통적 경찰활동과 지역사회 경찰활동은 〈표 5-1〉에서 보는 바와 같이 비교된다.

**표 5-1 ▎전통적 경찰활동과 지역사회 경찰활동의 비교**

| 비교 항목 | 전통적 경찰활동 | 지역사회 경찰활동 |
|---|---|---|
| 범죄문제에 대한 책임 | 경찰 | 경찰과 시민 |
| 다른 공공기관과의 관계 | 우선순위에 다툼이 상존 | 삶의 질을 개선한다는 점에서 양자는 공동운명체 |
| 경찰의 역할 | 범죄사건의 해결 | 지역사회의 제반 문제해결 |
| 경찰의 효율성 측정요소 | 범죄수사와 검거율 | 범죄예방과 무질서 방지 |
| 경찰의 최우선 해결과제 | 강력범죄나 사회적 이슈 | 지역사회의 안정 위협요소 |
| 경찰의 주요 관심사 | 범죄사건 | 시민의 걱정과 불안 |
| 경찰의 효과성 측정요소 | 출동시간(Response Time) | 시민들과의 협력과 신뢰 |
| 경찰의 전문성 측정요소 | 범죄에 신속하고 효과적인 대응 | 지역사회와 유대감 형성 |
| 경찰정보수집의 우선순위 | 특정범죄에 대한 사후정보 | 우범자에 대한 사전정보 |
| 경찰책임의 주요 대상 | 법률과 정책의 집행 | 지역사회의 요구에 부응 |

출처 : 최응렬 · 박상진, 2008: 34-36 재구성

### (1) 범죄문제에 대한 책임

누구에게 범죄문제에 대한 최종책임이 있는가에 대하여, 전통적 경찰활동에서는 정부와 시민이 개념적으로 대립하는 것을 전제하면서 원칙적으로 경찰이 범죄문제에 대한 책임을 지게 된다. 하지만 지역사회 경찰활동에서는 경찰이 시민이고 시민이 곧 경찰이라고 본다. 즉, 범죄문제에 대한 책임을 경찰과 시민이 함께 지면서 지역사회의 문제해결에 공동으로 노력하여야 하는 것으로 본다. 경찰과 시민을 편 가르는 것이 아니라 하나의 공동운명체로 본다.

### (2) 다른 공공기관과의 관계

경찰과 다른 공공서비스 기관들과의 관계에서 전통적인 경찰활동은 종종 양자 간의 우선순위에 있어서 갈등을 빚었다. 하지만 지역사회 경찰활동은 경찰도 시민의 삶의 질을 개선하는데 책임 있는 많은 공공기관 가운데 한 부서로서 갈등보다는 협력을 강조하게 되었다. 그동안 경찰이 범죄문제에만 너무 집중하여 지역사회의 다른 문제에 대해서는 무관심했던 것에 대한 반성이 필요하였다. 지역사회 경찰활동은 전체적으로 범죄문제뿐만 아니라 그 밖의 지역사회가 가지고 있는 여러 가지 문제해결을 위해서도 함께 노력하

는 차원에서 다른 공공기관과 마찬가지로 지역사회 주민의 삶의 질을 개선하는 일을 관련 경찰업무의 주요범주에 포함시키게 되었다.

### (3) 경찰의 역할

경찰의 역할에 관해서 전통적인 경찰활동은 사건·사고 등 범죄문제 해결에 초점이 있었다면, 지역사회 경찰활동은 범죄문제를 포함한 삶의 질을 방해하는 제반 지역사회의 여러 가지 문제들을 해결하는 역할을 수행하게 되었다.

### (4) 경찰의 효율성 측정요소

경찰의 효율성 측정에 있어서 전통적인 경찰활동에서는 수사를 해서 얼마나 많은 범인을 체포하였으며, 질서위반 사범을 얼마나 많이 검거하였는가에 주목하고 있다. 그러나 지역사회 경찰활동은 얼마나 많은 범죄와 무질서 발생을 미연에 방지하였는지에 대한 관심으로 효율성을 측정하고 있다. 즉 범죄를 예방하고 범죄단계는 아니지만 무질서까지도 사전에 방지하여 문제를 해결하고, 결과적으로는 시민의 삶의 질(Quality of Life)을 얼마나 높였는가를 가지고 효율성을 측정한 것이다.

### (5) 경찰의 최우선 해결과제

경찰업무에 있어서 최우선 해결과제는 무엇인가에 관해서는 전통적 경찰활동은 폭력과 관련한 강도나 납치사건, 방화나 살인사건 등의 강력범죄나 사회적 이슈였다. 하지만 지역사회 경찰활동은 그 크기나 심각성 정도에만 주목하지는 않고 지역사회를 불안(不安)하게 하거나 공동체의 안정을 위협하는 여러 가지 문제의 해결이라 볼 수 있다.

### (6) 경찰의 주요 관심사

경찰의 주요관심사에 있어서도 전통적 경찰활동은 범죄사건에 주목하지만, 지역사회 경찰활동은 시민의 걱정과 불안에 대하여 주목하게 된다.

### (7) 경찰의 효과성 측정요소

경찰의 효과성을 무엇으로 측정할 것인가? 전통적 경찰활동은 신고접수 후에 얼마나 빨리 범죄현장에 도착하였는가를 중심으로 평가하였지만 지역사회 경찰활동은 지역주민과 협력과 신뢰를 얼마나 쌓았는가를 통해서 경찰활동의 효과성을 측정하게 된다. 경찰에 대한 최종평가는 시민이 느끼는 만족감이라고 했을 때, 얼마나 빨리 도착하느냐의 기준은 지극히 주관적일 수 있다. 위기에 처한 피해자의 입장에서는 같은 1분의 시간이라도 급하게 느껴지게 될 것이므로, 만약 경찰이 3분 만에 현장에 도착했을지라도 찬사보다는 비난과 서운함을 느낄 것이다. 반대로 5분 정도면 괜찮겠다고 생각하고 있는데 3분 만에 경찰이 도착했다면 반대로 좋은 감정을 느낄 것이다. 하지만 경찰서비스 만족도에 있어서 이러한 현장 도착시간의 신속성보다는 범죄를 예방하기 위한 경찰활동이나 사건 발생 시 현장 도착 후 경찰의 사후조치도 대단히 중요하다고 봐서, 대응시간이라고 하는 것에만 경찰력을 집중할 것이 아니라 사건발생 전·후에 있어서 지역주민과 어떻게 협력하고 그들의 신뢰를 형성하고 유지하였는가를 중심으로 경찰활동의 효과성을 판단하자는 것이 지역사회 경찰활동의 입장인 것이다.

### (8) 경찰의 전문성 측정요소

경찰은 전문성을 가늠해 볼 수 있는 척도에 있어서도 전통적 경찰활동은 범죄사건에의 신속하고 효과적인 대응을 중요시했지만 지역사회 경찰활동은 범죄사건 이전에 지역사회와의 유대감의 형성과 유지에 보다 많은 관심을 가지고 있다. 범죄사건의 해결에만 국한하지 않고 범죄사건이 일어난 시간과 공간에서 지역주민들과 끊임없는 유대감을 형성하면서 운명공동체로서의 동질감을 유지하는 것에 주목하고 있다. 지역사회의 잠재적인 문제와 시민들의 걱정거리까지도 들어주고 함께 해결하려는 노력을 보여준다는 것이야말로 경찰의 전문적 직업역량이라고 지역사회 경찰활동은 판단하고 있다. 결국 경찰의 전문성(專門性)에 대하여 전통적 경찰활동에서는 신속하게 대응(對應)하는 것이라고 보지만 지역사회 경찰활동은 지역사회와 시민들과의 소통과 협력이라고 본다.

### (9) 경찰정보수집의 우선순위

경찰로서는 어떤 정보를 가장 중요하게 여길 것인가에 대하여 전통적 경찰활동은 당연히 범죄(犯罪)정보였다. 그러나 지역사회 경찰활동은 범죄자(犯罪者)에 대한 정보이다. 양자 간에는 미묘한 차이가 있는데 범죄정보라고 하는 것은 당장에 범죄가 일어나는 시점 전후로 범죄문제 해결에 필요한 정보일 것이다. 범죄자에 대한 정보는 범죄를 일으킬 만한 소지를 가지고 있는 혹은 그런 환경 속에 방치되어 있는 우범자(虞犯者)에 대한 정보, 즉 범죄발생을 가져오는 지역사회의 근본적 문제에 대해서 경찰이 관심을 가진다는 것이다. 따라서 지역사회 경찰활동에서는 범죄보다는 좀 더 거시적으로 범죄자에 대한 정보를 우선시하면서 지역사회 내에서 그들의 행동 패턴을 연구하고 미리 문제를 발생하지 않도록 살피는 것을 경찰정보 수집의 최우선 순위에 둔다.

### (10) 경찰책임의 주요 대상

경찰에게 있어서 법률이나 국가정책에 의해서 요구되는 명령과 지시를 집행하는 것도 중요한 임무이자 책임이다. 하지만 지역사회 경찰활동은 이것보다는 지역사회 공동체의 요구에 부응하는 것이 경찰의 참된 도리라고 본다. 경찰의 지역적 책임(地域的 責任)을 강조하자는 것이다. 법률이나 국가정책의 집행은 엄격히 따지자면 칼로 물건을 정확히 베어 낼 수는 있을 정도의 정확성과 통일성을 확보할 수 있겠지만, 오히려 칼로 물 베듯이 도저히 자를 수 없는 것이 지역사회에 대한 책임이라고 할 수 있다. 따라서 전통적 경찰활동이 확보하고자 하는 경찰책임이 유형적이고 한계 설정적이라고 본다면, 지역사회 경찰활동의 경찰책임은 지역주민의 삶의 질을 확보해주려는 무형적이고 무한정한 노력이라고 볼 수 있다. 경찰업무와 관련된 범죄사건이나 무질서에 대하여 경찰이 무한책임을 지겠다는 입장을 견지하는 것은 바로 지역사회의 경찰활동의 책임성에서 기인한다.

# 제2장 지역사회 경찰활동의 이론적 고찰

우리나라의 지역사회 경찰활동은 지속적으로 성장·발전하여 왔다. 우리가 아주 어렸을 때부터 지금까지 경찰을 보아왔지만 경찰 유니폼이 바뀌거나 순찰차량의 디자인과 색상에 있어서도 적지 않은 변화가 있었음을 알 수 있다. 지역사회 경찰활동 시스템에 있어서도 종래의 파출소(派出所)가 하루아침에 지구대(地區隊)로 재편성되는 것도 경험하였다. 하지만 이러한 지구대 제도로의 변경에 적지 않은 문제가 있어서 다시 지구대를 근간으로 하되 파출소 제도 일부가 부분적으로 부활하는 변화도 있었다. 이런 지역사회 경찰활동을 포함하는 경찰정책이나 경찰철학이 변하면서 거기에 맞추어서 유니폼이나 순찰차의 디자인도 바뀌고, 눈에 잘 보이지 않던 경찰이 갑자기 주변에 많아지기도 하며, 어느 때에는 부드럽게 어깨띠를 메고 인사를 하는 것을 시민들에게 보이는 경우도 있었다. 이제는 그 외양(外樣)만 보이는 것이 아니라 이러한 경찰의 변화를 가져온 이론적 배경도 조금씩 엿보인다는 측면에서 우리 강의가 나름 의미 있는 시간일 것이라고 생각한다.

## 1. 지역사회 경찰활동의 기본철학

철학(哲學, Philosophy)이라고 하면 대체로 어렵게만 느껴지는 것도 사실이지만 여기에서는 어떠한 행동(行動) 내지 행태(行態)가 나타나기까지 그 근간이 되는 내면적인 사고방식을 철학이라고 정의하기로 한다.

지역사회 경찰활동은 '치안은 더 이상 경찰만의 노력으로 완수할 수 없다.'는 사고방식에서 출발한다. 지역사회의 시민생활 공동체를 '범죄 없는 행복한 세상'으로 만들어 삶의 질을 보다 높이기 위해서는 치안을 경찰에게만 맡겨 두지 말고 우리 시민들도 함께 노력하자며 경찰이 슬며시 내민 손으로 이해된다. 지역사회 경찰활동에서 시민은 경찰과 함께 치안서비스를 공동생산(共同生産)하는 존재이다. 통상 민간산업에서 기업이나 농부를 생산자(生産者)라고 할 때, 시민은 대개 소비자(消費者)가 된다. 소비자는 생산자가 제공한 것을 비용을 지불하고 소비하면 그것으로 충분하다. 하지만 치안영역에 있어서 시민은 단순한 소비자 입장에서 벗어나 생산활동에도 참여해야 한다는 것을 의미한다.

그렇다고 공동생산이 곧 경찰과 함께 공동순찰을 하거나, 함께 범인을 추격하여 체포하자는 것을 의미하는 것은 아니다. 지역사회의 무질서나 범죄발생의 조짐, 또는 범행직후에 시민사회가 취해야 할 비난이나 범죄에 대한 시민의 부정적 인식 등과 같이 지역사회의 대응이 범죄자에 대해서 엄정한 비난을 가할 수 있는 건강한 사회분위기를 조성하고 유지하는 것을 함께 해 달라는 것이다. 이런 의미에서 시민은 언제나 경찰과 함께 치안서비스를 공동으로 생산하는 자라고 생각할 수 있다. 실질적으로 주변에서 대학생 캠퍼스폴리스나 해병전우회가 유니폼을 입고 범죄예방 순찰활동을 하거나 시민들이 자율방범대를 만들어 합동순찰활동을 하는 경우도 치안서비스의 공동생산으로 볼 수 있다.

지역사회 경찰활동 철학의 본질에 비추어 볼 때 기존처럼 경찰이 독점적으로 치안서비스를 생산할 수 있다는 '생산자 중심의 경찰활동'을 탈피하는 작업이 선결되어야 한다. '생산자 중심주의(生産者 中心主義)이라는 말은 '소비자 중심주의(消費者 中心主義)'라는 말과 비교된다. 오늘날 우리가 사는 사회를 소비자 중심의 사회라고 말하며, '소비자는 왕'이라고도 한다. 지금까지 치안서비스 상품은 국가(경찰)만이 독점적으로 생산 · 공급해 왔다. 따라서 설령 경찰서비스가 맘에 들지 않는다고 해도 시민들은 불평이나 비판만 늘어놓았을 뿐이고 경찰서비스 만족도 향상을 위해 소비자 스스로 할 수 있는 일은 많지 않다고 생각하였다. 생산자이자 공급자인 경찰이 시장에서 독점적 지위를 확보하고 있기 때문에 시민들은 울며 겨자 먹기지만 경찰서비스를 계속 사용할 수밖에는 다른 도리가 없었다. 이제는 시민과 경찰이 치안서비스의 공동생산자가 되어 서비스 품질의 향상도 함께 고민하게 되었다. 시민사회가 치안서비스 생산에 참여하게 됨으로써 시민은 치안서비스의 공동생산자이면서 동시에 치안서비스의 소비자가 되었다.

또한 지역사회 경찰활동은 범죄사건은 물론 지역사회의 제반 문제점도 함께 해결하고자 한다. 범죄발생의 근본원인이 되는 지역사회의 문제점에 경찰이 관심을 가지고 해결해 나가자는 것이다. 범죄와의 전쟁은 경찰 혼자만으로는 이길 수 없다. 광범위한 국민적 지지와 대중의 협력이 있어야 한다. 특히 시민들의 정보제공과 참여는 필수다. 흔히 수사를 진행할 때 시민의 제보 없이 경찰수사는 이루어 질 수 없다고 본다. 한해 70%가 넘는 사건이 시민의 제보를 토대로 해결이 되고 있기 때문이다. 과학수사의 놀라운 사건해결력이 왕왕 우리사회에서 회자되고는 있지만 결정적 수사단서나 제보는 전적으로 시민에 의존하고 있는 것은 과거와 크게 달라진 것이 없다.

기본적으로 경찰활동이 신고·접수된 범죄사건의 해결(Reactive)에서 보다 적극적으로 사회문제를 해결(Proactive)하는 방향으로 패러다임이 바뀌어야 한다. 경찰관의 성과평가에서도 검거율이나 단속 중심의 양적(量的) 활동 비중을 낮추고, 삶의 질에 영향을 미치는 범죄와 범죄 두려움 감소를 위한 질적(質的) 활동의 비중을 높여나가야 한다.

## 2. 지역사회 경찰활동의 기초이론

### (1) 깨진 유리창 이론

통상의 경찰정책이나 경찰철학은 그 이론적 배경을 가지고 있다. 깨진 유리창 이론(Broken Window Theory)은 지역사회 경찰활동과 깊은 관련성을 가진다. 이미 살펴보았듯이, 이 이론은 정책학자인 제임스 윌슨(James Q. Wilson)과 경찰학자인 조지 캘링(George L. Kelling)이 1982년에 공동으로 발표한 것으로, 미국 스탠포드대학교의 필립 짐바르도(Philip G. Zimbardo, 1933~)교수의 실험결과를 토대로, 경찰과 주민이 동반자 관계(partnership)로 주민이 참여하는 다양한 전략을 수립하는데 대표적인 기초이론이 되었다. 깨진 유리창 이론은 결국 지역사회 경찰활동이 다루고자 하는 문제인식의 시작과 더불어 향후 경찰활동이 초점을 맞추어야 하는 대상에 대한 새로운 접근이 무엇인가에서 그 맥을 같이 한다.

통상의 다른 사회문제는 '사회'를 토양으로 해서 발생하여 왔고 사회문제 해결의 해법을 제공하는 것도 역시 '사회'라는 의미에서는 어쩌면 당연한 범죄문제의 궁극적 해법이기도 했다. 사회의 사소한 무질서를 방치하면 커다란 범죄문제로 일반화될 수 있다는 이 이론에 비추어 보았을 때, 지역사회를 잘 관리하면 범죄문제는 그만큼 줄어들 것이라고 보게 된다.

### (2) 문제지향 경찰활동 이론

문제지향 경찰활동(問題指向 警察活動, Problem-Oriented Policing) 이론은 미국 위

스콘신주립대 법대 골드슈타인(H. Goldstein)교수가 1979년에 제기한 것으로, 경찰이 자신을 지역사회 구성원으로 인식하기 시작하면서 과거 전통적 경찰활동에 대한 반성에서부터 시작된다. 1970년대까지 미국경찰은 인종폭동 등과 같은 지역사회와의 갈등에 있어서 주역이었다. 해외 영상자료를 보면 법집행을 하는 경찰이 경찰봉으로 시민을 폭력적으로 진압하는 것을 종종 볼 수 있는데 이때 경찰봉을 맞고 있는 사람은 대개가 흑인이거나 유색인종이었다. 이러한 상황에서는 지역사회와의 협력이라고 하는 것은 상상할 수도 없고, 오히려 지역사회의 반감을 사서 시민이 경찰을 싫어하고 공격하는 폭동으로 발전하여 왔던 것이 지난 1970년대 미국경찰의 단면이기도 하였다. 이점에 대한 반성으로서 골드슈타인 교수는 경찰활동은 그 시작에 있어서 지역사회 주민들과 접촉을 계속하면서, 범죄문제로 이어지는 지역사회의 본질적인 제반문제를 파악하고 해결함으로서 종국적으로는 지역사회 내에 있는 범죄와 무질서 등도 해결하도록 하는 것과 같은 보다 근본적인 접근방법을 제시한 것이 바로 문제지향 경찰활동인 것이다.

### (3) 총체적 품질관리론

총체적 품질관리(TQM, Total Quality Management)는 종래 행정학이나 경영학에서 주로 많이 논의되는 주제이다. 오늘날에도 '품질경영'은 제품이나 서비스를 생산하는 기업이미지와 직결된다는 입장에서 중요시되고 있다. 미국의 데밍(W. E. Deming)에 의해 주장된 개념으로 품질은 고객(顧客)에 의해 정의되므로 총체적으로 품질을 관리해야 한다고 강조한다.

일반적으로 재화를 생산하는 기업에서는 그 물건의 결점이나 오류가 없는 무결점의 생산이라는 의미로 '6시그마(Six Sigma)' 운동을 하고 있다. '시그마(Sigma, Σ)'는 그리스 문자로, 통계학에서는 오류의 영역이나 범위를 의미한다. 6시그마라는 것은 정규분포곡선에서 1시그마, 2시그마, 그리고 점차 6시그마까지 확장해가면 거의 99.9%, 즉 100%에 가까운 정규분포곡선을 가지게 된다. 이처럼 품질관리를 100%에 가깝게 하겠다는 표시이며, 통계적 의미에서 오류 그 자체를 부정하겠다는 선언적 운동이 바로 6시그마 운동이다.

이러한 품질관리 운동은 재화의 생산뿐만 아니라 서비스의 생산에 있어서도 물론 적용이 가능한데, 일반서비스와 마찬가지로 치안서비스를 생산하는데 있어서도 경찰이 한 점의 실수 없이 소비자인 시민들로 하여금 치안서비스를 편하게 받아들일 수 있도록 관리하여야 한다는 것이다. 시민의 입장에서는 치안서비스 만족도가 최고여야 하는 것이다. 이러한 의미에서 지역사회 주민들의 만족을 위한 경찰서비스의 품질경영인 TQM이야말로 지역사회 경찰활동의 기초이론으로서 언급될 수 있다.

소위 '치안서비스 TQM'은 '최상의 치안서비스 제공'이라는 궁극의 목적 달성을 위해 경찰활동이 이루어지는 경찰조직과 업무환경의 모든 기준을 원점(Zero-Base)에서 재검토하고, 과거 전통적 경찰활동에 대한 반성뿐만 아니라 기존의 모든 행태를 모두 부정하여야 한다는 철저한 현실부정에서 출발하게 되므로 TQM 역시 지역사회 경찰활동의 기초를 이루게 된다. TQM은 업무수행이나 서비스 제공에 있어서 새롭게 생각하고 설계하는 과정을 통해서 종전과는 전혀 새로운 절차와 방식을 적극적으로 수행하는 혁신적 사고를 제공해 준다. 전혀 새로운 절차와 방식을 수용한다는 입장에서 패러다임이 변화를 수반하여야 한다. 혁신(革新)이라는 말은 한문으로 가죽(革)을 새롭게(新) 만든다는 뜻인데, 생살을 떼어내야만 새살이 나온다고 보았을 때, 이는 굉장한 고통을 수반하는 일임에 틀림없다. 이러한 경영상의 혁신을 하자는 것이 TQM이라면, 전통적 경찰활동에 대한 혁신으로서 규정되는 지역사회 경찰활동의 변화는 가히 환골탈태(換骨奪胎)의 모습이어야 한다. 여지껏 해 왔던 통상의 노력만으로는 종래의 경찰활동 방식을 혁신하기란 그리 쉽지 않다는 점을 예견하게 만드는 대목이다.

## 3. 지역사회 경찰활동의 구성요소

### (1) 지역사회에 기초를 둔 범죄예방

지역사회 경찰활동은 이미 살펴보았듯이 경찰이 지역사회에 존재기반을 두고 지역사회의 삶의 질을 향상시키는 것을 지향하는 것을 의미한다. 따라서 그 구성요소로는 먼저 지역사회에 기초를 둔 범죄예방(Community Based Crime Prevention)을 들 수 있을 것이다.

이러한 지역사회에 기초를 둔 범죄예방의 중심개념에는 이웃감시(Neighborhood Watch)가 있다. 비록 이웃'감시'라는 표현을 사용하지만 이웃을 '단속하기 위하여 살핀다'는 개념과는 구별된다. 인간은 무리지어 사는 군집(群集)의 속성을 가지고 있다. 인간은 사회적(社會的) 동물이라는 말과 같이 인간은 서로 모여서 상호관계를 하지 않으면 생존하기 어렵다. 따라서 서로 지켜봐주고 제3자에 의해 피해를 당하지 않도록 서로가 감시한다는 의미로 사용되고 있다.

지역사회에 기초를 둔 범죄예방 활동에는 민간경비(Private Security)도 빼 놓을 수 없다. 경찰 이외에 민간인들이 직업적으로 여러 가지 범죄예방활동을 하여 왔는데, 이를 상업적으로 법인화하고 전문화한 것이 바로 민간경비(民間警備)다.

이웃감시는 기본적으로 지역사회에서 '나'는 물론 '이웃'의 정체성, 나아가 '지역사회'의 정체성에 대한 인식전환을 가져온다. 같은 지역사회를 배경으로 하는 생활공동체에서 함께 살고 있는 '나'와 '이웃'은 서로가 '자기 자신'들만의 생명과 신체 및 재산에 대한 안전뿐만 아니라 이웃한 '다른 사람'의 안전에 대한 집단적 책임을 인식하고 공유해야 한다는 사회적 의미를 통찰하게 되는 것이다. 이러한 이웃감시의 구체적 의미는 나라에 따라 조금씩 다르게 형성되어 왔는데, 일본의 경우에 있어서 이웃감시는 비공식적인 정부의 노력에 기초하여 법령보다는 관습적 전통에 기초하고 있으며, 영국 런던의 경우에는 모든 런던시민과 경찰이 범죄억제에 있어서 공통된 이해관계를 갖는다는 전제 하에 공공의 안녕과 질서가 필요한 곳에서는 상호 협력이 가능하다는 신념에 기초하고 있다.

### (2) 순찰활동의 개선

전통적 의미의 경찰활동에서는 경찰이 주민의 신고에 얼마나 신속하게 현장으로 달려가는 가하는 것이 경찰활동의 효율성(效率性, Efficiency)을 판단하는 중요한 척도였다. 하지만 전통적 경찰활동에 대한 비판과 더불어 새로운 경찰활동을 모색한 결과 이제는 일어나는 범죄신고에 반응(Reactive)하는 것만으로는 범죄문제를 근본적으로 해결함에 있어서 그다지 적절하거나 바람직하지도 않다는 인식이 일반화되기에 이르렀다. 범죄발생에 대응하기 보다는 미연에 이를 방지하고 초기단계에서 수습하는 것이 보다 효과적이라고 보았던 것이다. 의학 분야도 예방의학이 각광을 받고 있듯이 범죄문제에 대응하는 경찰의 자세 역시 예방차원에서 보다 적극적일 것을 지역사회가 요구하게 되었다. 종합건강진단은 예방차원에서 미리 하는데 경찰업무도 사건발생 이전에 미리 그 원인을 파악하고 환경개선을 통하여 이를 예방하는 것이 바람직하다는 것이다. 특히 순찰활동의 상징성은 바로 범죄의 예방과 범죄환경의 개선을 위한 경찰의 선제적(Proactive) 활동이라는 점에 있다.

과거 전통적 경찰활동에서와 같이 범죄사건이 발생하였을 때에만 나타나서 당해 범죄수사관련 정보만 탐문해서는 안된다. 이제는 일상생활에서도 경찰이 주민과 대화를 함으로서 지역사회를 보다 이해할 필요가 있다. 그럼으로써 경찰에 대해 주민의 신뢰가 쌓이고 지역사회에 조그마한 문제가 생기더라도 경찰과 함께 문제해결을 위해 노력하려는 친밀감이 생긴다. 대개 시민들은 웬만한 범죄사건이 아니면 경찰에 신고하거나 경찰서에 가지 않는다. 신고해도 별 도움을 받을 수 없을 것이라고 지레짐작하기 때문이다. 실제로도 그리 짧지 않은 기간 동안 이러한 인식은 직접 경험에서 비롯되거나 주변에 의해 학습되어 왔다. 그렇지 않아도 경찰은 늘 바빠 보이고 권위적인데 나의 문제를 가지고 찾아가 보아야 경찰이 살갑게 대하고 만족할 만하게 해결해 준다는 기대를 하지 않는 것이다.

'차(車)가 경찰의 기동성을 선사해 주었다면 에어컨은 경찰관이 창문을 닫고 주민과의 소통을 막게 한 최악의 발명품'이란 말이 있다. 이것은 두 개의 발명품인 차와 에어컨을 이야기하는 것으로 이 에어컨이 장착된 순찰차에서 경찰은 창문을 닫고 에어컨 틀어놓고 차 안에 있을 뿐이라는 의미이다. 차안에서 무전기 켜놓고 대기하고 있을 뿐이라는 말로도 해석된다. 이것은 일반주민들과 많은 대화를 나누고 그 지역사회문제를 청취해야 할 경찰의 역할이 보다 필요하다는 표현의 반증이다. 우리나라 경찰이나 세계의 많은 경찰이 가진 많은 문제점으로 지적되어 순찰을 보다 개선하고 강화하자는 것이 바로 지역사회의 경찰활동이 시사하는 바이다.

### (3) 작아질수록 가까운 경찰관서

미국은 전통적으로 경찰활동의 기동성을 중시하였다. 광활한 도시에 대한 어쩔 수 없는 선택일 수도 있었다. 출동대기 중인 경찰차가 즐비하였지만 거리에서 일반시민들과의 접촉은 극히 적었다. 하지만 지역사회 경찰활동의 필요성이 대두되고 난 후에는 미국도 미니스테이션(Mini-Station)과 같은 소규모 경찰서를 많이 운영하고 있다. 우리나라로 말한다면 파출소나 지구대이다. 일본의 고반(交番, Koban)이나 오스트레일리아의 숍프론트(Shopfront)와 같은 조그만 경찰관서가 늘어나고 있다. 이곳은 경찰이 대기하고 있는 장소이자 가장 소규모로 분권화된 경찰관서이다. 대규모 경찰서에 다수의 경찰관들이 한꺼번에 많이 모여 있다가 범죄사건과 관련해서만 차량으로 출동하는 것보다는 경찰력을 10등분, 20등분하여 지역주민들과 함께 그리고 지역사회의 같은 구성원으로 행동하면서 그곳의 작은 문제들을 해결해 나감으로써, 지역사회의 문제해결을 통한 장기적인 범죄예방이 달성되도록 경찰활동을 하는 것이 바람직하다고 보는 것이 바로 지역사회의 경찰활동이다.

싱가포르에서는 지역사회 경찰활동 자체가 경찰로 하여금 스스로의 존재감과 자아존중감 등에 긍정적인 영향을 주어 경찰관의 자기방어(Self-Defense)활동으로서의 의욕증진에도 기여하고 있다고 평가된다. 차량순찰보다는 도보순찰이야말로 기존의 비상대기 및 출동체제로부터 경찰시스템을 벗어나게 하는 중요한 장치인 것이다. 또한 범죄사건과 연루되어 경찰의 도움을 직접적으로 필요로 하지 않는 일반시민들과 관계증진에도 좋은 기회를 제공한다. 〈그림 5-1〉에서 보는 바와 같이 일본의 고반은 대체로 긴급출동을 위한 차량을 보유하고 있지 않았다. 고작해야 자전거 몇 대 정도다. 동경(東京) 한 복판의 풍경이다.

그림 5-1 | 일본경찰의 교반(交番)

출처: 저자가 직접 찍은 사진. 2012. 6.

# 제3장 지역사회 경찰활동의 내용

## 1. 지역사회 경찰활동의 특징

### (1) 시민참여와 의견수렴의 강조

1981년 영국 브릭스톤 지역에서 대폭동이 있었는데 경찰과 소수민족의 갈등에 대해 조사결과를 담고 있는 스카맨 보고서(Scarman Report)는 브릭스톤 지역의 폭동은 경찰에 대한 흑인 청소년들의 분노표출에 기인하지만, 경찰이 브릭스톤의 지역적 특성(地域的 特性)을 고려하지 못한다면 더 이상의 효율적인 경찰활동은 기대할 수 없을 것이라고 판단하였다. 최상의 경찰활동은 해당 지역사회에 대한 올바른 이해에서 출발한다고 하는 지역사회 경찰활동의 방향성을 보여주는 좋은 사례라고 할 수 있다.

지역사회 경찰활동도 결국 시민참여의 문제로 귀결된다. 시민 스스로가 치안서비스 생산에서 있어서 종전의 단순소비자에서 공동생산자로 참여하게 되는 것이다. 경찰도 시민의 다양한 기대(Needs)를 잘 파악하고 수시로 변하는 기대에 관심을 집중하며 주민들이 느끼고 있는 공동체 내의 여러 가지 문제점을 잘 살펴서 범죄로 이어지는 제반 문제점에 선제적으로 집중할 수 있어야 한다. 이러한 시민과 경찰의 새로운 관계 형성은 경찰만이 치안문제의 유일한 전문화가 집단으로서 독단적으로 경찰정책을 결정하고 집행하는 것이 아니라 지역사회의 의견을 사전에 수렴하는 절차적 민주주의(Procedural Democracy)를 보다 완성시키게 된다. 시민은 더 이상 치안서비스의 수동적 수혜자에 머물지 않고 치안서비스의 공동생산자로서 경찰과 함께 지역사회의 범죄문제는 물론 여러 가지 사회문제에 적극적이고 능동적으로 참여하고, 경찰 역시 시민과 지역사회가 무엇을 원하는지를 주목하는 근무태도를 갖게 되는 것이 지역사회 경찰활동의 특징이다.

### (2) 업무영역의 확대

전통적 경찰활동에 비하여 지역사회 경찰활동은 본질적으로 능동적이고 적극적인 경찰활동을 요구하므로 경찰활동의 업무영역이 보다 확장될 필요가 있다. 전통적 경찰활동은 수동적이고 소극적인 방범활동으로도 충분하였지만, 이제는 청소년, 빈민, 노약자 등 사회적 약자의 범죄피해 방지는 물론, 그들의 복지와 삶의 질 향상을 위하여 각종 치안서비스 제공을 하여야 한다.

경찰이라고 하는 직업은 구조적으로도 업무가 과다하다. 경찰업무 자체도 감내하기 어려울 정도로 많기도 하거니와 경찰 이외의 일반 행정기관의 일을 도맡아 해야 하는 경우도 비일비재하다. 일반 행정기관은 오후 6시가 되면 공식적으로 업무가 종료되는 근무환경이지만, 경찰조직은 업무 특성상 공식적인 업무의 종료가 존재하지 않는다. 24시간 운영되는 국가기관인 것이다. 이러한 상시근무 조직의 성격상 경찰에게 범죄문제뿐만 아니라 지역사회의 제반문제의 해결사로서의 역할을 기대하는 것은 어쩌면 당연한 일인지도 모른다. 결과적으로 지역사회 경찰활동은 종전에 비해 경찰 업무영역의 확장을 가져오게 된다.

### (3) 업무의 우선순위와 평가기준

행위자로 하여금 기대행동을 하도록 하기 위해서는 적절한 평가(評價)와 보상(報償)이 요구된다. 지역사회 경찰활동이 제대로 되기 위해서는 경찰의 업무 우선순위와 평가기준이 중요하다. 지역사회의 경찰활동을 하는 경찰관의 입장에서 보면 행동을 불러 일으킬 만한 직업적 동기가 있어야 하기 때문이다. 경찰관 자신에게도 평가에서 좋은 점수를 받고, 승진하는데 도움이 되며, 급여가 올라가고, 근무환경이 개선되며 궁극적으로는 자기발전에도 도움이 된다고 여겨질 때 비로소 행동으로 옮기기 쉬울 것이다.

과거의 전통적 경찰활동의 평가기준을 보면 양적으로 얼마나 많은 수의 범죄를 해결하고 피의자를 검거하였느냐가 중요한 평가요소였지만, 이제는 범죄뿐만 아니라 지역사회의 포괄적인 문제해결에도 중점을 두어서 이 경찰관이 지역사회의 골칫거리, 범죄가 될 만한 근본적인 문제점을 얼마나 해결하였느냐를 가지고 평가하는 식의 평가기준도 바뀌게 된다. 또한 업무에 있어서도 과거에는 살인이나 강도와 같은 주요범죄해결에만 우선순위를 두었다면 이제는 지역사회를 불안하게 하는 모든 문제에 대해서도 우선순위를 부여하는 경찰정책의 방향이 전환되어야 하는 것이다.

### (4) 문제중심 경찰활동 지향

지역사회의 경찰활동은 문제중심 경찰활동을 지향한다. 지금 당장에는 구체적인 범죄로까지 발전하지는 않았지만, 문제라는 것은 계속 쌓이다 보면 결국 비행이나 범죄사건으로 비화되기 마련이다. 사소한 문제가 사회문제로 되어야만 비로소 경찰이 개입하여 수사하고 범죄사건으로 마무리하는 것은 그야말로 미봉책(彌縫策)에 불과하다. 순간순간 필요에 의해 단편적으로 반응할 뿐 근본적인 문제해결에는 무관심하다면 범죄문제는 날로 해결하기 어려운 지경으로 치달을 것이다. 따라서 지역사회 경찰활동은 근본적인 문제, 즉 범죄 지향적인 것이 아니라 그 사건을 불러일으킬만한 제반 지역사회의 문제를 찾아가는 문제 지향적이다. 기존의 좁은 시야에서 사건만 바라보다가 이제는 시야를 확장해서 보다 넓은 지역적 근본문제도 경찰이 관심을 가져야 한다. 효과적인 치안활동은 범죄발생의 원인이 되는 문제해결에 초점을 맞추는 것이어야 한다. 전통적 경찰활동에서와 같이 경찰이 범죄신고 사건에 대응만하는 것은 범죄발생에 대한 단순한 뒤처리에 불과하기 때문에 범죄문제의 근본적인 해결과는 거리가 멀다.

### (5) 경찰의 책임증대

지역사회 경찰활동은 경찰의 책임을 증대시킨다. 기존에는 파출소나 지구대에서 범죄신고에 대해서 출동하는 대응서비스의 신속성에만 충실하면 되었다. 하지만 지역사회 경찰활동 철학에 따라 이제는 경찰이 보다 적극적으로 시민을 찾아서 만나고 구체적인 범죄사건이 아니더라도 지역사회의 문제점이나 주민의 골칫거리까지 들어주고 그러한 문제를 어떻게 해결해 나가야 할 것인가에 대해 함께 고민도 해야 한다. 경찰의 책임은 보다 커지게 되었다.

지역사회 경찰활동은 경찰관이 지역사회 문제해결을 위하여 시민의 지원과 협력을 끌어낼 수 있도록 그들이 경찰에게 무엇을 원하는지를 파악하려는 태도를 지니는 것이 필요하다. 〈그림 5-1〉에서 보았듯이 일본의 경시청 조끼를 입고 서있는 경찰관처럼 거리에 나와 시민들을 적극적으로 응대하여야 그나마 시민이 경찰에 다가갈 수 있다. 시민이 스스로 닫힌 경찰서의 문을 열고 들어가서 경찰의 도움을 요청하기란 쉽지 않다. 경찰은 시민들이 과연 무엇을 원하는지를 파악하고 이를 받아들이려는 자세를 갖고 먼저 다가서는 것이 중요하다.

일반 시민들의 경찰활동에 대한 참여관찰도 보다 확대할 필요성이 제기된다. 영국에서는 비전문적 방문객(Ray Visitors) 제도를 통하여 경찰활동에 대한 불만을 해소할 수 있도록 하거나, 시민감시 프로그램을 실시하고 있다. 이미 보았듯이 미국경찰의 순찰효과에 대한 실험에서는 차량순찰보다는 도보순찰이 보다 효과적이라는 결과를 내놓고 있다. 범죄발생자체가 현격하게 줄어드는 것은 아니지만 시민들이 느끼는 안전감은 증가하였기 때문이다. 지역사회 경찰활동이 도보순찰 경찰을 통하여 이루어진다면 시민들에게 있어서는 범죄에 대한 두려움마저도 크게 감소될 수 있을 것이다.

### (6) 명령의 분권화

전통적 경찰활동에서는 중앙집권적이고 권위적이며 일방적 지시와 명령에 의해서 경찰업무를 수행하도록 하는 것, 군인(軍人)과 같이 범죄 등 긴급한 사태가 발생하면 최대한 신속하게 출동하는 것을 많이 강조하였다. 하지만 지역사회 경찰활동에 있어서는 여러 가지로 권한과 명령의 분산(Decentralization of Command)을 통하여 경찰이 적절한 재량권을 가진 상태에서 필요한 조치가 유효하게 처리되어야 된다. 시민이 원하는 것은 현장의 경찰관이 즉각적인 조치와 보다 현실성 있는 조치를 해주는 것이다. 경찰의 조치는 현장운영에 있어서도 경직되지 않고 유연성을 가지고 있어야 된다. 따라서 현장의 분권화는 반드시 필요하다.

지역사회의 특성은 대개 각양각색이다. 여러 가지 다양한 특징을 지닌 복합적 성격의 사회를 관할구역으로 하는 경찰서에서 하나의 기준과 원칙으로 모든 문제를 합리적으로 해결하기란 불가능에 가깝다. 예를 들어 우리나라 중소기업 사장님들이 가장 많이 하는 실수가 직원들 데리고 삼겹살 파티를 하는 것이라고 한다. 주로 동남아시아에서 온 다양한 문화와 종교를 가진 근로자들이 일을 하는 직장에서 무슬림 근로자는 종교적 이유로 돼지고기를 먹지를 않는다. 그럼에도 불구하고 사장 입장에서는 삼겹살을 먹을 줄 모른다거나 겸양의 예의상 거절하는 걸로 오해한 나머지 한국인의 특성상 몇 번을 강권한 끝에 무슬림들에게 돼지고기를 먹게 강요하는 결례를 하는 사례가 있다.

이처럼 사람이든 지역사회이든 개별특성이라는 것이 분명 존재하는데, 경찰활동도 그 지역사회의 특성에 따라서 문제점과 문제해결의 우선순위를 선택하고 결정해야 한다. 그러기 위해서는 현장에서 다양시민들과 구체적인 사건해결을 함께 고민하는 경찰관들에게 보다 많은 권한을 위임하여야만 지역별 특성에 맞는 경찰서비스 제공이 가능하게 될 것이다. 그들은 해당 지역의 특별한 사정에 대해 속속들이 잘 알 것이고 구체적인 문제해결방안도 자신의 권한 범위 내에서 가장 합당하게 제시하는 유연한 경찰활동을 할 수 있을 것이다.

## 2. 우리나라의 지역사회 경찰활동과 협력 단체

### (1) 자율방범대

우리나라의 지역사회 경찰활동과 관련된 단체로는 자율방범대를 언급할 수 있다. 자율방범대는 지역주민들이 자율적으로 조직하여 야간 취약시간대에 순찰활동을 하면서 범죄신고, 청소년 선도 등 범죄예방활동을 지원하는 자원봉사조직이다. 지구대 및 파출소 단위로 조직한 봉사단체로서, 3~5명씩 조를 편성하여 경찰과 합동순찰을 통해 지역사회의 범죄예방에 기여하고 있다. 규모는 〈표 5-2〉에서 보는 바와 같이 2020년 12월 현재 전국적으로 4,221개의 자율방범대가 조직되어 있으며 여기서 100,693명의 주민들이 자원봉사하고 있다. 자율방범대는 우리나라의 경찰공무원과 합치면 25만 명에 육박하는 범죄예방인력을 구축하는 양대 축이다. 규모로는 경기남부경찰청 산하 자율방범대가 541개 조직에 13,267명이고 경상북도경찰청 산하 자율방범대가 434개 조직에 10,376명의 인원으로 1위와 2위를 달리고 있다. 양적으로도 대단한 규모의 치안서비스 예비 자원이자 치안서비스 공동생산자다. 이들을 어떻게 효율적으로 접목하고 시너지 효과를 낼 수 있는가가 중요한 과제로 남는다.

**표 5-2 ❙ 자율방범대 조직 및 인원 현황**

| 전국 | 서울 | 부산 | 대구 | 인천 | 광주 | 대전 | 울산 | 경기 남부 | 경기 북부 |
|---|---|---|---|---|---|---|---|---|---|
| 조직 | 427 | 169 | 164 | 142 | 81 | 139 | 70 | 541 | 198 |
| 인원 | 9,985 | 2,860 | 4,076 | 3,382 | 1,688 | 2,732 | 2,426 | 13,267 | 4,634 |

| 전국 | 강원 | 충북 | 충남 | 전북 | 전남 | 경북 | 경남 | 제주 | 합계 |
|---|---|---|---|---|---|---|---|---|---|
| 조직 | 254 | 216 | 329 | 285 | 351 | 434 | 372 | 21 | 4,221 |
| 인원 | 7,730 | 5,458 | 7,123 | 7,308 | 7,764 | 10,376 | 8,688 | 619 | 100,693 |

출처 : 경찰청, 2020 경찰통계연보, 2021.

국가에서는 이들에게 민방위훈련을 면제하는 정도의 편의를 제공하고 있을 뿐이다. 또한 자율방범대원이 순찰활동이나 범인검거활동을 합동으로 하다가 상해를 입는 경우를 대비하여 국가는 단체상해보험에 가입시켜 주고 있다. 모범대원이라든가 형사범을 합동검거한 유공자에 대해서는 포상을 지급한다. 이와 같은 보상금을 지급하고자 「범죄 신고자 보호 및 보상에 관한 규칙」에 의해 여러 가지 처우를 하고 있다.

### (2) 자율방범대법의 제정(2022년 제정, 2023년 시행)

2022년 4월, 국회는 「자율방범대 설치 및 운영에 관한 법률」(약칭: 자율방범대법)을 제정하여 그동안의 법적 공백상태를 해소하였다. 이 법은 자율방범대의 설치 · 운영과 체계적인 관리 및 지원에 관하여 필요한 사항을 규정함으로써 자율방범대원의 자긍심과 책임감을 고취하고 자율방범대의 활동을 증진하여 치안유지 · 범죄예방 · 청소년 선도 등 지역사회 안전에 기여하고자 하였다.

자율방범대는 읍 · 면 · 동 단위로 1개의 조직을 구성하되, 인구 · 면적 등 지역 여건을 고려하여 2개 이상의 조직을 둘 수 있도록 하고, 자율방범대를 조직하려는 경우 관할 경찰서장에게 신고하도록 하였다(제3조 및 제4조). 자율방범대원의 결격사유로는 ①미성년자, ②피성년후견인, ③금고 이상의 실형을 선고받고 그 집행이 종료되거나 집행이 면제된 날부터 5년이 지나지 아니한 사람, ④성폭력범죄 등으로 형의 선고를 받고 그 집행이 종료된 날 또는 집행이 유예 · 면제된 날부터 10년이 지나지 아니한 사람, ⑤특정 청소년 출입 · 고용금지업소에 종사하는 사람 등으로 규정하였다(제5조). 경찰서장은 자율방범대장이 추천한 사람 중에서 결격사유가 없는 사람을 자율방범대원으로 위촉하고, 자율방범활동을 저해할 뚜렷한 사유가 있거나 그 활동을 태만히 하는 사람은 자율방범대장의 의견을 들어 해촉할 수 있도록 하였다(제6조).

자율방범대의 활동은 범죄예방을 위한 순찰 및 범죄의 신고, 청소년 선도 및 보호, 시

· 도경찰청장 · 경찰서장 · 지구대장 · 파출소장, 시 · 도지사, 시장 · 군수 · 구청장 또는 읍장 · 면장 · 동장이 지역사회 안전을 위하여 요청하는 활동으로 하였고(제7조), 자율방범대원은 자율방범활동 시 방범활동 중임을 표시할 수 있는 복장을 착용하고 신분을 증명하는 신분증을 소지하도록 하며, 경찰과 유사한 복장을 착용하거나 자율방범대 차량에 경찰과 유사한 도장이나 표지 등을 할 수 없도록 하였다(제8조). 시 · 도경찰청장 등은 자율방범대원의 활동을 지도 · 감독하고, 자율방범활동을 위한 교육 및 훈련을 실시할 수 있도록 하며, 경찰청장, 시 · 도경찰청장 또는 경찰서장과 시 · 도지사, 시장 · 군수 · 구청장 또는 읍장 · 면장 · 동장은 자율방범대원과 자율방범대에 포상을 할 수 있다(제9조 내지 제11조).

법적 기구로는 자율방범대의 건전한 발전과 자율방범대 간의 정보 교류 및 상호 협력 증진을 위하여 전국 단위의 자율방범중앙회와 시 · 도자율방범연합회 및 시 · 군 · 구자율방범연합대를 설립할 수 있도록 하고(제12조), 국가와 지방자치단체는 예산의 범위에서 자율방범대와 자율방범중앙회 등의 활동에 필요한 복장 · 장비의 구입, 교육 · 훈련, 포상, 보험가입 및 운영 등에 소요되는 경비의 전부 또는 일부를 지원할 수 있도록 하였다(제14조). 다만, 자율방범대원은 자율방범대의 명칭을 사용하여 기부금품을 모집하거나 소송 등에 참여하는 행위를 할 수 없도록 하고, 자율방범대 · 자율방범중앙회 등은 그 명의 또는 그 대표자의 명의로 특정정당이나 특정인의 선거운동을 할 수 없도록 하며 이를 위반한 경우 「공직선거법」 제255조제1항제11호에 따른 벌칙을 적용하도록 하였다(제15조 및 제18조).

경찰 혼자의 힘만으로는 지역사회의 범죄문제 및 제반문제 해결에 한계가 있을 수밖에 없다. 지역사회가 가지고 있는 문제의 발견에서부터 문제의 진단 및 해결에 이르기까지 전 과정에 주민과 지자체 등 지역사회 구성원 모두의 참여와 협업이 필요하다. 자율방범대는 그 특성상 지역사회의 다양한 인적 구성을 지니고 있다. 이런 의미에서 자율방범대법은 지역사회 경찰활동의 촉매로서 충분한 역할을 할 것으로 기대된다.

### (3) 시민경찰학교

지역사회의 주민이 경찰을 보다 많이 그리고 쉽게 이해할 수 있도록 운영되고 있는 것이 시민경찰학교다. 시 · 도경찰청에 문의를 하면 시민경찰학교를 소개받아 입학할 수 있다. 경찰활동을 개략적으로나마 배우고 체험하고 공감하는 프로그램으로 구성되어 있다. 시민경찰학교의 운영목적은 지역사회의 주민들에게 경찰업무를 이해시키고 시민들의 많은 협조와 관심을 요청하는 것이다. 요즘은 여러 가지 체험활동 시뮬레이션 장비가 많기 때문에 그 안에서 사격도 할 수 있다. 경찰이 시민에게 총을 쏘는 일은 가급적 자제되어야 하겠지만, 시민들이 권총사격에 관심을 많이 가지다 보니 이러한 흥미위주의 활동도 포함되어 있는 경우가 많다. 시민경찰학교에 오는 시민들 중에 여성분들은 총을 못 쏴봤을 것이므로 이러한 체험을 경이롭게 기억한다.

경찰서별로 2주 내지 5주에 걸쳐 15~40시간씩 운영되고 수료증도 준다. 프로그램의 내용에는 경찰활동의 개관강의, 지구대 · 112신고센터 · 교통관제센터 · 유치장 등을 둘러보고 단속현장도 견학한다. 관제센터에서 무선호출기를 통해서 관내에서 순찰하거나 근무 중인 경찰관과도 직접 교신하고, 방범용 CCTV나 교통관제용 CCTV를 조작하여 실제 운용시범도 보여준다. 이러한 시민들의 경찰활동 체험은 경찰은 전문가집단이며 그 업무가 굉장히 위험하기 때문에 시민과 거리를 두어야한다는 전통적 경찰활동과 차별화하는 지역사회 경찰활동의 전략이다. 체험을 통해 경찰을 보다 잘 이해할 수 있도록 하는 것이 경찰과 시민을 보다 가까이 엮어주는 매개체가 되는 것이다.

## 3. 지역사회 경찰활동의 활성화

지역사회 경찰활동을 제대로 정착시키기 위해서는 우선 경찰행정에 지역주민들의 참여를 확대할 필요가 있다. 세부적인 경찰활동에의 참여는 물론이고 경찰정책의 입안에서부터 주민들의 의견이 반영되거나 주민들로부터의 사전검증이 이루어지는 경찰행정 절차를 확대해 나가야 할 것이다.

또한 경찰 홍보의 중요성에 대한 인식을 새롭게 하는 한편, 지역사회 경찰활동이 경찰 홍보를 위한 수단으로 주민들에게 인식되지 않도록 하는 것도 그에 못지않게 중요하다. 도보순찰을 강화하여 순찰방식의 도보전환 및 비중의 확대로 시민에게 심리적인 안정감을 주도록 하여야 하며 자율방범대 운영의 내실화로 그들로 하여금 소속감과 자긍심을 가지도록 하여야 한다. 민간협력단체를 활성화하는 차원에서 민간경비를 발전시키기 위한 협조와 지원도 확대되어야 할 것이다.

지역사회는 모든 범죄문제 발생의 근원지이자 동시에 제반문제의 해결책도 동시에 가지고 있다. 따라서 경찰활동도 지역사회의 주민은 물론 그들을 둘러싸고 있는 제반 환경 개선에도 보다 많은 정책적 관심을 가져야 할 것이다.

## 제6강 I

# 민간경비와 청원경찰

# 제6강 민간경비와 청원경찰



## 제1장 민간경비의 개념과 이론적 배경

국가는 범죄문제에 대처하기 위하여 경찰조직과 경찰공무원 등을 두고 있다. 이들은 법집행과 질서유지 및 경찰서비스를 제공하면서 안전과 관련한 국민의 요구에 부응하고 있다. 하지만 나날이 늘어나는 치안수요는 경찰력이 미처 미치지 못하는 공백을 발생시켰다. 민간경비는 국가조직에 근무하는 경찰공무원이 제공할 수 없는 영역의 각종 경비 및 경호서비스를 민간 차원의 전문영역에서 고객들에게 제공하고 있다. 민간경비의 이러한 발전은 시민들의 안전에 대한 욕구가 점점 다양하게 나타나면서 경찰력이 제공할 수 없는 경비서비스의 요구(Needs)가 계속 늘어나고 있기 때문이다.

이번 시간에는 이러한 시대조류의 변화에 따라 점점 더 역할과 비중을 넓혀가고 있는 민간경비(民間警備, Private Security)에 대하여 살펴 볼 것이다. 민간경비는 공경찰(公警察)과 비교하여 사경찰(私警察, Private Police)이라는 이름도 가지고 있다.

아래에서는 먼저 민간경비의 개념과 역사를 알아보고, 더불어 민간경비원과 경찰의 중간적 위치에서 국가 중요시설에서 경비업무에 관한 제반 경찰활동을 하고 있는 특별한 형태의 민간경비 제도인 청원경찰(請願警察)에 대해서도 살펴보고자 한다.

## 1. 민간경비의 개념과 특징 및 사회적 의미

민간경비란 무엇인가에 대한 개념 규정에 앞서 먼저 그 특징적 요소를 살펴보는 것이 개념정의는 물론 그 의미를 이해하는데 도움이 될 것이다. 민간경비의 특징은 경찰의 그것과 비교함으로써 보다 선명해 질 수 있다.

〈표 6-1〉에서 정리되어 있는 바와 같이, 민간경비는 경찰과 비교하여 크게 5가지의 영역에서 구별되는 특징을 가지고 있다. 보호 대상을 살펴보면, 경찰은 지역주민 전체를 보호한다. 전체 국민을 대상으로 경찰서비스를 제공하므로 주민세 등과 같이 국가나 지방자치단체의 세금을 수년간 체납하고 있어도 경찰의 보호를 받게 된다. 이러한 점에서 민간경비서비스가 대가(사용료)를 지불하는 특정한 고객(Customer)에게만 서비스를 제공하는 것과는 근본적으로 구별된다. 에스원, 에스텍, ADT캡스, 캡스텍, 텔레캅 등 민간경비회사는 회사와 경비서비스 이용계약을 체결한 특정인(고객)에 대해서만 계약상의 경비서비스를 제공한다.

**표 6-1 ▌경찰과 민간경비의 특징비교**

| 구분 | 경찰 | 시민자원봉사자 | 민간경비 |
|---|---|---|---|
| 보호 대상 | 전체 지역주민 | 개인 · 지역 | 특정고객 · 특정지역 |
| 보호 범위 | 거시적 | 미시적 | 미시적 |
| 주요 역할 | 범죄예방 · 수사 등 | 범죄예방 등 | 범죄예방 등 |
| 전달 체계 | 정부 | 개인 · 단체 | 기업(법인) |
| 주요 목표 | 법집행 · 공공안녕 · 질서유지<br>경찰서비스 제공 | 개인안전<br>지역안전 | 영리추구<br>공공서비스 제공 |

보호 범위에 있어서는 경찰이 국가나 지방자치단체의 관할구역 내의 불특정 다수인을 보호한다는 의미에서 비교적 넓은 거시적 차원에서의 접근을 하고 있다면, 민간경비는 경비서비스 이용계약의 고객이라는 특정대상만 보호한다는 의미에서 미시적 차원에서의 접근을 하고 있다. 주요 역할에서는 현격한 차이를 보이게 되는데, 경찰은 범죄의 예방이라든가, 진압 · 수사까지도 포괄하는 일련의 국가형사사법 시스템을 운용하면서 관계 법령에 따른 강제력 사용을 본질로 함에 비하여, 민간경비는 민간조사(民間調査, Private Investigation)는 근거법령의 불비로 하지 못함은 물론이고 범죄수사(犯罪搜査, Criminal

Investigation) 역시 할 수 없으며 범죄예방을 주요 업무내용으로 하고 있다. 전달 체계에 있어서 경찰은 정부기관을 통해서 서비스를 제공하지만 민간경비는 기업(企業, 경비업법상 제공 주체는 법인에 한한다)이라는 조직을 통해서 서비스를 제공하게 된다.

이러한 몇 가지 특징을 종합하여 볼 때, 민간경비란 각종 범죄와 자연재해 기타 안전사고로부터 야기되는 손실예방을 목적으로 인적 · 물적 요소를 조직적으로 조합하여 이에 필요한 일정한 서비스를 제공하는 영리활동 혹은 이를 이념으로 하는 기업 내지 기업 활동을 의미하게 된다.

그런데 일각에서는 공공의 안녕과 질서유지라는 역할은 경찰이 하고 있는 반면, 민간경비는 오로지 영리추구만을 하고 있다고 설명하고 있어서 문제다. 이는 마치 민간경비의 속성은 공공성(公共性)과는 아무런 관련도 없으며, 어떠한 사회적 기여도 하지 않고 오로지 기업의 영리추구만을 하는 것으로 그 본질이 왜곡할 소지가 있기 때문이다. 민간경비가 일정부분 기업성(企業性)을 본질적 요소로 영리를 추구하는 것은 조직을 유지 · 발전함에 필요한 자금을 세금징수를 통해 조달하는 정부와는 본질이 다르기 때문이다. 민간경비도 준공공재를 공급하는 사회적 기능이 엄연하게 존재함을 간과해서는 안된다. 민간경비에 대한 이른바 준경찰(準警察) 조직이라는 사회적 역할과 기대가 엄존하기 때문에 민간경비업체는 그 존재가치를 순수한 영리추구에만 둘 수 없는 것이다. 결국 민간경비도 민간경비서비스라는 준공공재를 생산하는 기업으로서의 영리추구와 함께 범죄예방 등 공공서비스를 제공하는 것을 주요 목표로 한다는데 사회적 의미를 두어야 한다.

## 2. 민간경비의 성장 · 발전이론

그동안 민간경비 산업의 성장속도는 타 산업의 그 것에 견줄 수 없을 정도로 빠르게 성장하여 왔다. 민간경비가 어떻게 이와 같은 고도성장을 이루고 발전할 수 있었는지에 대한 논리적 이유를 이론적으로 탐구하는 것이 바로 민간경비의 성장 및 발전이론이다.

민간경비가 비록 국가의 경찰조직이 건재함에도 불구하고 지속적으로 성장하고 앞으로도 계속 성장할 것이라고 하는 예측까지 포함한 이론을 소개한다. 이 이론들은 대체적으로 민간경비의 성장근거를 논증하는 이론이다. 경제 환원론, 공동화이론, 이익집단이론, 수익자부담이론을 중심으로 살펴보자.

### (1) 경제 환원론

경제 환원론은 경제학적 측면에서 민간경비의 성장을 설명한다. 이 이론은 특정한 사회현상을 경제현상으로 보며 직접적 인과관계로 연결시킬 수는 없을지라도 그러한 현상의 발생 원인을 넓은 시각의 경제적 이유에서 찾으려는 입장이다. 경제 환원론은 모든 사회현상의 발생원인은 결국 경제적 동인에 귀착된다는 전제에서 출발한다. 민간경비의 성장·발전이라는 사회현상도 결국은 경기변동에 따른 사회적 수요변화에서 기인한다고 보는 것이다.

경기침체로 인하여 실업자가 늘어나면 자연적으로 범죄가 증가하게 되어서 민간경비를 이용하려는 수요가 증가하므로 민간경비 산업이 성장하게 된다고 본다. 다시 말해, 경제가 침체되면 실업자가 늘어나게 되고, 자연적으로 먹고 살 길이 막막해진 사람들이 범죄를 하게 되서 범죄가 증가하게 된다. 이렇게 범죄가 증가하게 되면 범죄로부터 자신의 재산을 보호해야할 필요성이 있는 사람들은 민간경비원들을 채용하여 범죄에 대처한다는 연결고리를 순환적 논리로 설명하고 있다.

경제 환원론은 민간경비의 성장원인을 경기변동이라는 경제학적 현상에서 찾았기 때문에 경기불황(Depression)은 물론 경기호황(Prosperity)에도 민간경비가 성장한다는 것을 논증 할 수 있다. 경기가 호황이 되면 많은 사람들의 재산이 늘어나고 이렇게 많은 재산을 가지고 있는 사람들은 자신의 늘어난 재산을 보호하기 위해서 민간경비와 경비계약을 체결하게 될 것이라는 것이다.

이러한 태도는 특히 거시경제학적 차원에서 범죄의 증가원인을 실업의 증가에서 찾으려는 시도로 보이지만, 경제 환원론은 모든 사회현상의 원인을 지나치게 단순화시켜서 경제문제에서 비롯되었다고 보는 경제결정론(經濟決定論)적 단순성(單純性)에 뿌리를 두고 있다는 비판을 받고 있다. 또한 경기변동에 따른 사회현상 변화 사례는 통시대적으로 보아야 함에도 불구하고 특정한 역사적 시간대를 기준으로 발생한 사회현상을 제한적인 경험론적 관찰에 근거하여 주장한 이론에 불과하다는 비판도 있다. 여기서 말하는 '제한적인 경험론적 관찰'이라 함은, 지난 1930년대에 전 세계가 경험한 대공황(Great Depression)이나 우리사회가 겪은 IMF 외환위기에 따른 급격한 경기변동으로 인하여 실업율과 범죄율이 증가한다는 것은 일반화하기 어려운 특정시기만의 경험에 불과하다는 부정적 의미를 담고 있다. 이러한 비판론은 민간경비가 이러한 특정한 시기뿐만 아니라 통상적으로 꾸준하게 성장·발전하여 왔다는 사실에 근거를 두고 있다.

### (2) 공동화 이론

공동화 이론에서 공동(空洞, Gap)이라는 것은 '비었다'는 뜻인데, 이 이론은 그 논리의 전개에 있어서 경찰의 역할과 능력의 한계를 전제하고 있다. 즉, 경찰이 수행하고는 있는 치안영역에서 일정한 한계를 보이게 되면 민간경비가 이를 보완하거나 대체하기 때문에 민간경비가 성장·발전할 수 있었다고 본다. 특히 경찰의 범죄예방활동이 국민의 욕구를 충족시키지 못할 때, 즉 날로 다양해지는 국민의 안전욕구에서 채워지지 않은 빈자리(空洞)를 민간경비가 보충해 나가는 과정에서 민간경비가 성장하게 되었다고 본 것이다.

오늘날에 있어서도 경찰은 범죄예방능력을 향상시켜서 급증하는 치안수요에 호응하고자 하지만 더 빠른 속도로 범죄와 무질서가 증가하여 경찰에 거는 기대와 요구는 더욱 더 늘어나기 때문에 시민들은 치안수요에 대해서 결코 만족할 수 없게 된다. 이러한 차이(Gap)에서 오는 치안서비스의 공급부족의 양만큼 공동화가 일어나는데, 이 경우 시민들은 민간경비서비스 사용계약을 통하여 보충하게 된다. 결국 민간경비산업의 시장이 커지고 민간경비가 성장·발전한다고 공동화 이론은 설명하고 있다.

직업의 분화와 가치의 다원화는 기존의 경찰이라는 직업 외에도 민간경비라는 새로운 직업을 주목하게 되었다. 대학에서 많은 연구가 이루어지고 있고 전공자도 늘어나고 있다. 시큐리타스(SECURITAS)나 지포에스(G4S) 등 세계적 보안기업은 물론 신생 보안기업들에 의한 시장진입이 끊임없이 이루어지고 있다. 이들은 경찰의 범죄대응력을 일정부분 보완하거나 대체하며 성장하고 있다. 공동화 이론은 경찰이 민간경비의 성장·발전의 공간을 내어준다는 의미에서 접근하고 있으므로 민간경비와 경찰의 관계를 경쟁관계가 아닌 보완관계로 보게 된다.

### (3) 이익집단 이론

이익집단 이론은 민간경비도 사회의 다른 이익집단과 동일하다는 전제에서 출발한다.

민간경비도 자신의 집단적 이익을 극대화하기 위하여 규모를 팽창시키고 새로운 규율이나 제도를 창출시키는 등의 노력을 기울인 결과 성장하고 발전하게 되었다는 입장이다. 이익집단은 원래 스스로의 이익을 위해 집단을 구성하고 공동이익의 실현을 위해 정치적 지지를 동원하며, 정책대안을 제시하는 등의 활동을 하는데, 노동조합이나 의사협회, 변호사협회, 약사회는 물론 경비협회나 경비지도사협회 등을 들 수 있다. 이익집단이 '자생력을 갖고 성장하기 위해 스스로 살아 움직이는 세포'처럼 생명력을 보다 확장시키는 것과 같이, 민간경비도 스스로의 존립과 성장을 위해 노력한 결과 민간경비가 지속적으로 발전하게 되었다고 보는 것이다. 민간경비도 자신의 어떤 집단적 이익을 극대화하기 위해서 규모를 팽창하고 새로운 규율이나 제도를 창출시키는 노력을 하였고, 이것이 바로 자생적 조직으로서의 이익집단 즉, 민간경비나 민간경비 산업이 자생력을 갖고 발전하는 계기가 되었다고 보는 것이다.

이러한 시각과 논리는 앞에서 살펴 본 공동화 이론과는 입장을 달리하게 된다. 공동화 이론은 경찰력의 공백(Gap)을 전제로 하고, 경찰의 갭이 생겨야 그 틈을 민간경비가 비집고 들어가서 성장의 계기로 삼게 된다. 공동(空洞)이라고 하는 빈공간이 생겨야 비로소 이를 보완하려는 동기가 발생하여 성장과 발전의 단초를 찾게 되지만, 이익집단이론에서는 이익집단 스스로가 자신의 에너지를 가지고 스스로 움직여서 자신의 이윤을 극대화하기 위해서 팽창하고 노력을 기울이다보니 결과적으로 민간경비가 성장한다는 논리를 가지고 있는 것이다.

민간경비의 양적 성장은 초기적 단계에서 일어나는 현상이며, 궁극적으로는 이익집단으로서 스스로의 내부적 결속과 제도화 및 조직화를 진행한 결과 민간경비의 세력과 입지를 강화하게 되어 민간경비가 질적으로도 보다 완전하게 성장하게 된다. 이것이 회사의 형태를 띠든 협회의 형태를 띠든 여러 가지 힘의 규합을 통해 민간경비라고 하는 이익집단의 힘을 점점 더 강하게 만들어 가게 된다. 이것도 이익집단의 자생적(自生的) 에너지에 의한 것이다. 이에 비해 공동화 이론은 경찰능력이 한계에 도달하게 되거나 변화에 적응하지 못할 때 그것을 보완해준다는 의미를 갖고 있어서 공동화 이론과는 논리전개의 출발점(前提, premise)부터 다른 이론이라고 이해할 수 있다.

### (4) 수익자부담 이론

여기에서 수익자(受益者)라는 것은 이익을 받는 사람이라는 뜻이다. 우리가 영화를 보러간다고 하자, 영화를 보고 감동을 느끼고 시간을 즐겁게 보내는 것들은 우리가 이러한 이익을 받는 것, 즉 수익한다고 할 수 있다. 영화감상의 감동과 편익을 우리가 향유한다는 측면에서 우리가 수익자가 되는 것이다. 또한 부담이라는 것은 우리가 영화관에 입장할 때 극장표 구입이라는 대가를 지불하는 것을 말한다. 결국 영화를 보고 즐겁게 시간을 보내기를 원하는 사람은 입장료를 지불해야 한다는 뜻이 된다.

민간경비 서비스를 사용하여 가족의 생명과 신체 그리고 재산을 보호고자 한다면 누구나 일정한 대가를 지불하여야 한다. 경찰이 제공하는 치안서비스와는 달리 민간경비서비스를 사용하고자 할 때에는 이에 상응하는 비용을 별도로 지불해야 한다. 이것이 바로 수익자 부담원칙이다. 하지만 우리가 이 이론에서 특별히 주목하여야 하는 것이 바로 국가기능에 있어서 경찰역할에 대한 기본 철학의 변화이다.

동 이론에서 전제하고 있는 경찰의 공권력 작용은 원칙적으로 거시적 측면에서 국가의 체제유지나 질서유지 등으로 한정하고, 사회구성원 개개인 차원이나 여타집단과 조직 등의 안전에 관해서는 민간경비 등에 일정한 대가를 지불하고 문제를 해결하여야 한다고 설명한다. 경찰은 오로지 국가적 차원에서 자본주의의 전반적 체제수호를 위한 정치적 역할, 즉 공적 임무(公的 任務)를 수행하는 역할을 담당하는 공적 조직(公的 組織)으로만 존재하여야 한다고 본다.

동 이론은 경찰의 역할이 국가체제를 수호하는 역할, 즉 공적인 역할을 수행하는 것으로만 봄으로써 논리 필연적으로 국민 각자의 사적(私的) 영역인 생명, 신체, 재산에 관하여는 국가가 보호할 의무는 없어지게 된다. 경찰의 역할을 축소하여 제한적으로 보는 것이다.

이렇듯 수익자부담이론은 경찰의 역할 정의에서부터 기존의 상식을 모두 뒤집어 버린다. 단적으로 경찰은 자본주의적 국가체제를 유지하기 위해서만 존재하지, 시민 개개인을 위해서 존재하지는 않는다는 것이다. 결국 시민들은 별도의 비용을 지불하여 스스로의 안전을 도모하라는 것이다.

이렇게 국가로부터 직접적으로 보호 받지 못하는 국민들은 바로 국가 이외의 존재에게 손을 내밀어야만 하는데, 경찰을 대체하여 안전을 지켜줄 수 있는 역할을 할 수 있는 것이 바로 민간경비(Private Security)가 되는 것이다. 점차 민간경비에 대해서 국민들이 자신을 보호해 달라고 하는 숫자가 점점 많아질 것이고, 경찰은 개인을 보호하는 역할을 점점 줄여나가서 국가적 체제유지를 위해서만 경찰의 역할을 바꿔나가고 줄여나가기 때문에, 그 외의 모든 사람들은 민간경비를 불러서 그동안 경찰이 하던 역할을 요구하게 된다. 이렇게 되면 기존에 경찰서비스를 무상으로 쓰던 것을 이제는 민간경비에게 보호받는 편익의 대가를 지불하게 되는데, 이러한 논리구조에 의하여 민간경비는 성장할 수밖에 없다고 보는 것이 수익자부담이론이다. 결국 경찰은 거시적으로 국가체제 유지나 질서유지 역할만을 하고 개인차원의 안전보호는 개인의 부담으로 해결해야 하는 것이다.

이러한 예는 이미 다른 분야에서도 실현되고 있으니, 개인이 자신의 건강이나 사유재산을 보호받기 위해서 의료보험이나 자동차 보험에 가입하는 것이 좋은 예이다. 이와 같이 개인의 신체나 재산의 보호는 개인적 비용 지출에 의해 지켜지고 있는 사례가 많다. 이 경우에는 이미 국가가 개인적 건강이나 재산의 보호를 의료보험이나 자동차보험이라는 사적 계약관계로 내버려 두는 것이다. 같은 맥락에서 개인의 신체와 재산의 보호는 더 이상 경찰의 보호에 두지 않고 민간경비서비스의 이용이라는 개인의 비용지출에 의해서 이루어 질 수밖에 없다.

해외 유명 축구클럽 초청 국제친선 경기를 보게 되면 경기 총괄을 맡는 주최사인 스포츠기획사가 두 팀을 불러 경기를 운영하고 이를 통해 수익을 얻는다. 이러한 경우는 주최사가 수익만 얻을 수는 없고 비용도 지불하는데, 그 비용 가운데에는 초청비용은 물론 축구경기장 임차와 참가선수들의 생명, 신체, 재산 그리고 경기장의 질서유지라고 하는 안전에 관하여도 주관사가 질서유지요원 등 민간경비를 고용하여 행사를 치른다. 이러한 경우에는 경찰이 2차적인 질서유지 활동을 할뿐, 민간행사에 직접적인 개입이나 책임을 지는 것은 아니다. 그것이 바로 우리 생활 가까이에서 구현되고 있는 수익자부담 이론이라고 할 수 있다.

# 제2장 민간경비의 역사

오늘날 민간경비가 가장 많이 발전해 있는 나라는 미국이라고 할 수 있다. 먼저 미국의 민간경비 발전사를 보고 우리나라 민간경비의 연혁과 현주소를 함께 알아보자.

## 1. 미국 민간경비의 역사

미국의 역사는 유럽의 구체제(Ancien Régime: 앙시앵 레짐)를 버리고 새로운 땅에서의 자유와 행복을 구하여 목숨을 건 항해를 한 사람들이 만들어 왔다. 그들은 유럽으로 대변되는 구체제를 스스로 버렸거나 버림을 받은 사람들로 더 이상 물러설 곳이 없는 사람들이었으며, 반드시 성공하여야 하는 목적이 강한 사람들이 대부분이었다. 이들은 개척자로서 살아 왔으며, 자신들을 보호해 줄 국가는 애초부터 존재하지 않았다. 식민지 시대에는 설령 존재했다고 하더라도 대서양 건너 너무 멀리 있을 뿐이었다. 특히 영국으로부터 상당히 멀리 떨어져 있는 신대륙에서의 치안문제는 스스로가 해결하지 않으면 안 되는 상황이었다. 야생에서 짐승이나 아메리칸 인디언 그리고 범죄자들로부터 사회 구성원의 안전을 지켜야 했지만, 영국 왕의 식민지이었음에도 불구하고 영국 본토에서처럼 보호를 잘 받지 못했기 때문에 보안관 등을 선출하여 스스로를 보호하고자 했다. 그나마 이것도 애팔래치아 산맥(Appalachian Mountains) 동부의 도시 중심에 위치한 지역에 제한된 현상이었고 시골이나 서부지역으로 가면 갈수록 스스로 총을 가지고 자신을 지키는 자경주의(自警主義)가 가장 현실적으로 자연스러운 모습이 되어가고 있었다. 지역사회의 구성원들은 의무적으로 야간경비와 순찰활동을 순번제로 하였으며, 야간에 화재나 범죄 그리고 의심스러운 사람의 발견 등 범죄예방 활동을 하였다. 지역사회는 사람들이 돌아가면서 군대에서 불침번을 서듯이 순찰하고 교대로 범죄예방을 했던 것이다. 그들에게 국가는 멀기만 했다.

### (1) 미국독립과 초기시대

미국은 1812년에 이르러 영국과의 전쟁을 끝내면서 급속한 영토확장을 시작하였다. 동부지역은 오대호가 운하로 연결되었고, 상품운송이 활발해지자 이를 보호하기 위하여 경비의 필요성 대두되었다. 이에 따라 경비원 내지 감시원들이 부두와 운하 곳곳에 배치되었고, 모든 주민에게 치안 유지책임이 있다고 하는 보통법(Common Low)의 전통에 따라 경비원 제도도 보다 안정적으로 자리를 잡게 되었다. 그러나 당시의 경비원들은 명확한 권한이나 보수가 정해져 있지 않았다. 따라서 전 주민의 공통된 의무였던 경비업무가 점차 돈을 주고 대리로 사람을 고용하여 대행(代行)시키는 사례가 증가하였고, 19세기 중반 들어 미국 동부지역 몇몇 도시에서는 공식적인 경찰조직이 출현하기 시작하였다.

하지만 이때까지만 하여도 미국전체를 관할 할 수 있는 형사사법기관이 존재하지 않았으며, 대도시 이외의 지역에서는 공식적인 경찰이 없었기에 전적으로 자경주의나 민간경비에 의존할 수밖에 없는 상황이었다.

독립을 전후한 미국은 애팔래치아 산맥 동쪽을 중심으로 제한된 13개 주에서만 실질적인 통치권이 미치고 있었다. 그렇지만 서부 개척시대를 직면하면서부터 애팔래치아 산맥을 넘어가게 되는데, 도시로부터 멀어질수록 국가가 자신을 실질적으로 보호하는 것이 그마저도 점점 가능성이 없어지게 되었다. 국가가 자신을 지켜 줄 수 없는 상황에서 민간경비의 탄생과 성장은 어쩌면 필연적인 과정이었을지도 모른다. 미국 독립초기에는 동부지역 등 일부 국가의 통치권이 미치는 지역 정도에만 도시경찰을 만들 수 있었다. 따라서 이러한 대도시 이외의 지역에서는 자경단(自警團)이나 민간경비에 대한 의존도가 대단히 높았던 것이다.

### (2) 서부개척과 남북전쟁

1840년대 프랑스에서 산업혁명이 활발히 진행되면서 노동자와 산업자본가가 새로운 사회세력으로 등장하였다. 이들은 보수내각의 사임을 요구하면서 1848년 2월 혁명을 일으켰다. 같은 시기에 미국의 서부 캘리포니아에서는 사금이 발견되자 불과 1년 정도의 기간 사이에 미국동부와 유럽에서 1848년 혁명에 참가했던 4만 명의 사람들 중 2만 명을 포함한 10만 여명이 사람들이 금을 찾아 몰려들었다. 파리의 프롤레타리아에게 금광의 꿈이 사회주의 이상을 대체하였던 것이다(Gold Rush, Forty-Niner). 동부지역에 도시가 발달하게 되자 역마차의 왕래가 빈번해졌으며, 19세기 말까지에 걸쳐 대륙철도가 부설되게 되었다. 그러나 이런 재산과 시설을 보호할 수 있는 효과적인 경찰조직은 아직 존재하지 않았고 철도는 범죄자들의 습격위험에 놓이게 되었다. 역마차회사나 철도회사들은 수송 중인 재산을 지키기 위해 무장경비원들을 고용하여 이들은 주로 광산과 귀금속 운송경비에 배치하기에 이르렀다. 이와 더불어 당시에는 연방정부에서 화폐를 발행하지 않고 각 주의 은행에서 독자적으로 화폐를 발행했기 때문에 화폐위조의 폐해도 심각한 지경이었다.

핑커톤(Allan Pinkerton, 1819~1884)은 동전 위조사범을 검거하는 데 결정적인 공헌을 하여 시카고 지역의 부보안관으로 임명되었고 1843년에는 시카고 최초의 형사가 되었다. 1850년에는 독립해 노스웨스트경찰대행사를 설립했는데, 뒷날 핑커톤 탐정회사(Pinkerton's National Detective Agency)로 이름을 바꾸어 세계 최초의 민간경비회사가 되었다. 이 회사는 이후 미국에서 명성을 이어오다가 1999년 스웨덴의 민간경비회사인 시큐리타스 AB(SECURITAS AB)에 인수되었다. 어떤 의미에서 당시에는 민간경비회사가 경찰보다 높은 평가를 받고 있었다. 공공 경찰은 당시까지만 해도 영향력이 약했고, 의뢰자에게 만족할만한 치안서비스를 제공하는데 한계가 있었던 탓도 있다. 서부의 경우에는 대부분의 지역이 공권력의 부재(不在)상태였고 사실상 치안은 민간경비업체의 몫이 되었다.

### (3) 노동자 운동시대

미국에서도 19세기에서 20세기 초반에 접어들면서 산업혁명이 진행되는 동안 노동자 운동시대라고 불릴 만큼 수많은 노사분규가 발생하였다. 당시 공장지대에는 치안을 유지하기 위한 충분한 경찰력이 없었으므로, 공장파괴를 막고 회사재산을 지키기 위해 자본가들은 민간경비회사를 이용하게 되었다. 결과적으로 노사분규는 민간경비산업의 비약적인 발전을 가져오게 된 것이다.

산업혁명의 시기에 노동자들은 많은 역할을 하였지만 그에 따른 보상과 대우는 미흡하였고 그들은 착취와 상대적 박탈감을 느꼈다. 결국은 경영주와 노동조합 사이에 누가 그 이익을 보다 많이 차지할 것인가에 대한 분규가 일어나게 되었다. 이러한 시대적 배경 속에서 자신들의 재산과 경제적 입지를 보호할 수 있는 자금력을 가진 것은 사용자인 경영주들이었고, 그들은 노사투쟁으로 인한 공장파괴 등 그 재산적 피해를 막기 위해 민간경비회사를 이용하게 된다. 경영주들은 핑커톤 소속 요원들을 고용하여 일반경비 업무는 물론, 파업을 진압하고 노동조합원으로 의심되는 직원을 쫓아냈으며, 때로는 노동자 내부에 프락치를 잠입시키는 등 용역깡패로 활용했다. 노사분규에 있어서 민간경비가 회사를 구하는 집단인 이른바 구사대(救社隊)로서 역할을 수행하면서 민간경비는 양적인 팽창을 가져오게 된다.

### (4) 제1차 세계대전 전후

제1차 세계대전을 전후하여 산업시설에 대한 스파이들의 침투와 파괴활동에 대한 우려가 증가하였다. 민간경비는 이러한 수요에 대한 현실적 대안으로 제시되었다. 여기에는 공산주의자들의 사보타주(Sabotage), 테러(Terrorism)의 위협이나, 미국이 참전함에 따라 맥주를 만드는 독일인에 대한 반감, 기타 전시 식량절약과 작업능률 향상을 도모하고자 했던 여러 가지 사정이 얽혀 있었다. 일명 국가금주법(國家禁酒法 ; National Prohibition Act))으로도 불리는 '볼스테드법(Volstead Act)'의 제정과 그 역작용으로서의 조직범죄와 경찰부패의 폭증, 그리고 1919년 보스턴 경찰의 파업 등과 맞물려 사회적 치안수요도 급증하였다. 결과적으로 치안수요의 일정부분을 민간경비에게 위탁하게 됨으로써 민간경비산업이 재차 도약하는 계기가 마련되었다.

이렇듯 제1차 세계대전으로 많은 사람들이 전쟁에 참가하게 됨에 따라, 공백으로 남게 되었던 치안문제, 군수산업시설의 보호 등의 필요에 부응하며 민간경비 회사가 그 임무를 수행함으로서 더 발전하게 되는 현상을 볼 수 있었다.

### (5) 제2차 세계대전 전후

미국은 전쟁 발발 초기에는 직접개입을 하지 않고 연합군에 군수품을 팔아 부를 축적하고 있었지만 일본이 진주만을 공격함으로써 전쟁에 참여하지 않을 수 없었다. 동맹국인 이탈리아, 독일, 일본과 연합국인 영국, 프랑스와 마찬가지로 미국도 전쟁의 당사자가 되었다. 문제는 미국이 전쟁 초기에 군수산업을 상당히 확장시키면서도 군수품의 생산과 판매 이외에는 그다지 중요한 장애가 없었지만, 전쟁 당사국이 되면서는 양상이 크게 달라졌다. 세계대전의 참전 이전에는 군수산업 노동자들의 국적이 독일인이든 이탈리아인이든, 일본인이어도 괜찮았지만, 참전으로 적국이 생겨난 이후에는 적국의 국민이 연합군 군수시설의 노동자라는 사실은 상당히 위험한 일이 된 것이다. 이들 군수공장 노동자들을 어떻게 감시하고 그들이 군수시설을 파괴하지 못하도록 치안활동을 해야 하게 된 것이다. 하지만 필요한 경찰 등의 정부자원은 크게 부족하였고 결국 이러한 역할을 민간경비에게 기댈 수밖에 없는 상황이 되었다. 제2차 세계대전 참전으로 미국은 군수산업의 안전을 위해 민간경비회사들을 대거 투입하였고, 참전에 따른 국가적 치안인력 부족은 민간경비의 방범 역할을 보다 비중 있게 만들었다.

제2차 세계대전 이후에는 미국과 소련의 냉전체제의 경쟁 및 우주개발 경쟁 등의 가속화로 NASA 등 주요 과학시설에 대한 시설경비가 민간경비산업의 새로운 시장으로 확대되었다. 미국과 소련의 냉전적 체제경쟁에 있어서 반공주의가 시대를 압도하였다. 공장시설에 공산주의가 들어오는 것에 대항하여 미국의 자본주의를 지켜야 한다는 극단적인 반공주의인 매카시즘(McCarthyism)의 등장과 맞물려, 결과적으로 산업시설을 보호한다는 명목으로 민간경비의 비중을 상당히 넓히게 되는 시장환경을 조성하게 된다. 뿐만 아니라 1893년에 제정된 핑커톤 민간경비회사(Pinkerton Detective Agency) 또는 이와 유사한 기관의 직원은 연방정부와 민간경비 사용계약을 체결하여 사립탐정이나 용병업무를 위탁하지 못하도록 하는 내용의 '반 핑커톤법(The Anti-Pinkerton Act)'에도 불구하고, 전직 FBI요원들이 설립 한 왜켄허트사(Wackenhut Corporation)가 정부기관과의 민간경비 업무이행을 위한 계약을 성사시켰다. 이로써 반 핑커톤법은 유명무실해졌고 미국의 민간경비는 비약적인 발전의 길로 다시 접어들게 된다.

### (6) 사회혼란과 성장

1960년대 급격히 늘어난 범죄와 테러, 월남 전쟁, 히피문화, 마약, 반전시위, 인종차별, 흑인폭동, 마틴 루터킹 주니어(Martin Luther King Jr. 1929-1968) 목사 암살, 항공교통량의 급증에 따른 항공기 납치 위험성 증가, 경찰의 증거 보전과 미란다원칙의 준수, 피해보상의 기준 적용에 있어서 매우 까다로운 보험사는 민간경비 산업성장을 지속시키는 배경이 되었다. 당시 보험회사는 민간경비계약을 맺은 곳에 할인 혜택을 주었고 특히, 기계경비회사와 서비스계약을 맺었을 경우 가장 큰 할인혜택을 줌으로써 기계경비 계약이 크게 늘어나게 되었다. 이와 같이 미국의 국토가 넓어서 자동차나 철도로 가면 시간이 오래 걸려 항공교통이 급증하게 되었는데 이때 하이재킹(Air Piracy)이 많이 일어나게 되고, 갑자기 늘어난 치안수요에 미국 경찰력이 부응할 수가 없었다. 공동화 이론으로 설명할 수 있듯이, 치안수요에 대해서 경찰력이 치안서비스를 제때 필요한 양만큼 공급하지 못하는 그 차이만큼 민간경비가 이를 보충해 나간 결과 미국시장에서도 민간경비는 빠른 성장을 계속할 수 있었다.

### (7) 정부와 민간경비의 관계

미연방에는 다양한 경찰조직이 있다 보니 정부 입장에서는 민간경비의 발전이라는 것이 그리 환영받지 못할 것이라고 생각할지 모른다. 하지만 미국에서 민간경비를 가장 많이 이용하는 고객은 바로 미국 정부이다. 1980년대 미국에서는 회계, 전산, 주차관리, 지문채취, 범죄현장감식(CSI) 등의 업무에서 민간부문이 광범위한 보조적 역할을 수행하면서 정부의 일에 깊숙이 개입하게 된다. 여기에는 경찰의 부패, 부정수표의 단속, 9.11 테러 등의 환경변화 역시 긍정적 요소로 작용했다. 아울러 이라크 전쟁에서는 미국 민간군사기업(PMC, Private Military Company)인 블랙워터(Black Water)의 활약에 따라 군사부문을 포함한 민간보안산업의 범주가 확장되었다. 이들 민간군사기업은 민간경호 및 경비업체이면서 경호업무를 이라크와 같은 전쟁터에서 수행하였으며, 나아가 용병(傭兵)으로써의 역할도 소화함으로써 군사업무와 같은 전통적인 국가사무도 민간기업에 위탁하여 수행하는 사례를 보여 주었다.

최근 미국 민간경비산업은 인수, 합병을 통해 초대형 기업으로 몸집을 키워나가고 있고, 이전에는 민간경비 사업을 하지 않던 소니(SONY), 나이스(NICE) 등의 기업진출로 민간경비는 거대화와 세분화가 동시에 진행 되고 있다.

## 2. 우리나라 민간경비의 역사

우리나라의 민간경비 역사는 다른 나라의 경우와 마찬가지로 고대국가의 성립을 전후하여 그 성격을 달리한다고 볼 수 있다. 일반적인 형태로는 지역사회 공동체가 운영하였던 순번제 자체경비와 같은 자경주의(自警主義, Vigilance)에 근거한 자위활동(自衛活動)이 민간경비의 시작이라고 볼 수 있다. 그 후 국가가 만들어지면서 호족, 귀족, 중앙세도가들이 무사를 고용하여 자신과 가족 등의 생명과 신체 그리고 재산을 보호하고자 했는데 이를 민간경비라고 할 수 있다.

고려시대의 삼별초(三別抄)는 국가조직이자 사병집단이기도 하였다. 고려시대까지만 해도 공(公)과 사(私)의 구분이 어려워 사병(私兵)집단이지만 공권력도 행사하고 권력자 개인도 지켜주는 역할을 함께하였다. 이들은 최씨 무신정권의 개인병사(私兵)이기도 했지만 전쟁이 나면 국가를 위해 전쟁임무도 수행하는 복합적 성격을 가졌던 것이다. 민간경비의 시작은 공과 사의 구별이 모호한 상태에서 비롯되었던 것이다.

### (1) 우리나라 현대 민간경비의 태동

우리나라에서 현대적 의미의 민간경비는 1950년대 주한미군에 대한 군납경비를 통해서 시작되었다. 미군(美軍)은 우리나라 군대와는 달리 주둔지 경계근무를 병사들이 서지 않고 외부의 용역인원을 통해 대신 수행하고 있는데, 우리나라 기업들이 미군 주둔지 경계근무를 포함한 미군이 필요로 하는 몇 가지 관련 서비스를 제공하는 군납경비(軍納警備, 군대에 납품하는 경비서비스) 형식의 민간경비가 현대적 의미의 민간경비의 출발점으로 본다.

### (2) 청원경찰의 제도

청원경찰(請願警察, REGISTERED SECURITY GUARD)은 공무원이 아닌 민간인(民間人) 신분이지만 경찰관직무집행법상 경비목적에 필요한 경찰권을 발동할 수 있는 권한을 가지고 국가중요시설의 경비를 담당하는 경찰을 말한다. 1960대에는 국가주도형 수출정책을 실시하여 산업을 발전시키는 시대였다. 하지만 남북 간의 군사적 대치상황은 치열한 체제경쟁으로 보다 확대되고 있었다. 북한은 무장공비를 남파해서 대한민국의 국가주요시설을 파괴하려고 했고, 대한민국은 이런 국가적 도전을 맞아 이를 어떻게 방어하면서 경제부흥으로 나아갈 수 있을 것인가에 대하여 고민이 깊은 시기이기도 하였다.

부족한 치안력을 보충할 수 있는 대안이 바로 청원경찰 제도였던 것이다. 즉, 국가에서 급여를 주는 경찰관을 마냥 증원할 수 없는 상황에서 국가중요시설의 사용자(청원주)들이 청원경찰에게 급여를 지급하는 준경찰(準警察)제도를 탄생시킨 것이다.

청원경찰에 관한 근거법은 청원경찰법인데, 1962년 4월 3일에 제정되었음에도 불구하고 실질적으로는 1973년 12월 31일에 동법이 전부 개정됨으로써 실질적으로 운용되기 시작하였다. 이러한 10여년의 공백기는 바로 국가권력의 일부를 민간에게 이양한다는 내용을 담은 상징적 법률에 대한 기존세력의 반발과 조정의 시간이라고 볼 수 있다. 청원경찰제도는 현재 비록 국가의 강력한 통제 하에 운영되고 있기는 하지만 국가권력의 일부인 경찰권이 민간에 이전되어 집행된다는 점에서 그 의미가 자못 크다.

### (3) 민간경비산업의 육성과 「경비업법」의 제정

1970년에 들어서 기업이 양적으로 늘어나고 기업의 업무도 세분화 · 전문화되어 감에 따라 경비업무나 보안업무가 하나의 전문 직업으로써 자리매김을 하게 되었다. 산업화가 지속적으로 진전되면서 범죄가 급속하게 증가하고 경찰은 이러한 범죄의 증가에 따른 치안서비스 수요를 따라갈 수 없게 되자, 이러한 갭(Gap, 空洞)을 민간경비가 보충하게 되는 순환과정을 보이게 되는데, 이러한 논리의 고리는 이미 공동화 이론(空洞化 理論)으로 설명하였다.

한편 일본의 민간경비산업 발전에 영향을 받은 대한민국 정부는 일본의 민간경비산업에 대해 연구하였다. 민간경비산업은 퇴직한 군인과 경찰관들에게 자신의 오랜 국가조직 생활에서 체득한 경험을 잘 살릴 수 있는 제2의 직업으로서 매력을 지녔다. 더구나 1976년 월남전의 종전과 함께 월남전 파병장병들의 귀환이 시작되었고, 월남파병 제대군인의 일자리 제공의 필요성에 부응하고 민간경비산업이 발전하기 위한 법적 토대를 마련하기 위하여 경비업에 관한 법률 제정이 필요하게 되었다. 이로써 당시 「용역경비업법」이라는 명칭으로 1976년 12월 17일 국회 본회의를 통과하여 12월31일 제정 · 공포되기에 이르렀다. 지난 1999년 법률의 명칭을 「경비업법」으로 개정하여 오늘에 이르고 있다.

## (4) 대기업의 진출과 민간경비의 도약

초창기에는 기업이나 단체들이 수위(守衛)직을 담당하는 자체경비원을 두고 있었기 때문에 인력경비 등의 경비업무를 전담하는 경비전문회사에 서비스 제공을 의뢰하는 것이 사실상 불필요하였다. 경비업무는 군인들이 퇴직 후에 영위할 수 있는 복리사업 내지 일자리 창출사업 정도로 인식하는 정도였다. 하지만 대기업인 삼성이 민간경비시장에 진출하게 됨으로써 민간경비산업을 바라보는 일반의 시각은 물론 민간경비산업의 발전양상도 크게 달라지게 되었다.

삼성의 민간경비산업 진출은 1977년 11월 한국경비실업 주식회사를 시작으로 한다. 1981년 1월 한국안전시스템 주식회사로 회사의 명칭을 변경하였고, 일본의 영향을 받아 한국경비보장에의 경영참여라는 방식으로 민간경비시장에 본격적으로 진입하고자 일본 최대의 경비회사인 세콤(SECOM)과 합작투자계약을 체결하였다. 이렇게 삼성이 세콤과 합작투자 계약을 체결하면서 본격화한 사업부문이 바로 기계경비업무였다. 1996년 3월부터는 에스원(S1, Security N0.1)으로 회사의 명칭을 변경하여 오늘에 이르고 있는데, 기계경비는 시설경비에 비하여 초기 시설투자 등 현실적으로 일정액 이상의 자금력이 있어야 할 수 있는 성질을 띠고 있다. 기계경비업무는 경비대상시설에 감지기를 설치하고 그 신호를 경비 대상시설 외부에 설치한 관제실에서 수신(Monitoring)하여 출동하는 절차를 사업모델로 하고 있다. 관제경비원이 침입신호(Event)를 수신한 경우에는 일단 출동차량 대기장소(Depot)에 있는 출동경비원에게 TRS(Trunked Radio System, 주파수공용통신) 등의 무선장비로 출동하도록 지시하고, 그 인원이 현장에 신속하게 출동해서 대응조치를 하는 시스템으로 구성되어 있다.

기계경비가 그리 알려지지 않았을 당시에 삼성으로서도 사업개시 초기엔 어려움이 없지 않았다. 한국안전시스템(현 에스원)은 사업초기에 이러한 적은 수요로 인한 어려움을 극복하기 위하여 삼성그룹의 인력경비업무를 유치하였고, 이로 인해 배가 된 여유자금으로 설비확장과 영업력을 확대시킬 수 있게 되었다. 이후에 금융기관으로 기계경비의 영업대상을 확대하려하였지만 국가중요시설이라 접근하기는 쉽지 않았다. 하지만 사회적으로 은행 숙직문제가 대두되면서 재무부가 기계경비계약 체결 여부를 은행이 자율적으로 결정하도록 허락하는 조치 등에 힘입어 본격적인 성장의 길로 접어 들 수 있었다.

그 외에도 ADT캡스는 1971년 1월에 한국보안공사로 출범하여 1998년 캡스로 사명을 변경하였고, 1999년 1월 미국에 본사를 두고 있는 타이코(TYCO)그룹의 시큐리티 전문기업 ADT(American District Telegraph)사의 한국법인으로 편입되었고, 2008년에는 ADT캡스로 사명을 다시 변경하였다. 그 후 인수합병을 거듭하여 2018년 SK텔레콤에 인수되었다. 통신기업 KT의 자회사인 KT텔레캅은 1998년 6월에 경비서비스를 제공하기 시작한 국내자본 회사다. 위 3개 회사가 우리나라 기계경비의 주요 3사인데, 이로써 우리나라 민간경비산업은 기계경비업무, 시설경비업무, 신변보호업무, 호송경비업무, 특수경비업무 등 5가지의 경비업무를 경비서비스로 제공하면서 오늘에 이르고 있다.

# 제3장 경비계약의 종류와 민간경비원의 권한

이번 시간에는 민간경비에서 논점이 될 수 있는 자체경비와 계약경비는 어떠한 차이가 있으며 기계경비시스템의 원리는 어떠한지를 살펴본 후, 청원경찰 제도를 법 해석적 차원에서 고찰하여 그 법적 권한은 어떻게 규정되어 있는지 알아보도록 하겠다.

## 1. 자체경비와 계약경비

자체경비(自體警備)는 경비원이 해당 기업의 조직구성에 있어서 경비담당 조직이나 기능으로 그 일부를 이루고 있는 경비를 말한다. 예를 들어, 삼성전자에 보안팀이 있다거나, 시설안전과와 같은 부서가 있다면, 이것은 삼성전자라는 기업조직이 자체적으로 경비업무와 관련된 부서나 담당자를 자체 조직의 일부로 조직화한 자체경비라고 할 수 있다. 계약경비(契約警備)는 삼성전자에서 별도의 자체 경비담당 조직이나 기능을 두지 않고 별개의 기업인 에스원 등과 같은 민간경비회사와 경비서비스 이용계약을 통해서 필요한 경비인력을 계약기간 동안만 경비업무를 수행하도록 하는 것을 계약경비라고 한다.

## (1) 자체경비의 장 · 단점

자체경비의 장점(長點)으로는 해당 경비직원이 해당 기업의 자체구성원이므로 조직에 대한 충성심이 강하고, 승진 및 진급의 가능성이 계약경비에 비해서 높고 이러한 조직 내에서의 자아실현 가능성이 높으므로 이직률 또한 낮다고 할 수 있다. 일반경비회사 소속으로 경비서비스 이용계약에 의해 경비대상시설에서 경비업무에 종사하는 계약경비원들은 경비업무를 수행하다가도 쉽게 그만 둘 수도 있는 것과 비교된다. 예를 들어 삼성전자의 보안팀 경비담당 직원은 삼성전자에 다닌다는 자부심과 미래에 대한 기대 때문에 상대적으로 직장을 쉽게 바꾸려하지는 않을 것이다. 회사의 입장에서 보면 그에 대한 감독과 통제 또한 상대적으로 쉽다고 할 수 있다.

**표 6-1 ▎자체경비의 장점과 단점 비교**

| 장 점 | 단 점 |
|---|---|
| • 사용자에 강한 충성심<br>• 승진 및 진급의 가능성이 높음<br>• 낮은 이직률<br>• 감독과 통제가 용이 | • 계약경비에 비해 인건비가 높음<br>• 친밀감 형성으로 효과적인 직무 수행 제약<br>• 인사관리에 있어서 인력운용의 경직성 |

자체경비의 단점(短點)으로는 사용자가 경비서비스 전문기업체들과 일정기간마다 계약경비를 체결하는 것에 비해 자체경비를 할 경우에는 다른 일반부서에 근무하는 구성원에게 지급하는 급여 기타 복리후생과 형평을 맞추어야 하므로 인건비 등이 상대적으로 더 많이 든다는 점이 지적된다.

자체경비 담당자는 보다 자연스럽게 다른 부서 근무자들과 교류하고 친교관계를 맺게 된다. 따라서 이러한 동료직원이라는 관계 때문에 자신이 비록 보안관련 업무를 담당하고는 있지만 보안규정과 원칙을 친근한 동료직원에게 그대로 강제하기에는 다소 어려울 수도 있다. 인사관리에 있어서도 상대적으로 인력운용상의 유연성이 떨어지게 된다. 삼성전자에 보안팀 정규직원을 1년 내지 2년 만에 정식 계약관계를 정리하기란 특별한 사정이 있지 않는 한 불가능에 가깝다. 하지만 계약경비에 있어서의 인력운용상의 탄력성은 비교적 원활하다고 할 수 있다. 계약경비는 당해 경비서비스 이용계약이 끝나면 당연해지할 수 있고, 그렇지 않더라도 차기 재계약을 조건으로 사실상 현장 경비원의 인사문제에 개입할 수도 있기 때문이다.

### (2) 계약경비의 장 · 단점

계약경비는 경비서비스 전문회사들을 경쟁시켜 가장 유리한 조건으로 사용할 수 있기 때문에 자체경비에 비해 상대적으로 인건비 등의 비용이 절감된다. 또한 계약기간이 갱신될 때마다 다른 경비회사를 선택할 수 있는 가능성이 열려 있으므로 인사관리의 탄력성이 있다. 경비서비스 전문회사의 경비전문가와 전문교육을 받은 경비원을 사용하게 됨으로써 경비 관련 교육훈련의 전문성이 보장되고, 이들을 통해 경비업무 수행에 있어서 객관적이고 전문화된 업무수행이 가능하다. 계약경비는 현행 계약조건이나 재계약 조건으로 경비원의 질적 수준을 담보해 낼 수 있다. 또한 전문경비회사를 통하여 다양한 경비서비스의 제공과 경비와 관련된 다양한 전문장비를 쉽게 이용할 수 있다는 장점이 있다.

표 6-2 ▌계약경비의 장점과 단점 비교

| 장 점 | 단 점 |
|---|---|
| • 비용절감 효과<br>• 인사관리의 융통성<br>• 교육훈련의 전문성<br>• 객관적인 경비업무 수행<br>• 경비원의 높은 질적 수준<br>• 서비스와 장비의 다양성 | • 높은 이직률<br>• 낮은 보수로 인한 겸업문제<br>• 부적절한 인사교체<br>• 충성심과 사명감, 소속감 분산<br>• 부적절한 선발기준<br>• 보증 및 책임성 낮음 |

계약경비의 단점으로는 경비원들이 경비업무를 도급 주고 있는 회사와는 별개의 경비회사 소속이어서 현실적으로는 상대적으로 낮은 보수와 근로조건을 감수하는 경우가 많다. 따라서 상대적으로 높은 이직률, 낮은 보수, 부적절한 인사교체, 조직에 대한 낮은 충성심 등으로 나타나게 된다. 경비서비스 전문회사 소속의 계약경비원은 비록 대기업인 삼성전자에서 근무하고 있더라도, 상대적인 박탈감 등으로 이직할 가능성이 비교적 높다. 낮은 보수를 만회하기 위한 겸업문제로 근무능력과 근무의욕이 떨어질 수도 있다. 도급을 준 회사의 부당한 경비원 교체 요구로 인사교체도 안정적이지 못할 수도 있다. 이로 인해 충성심과 사명감 기타 소속감 등을 상실할 수가 있다. 현재 소속되어 있는 경비회사에 대한 자신의 평가 정도에 따라 준거집단(準據集團)과의 비교로 인해 자아존중감

이 분산될 수도 있기 때문이다. 직접 선발하여 교육하는 경비회사와 경비서비스 사용자가 다를 수 있기 때문에 적절하지 못한 채용 및 선발기준을 가질 수도 있다. 기타 계약경비에 있어서의 경비원은 소속감 부족 등으로 인해 자체경비의 경비업무 담당자에 비해 보증이나 업무수행상의 책임성 정도가 상대적으로 낮아질 수 있다.

## 2. 기계경비업무

기계경비업무는 경비대상시설에 대한 침입 등 손해발생에 대비하여 사전에 설치된 감지기에서 수신되고 송신된 신호를 경비대상시설 밖(外)에 위치한 관제시설에서 수신하여 대응조치를 하도록 미리 계획된 절차(process)에 의해서 이루어지는 조직적 경비업무이다. 여기서 경비대상시설이라고 하는 것은 각종 감지기가 설치되어 있는 집(House)이나 사무실(Office)과 같이 경비서비스가 행해지고 있는 경비목적시설을 말한다.

### (1) 기계경비의 구성과 운용

경비대상시설에서 감지된 이상신호는 상황실(관제센터)로 자동 송신된다. 〈표 6-3〉에서 보는 바와 같이 기계경비는 이러한 이상신호를 경비대상 시설 밖(外)에 위치한 상황실에서 수신하게 되는데, 상황실의 관제요원은 현장에서 긴급자동차에 탑승하여 대기 중인 출동요원에게 무전기로 출동할 것을 지시한다. 상황실에서는 사안에 따라 경찰이나 소방서에 경보상황을 알려주고 경찰이나 소방서에서도 이 신고에 따라 출동하게 된다.

표 6-3 | 기계경비시스템 업무흐름도

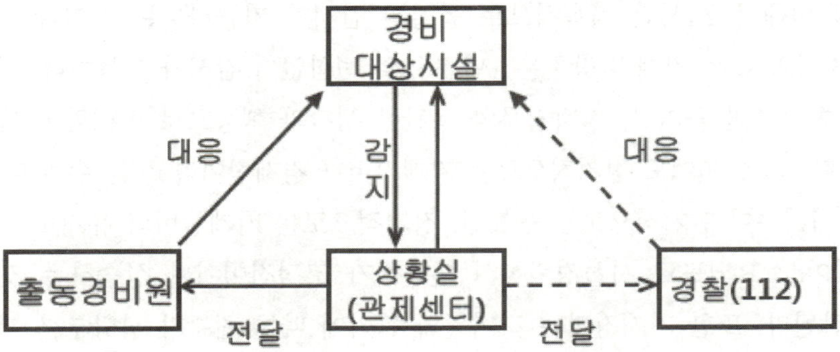


실제 기계경비 현장에서는 이러한 프로세스(Process)가 항상 현출되는 것은 아니다. 오히려 사용자의 오류나 감지기의 관리부주의 등으로 오작된 결과 오경보(誤警報, False Alarm)가 발생하는 경우가 더 많다. 이는 관제요원이 침입 상황이 없음에도 불구하고 감지기가 잘못 신호를 보내옴에 따라 이를 침입상황(Event)으로 잘못 판단하고 현장 출동요원과 관할 경찰서나 소방서에 통지하게 되어 발생한다. 오경보율은 2006년에서 2009년까지의 통계 기준으로 통상 91%~93% 수준을 보이는데(경찰청 생활안전국, 2010), 이로 인해 기계경비회사는 열 번에 아홉 번 꼴로 실제 상황과 관계없는 오경보를 발령하고, 결과적으로 불필요한 출동으로 인한 경찰력 낭비를 부추기고 있다는 비판을 받고 있다.

오경보로 인하여 자사의 출동요원이 헛걸음하는 것은 물론 일반국민의 안전을 책임지는 경찰마저도 보다 중요한 실제 사건현장에 제때 출동하지 못하는 상황이 벌어지는 것이 문제의 핵심이다. 잘못된 신호 때문에 경찰이 출동했을 때에 즈음하여 다른 쪽에서 살인범죄와 같은 주요범죄가 발생함으로 말미암아 경찰이 범죄현장에 빠르게 대응하지 못하여 용의자를 체포하거나 유력한 증거를 확보하여 수사를 진행하는데 적정한 기회를 놓칠 수가 있기 때문이다. 오경보는 국가적으로 상당한 낭비를 초래하고 있는 대단히 심각한 문제로 국가적 차원에서도 관심을 가지고 연구하고 있는 분야이다.

### (2) 기계경비의 장점

기계경비의 장·단점 비교는 흔히 인경비(人警備), 즉 시설경비와 비교하면서 논의된다. 〈표 6-3〉에서와 같이 기계경비의 장점으로는 사람의 오감을 중심으로 이루어지는 시설경비에 비해서 24시간 지속적으로 동질의 감시가 가능하다는 점이다. 기계경비에 있어서 감지기와 같은 기계적 장치는 1년 365일 변함없이 감시가 가능하다. 하지만 사람이 감시를 하다보면 졸거나, 경비업무와 무관한 생각과 행동으로 말미암아 감시에 소홀할 수도 있다. 비용 면에도 장기적으로는 기계경비가 경제적이라고 할 수 있다. 기계경비는 초기 설치비용이 단기적으로는 높지만, 장기적으로는 기계설비의 유지보수 비용과 감각상각비만이 소요되므로 시설경비에서 인건비가 고정적이거나 상승하는 것에 비하면 비용이 절감된다. 또한 기계경비는 경비원의 관리에 따른 변수가 상당부분 제거된 기계적 절차에 의한 자동관리가 중심이 되므로 보다 전문화된 시스템으로 경비서비스를 제공하게 된다. CCTV나 감지기에서 송신된 디지털 기록은 경비대상시설의 이상상황을 그대로 저장하여 남기는 데에도 유리하게 작용한다. 이것은 범행시각이나 범인의 동선 추정에 있어서 중요한 수사단서가 된다. 이러한 기계장치에 의한 관제기록(Monitoring Data)은 시설경비 경비원의 오감(五感)을 통해서 왜곡될 수 있는 가능성을 거의 완벽하게 배제하고, 자동으로 기록되므로 재판상 증거 확보에도 유리하다. 경비대상시설에 설치되는 기계장치에는 사이렌도 포함된다. 사이렌에서 발생하는 경보음은 범죄행위를 중단시킬 수 있다. 또한 아주 밝은 빛을 발하는 경광등도 함께 운용되는데 범행장소의 주위가 밝게 깜빡거리면서 요란한 사이렌 소리가 나는 상황은 범행을 중단하고 도주하도록 침입자를 압박할 것이다. 이것은 범행행위를 당장에 중단하게 만드는 효과를 가져다준다.

**표 6-3 ▎기계경비의 장점과 단점 비교**

| 장 점 | 단 점 |
|---|---|
| • 24시간 감시 가능<br>• 장기적으로는 경제적인 비용<br>• 전문화된 경비체제<br>• 사고현장의 기록용이<br>• 사이렌 · 경광등으로 범죄행위 중단 | • 출동시간의 지연<br>• 오경보 문제<br>• 한정된 범위만 관찰가능<br>• 초기설치비용이 높음<br>• 적절한 상황판단의 어려움 |

### (3) 기계경비의 단점

기계경비의 단점은 시설경비와 비교하여 출동시간이 지연될 수 있는 변수가 있다는 점이다. 기계경비에 비하여 시설경비는 대개 경비대상시설에 경비요원이 항상 위치하고 있다는 의미에서 상주경비(常駐警備)의 성격을 띠고 있으므로 침입신호를 받고 경비대상시설로 공간적인 이동을 해야 하는 출동(Dispatch)이라는 개념은 없다. 그렇지만 기계경비는 출동차량이 다수의 담당 경비대상시설 주위를 순찰하거나 정해진 장소에서 대기하다가 출동을 요하는 장소로 이동하여야 하는데, 이 때 출동시간의 지연문제(늑장출동)가 발생할 수 있다. 또한 이미 언급한 오경보(False Alarm)의 문제는 물론 늑대와 양치기 소년의 우화에서도 알 수 있듯이 간혹 실제 상황임에도 불구하고 이를 오경보라고 간과하고 출동하지 않은 경우에는 커다란 사회문제로 비화되기도 한다. 사람은 소리나 여러 가지 징후에 따라서 직접 눈으로 확인하기도 하고 필요한 제반 조치를 모두 동원하는 종합조치가 가능하지만, 기계적 장치를 사용하는 기계경비에 있어서는 고정된 CCTV의 각도나 기계적 값에 의해 단순·반복적으로 작동하는 기계적 성질을 미리 알고 있는 범죄자에게 오히려 역이용 당할 수 있다는 점과 초기에 각종 기계장치의 설치비용이 높다는 점도 단점으로 지적된다.

## 3. 민간경비 자격증 제도

우리나라의 민간경비 관련 국가자격증으로는 경찰청장이 시행하는 경비지도사(警備指導士) 자격시험이 있다. 지난 1995년부터 경비지도사 제도가 도입이 되어서 1997년부터 제1회 경비지도사 자격시험을 시행하였다. 최종합격 인원은 일반경비지도사 600명, 기계경비지도사 60명으로 정하여 1차 시험과 2차 시험을 모두 같은 날에 실시하고 있다. 1차 시험은 절대평가로 평균 60점 이상이면 모두 합격처리하고, 2차 시험은 상대평가로 1차 합격자 가운데 당해 연도의 합격자 숫자만큼 선발하여 합격처리한다. 경찰청장이 시행하는 경비지도사 자격시험에 합격하고 행정안전부령이 정하는 44시간의 기본교육을 받으면 경비지도사 자격증을 받게 된다.

경비지도사 자격증을 가지고 경비회사에 취업을 하면 통상 현장의 경비원을 지도·감독하고 교육하는 중간관리자가 될 수 있다. 교육계획을 작성하고 그 계획을 실행에 옮기고 그 기록을 유지하여 감독관청인 관할경찰서에서 점검이 나오면 그 기록을 제시하는 등의 업무를 주로 담당한다. 경비현장에 배치된 경비원에 대해서 순회점검을 해서, 근무기강이 흐트러지지 않도록 관리하는 역할이 가장 본질적인 과업내용이다. 유사시에 경비원이 경찰서나 소방서, 병원이나 가스회사 등에 연락을 해서 신속하게 필요한 조치가 이루어지도록 반복·숙달교육을 실시하는 것도 중요하다.

일본의 경우에는 경비원지도교육책임자(警備員指導教育責任者)라는 명칭의 매우 유사한 자격증이 있다. 우리나라의 경비지도사 제도가 바로 일본의 이 제도를 모델로 삼고 있다. 일본의 경우에는 자격증 운영을 국가공안위원회에서 주관한다는 점이 우리와 다르고 하는 일은 대개 비슷하다.

미국의 경우에는 CPP(Certified Protection Professional)자격증이 유명하다. 이것은 국가기관이 시행하는 것이 아니라 미국산업보안협회(ASIS, American Society for Industrial Security)에서 주관하는 시험인데 민간자격증임에도 불구하고 공신력을 인정받고 있으므로 여기에 합격하면 시큐리티(Security) 전문가로써 인정을 받게 된다. 하지만 3년마다 갱신을 요구하고 있다는 점에서 그 자격증의 전문성 관리와 공인자격증으로서의 질적 관리를 위한 노력이 돋보인다고 하겠다. 이런 점에서 우리나라의 경비지도사 자격증에는 갱신제도(更新制度)가 없다는 점이 문제된다. 일단 한번 경비지도사 자격증을 취득하고 나면 경비지도사로서의 역할을 평생 할 수 있도록 되어 있다. 하지만 하루가 다르게 변하고 첨단화 되어가는 경비현장과 경비관련 장비를 단 한 번의 교육으로 모두 지도할 수 있다고 기대하는 것은 불가능하다. 향후에는 경비업법이 개정되면서 일정기간마다 정기적인 보수교육(補修教育)을 요구하는 법적 장치를 마련하여야 할 것이다.

## 4. 민간경비원의 법적 권한

민간경비의 법적 권한은 어느 정도까지 인정되는가는 민간경비원의 경비업무와 관련된 일반인의 인권보호와 무관하지 않다. 경찰관과 같은 강제력을 행사하는 경우에는 상대방인 일반시민은 그 만큼의 권리가 제한되기 때문이다.

학문적으로 민간경비원의 권한에 대하여는 빌렉(Auther J. Bilek)의 연구가 있다. 빌렉은 민간경비원의 권한을 크게 3가지로 나누었는데, 첫째, 일반시민과 동일한 권한을 가진 민간경비원 둘째, 일반시민보다는 특별한 권한을 가진 민간경비원 그리고 셋째, 경찰관 신분을 가진 민간경비원으로 구분된다.

첫째, '일반시민과 동일한 권한을 가진 민간경비원'의 의미는 비록 민간경비원이라고 하더라도 일반시민보다 우월한 특별한 권한을 인정하지 않았다는 말이다. 다만 민간경비원도 일반시민이므로 일반시민이 모두 가지고 있는 현행범(現行犯) 체포권 등의 권한 정도만 인정된다고 본다. 우리나라의 일반경비원은 모두 여기에 해당된다.

둘째, '일반시민보다 특별한 권한을 가진 민간경비원'의 의미는 법적으로 민간경비원에 대하여 특별한 권한을 규정하고 있어서 당해 법률에 근거하여 일반시민에게 명령하거나 강제할 수 있는 일정한 권한이 민간경비원에게 인정된다. 우리나라의 경우에는 특수경비원의 무기사용권이나 청원경찰법에 근거한 청원경찰이 경찰관직무집행법상의 일정한 권한을 부여받아 이를 행사하는 경우가 여기에 해당할 것이다.

셋째, '경찰관 신분을 가진 민간경비원'이란 의미는 경찰관 신분과 민간경비원 신분이 공존하는 경우를 말한다. 이를테면 경찰관이 퇴근 이후나 비번일 경우에 민간경비원의 역할을 하는 경우를 말한다. 미국의 경우에 경찰관이 파트타임으로 민간경비업무를 수행하는 것을 문라이팅(Moonlighting)이라고 하고, 이를 인정하는 주가 상당수 있다. 경찰관이 경찰서에서의 근무를 마치고 퇴근 후에 경비회사에 출근해서 민간경비원의 역할을 수행한다. 예를 들면 나이트클럽에서 술 먹고 난동피우는 경우를 대비하여 영업장의 질서유지원의 역할을 위하여 경찰관이 근무를 서는 경우가 있다. 이 사람은 비록 경찰관 신분을 가지고 있긴 하지만 그 나이트클럽에서 근무 중인 비번(非番, Off Duty)이므로, 그 시각에는 민간경비회사가 요구하는 역할을 하고 있기 때문에 민간경비원이라고 봐서 경찰관 신분을 가진 민간경비원이 가능한 것이다.

## 5. 청원경찰의 신분과 권한

### (1) 청원경찰의 신분

청원경찰은 민간경비원이다. 다만 '민간인보다 특별한 권한을 가진 민간경비원'이다. 청원경찰법상 국가기관 또는 공공단체 등 국가중요시설의 기관장 또는 경영자가 청원경찰경비(請願警察經費)를 부담할 것을 조건으로 경찰의 배치를 시 · 도경찰청장에게 신청하는 경우 그 기관 · 시설 또는 사업장 등의 경비(警備)를 담당하기 위하여 배치하는 경찰을 말한다(동법 제2조). 비록 명칭으로 '경찰'이라는 용어를 사용하지만 청원경찰의 신분은 공무원이 아닌 일반인(민간인)이다. 다만, 동법에 따르면 청원경찰에 대해서 형법이나 기타 법령에 따른 벌칙을 적용할 때에는 공무원으로 본다(동법 제10조 제2조). 또한 청원경찰의 직무상 불법행위에 대한 보상책임은 민법에 의한다(청원경찰법 10조의 2)고 규정하고 있는데, 민법은 곧 일반인들 사이의 법률관계를 규율하는 법이므로 결국 청원경찰은 공무원인 경찰과 구별되는 민간경비원인 것이다. 만약 청원경찰이 공무원이었다면 불법행위에 의한 손해배상에 관해서는 국가배상법이 적용되었을 것이다.

앞으로 민간경비산업의 발전방향도 '일반인과 같은 권한을 가진 경비원'보다는 경찰의 역할을 실질적으로 보충, 지원, 보조할 수 있도록, 법률상 일정한 권한을 가진 경비원을 확보해 나가야 할 것이다. 이런 의미에서 청원경찰제도는 민간경비원의 보다 발전된 하나의 모델이 될 수 있다.

## (2) 청원경찰의 권한

청원경찰의 직무의 범위는 청원주(請願主)와 배치된 기관이나 시설 등의 구역을 관장하는 경찰서장(警察署長)의 감독을 받으면서 청원경찰의 배치가 허가된 경비구역에 한하여 경비목적을 필요한 범위 안에서 경찰관직무집행법에 의한 경찰관 직무를 행하는 것이다. 따라서 국가 중요시설에 청원경찰이 있을 경우에는 청원경찰은 그 시설 내에서만큼은 일반 경찰관과 똑같다고 할 수 있다. 다만 청원경찰의 배치 목적인 국가중요시설 등의 경비(警備)목적을 벗어난 수사(搜査), 정보(情報)의 수집, 교통(交通)경찰업무는 제한된다. 결국 국가중요시설의 경비라는 배치목적과 부합하는 경비구역 내에서 범죄예방이나 진압, 대간첩작전수행은 모두 가능하게 된다.

경찰관직무집행법상의 직무권한을 행사할 수 있으므로, 경비 목적상 필요할 경우에는 불심검문, 보호조치, 위험발생의 방지, 범죄의 예방과 제지, 경찰장구의 사용, 분사기의 사용, 무기사용에 이르기까지 제반 권한을 청원경찰은 행사할 수 있다.

직무의 장소적 한계(場所的 限界)로는 국가중요시설의 경비구역 안으로 제한된다. 따라서 국가중요시설에 들어갔다가 청원경찰에게 쫓길 때 경비지역을 벗어난다면 그 울타리

밖에서는 청원경찰의 경찰권 발동으로부터 안전하다고도 해석될 여지가 있다. 하지만 판례(判例)의 태도는 그렇지 않다. 청원경찰이 국가중요시설 내에서 현행범을 추적하다가 경비구역 밖으로 도주한 범인을 잡은 경우에도, 이는 청원경찰권이 '늘어진 팔'처럼 행사된 경우로 적법하다고 보고 있다. 목적적 한계로서 경비목적으로 제한되므로 이와 관련한 범죄예방 차원의 행정경찰에 국한된다고 본다. 따라서 청원경찰이 「경찰관 직무집행법」에 따른 경찰관의 직무를 수행할 때에는 경비 목적을 위하여 필요한 최소한의 범위에서 하여야 하고(청원경찰법시행규칙 제21조 제1항), 청원경찰은 「경찰관 직무집행법」에 따른 직무 외의 수사활동(搜査活動) 등 사법경찰관리의 직무를 수행해서는 아니 된다(청원경찰법시행규칙 제21조 제2항).

### (3) 청원경찰과 민간경비

청원경찰은 청원주, 즉 경비대상시설의 장에게 고용된 민간경비원이다. 따라서 경비대상시설의 조직구성원의 한 사람으로서 경비업무 담당자이므로 자체경비(自體警備)에 해당한다. 이것은 일차적으로 민간경비회사에 고용되어 도급 받은 경비서비스를 제공하는 계약경비(契約警備)와는 비교된다. 따라서 청원경찰의 지휘는 기본적으로 고용주인 시설주의 지시를 받게 되는 반면, 민간경비는 소속된 민간경비회사의 실질적인 지시를 받는다.

지휘체계를 보면 청원경찰은 근무배치, 감독과 같은 것들을 경비지역 내에서 민간경비업자에게 위임하는 경우[15]도 있지만 원칙적으로는 청원주와 관할경찰서장의 지휘를 받는다.

지금 가장 문제가 되고 학술적으로도 논쟁이 되고 있는 것은 청원경찰과 민간경비가 서로 혼재함으로써 일관된 지휘체계가 없기 때문에 대응조치에 있어서 신속성이 떨어져서 비효율적인 이원체계(二元體系)를 가지고 있다는 점이다. 이것을 어떻게 하나로 통일하여 일원화(一元化)할 것인가가 문제된다. 조만간 청원경찰과 같은 특별한 권한을 가진 민간경비원 모델로 일원화되는 것이 바람직할 것이다.[16]

15) 「경비업법」에 따른 경비업자가 중요 시설의 경비를 도급받았을 때에는 청원주는 그 사업장에 배치된 청원경찰의 근무 배치 및 감독에 관한 권한을 해당 경비업자에게 위임할 수 있다(청원경찰법 시행령 제19조 제1항).

16) 통상의 학술적 논의를 보면, 이와 달리 청원경찰을 폐지하고 민간경비 내지 특수경비원으로 대체하여 단일화를 하자는 주장이 있다. 하지만 민간경비원의 권한이나 처우 등을 고려하면 이러한 측면에서 장점을

청원경찰의 보수는 '국가기관 또는 지방자치단체에 근무하는 청원경찰'과 '국가기관 또는 지방자치단체에 근무하는 청원경찰 이외의 청원경찰'로 나누어서 설명된다. 전자의 경우에 그 보수는 재직기간에 따라 그에 해당하는 경찰공무원의 보수를 감안하여 정하도록 하고 있는데, 재직기간 15년 미만인 경우에는 순경의 급여를, 재직기간 15년 이상 23년 미만인 경우에는 경장의 급여를, 재직기간 23년 이상 30년 미만인 경우는 경사의 급여를, 그리고 재직기간이 30년 이상인 경우는 경위의 급여를 감안하여 대통령령으로 정한다. 또한 후자의 경우에는 봉급 · 수당의 최저부담기준액을 내용으로 경찰청장이 매년 정하여 고시(告示)한다. 청원경찰의 신분 역시 '형의 선고, 징계처분 또는 신체상 · 정신상의 이상으로 직무를 감당하지 못할 때를 제외하고는 그 의사(意思)에 반하여 면직(免職)되지 아니한다.'고 규정하고 있어서(청원경찰법 제10조의4), 다른 민간경비원에 비하여 상대적으로 법적 보장이 잘되어 있다.

---

지니고 있는 청원경찰제도를 잘 확대해 나가는 방향으로의 논의가 필요하다고 하겠다.

# 제7강 I

# 여성과 경찰

**제1장** 경찰의 직업적 특성과 여성성
**제2장** 여자경찰과 성차별
**제3장** 각국의 여자경찰 제도

제7강

# 여성과 경찰

》》 경찰과 사회 》》

## 제1장 경찰의 직업적 특성과 여성성

비교적 최근까지도 남성과 여성을 비교할 때 여성은 남성보다 부드럽다거나 연약하다거나 심지어는 약(弱)하다라는 식으로 성별(性別)에 따른 특징을 규정하곤 했다. 하지만 남성과 여성의 차이가 과연 존재하는가, 존재한다면 그 차이는 어디까지인가에 대하여 사회적 논란이 분분할 정도로 여성들의 사회·경제적 지위와 역할은 과거에 비하여 매우 커졌고 과거와 견줄 바가 아닐 정도로 성장하였다.

직업으로서의 경찰에 있어서도 이러한 사회적 추세가 그대로 반영되어서 경찰에 진출하는 여성의 수는 날로 늘어나고 있다. 증가하는 여자경찰의 숫자도 물론이거니와 여자경찰이 맡게 되는 역할에 있어서도 과거의 일부 제한된 경찰기능에서 벗어나, 오히려 남녀의 구분이 없어져간다고 할 수 있다.

이러한 여성의 사회참여와 진출이 늘어나고 있고, 그들의 역할이 사회적으로 기여하는 바가 적지 않다는 평가에 따라, 국가차원에서도 이러한 여자경찰의 수를 늘리고, 그들의 진급을 보장하기 위한 각종 제도들을 시행하고 있다. 이번 장에서는 이러한 여성들의 경찰진출, 경찰에서의 여자경찰의 활동들을 중심으로 '여성과 경찰(Police & Gender)'이라고 하는 주제를 논의하고자 한다.

## 1. 경찰문화와 직업적 생활양식

먼저 경찰에 진입하고 있는 여자경찰의 이야기를 시작하기 전에 경찰이라고 하는 직업이 가지고 있는 문화 특성은 무엇인가를 살펴 볼 필요가 있다. 일반적으로 경찰이라든지, 군인이라고 하는 직업은 남성(男性) 중심의 강한 것을 요구하는 특성을 가지고 있다고 인식된다. 이러한 인식 하에서는 경찰에 들어가는 여성이 과연 이러한 남성적 직업세계에서 역할기대에 잘 부응하여 임무를 잘 수행 할 수 있을까를 의심하게 된다.

경찰문화(警察文化)는 직업으로서의 경찰조직 전반에서 특징지어지는 직업적 생활양식(職業的 生活樣式)을 뜻한다고 볼 수 있다. 이러한 생활양식에는 경찰의 의식구조, 사고방식, 가치관, 태도 등을 예로 들 수 있으며, 이러한 요소들이 경찰 개개인에게 영향을 미치게 되고, 결과적으로 경찰이 법 집행 등을 함에 있어서 어떠한 행동패턴으로 나타나게 되느냐를 결과적으로 특징지을 수 있다. 이러한 경찰문화는 일정 시간동안 경찰조직 구성원들 사이에 공유되고 이렇게 다른 후배 경찰들에게 전해져 가는 것이라고 할 수 있다.

## 2. 경찰의 직업적 특성과 여성성

### (1) 경찰의 직업적 특성

경찰의 직업적 특성으로 제일 먼저 언급될 수 있는 것은 평균인 이상의 체력과 정신력을 요구한다는 점이다. 그래서 경찰에 입문할 때에는 대부분의 나라에서도 일정한 체력을 검사한다거나 이를 증명할 수 있는 무도 자격증을 요구하게 되고 건강한 신체와 정신을 기본적으로 필요로 한다. 두 번째는 대개 긴장과 갈등상황에 노출된다는 것이다. 범죄는 물론이고 질서유지를 위한 경찰권 발동의 상황이 언제 어디서 어떻게 발생할지 알 수 없는 상황에서 근무하기 때문이다. 또한 계급조직으로서 보다 높은 계급으로 지속적으로 승진하기 위해서 치열한 경쟁이 이루어지게 된다. 따라서 긴장과 갈등상황에서 근무하면서도 치열한 경쟁 활동이 필요하게 된다. 세 번째로는 경찰문화가 전통적으로 사회적 약자는 보호 받아야 한다고 보았는데, 여기에 어린이와 노인 그리고 여성을 포함시켜왔다. 여성은 경찰활동의 주체(主體)라기보다는 보호의 객체(客體) 내지 대상(對象) 정도로만 여겨 왔던 것이다. 네 번째로는 경찰조직문화는 조직 내적으로 강한 결속력을 요구하고, 조직 외적으로는 배타적인 성향을 지닌다는 것이다. 조직 내 즉, 경찰 유니폼을 입고 있을 때 그들이 가지고 있는 결속력은 자유복을 입고 있는 시민에게는 배타적인 인상을 주기에 충분하다. 일반적으로도 내부적인 결속력이 강하면 강할수록 외부적으로는 배타적인 조직이 될 수 있다.

### (2) 남성 지향적 직업에서의 여성성

경찰조직은 남성 지향적인 직업으로서의 경찰이라는 의미에는 역할 수행에 있어서 일정부분 강제성 내지 폭력성이 본질적으로 내재하고 있다. 경찰은 범죄와의 전쟁을 하는 수행하는 주체(Crime Fighter)라서 경찰력의 발동이 폭력적인 범죄에 대해서는 그에 상응하는 합법적 강제력으로 나타나야 한다. 따라서 물리력의 발동이라고 하는 본질적 행위속성을 가진다. 사회통제를 위해서 강제력의 사용이 불가피하다는 특징들 때문에 오히려 이러한 힘 있는 남성들이 주로 일하는 직업이라고 여겨져 왔던 것이다

경찰업무의 수행에 있어서 강한 정신적 · 육체적 능력과 같은 요소는 범죄예방을 위한 순찰업무 중에도 상당히 요구한다. 신고를 받고 범죄현장으로 달려가는 경찰의 모습은 물론이거니와 범죄예방을 위한 순찰에서 조차, 언제 어디서 어떤 형태로의 폭력적 질서파괴행위나 범죄행위가 벌어질지 모르는 상황이므로, 이것에 대비해서 주위를 경계하는 일은 육체적으로 강한 체력은 물론 정신적 혹은 기술적으로도 고도의 정신력을 요구하게 된다.

하지만 과연 경찰조직 내지 경찰문화가 남성지향적인 성격만 가지고 있는가에 대해서는 좀 더 살펴볼 필요가 있다. 이러한 논의가 경찰조직에 대한 다른 편견(偏見)일 수가 있기 때문이다. 일반적으로 여성은 섬세하다거나 배려심이 많다거나 하는 평가로 여성을 특징짓고 있는데 이러한 요소 역시 경찰활동에서 필요로 하는 요소는 아닌지도 함께 고려할 필요가 있다고 본다. 서로 대척점에 있는 두 가지의 성격이 대조를 이루면서도 적절한 비율로 잘 조화를 이룬다면, 지금까지 과도하게 남성 편향적 직업세계에서 경찰의 조직목표 달성에 한층 더 효과적일 수 있기 때문이다.

### (3) 성(性)자체의 문제라기보다는 유형(類型)의 문제

오늘날의 경찰조직에서의 성별에 따른 역할의 문제는 단순한 생물학적 성(Sex)의 문제가 아니라 사회적 역할에 따른 성(Gender)의 문제라고 볼 수 있다. 같은 맥락에서 남자경찰 혹은 여자경찰의 차이는 생물학적 본질의 문제가 아니라 사회학적 역할의 문제이며, 결국 스타일(style)의 문제 즉, 역할과 기능 혹은 유형의 문제라고 볼 수 있다.

우리 주변에는 적지 않은 수의 여성스러운 남성이 있고, 남성스러운 여성이 있다. 또 직업의 특성이라고 하는 것이 어떤 하나의 단일 성격만을 가지고 있다고 말하는 것도 전체를 충분하게 대변하는 것 같지 않다. 경찰기능 중에도 직무의 성격상 섬세한 부분들을 보다 많이 요구하는 경우도 많다. 이것을 남성과 여성의 생물학적 성별 자체로 나누어서 각을 세우는 것은 사물에 대한 우리의 분별력을 지나치게 단순화 시켰다는 비난을 피하기 어렵다.

남성중심의 직업적 성격을 가진 경찰조직은 남성들만 선호하고 여성들은 와서 견디기 어려운 조직이라고 생각하기 보다는, 경찰이라는 직업도 담당 직무의 성격상 나타나는 긴 스펙트럼을 통해서 어떤 유형이 남성과 혹은 여성과 적합할 것인가로 세분화할 수 있다. 직무의 영역과 활동방식의 차이를 나누어서 살피는 것이 중요하지, 성별 그 자체를 나누어서 거부감을 갖거나 배타적 문화를 답습하거나 고집해서는 안 된다.

남성과 여성이 다르다는 것은 맞지만, 그것이 누가 옳고 옳지 않은가, 혹은 누가 우수하고 열등한가라는 우열의 문제는 결코 아니다. 이런 시각이 없어지는 시점에 이르러야 참다운 의미에서 경찰이라는 직업에 여성들이 진출할 수 있는 진정한 논의가 시작된다.

경찰의 역할도 사회적 요구에 따라 많은 변화를 겪고 있다. 강력한 법집행이나 공권력의 발동을 통한 엄격한 질서유지 활동 못지않게 경찰서비스 역시 비중 있게 강조되고 있다. 기존에 물리력으로 대응하던 경찰전략을 이제는 경찰이 물리력 사용을 가급적이면 축소하면서 정책들을 시행하다보니 새로운 경찰활동에 적합한 여자경찰에 대한 필요성이 그만큼 확대되어 간다고 볼 수 있다. 채용 시에도 체력은 물론이고 감정적인 안정성, 지능, 즉 시민이 요구하는 것이 무엇인가에 대한 주의주목, 이것을 민감성 혹은 감수성(sensibility, 感受性)이라고도 하는데, 이러한 것을 측정하는 채용이 널리 확산되고 있다.

남자경찰(Policeman) 혹은 여자경찰(Policewoman)이라는 표현을 넘어서 이제는 우리가 유치원에서 부르던 노래처럼 경찰관(Police Officer)이라고 중성적 용어를 사용하게 되었다. 업무영역에서도 경비, 형사, 수사 분야에까지도 여성들이 진출하고 있는데, 이것 역시 경찰 내에서의 성적 차별이 없도록 하는 남녀평등 노력의 결과물이라고 하겠다.

## 3. 경찰에서의 여성 유형

여성과 경찰과의 관계를 여성의 3가지 유형으로는 첫째, 피해자로서의 여성, 둘째, 가해자(피의자)로서의 여성, 그리고 셋째, 경찰관으로서의 여성을 들 수 있다. 여기서 피해자로서의 여성과 가해자(피의자)로서의 여성은 경찰활동의 대상 내지 객체로서의 여성이고, 경찰관으로서의 여성은 경찰활동의 주체로서의 여성이라 하겠다.

### (1) 피해자로서의 여성

과거부터 가장 일반적인 관계라고 할 수 있는 것은 사회적 약자로서의 여성이 범죄의 피해자로 경찰과 수동적으로 접촉하는 기회를 갖게 되는 경우이다. 여성은 대개 신체적 조건이나 사회적 지위가 약해서 주로 범죄대상이 되어왔다. 따라서 여성 범죄피해자를 형사사법절차에서 보다 전문적으로 처우하고, 특히 경찰단계에서의 여성성 유린과 같은 2차적 피해를 방지하기 위한 노력이 법적·제도적으로 정비되어 왔던 것도 사실이다. 이러한 사회적 요구와 이에 대한 국가적 호응으로 말미암아 여성의 경찰진출 증가와 여자경찰에 의한 여성피해자의 인권보호활동 강화가 상호 선순환적인 결과로 이어짐으로서 우리사회가 바람직한 방향으로 진일보하는데 크게 기여하고 있다.

특히 남자경찰이 여성피해자를 대함에 있어서 직면하게 되는 근본적인 딜레마는 성범죄 피해자인 여성의 경우에 확연하게 나타나게 된다. 남자경찰이 성범죄 피해여성에게 다가가서 남성가해자로부터 어떤 피해를 입었고 어떠한 정황에서 어떠한 구체적인 가해행위가 이루어졌는가를 상세하게 조사하는 것은 성범죄 피해자인 여성에게 다른 2차적 피해를 가져 올 수 있다. 성범죄 피해여성에 대해 남자경찰이 가지고 있는 경찰업무 수행에 있어서의 본질적 한계는 의도적으로 성희롱을 주장하는 여성피해자들이다. 따라서 여자경찰이 가지고 있는 여성 관련 성범죄 사건의 처리기술이나, 같은 여성으로서 배려할 수 있는 피해자에 대한 심리적 안정감 등, 이러한 실질적인 요구들이 경찰에서 여성을 중시하고 여성을 조직 내로 끌어들이는 이유가 되었다. 이제 남자경찰이 상대적으로 여성피해자를 대할 때 별도의 특별한 주의를 요할 수밖에 없는 현실적인 필요성 때문에 경찰조직 내에서의 여자경찰의 역할과 기능은 각별하다고 할 수 있다.

### (2) 가해자(피의자)로서의 여성

과거에는 드물었고 최근 급작스런 증가에도 불구하고 전체 범죄 가해자 가운데에서 여성 가해자가 차지하는 비중의 절대적 수치는 아직도 미미한 실정이다. 하지만 가해자로서의 여성에 대한 경찰활동에서의 특수성은 이미 살펴본 피해자로서의 여성에 대한 경찰활동의 그것에 비하여 결코 그 비중이 작다고 할 수 없다.

지금껏 여성은 연약해서 피해자로서 늘 존재해 왔지만 이제는 가해자로서의 여성을 이야기 하는 것은 자연스러운 것이 되었다. 오늘날에는 그만큼 범죄행위의 주체가 성의 남·여에 따라 큰 차이를 보이는 것이 아니기 때문이다. 여성의 사회활동이 많이 늘어나게 되면서 여성이 여성을 범죄 대상으로 삼는 경우는 물론 남성도 범죄대상으로 삼는 경우도 어렵지 않게 볼 수 있다. 사건 발생 시 가해자를 체포한 경우에 경찰에 의한 가해자(피의자)에 대한 검색은 불가피하다. 하지만 가해자(피의자)가 여성인 경우에는 다소 문제의 성격이 달라지기도 한다. 가해여성에 대한 검색은 피할 수 없는 경찰조치이며 특히 가해여성이 흉기를 지니고 있지 아니한가를 검색해야하는 상황은 불가피하다. 하지만 남자경찰이 신체를 접촉해서 흉기 소지 여부를 살피기 위해 몸을 만지는 것은 인권침해와 관련하여 굉장히 위험한 결과로 이어질 수 있다. 몸수색을 받은 가해여성(여성피의자)이 소위 성희롱을 당했다거나 성적학대를 당했다고 주장하면 해당 남자경찰은 법적 대응이 쉽지 않다. 이러한 불필요한 오해와 불순한 의도의 피해주장에 대한 경찰조직의 대응 필요성은 경찰조직에 여자경찰을 대거 영입하게 하는 좋은 배경이 되었다. 여자경찰 입회 하에 이루어지는 검색은 그나마 예상할 수 있는 특별한 위험으로부터 남자경찰을 보호할 수 있다.

### (3) 경찰관으로서의 여성

여성피해자들을 다루는데 있어서 여자경찰은 특별한 기술을 가지고 있다고 여겨진다. 여성피의자에 대한 검색에 있어서의 여자경찰의 유용성 역시 일반적으로 인정되고 있다. 아동이나 청소년이 경찰서에 들어왔을 때 남자경찰보다는 여자경찰이 아동·청소년에 대한 피해사실 혹은 가해행위에 대한 경찰조사활동을 보다 효과적으로 할 가능성이 높다.

경찰관으로서의 여성은 간혹 동료인 남자경찰로부터 아주 상반된 대상으로 인식되기도 한다. 여자경찰이 경찰활동을 함에 있어서 일부 남자경찰로부터 불신을 받거나 다른 남자동료경찰에 비해서 문제가 되는 것으로는, 비록 경찰유니폼을 입고 있지만 종종 남자경찰들에게 보호를 받아야 하는 여성으로 취급되는 경우이다. 남녀 경찰이 범죄신고 현장에 함께 출동했을 때 남자경찰은 간혹 범죄행위를 하고 있는 난폭한 가해자에 대해서 여자경찰이 피해를 입게 될까봐 보호해야 하는 존재로 여겨진다는 인식을 드러낸다. 이와 달리 여성이 남성으로부터 지배를 받거나 또 간섭을 받는 것을 거부하면서 여성만이 할 수 있는 영역들을 찾아서, 여성의 우수성을 지나치게 강조하는 페미니스트적 여자경찰도 있다. 하지만 오늘날 대부분의 남자경찰은 여자경찰을 동료와 파트너로서 그 존재와 역할을 인정하는데 주저하지 않는다.

## 4. 남자경찰의 인식과 거부감의 근거

우선 남자경찰이 여자경찰을 어떻게 보고 있는가도 우리의 관심대상이 될 수 있다. 경찰업무 특성상 신체적 안전에 대한 우려가 상존하고 있다. 순찰업무 중에 취객이 난동을 부리고 있는 장소에 남자경찰과 여자경찰이 출동하게 되면 남자경찰은 가해자에 대한 제지는 물론 피해자에 대한 안전조치도 중요하지만 함께 출동한 여자경찰의 신체적 안전에 대해 신경이 쓰이는 것은 부인할 수 없는 사실이라고 여긴다.

두 번째는 여자경찰은 물리적 폭력행위에 대해서 남자경찰에 비해 상대를 제압하는 힘과 기술에 있어서는 다소 미흡할 수 있다. 강한 체력을 가진 남자 피의자가 과격한 행동을 했을 때 여자경찰은 위험에 처할 수도 있다. 남녀 2인 1조로 출동했을 때 남자경찰이 공격을 받았을 때 다른 동료경찰이 도움을 줘야하는 상황에서 여자경찰은 상호 보호를 해 주는 역할을 하기가 어렵지 않으냐는 의견이 있다. 힘을 나누어서 해야 할 때 분업이 곤란하다는 인식을 남자경찰들이 하고 있는 경우도 적지 않다. 조직생활을 함에 있어서 개인보다는 단체를 우선시하는 희생정신 혹은 하나의 집단의식 같은 것이 대개는 남자경찰에 비해 부족하지 않는가하는 의견도 있다. 여성들이 남성들의 집단에 스스럼없이 끼어서 같이 고민하고 같이 땀을 흘리는 모습이 기대됨에도 불구하고 함께 터놓고 어울리기에는 같은 남자경찰에 비하여 상대적으로 어렵하다고 여기는 것이다.

여자경찰들이 점점 늘어남에 따라 운동 좀 하는 남성공동체 혹은 정의를 중심으로 불의에 맞서 강하게 행동해야 되는 남성공동체라는 환상이 붕괴된다거나, 여자경찰이 들어오면 조직 내에 부드러운 여성이 있다는 그 자체만으로도 남성공동체 이념이 붕괴되지 않겠는가라는 우려도 있다. 여성으로부터 보호를 받게 되거나 도움을 받게 되는 것은 남자경찰 스스로가 자신의 남성다움(Masculinity)이 없어지는 것은 아닌가에 대한 우려 아닌 우려까지도 들린다.

가장 중요한 부분은 여자경찰들은 어느 조직에서든 유능한 성과(Performance)를 내고 있다는 사실이다. 여자경찰에 대한 이와 같은 비판적 견해들은 어떤 측면에서는 업무에 대해서 경쟁력이 떨어지는 남자경찰들이 직업적 성취를 위협받는다고 생각한 나머지, 여자경찰에 대한 남자경찰의 비교우위를 주장하려고 지어내거나 과장한 결과라고도 볼 수 있다. 여성들이 남성들의 세계에 들어와서 남성들이 하는 일이나 승진에 있어서도 월등한 결과를 가져오는 현실에 대하여, 일부 남자경찰들은 서로를 도와가면서 경찰조직의 목표를 효율적으로 달성하려고 하기 보다는, 여성들은 단체정신이 부족함에도 불구하고 승진을 위한 개인적 노력에만 집중하여 남자경찰들 보다 먼저 승진을 하고 있다고 비아냥거리기도 한다. 하지만 경찰조직 이외의 다른 조직에서 일반적으로 나타나는 현상 특히 남녀공학인 학교에서의 여학생의 성적분포를 보더라도 여성들의 성적이 보다 우수하다는 것을 알 수 있는데, 경찰조직에서의 승진문제도 여자경찰들이 경쟁상대로 부각됨에 따라 일부 남자경찰의 경우에는 이들을 위협적인 존재로 받아들이기도 한다.

## 5. 여자경찰에 대한 부정적 태도

남자경찰은 대개 여자경찰과 함께 근무하는 것을 내심 주저한다. 대체로 함께 근무하면서 업무적으로 내가 성장하거나 발전하는 데 별로 도움이 되지 않는다고 생각하기 때문이다. 심지어는 업무상 내가 도움 받거나 업무를 나누어서 효과적으로 수행하기에는 왠지 미덥지 못하다는 생각도 한다. 이러한 인식이 강한 남자경찰은 어쩔 수 없이 함께 일하게 되는 경우에는 대개 침묵하는 방식으로 여자경찰과 거리를 두게 된다. 이것은 직업과 관련해서 직무 관련 지식과 기술, 즉 노하우(Know-How)를 전수해 줘야하는데 여자경찰에 대한 신뢰가 충분하지 않기 때문에 기술전수를 함에 있어서 주저하게 된다. 여자경찰들은 조금만 일하다가 그만두거나, 다른 이유로 사나이들의 의리세계에서 벗어나면 전혀 남이 되는 상황이라고 생각한다. 이러한 편견은 단순한 기술전수의 거부를 넘어서 동료 여자경찰에 대한 넘을 수 없는 유리벽으로 작용하여 같은 동료로서의 일체감을 방해하기도 한다.

여자경찰은 비공식적 관계로부터 배제되는 경우도 적지 않다. 이러한 경우는 여자경찰 본인도 모르게 행하여지게 되는 경우가 많아서 금방 알아채기도 어렵다. 남자경찰끼리 퇴근하고 함께 술을 마시거나 스포츠 활동을 하면, 여기에 여자경찰이 함께 어울리는 것은 어렵다고 생각한다. 이렇게 비공식적 관계로부터 여자경찰을 배제하게 되면서 일정한 거리를 좁힐 수 있는 기회를 스스로 포기하게 되는데, 이 경우 여자경찰은 경찰조직에 있어서 하나의 장식에 불과하다는 남자경찰의 고정관념으로 이어질 가능성이 높아진다.

통상 이러한 고정관념에 사로잡혀 있는 남자경찰은 업무수행에 있어서 그 능력을 인정받아 승진을 한 여자경찰은 그가 유능해서가 아니라 여성성(Femininity)을 이용해서 진급을 했다고 치부하기도 한다. 그들은 다른 한편으로는 여자경찰이라면 차라리 전형적인 여성스럽게 행동할 것을 요구하기도 한다. 어차피 경찰이라는 직업세계에 들어왔지만 상급자에게 여성성을 이용해서 진급할 것이 아니라, 차라리 동료경찰들의 보호를 받으면서 행동하기를 권유하는 것이다. 이는 업무에 있어서 능력발휘를 하면서 승진하고 있는 여자경찰에 대해 차라리 약한 모습을 보이는 것이 진실된 행동이라는 그릇된 인식을 갖고 있는 경우가 많다. 직업으로서의 경찰은 남성성, 강제성, 힘이 본질적인 특성이므로, 이런 것들에 비해서 여자경찰들이 가지고 있는 여성성은 이러한 직업경찰세계와는 일정한 거리가 있다는 편견이 아직까지 존재하고 있는 것이다.

# 제2장 여자경찰과 성차별

이러한 남자경찰들의 편견이나 왜곡된 인식으로부터 여자경찰들이 대처하는 방식 내지 전략들을 살펴보는 것도 우리에게는 매우 흥미로운 논의가 될 것이다. 먼저 여자경찰이 경찰조직 내에서의 부당한 차별을 극복하기 위해서 시도하는 행위유형을 3가지로 나누어 본다.

## 1. 여자경찰이 차별에 대처하는 방식

### (1) 침묵으로 일관 한다

우리가 가장 많이 볼 수 있는 유형은 여자경찰이 남성위주의 경찰조직 문화에 적응하려고 침묵으로 일관하는 전략이다. 어떤 눈에 보이는 부당함에 대해서 공연히 자기 의견을 표시했다가 업무적으로 보복을 받거나 흔히 말하는 조직 내에서의 왕따나 배척 대상이 될까 싫어서, 자신의 생각을 숨긴 채 비록 부당하다고 생각되는 사항이 존재함에도 불구하고 차라리 스스로 적응하는 편을 택하는 것이다. 대부분의 침묵하는 여자경찰은 이 유형에 속하며 적지 않은 비중을 차지할 것으로 예상된다.

### (2) 여성조직원으로 남아서 보호 받는다

이 유형은 기존의 남자경찰들이 여자경찰을 바라보는 관점에 맞추어서 자신이 여성성을 띤 전형적인 여성조직원으로서 기대되는 성역할을 받아들이는 전략이다. 남자경찰이 동료이고 같이 근무하면서 서로 도움을 주고받아야 하는 대등한 조직구성원임에도 불구하고, 남자경찰의 보호를 그대로 받아들이면서 오히려 그들의 업무를 보조하는 수준에서 머무는 비전문화(非專門化) 된 역할의 여자경찰에 만족하는 유형이다.

### (3) 남성성, 외근 지향성, 공격성, 충성심, 전문성 추구

이 유형은 오히려 남자경찰들보다 더 남성적으로 업무를 수행하는 전략을 구사한다. 외향적인 이미지 관리, 외근선호 등 오히려 자청해서 위험하고 힘든 일에 나서서 남자경찰들의 편견에 대응한다. 대단히 공격적인 근무태도를 취하고, 경찰조직에 대해 다른 동료 경찰들이 놀랄 정도의 충성심을 발휘한다. 그리고 직업으로서의 전문성을 추구하며 끊임없이 교육을 받고 자기를 계발해 나가는 여자경찰이 이 유형에 속한다. 그렇지만 진정으로 남성이 될 수는 없기 때문에 자의식 속에서는 스스로의 모순점에 빠지기도 한다.

결국 평생 직업이기 때문에 믿을만한 동료로서 받아들여지는 것이 여자경찰 개인에게 있어서도 유용한 전략이다. 하지만 현실적으로는 대다수의 여자경찰이 '경찰' 보다는 '여자'경찰을 수용하게 된다. 결과적으로 여자경찰은 남자경찰에 비하여 비교우위의 역할과 지위로 쉽게 받아들여지지 않을 것이라는 판단 하에 성별에 따른 임무배치 추구 등의 기존 경찰조직 문화에 안주하여 버리는 현상을 볼 수 있다. 여자경찰로서의 차별을 나름대로 극복한다는 목표는 동일하지만, 그 차별이 극복 된 결과를 장기적인 안목에서 평가한다면 3가지 유형들은 완연히 다른 결과를 보일 것이다.

오늘날 여성이 약진하는 현상은 비단 경찰조직에서만의 문제는 아니라고 볼 때 종국적으로는 '여성' 혹은 '남성'의 생물학적 성(Sex)의 문제가 아니라, 사회적 역할이 무엇인가에 따른 사회학적 성(Gender)의 문제로 귀결될 것으로 보인다.

## 2. 여자경찰과 경찰정책의 변화

여자경찰이 보다 빠르고 안정적으로 경찰조직에 정착할 수 있도록 우리나라 경찰은 어떠한 정책을 펴고 있는지 살펴 볼 필요가 있다. 우리 사회는 서비스 중심의 섬세한 경찰활동을 시민들이 보다 많이 요구하는 시대적 변화를 맞이하고 있다. 마찬가지로 근무 환경 역시 신고를 받고 나서야 출동하여 범인을 체포한다기보다는 지역사회 경찰활동(Community Policing)을 통하여 사전에 미리 범죄를 예방하고 지역주민을 자주 만나서 그들의 어려운 점, 걱정하는 점을 들어주고 그 문제를 해결해주는 문제지향 경찰활동(Problem Oriented Policing)을 추구하게 되었다. 이러한 기대역할의 변화는 과거의 경찰활동에 비하여 보다 부드러운 요소가 필요로 하는 경찰활동을 요구로 하게 되었고 이는 여성에게 경찰이라는 직업이 점점 더 유리하게 문호를 넓혀가는 변화로 나타나고 있다.

### (1) 경찰 근무환경의 변화

구체적으로 이러한 상황변화는 7가지로 나누어서 살펴볼 수 있다.

#### ① 성희롱을 금지하는 정책

직장 내에서의 성희롱을 금지하는 법의 태도는 비단 경찰이라는 직업에 국한되지 않고 이제는 모든 직장에서의 직장윤리(성희롱 및 성폭력예방)교육이 이루어지고 있다. 공무원 조직이든 민간기업 조직이던 여성들의 활동이 점점 늘어남에 따라서 성희롱과 성폭력을 엄격히 규제하고 이를 예방하는 교육의 수강을 법률로 강제하고 있다. 이러한 사회분위기는 여성들의 사회진출을 확대시켰고, 경찰조직에 있어서도 여자경찰의 비중이 대폭적으로 늘어날 수 있는 계기가 되었다.

#### ② 선발 · 채용 · 근무배치 · 승진 등의 우대정책

나아가 신규채용에 있어서의 선발, 채용 · 근무배치 · 승진 등에 있어서의 인사 관행이 예전과 달리 여성들을 상대적으로 우대하는 경우가 많아졌다. 이른바 양성평등채용목표제[17], 승진목표제, 할당제 등이 제도적으로 마련되어 있기 때문에 조직의 구성원이 될 때부터 일정한 혜택을 받게 되고, 승진에 있어서도 적지 않은 혜택을 보는 인사제도나

17) 양성평등채용목표제는 5급 · 7급 · 9급 공무원 공개경쟁채용시험, 외교관 후보자 선발시험 등 공무원 채용시험에서 원칙적으로 시험실시 단위별 채용목표인원을 시험실시 단계별 합격예정인원에 30%를 곱한 인원수로 정하여 선발하는 제도이다. 합격자의 70% 이상이 특정 성(性)일 경우에 다른 성별에 가산점을 주어서 30%에 도달하도록 하는 제도이다. 일부 직렬은 기준이 낮거나 적용되지 않는 경우가 있으며, 직무특성상 남녀 구분모집이 불가피한 경우 및 선발예정인원이 5명 미만일 경우에는 적용되지 않는다. 통상 차기 임용 인원에서 그만큼 줄인다. 1996년 여성채용목표제로 시작하였으나 여성합격자가 우위를 보이는 경우가 많아지면서, 2003년에 이르러 양성평등채용목표제로 명칭을 변경하였다. 제도시행 결과 2003~2010년까지는 이 제도에 따른 추가합격자가 여성 1095명, 남성 614명으로 여성이 더 많았으나, 2011~2020년은 여성 650명, 남성 1725명으로 남성 추가합격자가 더 많다(2021 공공부문 균형인사 연차보고서).

관행의 변화가 있었기 때문에 여자경찰의 비중이 경찰조직 내에서 획기적으로 늘어나는 배경이 되었다.

### ③ 경찰 전문화를 위한 노력

여자경찰도 직업경찰로서의 전문성을 높이려는 데 많은 관심을 기울이게 되었다. 경찰 전문가가 되기 위하여 경찰이 요구하는 수사, 범죄예방, 정보, 외사, 경무, 경비 등 경찰 업무는 물론이고, 그 외의 모든 경찰활동에 있어서도 스스로의 전문성을 갖고 보다 정당한 처우와 대가를 받으려고 노력하는 분위기가 완연하다. 이러한 경찰의 조직분위기는 경찰이 되고 싶어 하는 많은 여성들에게 강한 동기를 불어 넣고 있다.

### ④ 지역사회 관계 개선 중시

과거의 경찰활동은 주로 범죄와의 전쟁(War against Crime)에 역량을 집중하고 있어서 이러한 업무를 수행하는 경찰에게는 전사(Crime Fighter)로서의 자질을 요구하였다. 하지만 근래에는 사후적인(Reactive) 범죄단속 보다는 사전적인(Proactive) 범죄예방을 강조하면서 경찰활동에 있어서 지역사회와의 관계개선에도 보다 많은 자원을 집중하고 있다. 예전과 달리 이제는 범인을 쫓고 격투를 하고, 체포하는 것으로부터 그 비중이 범죄예방 차원에서 지역사회 경찰활동을 강조하는 방향으로 옮겨가는 경향을 띠고 있기 때문에, 지역사회 봉사부서에서의 여자경찰의 역할, 범죄예방에서 더 좋은 업무성과를 낼 수 있는 여자경찰에 대한 필요성이 점점 늘어나고 있다.

### ⑤ 경찰에 의한 무력사용의 제한

사회적으로도 경찰의 무력사용을 가급적 피해달라는 요구가 늘어나고 있다. 과거와 달리 피의자에 대한 폭력적 진압보다는 경찰의 체포 역량이나 과학적 장비를 통하여 충분히 수행할 수 있다고 기대하고 있기 때문이다. 이러한 근무환경의 변화는 남자경찰과 여자경찰을 굳이 구별하거나 차별할 이유를 없애고 있으며, 양자 구별의 의미를 퇴색시키고 있다.

#### ⑥ 노상경찰 문화에서 관리경찰 문화로 변화

노상경찰 문화(street cop culture)는 현장경찰이 길에서 계속 잠복하거나 순찰하다가 범죄를 예방하는 형태의 경찰활동을 말하는데, 이제는 관리경찰 문화(management cop culture)로 활동개념이 바뀌고 있다. 이는 길거리에서의 갑작스런 상황에 긴급 대처하는 방식보다는 예상되는 여러 가지 상황을 경찰이 사전에 미리 예상하고 관리(manage)할 수 있게 되었다는 의미이다. 이러한 경찰문화의 변화는 여자경찰들로 하여금 임무수행에 있어서 남자경찰에 비해 결코 불리한 상황에 처하지 않게 하는 것이다.

#### ⑦ 남성중심의 비공식적 문화 축소

경찰조직의 문화에 있어서도 남성중심의 비공식적 문화도 점점 그 영역을 축소하는 추세를 보여주고 있다. 오늘날 남자가 생각하는 남성중심의 비공식 문화가 얼마나 남아있으며, 그나마 남아있는 남성문화는 언제까지 존속할 수 있다고 생각하는가? 오히려 우리 사회에 남성이 여성화(女性化) 되어가는 사실에 대해 많은 우려가 있을 정도로 근본적인 남녀관계의 변화는 불가피한 상황에 있는 것으로 보인다. 경찰조직도 그러한 시대조류의 변화에 영향을 받아서 남성중심의 비공식적 문화가 점점 희석되어 가고 있고, 오히려 여자경찰이 과거에 남자경찰이 독점하여 왔던 직무영역까지 그 참여범위를 확대하고 있는 실정이다. 이러한 변화는 우리나라의 여자경찰 관련 경찰정책에 상당부분 반영되고 있으며, 앞으로도 더욱 확대될 것으로 예상된다.

## 3. 여자경찰과 사회 문화

### (1) 남성문화

경찰조직에는 남성문화(男性文化)라는 이름의 행동양식이 많이 남아있기 때문에 경찰에 대해서 열망하는 아동·청소년기를 보내는 젊은이들이 많다. 이들은 장래에 직업적으로도 경찰을 지망하고 직업으로서의 경찰을 통하여 자신의 남성성이 발현됨은 물론, 경제적 측면에서도 양호한 보수 수준의 경찰관을 직업적으로도 희망하고 있다. 남성성에 충실한 그런 남자들은 청소년기에 범인을 쫓고 격투를 벌이며 옳지 못한 일을 응징하는 정의의 사도로서 행동하는 자신을 동경한다. 이들은 오늘 내가 놀이로 즐기고 있는 범인 찾기 놀이나 권총놀이가 직업적으로도 연결되는 것에 굉장히 매력을 느낀다. 또 강한 소속감, 집단적 충성심과 같은 의식을 공유하고 싶어 하고 강한 신체적 접촉이 일상적으로 용인되는 것이 남성문화라고 생각하고 있으며 이러한 남성적 문화가 직업으로서의 경찰에 그대로 연결이 되어 이어지기를 바란다.

### (2) 고객인 시민의 입장

이렇게 형성되고 유지되어 왔던 남성 중심적 경찰문화가 여러 가지 저항을 받게 되고 변화의 요구에 직면해 있는데 치안서비스의 고객인 시민의 입장에서 보면 남자경찰이 와서 사무적인 말투와 무뚝뚝한 행동으로 여러 가지를 강제하거나 명령하는 것 보다는 여자경찰들이 자상하고 친절하게 호의적으로 대하는 것을 보면서 기존에 남자경찰들이 다가왔을 때 느꼈던 위협으로부터 조금은 더 자유로워졌다는 인식을 할 수 있게 되었다. 이러한 긍정적인 일련의 경험들은 여자경찰을 상대적으로 많이 선호하는 경향으로 이어진다.

### (3) 여자경찰 업무수행 방식에 대한 평가

여자경찰의 업무수행 방식에 대한 평가는 덜 공격적이고 범인검거 등에 있어서 신체적인 접촉을 통해서 검거율을 높이는 데 있어서는 남자경찰에 비하여 효율적으로 대처하지 못하다는 내용을 담고 있다. 하지만 시각을 달리해서 보면 여자경찰의 경우에는 문제의 해결방식에 있어서 대화나 범죄의사 포기로 유도하려는 성향을 가지고 있는 반면, 남자경찰은 비록 의도한 것은 아니었을지라도 직면한 상황이 극한상태로 치닫게 만들 확률이 여자경찰에 비해서는 훨씬 많을 것이라고 예상할 수 있다.

경찰활동에 있어서 체포행위는 필요불가결한 공권력의 집행수단이 될 수 있다. 그렇지만 여자경찰은 상대방이 위협을 적게 느끼게 함으로써 대치상태로 가지 않고 불필요한 검거보다는 순순히 경찰업무에 협조하게 만드는 결과를 가져오게 하려는 성향이 많기 때문에, 남자경찰이 문제해결을 위해서 누구를 체포한다는 것과 여자경찰이 현장에 나가서 불필요한 대치상태를 피하고 결과적으로 검거자체가 불필요한 문제해결 방식을 통하여 경찰활동의 목표를 달성했다면, 시민의 입장에서나 경찰조직의 입장에서는 상황에 따라 적절한 경찰수단을 선택함에 있어서 남자경찰들과는 다소 다른 결정을 할 수 있음을 염두해 둘 필요가 있다.

경찰권의 발동이 결과적으로 시민들의 편익향상에 어떻게 기여하였는가를 면밀하게 검토할 필요가 있다. 이를 통해 시민에 대한 법집행이나, 질서유지 차원의 강제와 명령, 혹은 경찰서비스 제공 등 경찰수단의 적절한 취사선택이 보다 원활하고 합리적으로 이루어지게 될 것이다.

## 4. 직장 내 성희롱의 개념에 관한 법령 및 판례의 태도

성희롱이란 업무, 고용, 그 밖의 관계에서 국가기관 · 지방자치단체, 각급 학교, 공직유관단체 등 공공단체의 종사자, 직장의 사업주 · 상급자 또는 근로자가 ① 지위를 이용하거나 업무 등과 관련하여 성적 언동 또는 성적 요구 등으로 상대방에게 성적 굴욕감이나 혐오감을 느끼게 하는 행위, ② 상대방이 성적 언동 또는 요구 등에 따르지 아니한다는 이유로 불이익을 주거나 그에 따르는 것을 조건으로 이익 공여의 의사표시를 하는 행위를 하는 것을 말한다(양성평등기본법 제3조 제2호, 남녀고용평등과 일 · 가정 양립 지원에 관한 법률 제2조 제2호, 국가인권위원회법 제2조 제3호 (라)목 참조).

여기에서 '성적 언동'이란 남녀 간의 육체적 관계나 남성 또는 여성의 신체적 특징과 관련된 육체적, 언어적, 시각적 행위로서 사회공동체의 건전한 상식과 관행에 비추어 볼 때, 객관적으로 상대방과 같은 처지에 있는 일반적이고도 평균적인 사람으로 하여금 성적 굴욕감이나 혐오감을 느끼게 할 수 있는 행위를 의미한다(대법원 2018. 4. 12. 선고 2017두74702 판결).

과거부터 주로 남성들이 모여 있는 경찰조직 내에 여자경찰이 들어왔을 때에는 의도적인 성희롱이나, 비록 남자경찰이 의도하지는 않았지만 여자경찰이 느낄 수 있는 여러 가지 종류의 성희롱이 존재할 수 있다. 성희롱의 개념과 성희롱이 발생하는 배경에 대하여 살펴보자.

외국에서 직장 내 성희롱(Sexual Harassment)은 대단히 심각한 범죄행위로 다루어지고 있다. 성희롱이란 직장에서 상대방 의사에 반하는 성(性)과 관련된 언동으로 불쾌하고 굴욕적인 느낌을 갖게 하거나 고용상의 불이익 등 유무형의 피해를 주는 행위를 말한다.[18] 성희롱이 성립하기 위해서는 행위자에게 반드시 성적 동기나 의도가 있어야 하는 것은 아니지만, 당사자의 관계, 행위가 행해진 장소 및 상황, 행위에 대한 상대방의 명시적 또는 추정적인 반응의 내용, 행위의 내용 및 정도, 행위가 일회적 또는 단기간의 것인지 아니면 계속적인 것인지 등의 구체적 사정을 참작하여 볼 때, 객관적으로 상대방과 같은 처지에 있는 일반적이고도 평균적인 사람으로 하여금 성적 굴욕감이나 혐오감을 느낄 수 있게 하는 행위가 있고, 그로 인하여 행위의 상대방이 성적 굴욕감이나 혐오감을 느꼈음이 인정되어야 한다(대법원 2018. 4. 12. 선고 2017두74702 판결).

우리나라의 경우에는 1980년대 이후 여성의 사회 진출이 현저해짐에 따라 사회적인 관심을 갖게 되었다. 직장 내 성희롱이 발생한다는 것은 기본적으로 직업윤리의 문제로서 가해자는 물론이고 피해자의 직업적인 안정성까지도 흔든다. 경찰에서의 성희롱 문제는 전통적으로 남성이 독점해오던 경찰조직에 여성이 들어오게 됨으로서 남성과 여성에 있어서 성비의 균형이 깨어지고 다시 새로운 모습으로 제자리 잡기를 시도하는 과정에서 발생하게 된다. 특히 몇몇 성희롱 사건은 당사자들의 문제를 넘어서서 여성단체의 적극적 개입을 통하여 확대됨으로써 사회적 이슈로 부각되기도 한다. 이러한 사건의 반복적 경험을 통하여 여성의 정치적 발언권이 강화되고, 이런 경험과 학습을 통하여 여성들은 더 이상 남성들에게서 성적으로 굴욕감을 느끼면서 살지 않겠다는 자의식으로 발전하게 되었다. 이것이 우리사회에서 성희롱 처벌이 점점 강화되면서 자리 잡게 된 결정적 계기라고 볼 수 있다.

성희롱은 사람을 성적으로 괴롭히는 것으로서 모멸감을 느끼고 수치심을 느끼는 등의 심리적 타격을 주거나 받게 되는 것인데, 이러한 성희롱에는 언어적인 것과 신체적인 것이 있다. 특히 민사소송이나 행정소송에서 사실의 증명은 추호의 의혹도 없어야 한다는 자연과학적 증명이 아니고, 특별한 사정이 없는 한 경험칙에 비추어 모든 증거를 종합적

18) 성희롱이란 사업주 · 상급자 또는 근로자가 직장 내의 지위를 이용하거나 업무와 관련하여 다른 근로자에게 성적 언동 등으로 성적 굴욕감 또는 혐오감을 느끼게 하거나 성적 언동 또는 그 밖의 요구 등에 따르지 아니하였다는 이유로 고용에서 불이익을 주는 것을 말한다(남녀고용평등과 일 · 가정 양립지원에 관한 법률 제2조 제2호).

으로 검토하여 볼 때 어떤 사실이 있었다는 점을 시인할 수 있는 고도의 개연성을 증명하는 것이면 충분하다. 따라서 비록 형사재판에서 성희롱 행위가 있었다는 점을 합리적 의심을 배제할 정도로 확신하기 어렵다는 이유로 무죄가 선고되었다고 하여 그러한 사정만으로 행정소송에서 징계사유의 존재를 부정할 것은 아니다(대법원 2018. 4. 12. 선고 2017두74702 판결).

관계법령 중에는 『남녀고용평등과 일 · 가정 양립 지원에 관한 법률(시행 2019. 7. 16., 법률 제16271호)』이 있다. 이 법률은 처음 『남녀고용평등법』으로부터 출발하여 최근에는 우리사회가 여성으로 하여금 일과 가정에서 양립할 수 있도록 하려면 여성들이 직장에 나가서 이런 불필요한 모멸감이나 심리적으로 피해를 받지 않도록 방어해 주어야 한다는데 그 취지를 두고 있다. 사업자라던가 고용주가 지위를 이용하여 업무와 관련하여 다른 근로자에게 성적 언동 등으로 혐오감을 느끼게 하는 것, 또는 성적 언동 등에 따르지 않으면 취업을 제한하거나 해고 · 징계를 하겠다거나, 고용상의 불이익을 주겠다고 협박하거나 실제로 실행에 옮기는 것을 규율하기 위해서 동법에서는 상세하게 규정해 두고 있다.

## 5. 직장 내 성희롱의 특징

성희롱의 다섯 가지 특징을 설명하면 다음과 같다.

첫째, 성적인 내용이 담긴 고의행위이다. 고의(故意)라고 하는 것이 반드시 어떤 목적을 가지고 했다라고 하는 것과는 다른 것이다. 형법적 의미에서 고의범과 목적범을 구별하듯이 어떤 주관적 인식이 있으면 고의행위라고 말할 수 있는데, 이러한 행위 자체를 알고 했다면 고의가 있다고 볼 수 있다. 행위 그 자체의 객관적 · 사회적 의미뿐만 아니라 행위가 비롯된 동기 자체도 성적(性的)인 것이어야 한다.

둘째, 상대방이 원하지 않는 경우이어야 한다. 상대방의 동의나 승낙이 있는 행위라면 법적 의미에서의 성희롱은 아니다.

셋째, 피해자 유형이 다양하다. 성희롱은 현재의 조직구성원에 한하지 않는다. 경찰이 되고 싶어서 채용과정을 밟고 있는 구직자와의 취업상담 과정에서도 일어날 수 있다. 성희롱의 피해자는 반드시 여성만 해당되는 것도 아니다. 요즘은 여성 상급자도 많아서 젊은 남자사원이나 남자경찰에게도 성희롱이 이루어질 수 있다. 경찰조직의 경우에는 계급 중심의 사회이므로 여자상급 경찰도 있기 때문에 남자경찰 역시 성희롱의 피해자가 될 수 있다. 성희롱은 남성이 여성에게 하는 것은 물론이거니와 여성이 남성에게 하는 것도 가능하다.

넷째, 직장 연관적이어야 한다. 성희롱은 직장 내의 지위를 이용하거나 업무와 관련하여 이루어져야 한다. 그렇지만 이것이 꼭 직장 내라고 해서 경찰서라던가 지구대, 파출소라는 장소적 요소와 관련하여 이루어진 행위에만 국한되는 것은 아니다. 순찰 중이라던가 경찰서와 멀리 떨어진 장소에서의 성희롱도 가능하다. 단지 성희롱 행위가 지위이용이나 업무관계성에 기초하여 이루어졌다면 성희롱 성립의 개연성이 높다고 할 수 있다.

다섯째, 성희롱의 내용에 따라 조건형 성희롱과 환경형 성희롱으로 나눌 수 있다. 조건형 성희롱은 성희롱이 이루어지는 행태가 조건부로 이루어지는 경우를 말한다. 예를 들면 나의 성적 요구를 들어줬을 때는 이러한 승진에 있어서 특별한 혜택을 주겠다고 약속하거나, 반대로 들어 주지 않으면 불이익을 주겠다고 압박하는 것을 말한다. 환경형 성희롱이란 성적 불쾌감을 느끼게 함으로써 단순히 일하고 있는 근로환경을 혐오감이나 굴욕감 기타 성적 수치심으로 인하여 더 이상 일하고 싶지 않은 정도의 근로환경으로 만드는 것을 말한다.

## 6. 직장 내 성희롱의 피해와 대책

### (1) 성희롱 피해

성희롱의 피해에는 개인적 피해, 조직적 피해, 그리고 사회적 피해가 있다.

첫째, 개인적으로 성희롱을 당하게 되면 심리적 타격을 받게 된다. 당혹감, 수치심, 모욕감, 분노감, 적개심, 혐오감, 공포감, 성적 정체성의 왜곡 등이 나타난다. 남성으로서 혹은 여성으로서의 성적 정체성이 있음에도 불구하고 자아존중감 상실과 함께 성적 정체성마저도 흔들리게 된다. 신체적으로는 두통, 식욕상실, 소화불량, 불면증 등의 증상이 유발되기도 한다.

둘째, 조직적 피해로는 성희롱 피해자의 사기가 저하되고 업무능력도 떨어진다. 그렇게 되면 업무공간인 사무실 분위기도 가라앉게 된다. 성희롱 피해자는 당장의 일보다는 추가적인 성희롱에 대비하며 업무와 상관없는 행동을 준비하게 되기 때문에 조직의 생산성은 현격하게 떨어지게 된다. 나아가 피해자가 퇴직을 감행했을 때에는 조직구성원의 동요는 물론이고 추가 구성원의 선발과 관련한 채용 및 교육비용을 유발한다. 이러한 성희롱을 피해자가 직장이나 사회적 문제로 이슈화하여 다투게 되면 불필요한 분규가 발생하게 되는데, 이것도 공적 비용 혹은 사회적 비용이라고 할 수 있다. 외부적으로는 조직자체의 신임도도 떨어지게 되므로, 성희롱 당사자 간의 개인적 피해는 물론이고 해당 조직의 피해도 적지 않다.

셋째, 사회적 피해로는 성희롱 당사자를 둘러싼 사회의 윤리성(倫理性)이 떨어진다는 측면에서 당사자와 그들을 둘러싼 전체사회의 구성원이 피해를 입게 된다. 사회적으로는 사회의 도덕적 건전성에 대한 깊은 고민을 던져주게 된다. 사회적 생산성은 당연히 감소하게 되고, 민주사회가 지향하게 되는 정의와 평등이념에 반하는 성희롱 행위에 대하여 여론은 엄중한 자성의 시간을 요구하게 된다.

### (2) 성희롱 대책

사전적 대책으로는 성희롱 예방교육을 하는 것이고 사후적 대책으로는 성희롱 피해자를 정해진 절차에 따라 보호하고 구체적인 법적 권리를 보장하여 주도록 하는 것이다. 개인적 차원의 성희롱 예방대책으로는 성희롱 시도가 있을 때에는 단호한 거부 의사를 표시하는 것이 중요하고, 조직적 차원의 성희롱 예방대책으로는 관련규범을 만들고, 절대 타협하거나 용서하지 않는 여론을 조성하여야한다. 무엇보다도 가장 근본적인 대책으로는 조직문화의 개혁이 있어야 한다.

직장 내의 성희롱 문제는 남성중심의 경찰조직으로 여성이 입직하고, 지속적으로 성장·발전하는 과정에 있어서 반드시 짚고 넘어야 하는 사항이고, 여성도 남성과 동등하게 업무에 전념할 수 있는 조직 환경을 만들어야한다는 관점에서 성희롱에 대한 대책마련을 위해서는 우리사회의 다양한 노력과 접근이 요구된다.

최근 성인지 감수성(Gender Sensitivity)이 강조되고 있다.[19] 성인지 감수성이란 남성과 여성이 동등한 입장에서 성별에 기초한 배제와 차별에 관련된 사회적·문화적 요소를 이해하고 고려하는 것이다. 이를 통해 서로의 차이를 이해하고 이를 받아들임으로써 상호 존중하는 가운데 일상생활 속에서의 성적인 불리함·불균형·불평등을 민감하게 알아차리는 것을 말한다. 피해자가 처한 상황의 맥락과 눈높이에서 사건을 바라보고 이해해야한다는 내용이다. 이와 같은 성별간의 차이로 인한 유·불리와 불균형·불평등을 인지할 수 있는 것은 양성평등을 실현하는 출발점이 될 것이다.

## 제3장 각국의 여자경찰 제도

이제부터 우리나라의 여자경찰의 현황 및 실태를 알아본다. 미국의 여자경찰, 일본의 여자경찰, 프랑스의 여자경찰은 제도적으로 어떤 특징을 가지고 있는가도 살펴 볼 것이다. 외국의 여자경찰제도에 견주어 우리나라 여자경찰의 바람직한 제도를 모색하게 된다면 경찰조직 내에서 여자경찰의 역할을 보다 현실성 있게 정립하는데 도움이 될 것이다.

### 1. 우리나라 여자경찰의 현황과 인사정책

우리나라 여자경찰의 인원현황을 살펴보면, 2022년 4월 기준으로 전체 13만1,428명 가운데 여자경찰은 1만8,514여 명이다. 총경 이하 계급 전체에서 14.1% 수준의 분포를

19) 우리 사회의 가해자 중심적인 문화와 인식, 구조 등으로 인하여 피해자가 성희롱 사실을 알리고 문제를 삼는 과정에서 오히려 부정적 반응이나 여론, 불이익한 처우 또는 그로 인한 정신적 피해 등에 노출되는 이른바 '2차 피해'를 입을 수 있다는 점을 유념하여야 한다. 피해자는 이러한 2차 피해에 대한 불안감이나 두려움으로 인하여 피해를 당한 후에도 가해자와 종전의 관계를 계속 유지하는 경우도 있고, 피해사실을 즉시 신고하지 못하다가 다른 피해자 등 제3자가 문제를 제기하거나 신고를 권유한 것을 계기로 비로소 신고를 하는 경우도 있으며, 피해사실을 신고한 후에도 수사기관이나 법원에서 그에 관한 진술에 소극적인 태도를 보이는 경우도 적지 않다. 이와 같은 성희롱 피해자가 처하여 있는 특별한 사정을 충분히 고려하지 않은 채 피해자 진술의 증명력을 가볍게 배척하는 것은 정의와 형평의 이념에 입각하여 논리와 경험의 법칙에 따른 증거판단이라고 볼 수 없다(대법원 2018. 4. 12. 선고 2017두74702 판결).

보이고 있다(표 7-1 참조).[20] 지금까지 여자경찰의 비중이 계속해서 늘어나고 있는 추세이긴 하지만, 문제는 간부급인 경위 이상으로 갈수록 그 비중은 현격하게 떨어지고 있음을 알 수 있다. 경위 이상 총경 이하의 경찰관 중 여자경찰의 비중은 7.7% 정도에 불과하다.[21] 이것은 남자경찰에 있어서 경위 이상 총경 이하의 경찰관이 차지하는 남자경찰의 비중(92.3%)에 비하여 현격한 차이가 있다. 계급의 비중으로만 본다면, 결과적으로 남자경찰은 간부급으로 성장할 수 있는 비교적 원활한 조직환경이라면 상대적으로 여자경찰의 경우에는 그리 수월하다고는 볼 수 없다. 계급구조에 있어서의 성별 불균형을 해소하려면 여자경찰의 간부급 비중을 여자경찰 전체의 비중에 걸맞게 늘려나가는 정책대안 마련이 필요하다.

**표 7-1 | 경찰공무원 성별 비율**

2022년 4월 기준

<table>
<tr><th>구분</th><th>순경</th><th>경장</th><th>경사</th><th>경위</th><th>경감</th><th>경정</th><th>총경</th><th>합계</th></tr>
<tr><td rowspan="2">전체</td><td>16,150</td><td>23,553</td><td>21,241</td><td>46,149</td><td>20,522</td><td>3,032</td><td>652</td><td>131,299</td></tr>
<tr><td colspan="3">60,944(46.4%)</td><td colspan="4">70,355(53.6.7%)</td><td></td></tr>
<tr><td rowspan="2">여자</td><td>3,899</td><td>4,884</td><td>4,339</td><td>4,085</td><td>1,077</td><td>195</td><td>33</td><td>18,512</td></tr>
<tr><td colspan="3">13,122(70.9%)</td><td colspan="4">5,390(29.1%)</td><td></td></tr>
<tr><td>여경 비율</td><td>19.4%</td><td>17.2%</td><td>17.0%</td><td>8.1%</td><td>5.0%</td><td>6.0%</td><td>4.8%</td><td>14.1%</td></tr>
</table>

※ 경찰청 내부자료(전체경찰관: 131,428명). 「2020 경찰통계연보」에서는 경찰공무원 성별 비율을 별도로 공개하고 있지 않음. 표 외 경무관 이상 129명 가운데 치안감에 1명, 경무관에 1명의 여경이 있음.

경찰관 채용시험의 경쟁률은 남성의 경우 16.0:1(1,336명 채용에 21,473명 접수)인 반면, 여성은 30.2:1(386명 채용에 11,666명 접수)이다(2022년 상반기 경찰공무원 채용시험 기준). 이렇듯 여자경찰의 입직이 어려운 것은 물론 승진에 있어서도 불리한 여건은 변하지 않는다. 이렇게 현실적으로 불리한 여자경찰의 승진 등 조직 내 역할강화를

20) 행정안전위원회 국정감사자료(백혜련의원실)에 따르면 2021년 9월 기준 4급 이상 간부급 공무원 중 여성 비율은 17.7%(1,482명)인데, 총경 이상 간부급 경찰관 중 여성은 4%(31명)에 불과한 것으로 파악됐다(충청뉴스, 2021년 10월 5일 보도).

21) 총경 계급의 여자경찰은 총경 전체 652명 가운데 33명으로 4.8%이고, 경무관 계급의 여자경찰은 경무관 전체 91명 가운데 1명으로 1.1%로 파악된다. 치안감 이상 전체 38명 가운데에는 여자경찰이 치안감 1명으로 2.6%다(2022년 4월 기준, 경찰청 내부자료).

지원해주는 제도적 장치로는 '여경 채용목표제'와 '여경 승진목표제'가 있다. 이것은 채용에 있어서 여성들을 우대하고 입직한 여자경찰이 승진에서도 불이익을 받지 않도록 배려하는 것이다. 이것은 2005년부터 매년 실시해 왔으며, 현행 채용목표제를 보면 충원인력의 10% 이상을 여경으로 선발하도록 하고 있다.

여경 승진목표제 역시 이를 적용하면 승진대상인원 비율에 따라 여경에게 별도의 승진인원을 배정하게 된다. 제도적으로 결과에 있어 계급별 여자경찰의 비율이 남자경찰과 형평을 이룰 수 있도록 여자경찰을 우대하는 조치다. 이와 같이 여자경찰은 채용과 승진에 있어서 특별한 인사정책을 적용하므로 이러한 제도적 이점을 잘 활용한다면 경찰에 입직하는 여자경찰에게 있어서는 불리한 조직환경을 극복하는데 도움이 될 수 있을 것이다.

## 2. 여자경찰의 능력과 전문화

여경채용목표제나 여경승진목표제의 운영 못지않게 평소 여자경찰을 효과적으로 운용하고 전문성을 높일 수 있도록 하려면 경찰조직 내에 여경단체나 여경 전담부서를 만들 필요성에 대한 논의가 있다. 여경의 전문화뿐만 아니라 실질적인 여경복지수준의 향상도 절실하다는 측면에서 검토를 요한다.

전통적으로 여성들에게는 남성에 비해서 임신, 출산, 육아라고 하는 문제가 직장생활을 함에 있어서 커다란 부담으로 작용한다. 그래서 남자경찰과 대등하게 경쟁하기에는 일정한 한계를 가지고 있다. 이러한 불리한 조건을 개선해 주는 것이 복지제도이다.

여경 전문화의 필요성은 여자경찰이 여성성을 포기하고 마치 남자경찰과 같게 근무하게 하는 것을 의미하는 것은 아니다. 오히려 여자경찰들의 여성성을 살려 나가면서 여자경찰의 장점을 경찰조직의 목표달성에 기여할 수 있도록 기능별 직무역량을 강화하자는 것이다. 여자경찰은 더 이상 남자경찰이 보호해야 할 '소녀'나 경찰조직을 장식할 '꽃'이 아니다. 그렇다고 여자경찰이 작위적으로 남자경찰 못지않은 남성성이 보강된 Policeman으로 변신할 필요도 없다. 여성으로서 경찰의 직무를 수행하는 경찰관이라고 하는 그 자체로 존중받고 존경받는 것이 여경 전문화의 목적이다. 여경 전문화는 인간 본연의 여성성을 잘 살려서 Police Officer로서 기능별 직무를 특화하는 것이다.

2019년 5월 15일 발생한 이른바 '대림동 경찰관 폭행사건'은 여자경찰은 범인제압 능력이 떨어진다는 여자경찰에 대한 비난과 함께 '여경무용론'으로까지 비화되었다. 하지만 남자경찰도 범인제압에 어려움을 겪는 것은 마찬가지이며, 때론 범인을 눈앞에서 놓치기도 한다. 경찰관이 시민의 도움을 받아 범인을 검거했다고 해서 그 경찰관의 능력에 문제가 있는 것도 아니다. 경찰관 개인은 각기 다른 종류의 치안상황과 기능에 필요한 다양한 능력과 자질을 가지고 있으며, 이러한 다양성은 경찰이 각종 문제를 해결하는데 있어서 반드시 필요한 것이다. 여성 대상 범죄가 점점 늘어가는 추세에서 여자경찰의 필요성은 오히려 높아지고 있다. 경찰은 경찰이다. 남자경찰과 여자경찰의 구별은 더 이상 무의미하다. 남녀 간의 체력 차이에 대한 논쟁보다는 국민의 생명과 안전을 보호 할 수 있는 '업무수행 능력'을 기준으로 판단하여야 할 것이다.

## 3. 미국의 여자경찰 제도

여자경찰 채용에 있어서 채용기준을 남자경찰과 동일하게 할 경우 여자경찰 지원자에게 불리할 것이라는 것이 상식이다. 미국경찰은 2000년 이래로 여자경찰관 수가 정체를 보이고 있음에도 불구하고, 여자경찰을 채용하는데 있어 디트로이트(City of Detroit)와 워싱턴 DC 등 몇 개 지역을 제외하고는 체력검정 요소에서 남성과 동등한 신체능력 테스트를 실시하고 있다. 신체능력 측정항목은 도시마다 다소 차이가 있지만, 장거리 달리기(약 2.5Km), 단거리 달리기, 장애물 넘기(모형인형 들기 포함), 기초체력 측정(유연성 포함, 팔굽혀펴기는 분당 20회 기준)으로 구성되어 있다.[22] 군대경험이 있는 여성지원자들이 선호하는 편이다.

미국 내 인구별 여성 경찰관 현황을 보면 인구 1백만 이상 대도시의 경우에는 여성경찰관이 17.6%로 비교적 높지만, 인구 1만 명에서 2만5천명 미만의 소도시 및 시골에서는 8% 수준을 보이고 있다. 워싱턴 D.C.가 20.72%로 여자경찰의 비율이 가장 높으며 가장 낮은 지역은 웨스트버지니아(West Virginia)로 3.78% 수준이다.

22) 우리나라는 ①팔굽혀펴기(58회 이상/50회 이상) ②1.000미터 달리기(230초 이내/290초 이내) ③100미터 달리기(13초 이내/15.5 초 이내) ④윗몸일으키기(58회 이상/55회 이상) ⑤좌우 악력(61kg 이상/40kg 이상), 총 5가지 종목을 평가한다(괄호 안은 남/녀 10점 만점).

초창기에는 여자경찰과 남자경찰의 경찰휘장을 다르게 해서 구별하고자 했는데 시간이 지남에 따라서 남・여 경찰의 휘장을 통일하게 되었고, 오늘날에는 여자경찰의 채용정원을 따로 미리 정해 놓지 않고 남・여 모두가 경쟁할 수 있는 환경을 만들어 놓고 있다.

채용에서 뿐만 아니라 승진이나 교육훈련 등에 있어서도 남녀의 차별을 없앴다. 경찰에 대한 이미지 관리에 있어서도 기존에는 여자경찰에 대한 이미지를 남성중심 경찰의 조력자 정도로만 해왔다면, 이제는 경찰 홍보 포스터에서도 여자경찰을 중심인물로 자연스럽게 노출시킴으로써 시민들이 여자경찰을 당연시하고 그들을 지지하게 되는 효과를 얻고 있다. 나아가 여자이기 때문에 임신과 출산, 육아 이런 것이 문제가 되지 않도록 임신 중에는 경찰제복을 입지 않도록 하고 권총도 허리에 착용하지 않아도 되도록 배려하고 있다. 이러한 여자경찰에 대한 배려와 복지향상을 기초로 미국경찰은 여자경찰도 남자경찰과 대등한 능력을 발휘할 수 있도록 경찰정책개발에 힘쓰고 있다.

하지만 여자경찰 업무는 성폭력, 아동학대, 청소년 범죄 등 전통적으로 여자경찰이 담당했던 분야에서 크게 벗어나지 못하고 있다. 교통, 매춘, 마약, 갱단, 훈련기관 교관 등은 남자경찰이 대부분 차지하고 있다. 승진은 하더라도 여전히 근무배치에서 차별적 구조가 진행되고 있다.[23)]

## 4. 일본의 여자경찰 제도

우리와 같이 동양적 전통이 살아있는 일본사회의 경우에 있어서도 우리나라와 마찬가지로 여성들의 사회활동이 서양의 그것과 비교하여 활발하지 못한 것은 사실이다. 여자경찰의 인적 분포를 보더라도 가장 많은 비중을 차지하는 계급은 순사부장으로 우리나라의 경사에 해당하는 계급 이하에 집중되어 있음을 알 수 있다. 일본의 경우에는 여자경찰 채용목표제나 여자경찰 승진목표제와 같이 여자경찰을 채용이나 승진에서 우대하는 제도적 장치는 아직 마련되어 있지 않다.

---

23) 박선영, 한국여자경찰관제도의 문제점 및 활성화방안에 대한 연구: 각국 여자경찰관 비교연구, 한국공안행정학회 17(4), 2008: 170-211.

일본경찰의 경우에는 특별한 여자경찰제도로는 '지정 여성수사관'제도가 있다. 여기에서의 '지정'은 우리나라의 표현으로는 '전담'이라고 이해해도 무방하다. 이것은 일본 오사카 경찰에서 운영하고 있는 제도인데, 강간사건이나 강제추행사건이 일어나면 대부분 피해자가 여성인데 이러한 여성피해자에 대해서 그들의 피해현장을 방문하고 병원에 동행하고, 신체를 수색하거나 증거품을 수집하는 세부적인 일들이 피해여성에게 제2차 · 제3차 피해가 되지 않도록 여자경찰로 하여금 여성 피해자를 전담하도록 하고 있다.

우리나라의 경우도 이와 같은 공식 명칭과 제도는 없지만 사실상 성범죄 현장에서는 여자경찰이 피해자와 함께 해바라기센터 등 전문병원을 방문해서 강간 피의자의 증거물을 채집하는 활동을 하고 있다.

## 5. 프랑스의 여자경찰 제도

프랑스 경찰제도에서도 일본과 마찬가지로 우리나라에서 추진하고 있는 여자경찰 채용목표제나 여자경찰 승진목표제와 같은 제도는 없다. 프랑스에서는 일찍이 1982년부터 이와 같은 제도를 시행했었으나 현재는 폐지되어 시행이 중단된 상태이다. 그 이유는 순경계급에 15%, 경위계급에 25%, 경정계급에 30%까지 여자경찰의 몫으로 할당하다 보니, 이것이 헌법상 성별에 따른 역차별(Reverse discrimination)의 문제가 생겨났기 때문이다. 남자가 오히려 능력이 있으면서도 채용이나 승진에 있어서 여자경찰에 미리 배정된 인원 할당제에 의해서 채용이나 승진이 안 되는 위헌적 문제로 비화됨으로써 폐지하기에 이른 것이다.[24] 이와 같이 프랑스가 채용목표제와 승진목표제를 폐지한 이유는 이러한 제도자체가 나빠서가 아니라 전체적으로 여자경찰의 비율이 이미 20% 정도에 육박하게 되어, 더 이상 여성에게 혜택을 부여하지 않고 남녀 모두를 대등하게 공개경쟁을

24) 그러면 우리나라의 경우에도 여성고용할당제에 근거한 여자경찰 채용목표제 등이 헌법상의 권리인 '평등권'에 위반될 것인가가 문제된다. 우리 헌법재판소는 평등권에 반하지 않는다고 결정하고 있다. 5% 미만 정도의 할당이라고 하는 것은 이 사회가 여성의 노동력을 보다 요구하는, 그래서 선진국으로 갈 때 반드시 필요한 노동력의 국가적 활용이라고 하는 측면에서 봤을 때 합리적인 차별(合理的 差別)이라고 보았다. 종래 사회적 차별을 받아 온 일정집단에 대해 그동안의 불이익을 보상해주기 위한 잠정적 우대장치(Affirmative Action)의 하나로 차별이 아니라고 판시하고 있다(헌재 1999. 12. 23. 98 헌마363).

통해서 선발하여도 20% 수준을 유지하는 데 아무런 문제가 없다는 판단도 작용한 것으로 보인다.

프랑스에서는 경찰이 되기 위한 응시자격뿐만 아니라 여자경찰의 야간근무도 남자경찰과 동일하게 편성한다. 프랑스에서도 초기에는 여자경찰이 담당하는 업무는 민원실, 청소년, 가정폭력과 같은 분야로 한정되는 경향이 강했으나 오늘날에는 수행하는 업무에 있어서는 남자경찰과 별다른 차이가 없다. 특히 프랑스 경찰제도의 특징 가운데에는 군인경찰(軍人警察)이 있는데, 일정규모 이상의 도시치안을 담당하는 일반경찰과는 달리 이들은 주로 농촌치안을 담당하고 있다. 그런데 이러한 시골단위에서는 수더분한 여자경찰이 경찰업무를 잘 처리하여 왔기 때문에 여자경찰의 활용도를 충분히 살려 이 제도를 운용하고 있다. 우리나라에서도 여자경찰이 너무 대도시에만 몰려 있지 말고 중소도시나 농촌에 가서 여성 특유의 세밀함, 섬세함을 이용해서 지역치안을 위해 근무하는 것도 고려해 봄직하다. 프랑스나 우리나라의 경우나 모두가 일정규모 이하의 행정구역에서는 업무의 절대량에 있어서 여자경찰이 담당하는 양이 대도시에 비하여 오히려 수월한 경우가 많기 때문이다.

## 6. 소결

여자경찰이 가지고 있는 여성성은 과거부터 남자경찰들이 많이 일하는 남자 중심의 조직인 경찰조직에 있어서 결코 버려지거나 극복되어야 하는 직업적 본성이 아니다. 오히려 남자경찰에게는 부족한 여자경찰의 여성성이야말로 성공적 경찰활동을 위하여 반드시 필요한 요소이다. 여자경찰들이 갖고 있는 여성으로서의 섬세함, 애정, 범죄의 가해자이든 피해자이든 인간적인 내면을 들여다 볼 수 있는 측은지심(惻隱之心), 동정심, 타인에 대한 배려, 인간지향적 마음가짐 등, 지역사회와 사람을 올바르게 지향하는 데 밑바탕이 되는 이러한 심성들은 전체적으로 경찰조직이 길러나가야 할 직업적 덕목이기도 하다. 여성성을 경찰조직에서 보다 적극 보호하고 업무에 잘 활용한다면 지역사회 경찰활동 등에서 탁월한 결과를 기대할 수 있다. 경찰조직이 보다 시민 지향적이고 고객지향적인 면모를 강화하기 위해서는 여자경찰의 채용과 승진은 물론이고 경찰활동의 주역이 될 수 있도록 보다 과감한 경찰정책을 추진해야 할 것이다.

제8강 I

# 자치경찰과 주민참여

# 제8강 자치경찰과 주민참여

>>> 경찰과 사회 >>>

## 제1장 주민주권과 자치경찰제

우리나라의 지방자치는 1995년 지방자치단체장 선거를 통하여 시작을 알렸고 2007년 교육감 직선제로 교육자치로 이어졌다. 지방자치단체의 종합행정을 가져오는 자치경찰은 2021년 7월부터 비로소 시작된 이후, 전국 18개 시 · 도자치경찰위원회를 중심으로 지역 특성에 부합하는 맞춤형 치안정책을 하나둘 발굴하고 시행되고 있다.

자치경찰은 경찰행정의 민주성, 분권성, 그리고 주민지향성이라는 가치를 추구한다. 무엇보다도 그동안의 국가중심적 사고와 공급자 중심적 사고가 지배적이었던 기존 치안 패러다임에 근본적인 변화의 물꼬를 튼 것이야말로 매우 의미 있는 일이라 하겠다. 나아가 자치경찰에 관한 정책경쟁을 통하여 지방정부와 경찰행정의 다양성 확보는 물론, 지방행정의 경쟁력과 효율성 향상에 기여하고 있다.

하지만 자치경찰제의 시행에도 불구하고 시민의 체감도가 낮거나 현장경찰관의 제도 개선에 따른 만족도가 좀처럼 상승하지 않는 현상이 제도시행 초기에 나타났다. 진정한 자치경찰제의 시행을 통하여 치안서비스가 개선되고 이러한 효과가 주민들에게 스며드는 시간이 일정기간 필요하다고 하겠다.

## 1. 지방자치와 주민주권

지방자치(地方自治, Local Autonomy)는 '일정한 지역을 기반으로 하는 지방의 주민이나 자치단체가 지역주민의 생활과 직접 관련 있는 사무에 관하여 지역주민의 의사와 책임 하에 자주적으로 통치하는 정치제도이자 지방분권을 위한 행정제도'로 정의할 수 있다. '풀뿌리 민주주의'라고도 불린다. 중앙정부에 집중되어 있는 권한과 사무, 재정 등을 지방으로 이양하는 지방분권과 밀접한 관계를 지닌다.

지방자치는 민주주의의 요체이고, 현대의 복합사회가 요구하는 정치적 다원주의(pluralism)를 실현시키기 위한 제도적 장치로서 지방의 공동 관심사를 자율적으로 처결함과 동시에 주민의 자치역량(自治力量)을 배양하는 제도(헌재 1991. 3. 11. 91헌마21; 헌재 1998. 4. 30. 96헌바62)이다. 또한 지방자치제도는 주권의 지역적 주체인 주민에 의하여 자기통치(自己統治)를 실현하는 것으로 요약될 수 있고, 이러한 지방자치의 본질적이고 핵심적인 내용은 입법 기타 중앙정부의 침해로부터 보호되어야 한다는 것이 헌법상의 요청이기도 하다(헌재 2003. 1. 30. 2001헌가4).

대한민국 헌법 제1조는 '대한민국은 민주공화국이다(제1항). 대한민국의 주권은 국민에게 있고, 모든 권력은 국민으로부터 나온다(제2항)'라고 규정하고 있다. 국가와 국민을 전제한 '국민주권(國民主權)'의 근거조항이 된다. 한편 대한민국 헌법 제117조와 제118조[25]는 지방자치를 통해 보다 근원적으로 행사할 수 있는 '주민주권(住民主權)'을 규정하고 있다. 지난 2020년 전부 개정된 「지방자치법」은 이러한 주민주권(住民主權)의 원리를 보다 강화하여 주민자치를 대폭 확장하였다. 동법 제1조(목적)에서 '지방자치단체의 종류와 조직 및 운영'에 관한 사항 외에 '주민의 지방자치행정에 관한 사항'을 새롭게 규정하여 주민자치가 지방자치의 중요한 목적이며 수단임을 명시하고 있다.[26] 여기에 중앙-지방의 관계 또한 종래 상하·수직의 관계에서 수평·대등한 상호 협력의 동반자 관계로 변경됨으로써 주민의 위상과 역할도 크게 강화되었다.

---

25) 제117조 ①지방자치단체는 주민의 복리에 관한 사무를 처리하고 재산을 관리하며, 법령의 범위 안에서 자치에 관한 규정을 제정할 수 있다. ②지방자치단체의 종류는 법률로 정한다.
제118조 ①지방자치단체에 의회를 둔다. ②지방의회의 조직·권한·의원선거와 지방자치단체의 장의 선임방법 기타 지방자치단체의 조직과 운영에 관한 사항은 법률로 정한다.

26) 김순은·정순관·양영철·황문규·이상훈. (2021). 「문재인 정부의 자치경찰」, 범신사, 27쪽.

자치경찰제의 근거 법률인 「국가경찰과 자치경찰의 조직 및 운영에 관한 법률」(이하 "경찰법"이라 한다)에서는 자치경찰제의 구조와 내용을 설계함에 있어서 '경찰'의 영역 확보를 지나치게 강조한 면이 있다. 가장 대표적인 것으로는 자치경찰사무를 수행하는 자치경찰관을 따로 두지 않고, 기존 국가경찰의 조직과 인력으로 자치경찰사무를 수행하는 구조(소위 "일원적 자치경찰제")를 근간으로 자치경찰제를 도입한 것이다. 이러한 소위 '자치경찰 없는 자치경찰제'로 말미암아 자치경찰제는 그 시작부터 일정한 한계가 불가피하였다. 그러다 보니 주민 중심의 '자치'의 영역이 상대적으로 미약하게 만들어진 결과를 낳았다. 따라서 현행 자치경찰제에서는 지역주민이 경찰행정에 주도적으로 참여할 수 있는 요소가 충분히 반영되었다고 보기 어렵다고 할 수 있다.

## 2. 자치경찰제 도입 연혁

문재인 정부에서 전국적으로 도입한 우리나라 자치경찰제가 소위 '일원적 자치경찰제'로 설계되어 시행하게 된 배경은 경찰법 전부개정 이유서에서 알 수 있다.[27] 여기에서는 자치경찰제 시행의 취지로 ①진정한 지방자치 ②경찰권의 효율적 분산 ③경찰행정의 분권과 민주성 ④지방행정과 치안행정의 연계성 확보 ⑤주민밀착형 서비스를 제시하고 있다. 그야말로 주민주권성과 주민을 지향하는 경찰제도의 개혁임을 알 수 있다.

문민정부가 들어선 이후 역대 정부마다 자치경찰 논의에 있었다. 하지만 문재인 정부에서는 〈표 8-1〉에서 보는 바와 같이 김대중 정부 이후 연이은 3개의 정부에서 논의를 이어온 기초단위 자치경찰제를 채택하지 않고, 광역단위 자치경찰제를 법제화하여 전면 도입·실시하기에 이르렀다. 이렇게 광역단위 자치경찰제를 도입한 이유로는 광역단위 자치경찰제의 채택 배경으로 정부 수립 이후 치안질서의 근간이 되어 왔던 국가경찰체제의 안정적 경찰활동 체계가 흔들리지 않도록 유지할 필요성이 있었음을 밝히고 있다. 또한 국가경찰체제의 변화와 추가 소요비용 최소화를 통해 국민부담을 경감할 필요성에 비추어 광역단위로 추진하는 것이 합당하다고 판단한 것으로 보인다.

27) 법제처 국가법령센터, 경찰법 전부개정 이유. https://www.law.go.kr/lsInfoP(2022년 3월 3일 조회.

표 8-1 ▮ 역대 정부의 자치경찰제 추진경과

| 구 분 | 김영삼 정부 | 김대중 정부 | 노무현 정부 | 이명박 정부 | 박근혜 정부 |
|---|---|---|---|---|---|
| 단위 | 기초자치단체<br>(시 · 군) | 광역자치단체<br>(시 · 도) | 기초자치단체<br>(시 · 군 · 자치구) | 기초자치단체<br>(시 · 군 · 자치구) | 기초자치단체<br>(시 · 군 · 자치구) |
| 사무 | 주민밀착사무<br>(생활안전 ·<br>교통 등) | 주민밀착사무<br>(생활안전 ·<br>교통 등) | 주민밀착사무<br>(생활안전 ·<br>교통 등) | 주민밀착사무<br>(생활안전 ·<br>교통 등) | 주민밀착사무<br>(생활안전 ·<br>교통 등)<br>특별사법경찰사무 |
| 신분 | 지방공무원<br>(경찰서 이하) | 지방공무원<br>(경정 이하) | 지방공무원<br>(자원 전환) | 지방공무원<br>(자원 전환) | 지방공무원<br>(자원 전환) |
| 재원 | 지방양여금 | 지방부담 원칙<br>(국가 한시지원) | 지방부담 원칙<br>(국가 한시지원) | 과태료 · 범칙금<br>(국가 한시지원) | 지방소비세 및<br>과태료 · 범칙금 |

출처: 이상훈 외(2021). 28쪽.

## 3. 경찰법상 자치경찰제 설계

경찰법에서는 우리나라 자치경찰제도의 설계에 있어서 자치경찰의 취지인 분권성을 일부 지향하면서도 국가경찰의 개입 여지를 비교적 광범위하게 허용하는 쪽으로 기본방향을 잡고 있다. 소위 '일원적 자치경찰제' 모형을 채택함으로써 국가경찰사무와 자치경찰사무를 수행하는 경찰관을 모두 단일 국가경찰 공무원 신분으로 인적 구성을 하였고, 자치경찰조직 역시 따라 두지 않고, 종래의 국가경찰조직을 그대로 유지하는 가운데 자치경찰사무를 담당하는 경찰공무원 혹은 자치경찰사무를 수행하는 경찰공무원 등으로 개념상 구분하는데 그쳤다.

대표적인 자치경찰조직으로 시 · 도에 시 · 도자치경찰위원회를 두었다. 종래 '경찰청(警察廳)의 사무'를 지역적으로 분담 · 수행하게 하기 위하여 시 · 도지사 소속으로 두었던 '지방경찰청'은 그 명칭을 변경하여 '시 · 도경찰청'으로 새롭게 하였고, '경찰(警察)의 사무'를 지역적으로 분담하여 시 · 도의 치안에 관한 사무를 수행하도록 하였다(예를 들어, 종래 서울지방경찰청은 서울특별시경찰청(약칭: 서울경찰청)으로 명칭을 변경되었음).

자치경찰제의 본격 시행으로 새롭게 신설된 직제로는 시 · 도경찰청장을 보좌하는 자치경찰차 · 부장(서울경찰청의 경우에는 자치경찰차장으로, 다른 경찰청의 경우에는 자치경찰부장으로 보함)의 직제를 두었다. 자치경찰차 · 부장은 생활안전부 및 교통지도부의 소관업무를 분장하거나 이에 관하여 청장을 보조한다(경찰청과 그 소속기관 직제 제45조, 제57조, 제61조 등). 자치경찰사무는 기존 경찰사무를 국가경찰사무와 자치경찰사무로 대별하여 설정하고, 〈그림 8-1〉에서 보는 바와 같이 국가경찰사무는 경찰청장이, 수사사무는 국가수사본부장이, 그리고 자치경찰사무는 시 · 도자치경찰위원회에서 각각 지휘 · 감독하는 3원적 지휘 · 감독체계를 갖추고 있다.

**그림 8-1 ▎국가경찰과 자치경찰의 조직 체계**

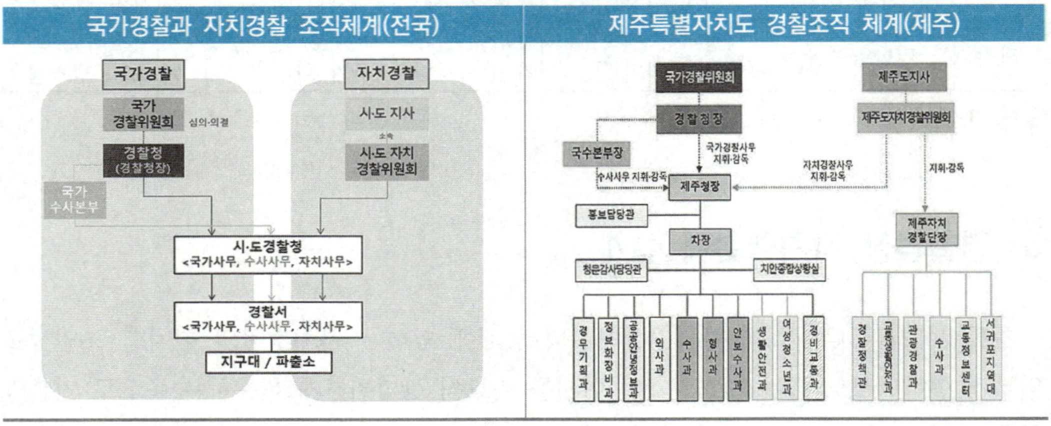


다만, 제주특별자치도의 경찰조직은 다른 시 · 도의 그것과 구별된다. 즉, 전국의 모든 광역단위 자치단체(특별시 · 직할시 · 특별자치시)는 시 · 도자치경찰위원회의 관리 하에 국가경찰 소속의 자치경찰사무 담당 경찰공무원들을 중심으로 운영(소위 "일원적 자치경찰제")되고 있지만, 제주특별자치도의 경우에는 여기에 제주도 소속의 지방공무원으로 구성된 자치경찰조직으로서의 '제주자치경찰단'이 함께 존재하는 가운데, 제주자치경찰위원회가 자치경찰사무에 관한한 양자를 지휘 · 감독하는 전국 유일의 '이원적 자치경찰제'로 운영되고 있다. 이것은 제주특별자치도의 경우에는 자치경찰사무에 관하여 '제주도경찰청 소속의 자치경찰사무 담당 공무원'과 '제주자치경찰단 소속의 자치경찰공무원'이 업무를 수행하는 것을 의미한다. 결과적으로는 자치경찰 업무의 중복 수행으로 인한 비효율 혹은 중복수행을 피하기 위하여 업무를 기관별로 분담하는 경우에, 업무분장에 관한 협약사항에 대하여 양 기관의 이해관계가 복잡하게 얽힐 수 있는 개연성을 항상 지니고 있다.

## 4. 광역단위 자치경찰제의 문제점과 보완 필요성

경찰법 전부개정 이유에서는 광역단위 자치경찰제의 채택 배경으로 정부 수립 이후 치안질서의 근간이 되어 왔던 국가경찰체제의 안정적 경찰활동 체계가 흔들리지 않도록 유지할 필요성을 밝히고 있다. 이 때문에 기초단위 보다는 광역단위가 이러한 필요에 보다 부합한 것으로 보았음을 알 수 있다. 또한 국가경찰체제의 변화와 추가 소요비용 최소화를 통해 국민부담을 경감할 필요성에 비추어 광역단위로 추진하는 것이 합당하다고 판단한 것으로 보인다.

하지만 시 · 도 중심의 광역단위 자치경찰제의 최대 약점으로 시 · 군 · 자치구의 기초자치단체를 중심으로 하는 주민의 적극적 참여가 제한된다는 것이 지적된다. 특히 경찰서와 지구대 · 파출소 등 지역경찰관서가 이들 시 · 군 · 자치구의 기초자치단체를 중심으로 편제되어 있는 현실을 고려한다면, 이들의 참여를 적극 이끌어 내는 방향으로 시도자치경찰위원회의 권한 행사와 회의 운영이 요구된다.

지구대 · 파출소는 주민의 112신고에 대하여 가장 먼저 출동하는 지역경찰이며 평소에도 지역주민과 가장 가까이 접촉하는 등 지역의 치안수요에 대응하는 경찰행정의 최전선을 담당하는 기구이기 때문에 주민밀착 치안을 본질로 하는 자치경찰제 운영에 있어서 중심적 위치를 차지하고 있어야 한다. 이러한 중요성에 비추어 지역경찰을 품고 있는 시 · 군 · 자치구의 기초자치단체와 주민의 참여를 실질적으로 확대하는 자치경찰제 운영이 필요하다.

예를 들어, 「경찰법」은 지구대장과 파출소장 외의 지구대 · 파출소 근무자는 시 · 도자치경찰위원회의 임용권 대상에서도 제외하고 있는데(경찰공무원 임용령 제4조 제1항), 이들을 관리하는 지역경찰관서장 임용에 대하여 주민의 동의를 구하는 절차의 하나인 「지역경찰관서장 주민추천제」 등의 실질적 운영이나 전국적 확대시행은 물론 법률적 근거 마련을 위한 경찰법상의 법제화는 그 의미가 적지 않다고 본다.

# 제2장 시 · 도자치경찰위원회

우리나라는 자치경찰제를 도입 · 시행하면서 종래 경찰의 조직과 인력을 중심으로 자치경찰사무를 수행하도록 하는 형태의 소위 '일원적 자치경찰제'를 취하고 있다. 이와 같은 경찰조직 변화의 최소화 원칙에 있어서 대표적인 예외는 바로 시 · 도자치경찰위원회를 따로 둔 것이라고 할 수 있다. 경찰법은 시 · 도자치경찰위원회로 하여금 자치경찰사무에 관하여 당해 시 · 도경찰청장을 지휘 · 감독하도록 하고 있다.

## 1. 자치경찰위원회의 구성과 조직

### (1) 자치경찰위원회의 구성과 신분보장

시 · 도자치경찰위원회는 시 · 도지사 소속으로 두며 합의제 행정기관으로서 그 권한에 속하는 업무를 독립적으로 수행한다. 시 · 도자치경찰위원회는 모두 7인의 위원으로 구성되는데, 위원장과 1명의 위원(사무국장)은 상임으로 하고, 5명의 위원은 비상임으로 한다.

표 8-2 ▎시 · 도자치경찰위원회 구성 및 출범일

| 구분 | 3월/4월(3) | 5월(11) | 6월(3) | 7월(1) |
|---|---|---|---|---|
| 시 · 도 | 충남(3.31)<br>강원(4.02)<br>대전(4.29) | 부산(5.06), 제주(5.06), 광주(5.10),<br>경남(5.10), 울산(5.13), 세종(5.13),<br>인천(5.17), 대구(5.20), 충북(5.20),<br>경북(5.20), 전남(5.25) | 전북<br>(6.02)<br>경기남 · 북부<br>(6.30) | 서울<br>(7.02) |

위원의 구성에 있어서는 특정 성(性)이 10분의 6을 초과하지 아니하도록 하였고, 위원 중 1명은 인권문제에 관하여 전문적인 지식과 경험이 있는 사람이 임명될 수 있도록 하였다. 위원회 구성에 있어서의 여성의 진출을 정책적으로 고려한 부분이며, 인신의 자유와 밀접한 관계를 가지고 있는 경찰행정에 있어서의 인권보호적 요소를 강화하고자 하는 입법정책이 반영된 조항이라고 하겠다. 다만 '노력하여야 한다'는 규정은 법적 구속력이

없기 때문에 위원회 구성에 있어서 사실상의 운영과정에서 실현하려는 의지가 필요한 부분이다.

시 · 도자치경찰위원회 위원은 시 · 도지사가 임명한다. 다만, 시 · 도의회가 추천하는 2명, 국가경찰위원회가 추천하는 2명, 시 · 도교육감이 추천하는 1명, 시 · 도자치경찰위원회 위원추천위원회가 추천하는 2명, 그리고 시 · 도지사가 지명하는 1명을 임명하는 것이어서 시 · 도지사가 시 · 도자치경찰위원회의 구성은 물론 위원회의 업무와 관련하여 정치적 목적이나 개인적 이익을 위해 관여하지 못하도록 일정한 제한을 두고 있다.

시 · 도자치경찰위원회 위원장과 위원의 임기는 3년으로 하며 연임할 수 없다. 위원은 중대한 신체상 또는 정신상의 장애로 직무를 수행할 수 없게 된 경우를 제외하고는 그 의사에 반하여 면직되지 아니한다.

시 · 도자치경찰위원회는 자치경찰의 비전과 정체성을 담은 BI(brand identity)를 제작하여 사용하고 있다. '동네 경찰관'으로 주민과 더 가까운 곳에서 공동체의 안전을 지킨다는 의미를 지니고 있다.

**그림 8-2 ❙ 자치경찰위원회 로고**

출처: 구글 이미지(2022. 8. 10.)

### (2) 자치경찰위원회의 조직과 사무기구

시 · 도자치경찰위원회는 행정위원회의 법적 성격을 띠고 있다. 따라서 일반적인 행정기관과는 구별되어 소속되어 있는 행정기관과는 달리 순수한 행정기능 외에 규칙제정권 등 입법기능 등을 독자적으로 수행할 수 있는 권한을 지닌 합의기관이다.[28] 따라서 위원장은 상임위원으로서 시 · 도자치경찰위원회 위원장은 회의를 주재하고 시 · 도자치경

---

28) 우리나라의 행정위원회(行政委員會)로는 금융감독위원회, 공정거래위원회, 방송위원회, 청소년보호위원회 등이 있다. 국무회의와 감사원 등과 같이 구성원이 합의하여 의사를 결정한다.

찰위원회를 대표하지만, 시 · 도자치경찰위원회의 의결을 거쳐 업무를 수행한다. 시 · 도자치경찰위원회 위원장이 부득이한 사유로 직무를 수행할 수 없을 때에는 상임위원, 시 · 도자치경찰위원회 위원 중 연장자순으로 그 직무를 대행한다.

시 · 도자치경찰위원회의 사무를 처리하기 위하여 시 · 도자치경찰위원회에 필요한 사무기구를 둔다. 시 · 도자치경찰위원회는 또 다른 1명의 상임위원으로서 사무국장을 둔다. 사무국장은 시 · 도자치경찰위원회 위원장의 명을 받아 소관 사무를 처리하고 소속 직원을 지휘 · 감독한다. 사무기구에는 대통령령이 정하는 바에 따라 경찰공무원을 두어야 한다. 이것은 자치경찰제 시행 초기에 경찰업무에 대한 이해를 돕기 위한 조치이다. 파견 경찰관들은 자치경찰사무 주요 시책의 기획 및 추진, 지방행정과 치안행정의 업무 조정 및 타 기관 협력 및 연계, 임용권 행사 협의 및 방침 수립, 보통승진심사위원회 구성 협의, 사업예산 편성 · 집행 및 결산, 감사 및 감찰요구 등의 업무를 수행한다.

**그림 8-3 ❙ 자치경찰위원회 사무기구 조직표(예시)**

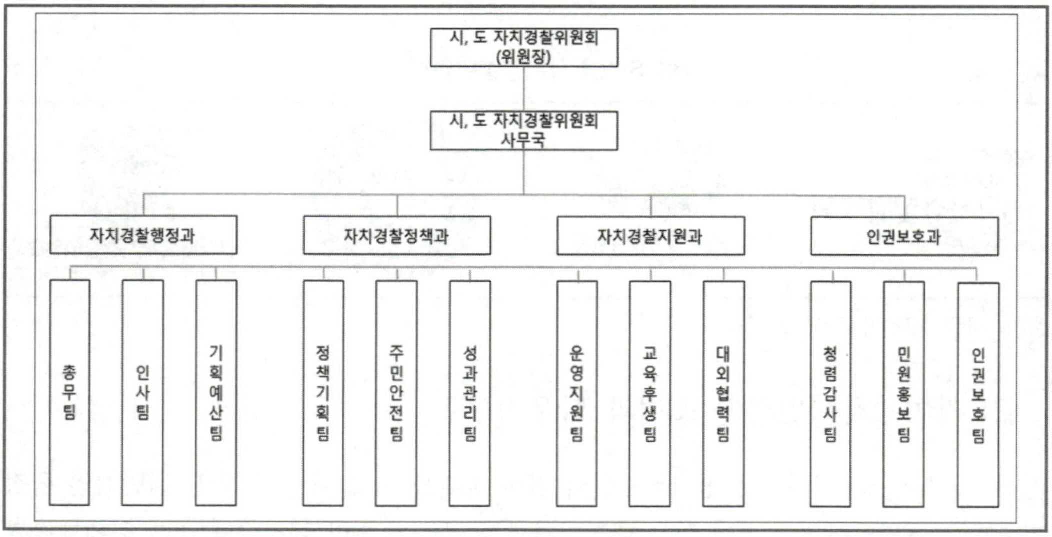


출처: 이상훈 외 3(2021), 54쪽.

파견 경찰관들은 〈표 8-3〉과 같이, 현재 17개 시 · 도자치경찰위원회(세종시 제외)에 185명이 배치되어 있다. 하지만, 사무기구 파견 경찰관 중 정원에 반영된 51명(정원은 위원회 별 3명)을 제외한 134명이 정원 외 파견이어서 불안한 신분과 원 소속 부서 내

공석발생에 따른 동료눈치 등으로 파견을 꺼리는 등 우수한 인력 유인 및 장기근속 유도에 어려움이 있는 것으로 나타난다. 자치경찰제의 사무 운영 특성상 높은 치안사무의 비중이 대부분 파견 경찰관들에게 편중되는 경향이 있기 때문에 현재 경찰파견 정원(3명)으로는 역부족이다. 제도 안정화 차원에서 파견 경찰관 정원 확대나 시 · 도소속공무원으로 특별 채용하는 등의 대책마련이 시급한 실정이다.

**표 8-3 ▌경찰관의 자치경찰위원회 파견 현황**

| 구분 | 계 | 서울 | 부산 | 대구 | 인천 | 광주 | 대전 | 울산 | 경기남 | 경기북 | 강원 | 충북 | 충남 | 전북 | 전남 | 경북 | 경남 | 제주 |
|---|---|---|---|---|---|---|---|---|---|---|---|---|---|---|---|---|---|---|
| 총 현원<br>(정원) | 566<br>(447) | 61<br>(43) | 41<br>(29) | 32<br>(25) | 39<br>(27) | 33<br>(25) | 27<br>(27) | 28<br>(25) | 38<br>(29) | 32<br>(25) | 26<br>(25) | 30<br>(22) | 36<br>(25) | 31<br>(25) | 26<br>(25) | 30<br>(27) | 30<br>(25) | 24<br>(18) |
| 경찰관 현원<br>(정원) | 185<br>(51) | 22<br>(3) | 13<br>(3) | 10<br>(3) | 14<br>(3) | 11<br>(3) | 8<br>(3) | 10<br>(3) | 12<br>(3) | 10<br>(3) | 9<br>(3) | 11<br>(3) | 13<br>(3) | 10<br>(3) | 8<br>(3) | 8<br>(3) | 9<br>(3) | 7<br>(3) |
| 일반직 현원<br>(정원) | 347<br>(362) | 37<br>(38) | 26<br>(24) | 20<br>(20) | 23<br>(22) | 20<br>(20) | 17<br>(22) | 16<br>(20) | 24<br>(24) | 20<br>(20) | 15<br>(20) | 17<br>(17) | 21<br>(20) | 19<br>(20) | 18<br>(20) | 20<br>(22) | 19<br>(20) | 15<br>(13) |

출처: 경찰청 자치경찰협력정책관실, 자치경찰 소식, 2022년 3월호: 3쪽.

## 2. 자치경찰위원회의 사무와 운영

### (1) 자치경찰위원회의 소관 사무

경찰법은 시 · 도자치경찰위원회의 사무를 다음의 17가지로 규정하고 있다.

① 자치경찰사무에 관한 목표의 수립 및 평가
② 자치경찰사무 인사, 예산, 장비, 통신 등에 관한 주요정책 및 그 운영지원
③ 자치경찰사무 담당 공무원의 임용, 평가 및 인사위원회 운영
④ 자치경찰사무 담당 공무원의 부패 방지와 청렴도 향상에 관한 주요 정책 및 인권침해 또는 권한남용 소지가 있는 규칙, 제도, 정책, 관행 등의 개선
⑤ 국가 및 지방자치단체의 치안시책 수립 및 시행 책무에 따른 시책 수립
⑥ 시 · 도경찰청장 임용 관련 경찰청장과의 협의, 경찰서장 평가 및 결과 통보
⑦ 자치경찰사무 감사 및 감사의뢰
⑧ 자치경찰사무 담당 공무원의 주요 비위사건에 대한 감찰요구

⑨ 자치경찰사무 담당 공무원에 대한 징계요구
⑩ 자치경찰사무 담당 공무원의 고충심사 및 사기진작
⑪ 자치경찰사무와 관련된 중요사건 · 사고 및 현안의 점검
⑫ 자치경찰사무에 관한 규칙의 제정 · 개정 또는 폐지
⑬ 지방행정과 치안행정의 업무조정과 그 밖에 필요한 협의 · 조정
⑭ 비상사태 등 전국적 치안유지를 위한 경찰청장의 지휘 · 명령에 관한 사무
⑮ 국가경찰사무 · 자치경찰사무의 협력 · 조정과 관련하여 경찰청장과 협의
⑯ 국가경찰위원회에 대한 심의 · 조정 요청
⑰ 그 밖에 시 · 도지사, 시 · 도경찰청장이 중요하다고 인정하여 시 · 도자치경찰위원회의 회의에 부친 사항에 대한 심의 · 의결

## (2) 자치경찰위원회의 운영

시 · 도자치경찰위원회는 소관사무에 대하여 심의하고 의결한다. 회의는 재적위원 과반수의 출석과 출석위원 과반수의 찬성으로 의결한다. 이때 시 · 도지사는 시 · 도자치경찰위원회의 소관 사무에 관한 의결이 적정하지 아니하다고 판단할 때에는 재의를 요구할 수 있다. 행정안전부장관 역시 위원회의 의결이 법령에 위반되거나 공익을 현저하게 해친다고 판단되면 밀 경찰청장의 의견을 들어 국가경찰위원회를 거쳐 시 · 도지사에게 재의를 요구하게 할 수 있다. 경찰청장도 국가경찰위원회와 행정안전부장관을 거쳐 시 · 도지사에게 재의를 요구하게 할 수 있다.

이 경우 시 · 도자치경찰위원회의 위원장은 재의요구를 받은 날로부터 7일 이내에 회의를 소집하여 재의결하여야 한다. 이 경우 재적위원 과반수의 출석과 출석위원 3분의 2 이상의 찬성으로 전과 같은 의결을 하면 그 의결사항은 확정된다.

시 · 도자치경찰위원회의 회의는 정기적으로 개최하여야 한다. 다만 위원장이 필요하다고 인정하는 경우, 위원 2명 이상이 요구하는 경우 및 시 · 도지사가 필요하다고 인정하는 경우에는 임시회의를 개최할 수 있다. 시 · 도자치경찰위원회는 회의 안건과 관련된 이해관계인이 있는 경우 그 의견을 듣거나 회의에 참석하게 할 수 있다.

## 3. 자치경찰위원회의 중점사업 사례

시 · 도자치경찰위원회는 자치경찰제의 출범과 함께 해당 지역의 치안환경과 치안수요에 부합하는 특성 있는 다양한 정책을 수립하고 추진하였다. 각 지역에서 추진한 주요 시책과 치안 프로그램들은 주민 편의 및 현장 대응력 향상을 위한 시책, 주민 요구를 신속하고 충실하게 반영한 시책, 그리고 지역 특성을 반영한 안전 및 범죄예방 시책 등으로 나타난다.

### (1) 서울특별시자치경찰위원회

서울자치경찰위원회는 지방행정과 치안행정의 연계를 통하여 종래 일반행정과 경찰행정이 서로 다른 조직과 인력으로 시행되어 왔던 시민안전 사업에 시너지 효과를 가져 올 수 있도록 하는 '중점협력사업'에 정책을 집중하였다. 대상사업은 ①한강공원 안전강화 ②1인 가구 주거안전사업 협력 ③아동학대 예방 및 공동대응 ④지하철 안전강화를 위한 협력 ⑤교통사망사고 줄이기로 정하였다. 이러한 사업들의 특징은 시민안전과 밀접하고 일반행정과 치안행정의 연계 · 협력의 효과성을 극대화할 수 있다는 점이었다. 특히 전국 최초로 시행된 서울 반려견 순찰대는 우리동네를 지키기 위한 시민들의 자발적 참여를 이끌어내는 매우 효과적인 주민참여형 정책이라는 점에서 주목을 끌고 있다.

서울자치경찰위원회는 '시민을 편안하게, 서울을 안전하게'라는 슬로건을 내세우고 있으며, 여기에 서울시경찰청은 '시민 중심 · 현장 중심'이라는 슬로건으로 화답하고 있다. 이들은 서울자치경찰의 양대 기관으로서 공동대응과 협업을 기반으로 하는 서울자치경찰 운영의 중심에는 '시민'이 위치시키고 있다.

#### ① 아동학대 예방 및 공동대응

양천구 아동학대 사망 사건[29]으로 아동학대 예방 및 대응시스템이 제대로 작동하지

29) 2020년 3월부터 10월까지 학대하여 생후 16개월 된 입양아 정인이를 숨지게 한 사건으로 대법원은 양모에게는 살인혐의로 징역 35년형을, 양부에게는 아동복지법 위반과 아동학대 등 혐의로 징역 5년형을 선고한 원심을 확정하였다. 이들은 EBS 입양가족 특집 다큐멘터리 '어느 평범한 가족'에 출연했던 입양아 가족이었다. 입양기관의 부실관리와 더불어, 어린이집 교사들의 첫 신고, 차량에 방치된 피해 아

않은 점이 드러났다. 학대전담공무원의 전문성 부족은 물론 기관별로 개별적 접근하는 방식 등이 지적되었다. 그 해법으로 아동학대 대응체계 개선 전략과 전담의료기관 지정 등을 도출하고, 아동일시 보호시설과 학대피해 아동쉼터 확충 등의 후속조치를 이어갔다. 서울자치경찰위원회는 서울시와 서울경찰청 간의 「아동학대 예방 및 대응을 위한 공동협력」을 중점사업으로 정하고 일반행정과 치안행정의 연계 · 협력사업의 일환으로 지속적인 관심을 쏟고 있다. 특히 서울형 아동학대 판단회의를 설치하여 학대전담경찰관, 아동보호전담경찰관, 의사, 변호사, 임상심리사 등 전문인력의 참여를 확대하여 효과적인 초기 대응이 가능하도록 하고 있다. 또한 신고자 보호조치를 강화하여 신고부담을 낮추어 아동학대가 조기에 보고될 수 있도록 공동대응하고 있다.

### ② 1인 여성 가구 주거안전 사업 협약

서울자치경찰위원회는 늘어나는 1인 가구와 더불어 1인 가구 대상 주거침임 범죄가 급증함에 따라, 이 같은 주거안전 사업의 추진에 있어서 시설물의 설치뿐만 아니라 공동체 활성화에도 역점을 두었다. 이것은 1인 가구가 가지고 있는 빈곤, 질병, 외로움, 안전, 주거에 대한 불안을 해소하는 일환이기도 하다. 사업을 담당하는 범죄예방디자인전담팀은 자치경찰위원회, 서울시 디자인정책과, 서울시경찰청, 그리고 해당 자치구(담당 사업부서) 및 경찰서(생활안전과)와 협력체계를 구축하고 있으며, 안심마을보안관이 야간 취약시간에 순찰하도록 하고 있다.

이 사업은 주거지역의 안전확보를 위하여 환경설계를 통한 범죄예방(CPTED, Crime Prevention Through Environmental Design) 개념을 적용한 사례이다. 물리적 환경 개선에 기반을 둔 범죄예방 전략인 제1세대 CPTED(1st Generation CPTED)와 지역사회의 결속력이라는 사회적 관계를 중심으로 주민의 활동성 강화를 통한 범죄예방 전략인 제2세대 CPTED(2nd Generation CPTED)가 전략적으로 고려되어 있다.

나아가 이러한 감시와 통제를 통한 도시의 요새화라는 구조적 변화(제1세대 셉테드)와 더불어 사회문화적 다양성 존중을 통해 사회경제적으로 균형 잡힌 공동체(제2세대 셉테드)로의 관점 전환은 물론, 이러한 도시의 물리적 측면과 사회적 측면을 모두 가미하고

---

동을 목격한 행인의 두 번째 신고, 그리고 피해 아동을 진찰한 소아과 의사의 신고까지 총 3번의 아동학대 신고가 있었는데, 경찰은 부모의 말만 믿고 아무런 조치도 취하지 않은 것으로 밝혀졌다.

녹색기술과 디지털 수단을 통한 도시공간 재프로그래밍에 중점을 두어 도시이미지 개선과 공공예술의 개념까지 반영하는 제3세대 CPTED 개념까지 종합적으로 아우르고 있는 것으로 평가된다.

#### ③ 서울지하철 안전강화를 위한 협업

서울자치경찰위원회는 지하철경찰대와 지하철보안관의 협력을 강화하고 합동순찰을 실시한다. 범죄예방 및 무질서행위 근절을 위해 자치경찰위원회, 서울시, 서울시경찰청, 서울지방철도경찰대, 서울교통공사가 참여하는 '지하철 안전 실무협의체'를 구성하고 있다.

주요활동으로는 지하철 체감안전도를 높이기 위한 홍보활동을 강화하고, 지하철 안전을 위한 예산확보에 노력하며, 지하철 역사 여자 화장실 음성안내 장치를 설치하는 것 등이 있다.

이러한 활동을 포함한 전반적인 범죄예방활동의 결과, 2020년 10월 2,300여 건 발생하였던 지하철 내 범죄발생량은 2,160여 건으로 감소하여 6.1% 개선되는 성과를 가져왔다.

### (2) 대전광역시자치경찰위원회

#### ① 이해관계자 숙의제도

시 · 도자치경찰위원회는 회의 안건과 관련된 이해관계인이 있는 경우 그 의견을 듣거나 회의에 참석하게 할 수 있다(경찰법 제26조 제2항). 이에 따라 시 · 도자치경찰위원회 위원장은 시 · 도자치경찰위원회의 심의를 위하여 필요한 경우에는 관계 공무원 또는 관계 전문가의 출석 · 발언이나 자료의 제출을 요구할 수 있다(자치경찰사무와 시 · 도자치경찰위원회의 조직 및 운영에 관한 규정 제14조 제1항). 그 밖에 시 · 도자치경찰위원회의 운영 등에 필요한 사항은 대통령령으로 정하는 기준에 따라 시 · 도조례로 정한다(경찰법 제26조 제4항 및 자치경찰사무와 시 · 도자치경찰위원회의 조직 및 운영에 관한 규정 제17조).

대전자치경찰위원회는 이를 근거로 2022년 3월부터 자치경찰위원회 회의실에서 이해관계자가 참석하는 가운데 이들의 증언을 청취하여 안건관련 실태 진단 및 점검을 실시하고 있다. 이를 통하여 문제의 해결책을 찾아가는 전문가 숙의제 성격의 '관계자 의견

청취제도'를 정례화하고 있는 단계이다. 경찰법 제26조의 '이해관계인의 의견청취를 위한 출석요구권'제도를 주민참여 및 문제해결을 위한 '관계자 숙의제도'로 활용하고 있는 것이다.

최초로 운영된 사례는 「아동양육시설 CCTV 설치 · 운영 의견 청취를 위한 출석요구」(대전자경위 3월 1차 정기회의 안건)이다. 대전자치경찰위원회는 이러한 출석 및 발언을 통하여 아동양육시설 보호아동의 안전과 학대예방을 위한 시설개선을 요구하고 아동양육시설 내 아동학대 범죄 발생 시 CCTV 부재로 인한 증거확보의 어려움 및 수사 지연으로 인한 2차 피해 발생을 억지하고자 하였다. 출석을 요구한 대상으로는 아동양육시설장(협회장), 아동양육시설 종사자, 대전광역시 아동팀장, 인권위원회 대전지부 담당자, 아동보호전문기관장 등이었다.[30]

관련 전문가의 출석과 숙의가 한 자리에서 이루어질 수 있었기 때문에 위원회 차원에서 아동양육시설 운영실태와 현장에서 생각하는 문제해결을 위한 방안을 광범위하게 청취할 수 있다. 또한 이러한 전문가 숙의제는 안건 관련 사항의 진술 내용을 공유하고 단계별 대응 방안을 마련하는 등 문제해결을 위한 관계기관들의 협업을 강화하였다는 의미를 지니고 있다.

### ② 시 · 도자치경찰위원회 회의록 전문 공개

시 · 도자치경찰위원회는 회의록을 작성하고, 회의의 내용 및 결과와 출석한 위원의 성명을 적어야 하고(자치경찰사무와 시 · 도자치경찰위원회의 조직 및 운영 등에 관한 규정 제13조 제3항), 회의록에는 위원장과 출석한 위원이 서명 · 날인해야 한다(위 규정 제13조 제4항). 이에 따라 전국의 18개 시 · 도자치경찰위원회는 회의록을 작성하고 있다. 하지만 회의록 작성의 방식과 공개여부에 관하여는 일정한 규정이 없어서 다양한 형태로 나타나고 있다. 공개한 경우에도 부의 안건 명칭과 통과 여부(보류 포함), 의결결과에 있어서도 원안가결 혹은 수정가결 등의 형식, 심의와 의결과정에서의 위원별 발언내용의 기술 여부, 기술의 정도에 있어서 전문 기술과 개조식 기술 등 위원회별로 회의록 작성

30) 대전자치경찰위원회가 운영 중인 '관계자 의견청취제도'는 자살예방대책, 범죄피해자보호시설의 운영과 확충, 사설 통학차량 안전대책, 학대아동 보호대책 등 사회적 약자 보호를 위하여 현재까지 계속 이어지고 있다. 심의 안건 관련 현안을 담당하는 시청, 시경찰청, 교육청, 전문가 등 관계자의 보고와 의견을 자치경찰위원회 회의실에서 함께 청취하고 숙의하면서 연계 · 협력을 통해 해법을 모색하고 있다.

방식이 제각각이다.

국가경찰위원회는 간사로 하여금 회의진행에 필요한 준비와 더불어 회의록 작성과 보관에 대한 임무를 부여하고 있다(국가경찰위원회 규정 제8조 제2항). 하지만 이 역시 공개에 대한 명시적 규정이 없다. 한편, 국회는 위원회 운영과 관련하여 회의록 작성에 관한 명시적 규정을 두고(국회법 제69조 및 제115조), 위원회의 의사는 속기로 기록하도록 하고 있다(동법 제69조 제2항). 국회의 경우 본회의는 공개하도록 하고 있으며(동법 제75조 제1항), 회의록은 의원에게 배부하고 일반인에게 배포하도록 하고 있다. 다만, 의장이 비밀 유지나 국가안전보장을 위하여 필요하다고 인정한 부분에 관하여는 발언자 또는 그 소속 교섭단체 대표의원과 협의하여 게재하지 아니할 수 있다(동법 제118조).

국가경찰위원회와 자치경찰위원회의 설치 취지와 운영상의 특성을 고려해 볼 때, 굳이 비공개로 할 근거를 찾기 어렵다. 공개에 대한 의무규정이 없는 데도 불구하고 공개하고 있는 대다수의 자치경찰위원회의 운영은 치안행정의 공정성과 투명성 차원에서 합리적인 판단으로 보인다. 대전자치경찰위원회의 경우에는 녹취록 전문을 공개하고 있다. 이것은 자치경찰사무에 관한 정책수립과정을 주민들이 언제든지 열람할 수 있도록 하여 주민의 관심을 높일 수 있다는 측면과 안건심의를 하는 위원으로 하여금 책임의식을 더욱 공고히 하는데 기여할 수 있다는 측면을 고려한 것으로 판단된다.

주민의 입장에서도 참여의 전제로서 치안행정에 대한 주요관심사와 논의 경과를 미리 살펴볼 기회가 확대되고 자유로울 필요가 있다. 이러한 의미에서 자치경찰위원회의 회의록 전문녹취와 전문공개는 주민의 참여의 확대와 관련하여 적극적으로 검토할 필요가 있다.

# 제3장 주민참여와 자치경찰제 운영 사례

## 1. 주민참여의 의의와 참여 동기

### (1) 주민참여의 의의

자치경찰제의 '자치'영역에서 주민의 위상과 역할은 대단히 중요하다. 자치경찰제 시행 초기에 시도자치경찰위원회가 옥상옥(옥상옥)의 기관이라는 비판을 받았던 것은 자치경찰위원회 스스로가 자신의 영역을 구축하지 못했던 제도도입 초기였다는 원인도 있겠지만, 종래의 경찰행정 절차에 편승하여 새로운 변화에 대하여 확고한 의지와 행동이 다소 미흡하였기 때문이기도 하였다. 자치경찰의 제도 운영에 있어서 주민의 위상을 높이고 주민의 참여를 확대하는 것은 아무리 강조해도 지나치지 않다. 자치경찰(自治警察)은 개념 필연적으로 주민이 자신의 안전에 대한 정책결정을 스스로 하고 그 결과에 대하여 책임지는 것을 핵심내용으로 하기 때문이다.

다만 주민참여의 중요성에 비추어 볼 때, 현재까지 이루어지고 있는 주민참여를 위한 다양한 정책적 시도들은 의도한 만큼의 성과를 내지 못하는 것으로 파악된다. 이제부터라도 주민참여를 효과적으로 확산시키기 위하여 일정한 전략적 접근이 필요하다고 본다.

### (2) 주민참여의 동기

주민참여(住民參與)에 관한 Campbell and Marshall(2000)의 분류는 주민의 참여동기를 분석하고 있다는 점에서 참고할 만하다. 이들에 따르면, 지역사회 일원으로서의 참여(communitarian participation)와 숙의 민주주의(deliberative democracy)는 지역사회에 대한 이익 여부가 참여 동기가 되고, 도구적 참여(instrumental participation), 소비자로서의 참여(politics of the consumer), 그리고 존재로서의 참여(politics of presence)는 자신에 대한 이익 여부가 참여 동기가 된다(Campbell & Marshall, 2000: 325).

그림 8-3 | 주민참여의 유형과 참여 동기

1. **도구적 참여**(instrumental participation) 자신의 이익실현, 간헐적 참여
2. **소비자로서의 참여**(politics of the consumer) 경제적 합리성 판단, 공공선 확장 가능성
3. **지역사회 일원으로서의 참여**(communitarian participation)<br>'공공선(common good)'추구 및 '능동적이고 활발한 시민들(active citizen)'
4. **존재로서의 참여**(politics of presence) 차별 받거나 소외되는 계층이 의사결정과정에 참여
5. **숙의 민주주의**(deliberative democracy) '공적 논증'을 거쳐 결론을 내기 위한 참여형태

출처: Campbell & Marshall, 2000: 325 요약 정리.

주민참여에 있어서 처음부터 주민들이 공공선을 위해 참여하기를 기대하기는 어렵다고 볼 수 있다. 따라서 '도구적 참여'와 '소비자로서의 참여'를 시작으로 존재로서의 참여(politics of presence)로 발전시켜가면서 '경제적 합리성'을 제공할 수 있도록 함으로써 초기 단계에서 주민과의 접촉빈도를 높여나갈 필요가 있다. 이후 이를 점차 고도화하여 '개인적 이익으로 참여하였으나 공공선에 대하여 논의할 수 있는 주민'으로 발전시켜서, 지역사회 일원으로서의 참여, 숙의 민주주의로 나아갈 수 있도록 참여 동기 부여기반을 조성하고 법과 제도의 개선을 통하여 다양한 유인책을 제시할 필요가 있다.

비록 자치경찰제로의 주민참여를 확대할 경우에도 주민의 대부분은 경제활동을 하는 인구로 자치경찰제의 지속적인 참여가 쉽지 않다. 참여가 가능한 주민은 주로 '낮 시간대에 능동적 활동이 가능한 주민'으로 제한될 가능성 있다. 따라서 시간과 공간을 뛰어넘을 수 있는 참여방법을 다양하게 제시하여야 할 것이다. 특히 자치경찰과 관련된 제반 논의의 현주소를 파악하고 일정한 의견을 내기 위해서는 소속 자치경찰위원회 등에서의 자치경찰제 추진 논의에 대한 정보를 눈 등의 간편한 전달방법으로 제공받을 수 있도록 하여 지속적인 관심과 참여 동기를 유지할 수 있도록 여건을 조성할 필요가 있다.

현재 시행되는 여러 가지 주민참여를 위한 정책을 살펴보면, 대체로 예산 투입을 전제하는 정책사례가 많으며, 우선적으로 주민 개개인의 '이익'을 강조하는 경향이 있다. 참

여하면 '일정한 보상'이 있을 것이라는 당근을 제시하는 경우이다. 하지만 이러한 '도구적 참여'와 '소비자로서의 참여', 그리고 '존재로서의 참여'는 제도시행 초기의 호응에도 불구하고 참여를 지속하기가 어렵다거나 참여지속을 위한 예산의 부담이 점점 늘어날 수 밖에 없다는 한계가 있다. 따라서 '지역사회 일원으로서의 참여'혹은 '숙의 민주주의'라는 가치와 명분을 제시하는 접근방식과 접목할 필요가 있다. '공공선(common good)'을 추구하기 위한 참여는 보다 '능동적이고 활발한 시민들(active citizen)'을 끌어들임으로써 자치경찰정책에 대한 주민관심과 주민행동으로서의 참여를 선순환시킬 수 있기 때문이다.

자본주의 사회질서에서 경제적 합리성이 있는 최소한의 이익만을 제공하더라도 공공선을 위한 활동까지 충분히 확장될 수 있는 환경은 이미 조성되어 있다. 이러한 관점에서 서울시의 '반려견 순찰대'와 대전시의 '관계자 의견 청취제도'는 이러한 주민참여에 있어서의 다양한 참여 동기를 분석하고 대응하고 있다는 점에서 지속적인 주민참여를 이끌어 낼 수 있을 것으로 판단된다.

## 2. 기초단위 자치경찰제 요소의 보완 및 강화

현행 경찰법에 따른 광역단위 자치경찰제는 치안현장에서의 변화를 최소화함으로써 제도변화에도 불구하고 안정적인 치안행정을 이어갈 수 있었다는 점에서 긍정적으로 평가 받고 있다. 하지만 이러한 설계는 자치경찰제가 주민의 적극적 참여를 전제하고 있다는 점에서 볼 때 치안제도의 패러다임 변화를 추구하는 자치경찰 제도운영의 본질에 완전히 부합한다고 볼 수는 없다.

전술한 바와 같이 경찰서와 지구대 · 파출소 등 지역경찰관서가 이들 시 · 군 · 자치구의 기초자치단체를 중심으로 편제되어 운영되고 있는 치안현장을 고려한다면, 비록 시 · 도 중심의 광역단위 자치경찰 운영에 있어서도 기초단위 자치경찰 요소가 제도 운영 측면에서 보다 적극적으로 접목될 필요가 있다.

그러한 측면에서 자치경찰위원회가 시 · 도경찰청장 인사와 관련하여 경찰청장과 사전협의를 하는 과정에서 기초자치단체와의 사전협의를 하는 프로세스를 만들어서 운영의 묘를 살려간다거나, 이를 조례로 만들어서 제도화하는 것도 필요하다. 같은 이유에서 자치경찰위원회가 자치경찰사무 수행과 관련하여 경찰서장을 평가할 때에도 관할 주민의 의견을 청취하는 절차를 만들어서 운영하거나 이를 조례로 규정하여 공식화하는 노력도 적극적으로 검토해 볼만하다 할 것이다. 특히 세종특별자치시를 시작으로 확대하려는 경향을 보이고 있는 지역관서장의 보직에 관한 자치경찰위원회의 의견제시와 관련한 '지역관서장 주민추천제' 역시 이를 보다 촘촘하게 운영할 필요성이 있다. 해당 지구대와 파출소를 두고 있는 읍 · 면 · 동의 주민들이 추천과정에서 중심이 되어 심의를 진행하고 최종 심사와 평가가 이루어질 수 있도록 자치경찰위원회가 제도정착의 분위기를 조성하고 정착될 수 있도록 추진해 볼만하다 하겠다.

### (1) 주민참여 동기분석에 따른 주민참여 확대의 전략적 추진

자치경찰제의 '자치' 영역에서 주민의 위상과 역할은 대단히 중요하다. 자치경찰제 시행 초기에 시도자치경찰위원회가 옥상옥(屋上屋)의 기관이라는 비판을 받았던 것은 자치경찰위원회 스스로가 자신의 영역을 구축하지 못했던 제도도입 초기였다는 원인도 있겠지만, 종래의 경찰행정 절차에 편승하여 새로운 변화에 대하여 확고한 의지와 행동이 다소 미흡하였기 때문이기도 하였다. 자치경찰의 제도 운영에 있어서 주민의 위상을 높이고 주민의 참여를 확대하는 것은 아무리 강조해도 지나치지 않다. 자치경찰(自治警察)은 개념 필연적으로 주민이 자신의 안전에 대한 정책결정을 스스로 하고 그 결과에 대하여 책임지는 것을 핵심내용으로 하기 때문이다.

다만 주민참여의 중요성에 비추어 볼 때, 현재까지 이루어지고 있는 주민참여를 위한 다양한 정책적 시도들은 의도한 만큼의 성과를 내지 못하는 것으로 파악된다. 이제부터라도 주민참여를 효과적으로 확산시키기 위하여 일정한 전략적 접근이 필요하다고 본다. 전략적 측면에서 주민참여(住民參與)에 관한 campbell and marshall(2000)의 분류는 주민의 참여동기를 분석하고 있다는 점에서 참고할 만하다. 이들에 따르면, 지역사회 일원으로서의 참여(communitarian participation)와 숙의 민주주의(deliberative democracy)는 지역사회에 대한 이익 여부가 참여 동기가 되고, 도구적 참여(instrumental participation), 소비자로서의 참여(politics of the consumer), 그리고 존재로서의 참여(politics of presence)는 자신에 대한 이익 여부가 참여 동기가 된다(campbell & marshall, 2000: 325).

주민참여에 있어서 처음부터 주민들이 공공선을 위해 참여하기를 기대하기는 어렵다고 볼 수 있다. 따라서 '도구적 참여'와 '소비자로서의 참여'를 시작으로 존재로서의 참여(politics of presence)로 발전시켜가면서 '경제적 합리성'을 제공할 수 있도록 함으로써 초기 단계에서 주민과의 접촉빈도를 높여나갈 필요가 있다. 이후 이를 점차 고도화하여 '개인적 이익으로 참여하였으나 공공선에 대하여 논의할 수 있는 주민'으로 발전시켜서, 지역사회 일원으로서의 참여, 숙의 민주주의로 나아갈 수 있도록 참여 동기 부여기반을 조성하고 법과 제도의 개선을 통하여 다양한 유인책을 제시할 필요가 있다.

비록 자치경찰제로의 주민참여를 확대할 경우에도 주민의 대부분은 경제활동을 하는 인구로 자치경찰제의 지속적인 참여가 쉽지 않다. 참여가 가능한 주민은 주로 '낮 시간대에 능동적 활동이 가능한 주민'으로 제한될 가능성 있다. 따라서 시간과 공간을 뛰어넘을 수 있는 참여방법을 다양하게 제시하여야 할 것이다. 특히 자치경찰과 관련된 제반 논의의 현주소를 파악하고 일정한 의견을 내기 위해서는 소속 자치경찰위원회 등에서의 자치경찰제 추진 논의에 대한 정보를 눈 등의 간편한 전달방법으로 제공받을 수 있도록 하여 지속적인 관심과 참여 동기를 유지할 수 있도록 여건을 조성할 필요가 있다.

현재 시행되는 여러 가지 주민참여를 위한 정책을 살펴보면, 대체로 예산 투입을 전제하는 정책사례가 많으며, 우선적으로 주민 개개인의 '이익'을 강조하는 경향이 있다. 참여하면 '일정한 보상'이 있을 것이라는 당근을 제시하는 경우이다. 하지만 이러한 '도구적 참여'와 '소비자로서의 참여', 그리고 '존재로서의 참여'는 제도시행 초기의 호응에도 불구하고 참여를 지속하기가 어렵다거나 참여지속을 위한 예산의 부담이 점점 늘어날 수밖에 없다는 한계가 있다. 따라서 '지역사회 일원으로서의 참여'혹은 '숙의 민주주의'라는 가치와 명분을 제시하는 접근방식과 접목할 필요가 있다. '공공선(common good)'을 추구하기 위한 참여는 보다 '능동적이고 활발한 시민들(active citizen)'을 끌어들임으로써 자치경찰정책에 대한 주민관심과 주민행동으로서의 참여를 선순환시킬 수 있기 때문이다.

자본주의 사회질서에서 경제적 합리성이 있는 최소한의 이익만을 제공하더라도 공공선을 위한 활동까지 충분히 확장될 수 있는 환경은 이미 조성되어 있다. 이러한 관점에서 서울시의 '반려견 순찰대'와 대전시의 '관계자 의견 청취제도'는 이러한 주민참여에 있어서의 다양한 참여 동기를 분석하고 대응하고 있다는 점에서 지속적인 주민참여를 이끌어 낼 수 있을 것으로 판단된다.

### (2) 기초자치단체와 시 · 군 · 자치구 차원의 주민참여 기회 확대

현행 경찰법에 따른 광역단위 자치경찰제는 치안현장에서의 변화를 최소화함으로써 제도변화에도 불구하고 안정적인 치안행정을 이어갈 수 있었다는 점에서 긍정적으로 평가 받고 있다. 하지만 이러한 설계는 자치경찰제가 주민의 적극적 참여를 전제하고 있다는 점에서 볼 때 치안제도의 패러다임 변화를 추구하는 자치경찰 제도운영의 본질에 완전히 부합한다고 볼 수는 없다.

전술한 바와 같이 경찰서와 지구대 · 파출소 등 지역경찰관서가 이들 시 · 군 · 자치구의 기초자치단체를 중심으로 편제되어 운영되고 있는 치안현장을 고려한다면, 비록 시 · 도 중심의 광역단위 자치경찰 운영에 있어서도 기초단위 자치경찰 요소가 제도 운영 측면에서 보다 적극적으로 접목될 필요가 있다.

그러한 측면에서 자치경찰위원회가 시 · 도경찰청장 인사와 관련하여 경찰청장과 사전협의를 하는 과정에서 기초자치단체와의 사전협의를 하는 프로세스를 만들어서 운영의 묘를 살려간다거나, 이를 조례로 만들어서 제도화하는 것도 필요하다. 같은 이유에서 자치경찰위원회가 자치경찰사무 수행과 관련하여 경찰서장을 평가할 때에도 관할 주민의 의견을 청취하는 절차를 만들어서 운영하거나 이를 조례로 규정하여 공식화하는 노력도 적극적으로 검토해 볼만하다 할 것이다. 특히 세종특별자치시를 시작으로 확대하려는 경향을 보이고 있는 지역관서장의 보직에 관한 자치경찰위원회의 의견제시와 관련한 '지역관서장 주민추천제' 역시 이를 보다 촘촘하게 운영할 필요성이 있다. 해당 지구대와 파출소를 두고 있는 읍 · 면 · 동의 주민들이 추천과정에서 중심이 되어 심의를 진행하고 최종심사와 평가가 이루어질 수 있도록 자치경찰위원회가 제도정착의 분위기를 조성하고 정착될 수 있도록 추진해 볼만하다 하겠다.

## 3. 주민참여 확대 및 운영 사례

자치경찰제의 본질은 주민참여를 통한 민주적 경찰제도의 운영이다. 따라서 법적 · 제도적 미비에도 불구하고 실질적으로 주민들의 자발적 참여가 확대되는 것은 자치경찰제의 정착과 고도화를 위한 가장 바람직한 모습이라고 하겠다.

### (1) 주민의 능동적 참여환경 조성, 서울시 반려견 순찰대

#### ① 주민의 기본욕구와 생활패턴에 부합하는 정책

서울자치경찰위원회는 2022년 5월 2일부터 '서울 반려견 순찰대'를 구성해 시범운영하였다. 서울 반려견 순찰대는 반려인들이 반려견을 매일 산책시켜주어야 하는 일상의 특성을 잘 활용한 정책이다. 이러한 일상적인 산책활동을 할 때에 거주지 곳곳을 살피는 관심을 부가적으로 촉구하는 형식을 취하고 있다. 만약 범죄위험 요소를 발견하거나 위급한 상황을 알게 되었을 때에는 112에 신고해 신속한 대응을 할 수 있도록 하는 촘촘한 시민 감시망으로서의 역할이 기대된다. 범죄가 아닌 시설물 파손이나 생활불편사항을 발견하였을 때에도 120에 신고하는 역할도 함께 이루어진다.

서울 반려견 순찰대는 두 집 건너 한 집이 반려동물을 키울 정도로 반려동물 1500만 시대의 도래와 함께 펫팸족(Pet+Family)이 증가하는 사회현상을 방범순찰 활동에 접목한 주민참여형 치안정책이다. 2003년 일본의 도쿄도 세타가야구 세이죠 경찰서 관내에서 자원봉사활동으로 시작돼 전국적으로 확산된 멍멍순찰대(わんわんパトロール隊)에서 아이디어를 얻었다. 서울시의 상징이자 안전을 지키는 수호자인 '해치(Haechi)에 Pet(반려견)+Patrol(순찰대)의 합성어인 펫트롤(Petrol)을 붙여 '해치-펫트롤(Hachi-Petrol)'이라는 별칭을 가졌다.

#### ② '해치-펫트롤(Hachi-Petrol)'과 주민참여 형태의 진화

반려견 순찰대는 ①자발적 참여조직 ②반려인 간의 공동체 의식과 더불어 지역사회에 대한 자경의식 형성 ③ 자연스러운 이웃감시 효과와 같은 장점을 지닌다. 참여하는 주민의 입장에서는 자신의 일상에 공적 가치를 얹을 수 있는 일석이조(一石二鳥)의 자기만족감을 줄 수 있다.

주민참여(住民參與)에 관한 campbell and marshall(2000)의 이론을 적용해보면, 일차적으로 개인적 이익에 호소하지 않았다는 점에서 '도구적 참여'[31]를 뛰어넘고 있어서 초기의 참여에 그친다거나 간헐적 참여에 머무르지 않아서 확산가능성이 높다고 판단된다. 반려견 순찰대는 '지역사회 일원으로서의 참여'성격을 띠고 있어서 기본적으로 공동체 전체의 '공공선(common good)'을 추구하기 위한 참여로서의 본질을 가지고 있으므로, 이러한 측면에서 '능동적이고 활발한 시민들(active citizen)'의 역할을 지속적으로 지지해 줄 수 있다면 주민의 참여는 계속 늘어날 것으로 예상된다. 자신이 살고 있는 공동체의 범죄예방 관련 의사결정과정에 참여하고 그 결과가 피드백이 되는 과정을 선순환으로 경험할 수 있도록 할 수 있다면 중장기적으로도 '지역사회 일원으로서의 참여'성격에 머물지 않고 공적 의사결정에 참여하는 주체로 거듭나는 '숙의 민주주의'로 발전하는데 기여할 수 있을 것으로 본다.

### (2) 지역경찰관서장 주민추천제

치안사무의 주민접점인 지역경찰관서의 장은 지역경찰 세부 운영 등을 통하여 지역경찰서비스의 품질을 좌우한다는 점에서 그 중요성이 점점 확대되고 있다. 세종자치경찰위원회에서 전국 최초로 실시한 '지역경찰관서장 주민추천제'는 심의위원회를 두어 관련 심사를 진행하고 있다. 여기에는 자치경찰위원회 위원은 물론, 주민자치회, 협력단체, 직장협의회 등이 참여하고 있어서 자치경찰 운영에 주민참여의 기회가 보다 확대되고 있다는 점에서 큰 의미가 있다.

31) '도구적 참여'의 경우에도 반려견 순찰대의 취지에 반하는 것은 아니므로, 순찰에 참여하는 반려견에 대하여 예방주사나 건강검진 비용을 지원하거나 반려견 카페이용료 할인혜택이나 주기적인 행동교정교육 참가기회 제공 등의 경제적 이익 지원을 고려할 수 있다.

**표 2 ▌지구대장 · 파출소장 보직과 관련된 주민참여 과정**

| 직위공모 | ➡ 자료제출 (업무추진계획서 등) | ➡ 심의위원회 업무추진계획 발표 · 질의 · 응답 | ➡ 최종심사 및 평가 의견통보 |
|---|---|---|---|
| 경찰서장 | 자치경찰위원회 ⬆ 경찰서장 | 자치경찰위원회 (주민참여제 진행) | 자치경찰위원회 ⬇ 경찰서장 |

세종자치경찰위원회가 주도하는 지역경찰관서장 보직 관련 주민추천제는 심의위원으로 자치경찰위원은 물론 주민과 협력단체 등이 참여한다는 점에서 매우 긍정적인 평가를 받고 있다. 특히 지역경찰관서장 후보자가 관서의 업무추진계획을 서면제출이 아닌 직접 발표를 통해 주민의 평가를 듣고 추가적으로 질의 · 응답을 통하여 주민이 필요로 하는 최일선 경찰관서장을 선발한다는 점에서 대전자치경찰위원회 등 다른 시 · 도자치경찰위원회에서도 확대 실시를 검토하고 있는 실정이다.

문제는 이러한 다양한 참여자의 선정과 진행이 필요한 절차를 하나의 시 · 도자치경찰위원회가 중심이 되어 진행하고 있다는 점이다. 이를 해당 지구대와 파출소를 두고 있는 경찰서가 위치한 행정구역인 시(市) 단위, 군(郡) 단위, 그리고 자치구(自治區) 단위로 1차 세분화하거나, 이를 더욱 세분화하여 해당 지구대와 파출소를 두고 있는 읍 · 면 · 동의 주민들이 중심이 되어 심의를 진행하고 최종 심사와 평가가 이루어질 필요성을 적극 검토해 볼만하다. 세종특별자치시의 인구가 2022년 5월 현재 38만 여명에 2개의 경찰서를 두고 있는 것을 감안한다면, 광역시 · 도에서 이를 도입하여 확대 · 실시하는 경우에는 시도자치경찰위원회가 그 운영에 있어서 주민참여의 폭과 내용을 보다 실질화하는 것이 바람직할 것으로 보인다.

이와 같이 주민참여를 획기적으로 확대하는 것은 지역관서장의 실질적 임용을 통해 지구대 · 파출소 운영의 실질적 방향을 담보해 낼 수 있다는 점에서 지구대 · 파출소에서 근무하는 경찰공무원에 대하여 시도자치경찰위원회가 임용권을 위임 받지 못한 법규상의 한계(경찰공무원 임용령 제4조 제1항)를 극복하는 효과를 가져 올 수 있을 것을 예상된다.[32]

32) 이와 같은 추천권자의 확장은 기초단위 및 풀뿌리민주주의 단위라고 할 수 있는 읍 · 면 · 동 주민들도

입법론으로 시 · 도자치경찰위원회와 읍 · 면 · 동 단위의 주민자치회의 추천, 그리고 관할 경찰서 직장협의회 등 지역경찰 구성원을 대변하는 자를 포함하는 (가칭)지역경찰장 주민추천위원회를 경찰법에 규정하여 제도적 확산을 꾀할 필요성이 있다. 세부적으로 위원회 위원을 대상으로 하는 후보자 역량면접 및 업무추진계획 평가, 그리고 주민추천위원회에서의 후보자 발표 및 면접 등을 포함하는 선발절차를 거쳐 최종 결정된 후보자를 시 · 도경찰청장 및 경찰서장 등 지역경찰장의 임명권자가 임용하는 방식으로 설계될 수 있을 것이다.

---

참여할 수 있도록 한다는 점에서 자치경찰제의 실시단위의 실질적 확장성을 가져 온다는 의미가 있다. 특히 이러한 추천 및 선발과정에서 지역경찰장이 갖추어야 하는 리더십과 업무추진능력은 물론, 의사소통능력과 주민지향적 공직관을 후보자 스스로 강화할 수 있다는 점에서 적극 검토할 필요가 있다(이상훈, 2022).

## 제9강 I

# 경찰활동과 시민참여

# 제9강 경찰활동과 시민참여

〉〉〉 경찰과 사회 〉〉〉

## 제1장 시민참여의 의의와 배경

전제(專制) 군주국가에서 자유주의적 사고와 역동성을 지닌 시민계급이 국가경영에 참여하기란 쉽지 않았다. 시민들이 정치행위와 행정행위에 일정부분 참여하기까지는 목숨을 내놓은 저항과 투쟁의 시간을 보내야만 했다. 이러한 의미에서 오늘날 시민참여는 역사적으로 기존의 지배질서와는 대립관계에서 출발했다고 할 수 있다. 마침내 자유와 평등을 시민공동체의 가치로 내건 민주주의 시대가 열리면서 시민사회는 자신의 미래를 스스로의 의사결정으로 선택할 수 있게 되었다. 오늘날 참여민주주의에 있어서 시민의 현실참여는 민주적 정당성은 물론 민주정치의 역동성을 유지하는데 있어서 필요불가결한 요소가 된 것이다.

전통적 경찰활동의 문제점과 한계를 인식하고 이를 개선하기 위한 핵심 과제 중 하나가 바로 시민이 참여하는 경찰활동이다. 시민 참여에 대한 배경이론으로는 지역사회 경찰활동론과 치안서비스 공동생산 이론 등이 거론되고 있다. 기존의 사후 대응적 경찰활동의 한계를 사전 예방적 경찰활동으로 극복하고자 함에 있어서, 그리고 경찰만이 범죄문제 해결을 위한 유일한 기관이어서는 안된다는 깊은 성찰을 통하여 그 현실적 대안으로서 경찰활동에 대한 시민참여는 점점 그 가치를 더해가고 있다.

## 1. 시민의 역사적 지위

시민사회는 일반적으로 공공 부문(public sector)에 대비되는 민간 부문(private sector)을 지칭하는 개념으로 사용된다. 전제 군주국가와는 달리 민주국가에서는 시민을 주권자로서의 지위에 올려놓았다. 시민이 바로 주인인 세상에서는 시민이 국가행정에 혹은 국가의 정책결정에 참여한다고 하는 개념자체가 당연시 되었다.

대량생산과 대량소비를 특징으로 하는 대중사회가 열리면서 오히려 시민이 엘리트 행정의 객체로 전락한 면이 없지 않았다. 행정은 곧 국가경영이라고 하는 측면에서 전문성을 요한다. 그런 이유로 전문적인 영역에서의 정책결정은 전문 관료가 주도하였고, 전문성을 갖고 있지 않은 일반 시민들은 엘리트 행정의 객체로 전락하였던 것이다.

이제 주권재민(主權在民)의 헌법정신에 따라 민주행정의 이념이 자리를 잡아가고 있다. 시민이 주인이 되는 행정 이념을 구현하기 위하여 시민이 행정에 참여하고 의사결정에 영향력을 미친다는 것은 더 이상 부인할 수 없는 현실이 되었다. 오늘날 시민은 주인 내지 주체적 참여자로서 정책에 관여할 수 있는 지위와 역할을 가지고 있다.

## 2. 시민참여의 개념과 사회적 의의

### (1) 시민참여의 개념과 목적

시민참여란 무엇인가에 대해서는 다양한 의견이 제시되고 있다. 시민참여의 본질은 ① 의사결정에 미치는 영향력 그 자체라거나, ②참여를 통한 의사결정에의 관여라거나, ③ 국가의 현안과 관계된 결정에 대하여 권력을 행사하는 과정이라거나, ④정부의 정책결정에 영향을 미치려고 의도하는 일반시민들의 행위라거나, ⑤정부활동에 영향을 미치거나 선거권 행사 이외의 사회구성원에 의한 일체의 활동이라거나, 혹은 ⑥정책결정에 참여함은 물론 일정한 통제를 가하려는 것이라는 등의 개념정의가 있다. 따라서 시민참여를 통해서 필요한 행정서비스의 양과 질을 증가시키거나 혹은 필요 없는 부분은 감소시키는 것이 시민참여의 주요 목적이라고 볼 수 있다.

### (2) 시민참여의 사회적 의의

#### ① 정책결정에의 참여

근대국가를 벗어나기까지 국가의 정책결정은 지배계층이나 유력 정치인의 몫이었다. 시민들은 여전히 무지해서 이들이 제시하는 국정방향에 따라 걸어가는 피동적 존재에 지나지 않았다. 오늘날 이러한 통념을 깨고 시민이 국가의 정책결정에 적극 참여한다는 점에서 사회변화와 역사의 헤게모니(Hegemony)는 시민들의 영향력 아래에 있음을 알 수 있다.

#### ② 참여민주주의의 일환으로 확대

나아가 스스로 결정한 정책이 온전히 집행되도록 힘을 보태거나 감시하기 위하여 시민이 참여하게 된다. 참여민주주의(participatory democracy)에서의 '참여'란 제도로서의 민주주의에 정통성을 가져다주는 동시에 시민이 스스로의 운명은 스스로 결정한다는 '자결권(自決權, self-determination)'의 행사를 의미한다. '참여'의 범위 역시 선거를 통한 간접참여에 그치지 않고 정치과정에 대한 직접참여 또는 지역사회, 국제기구 등 모든 영역으로 확대된다.

#### ③ 행정의 일탈행동을 감시하고 행정에 대한 시민지지 확산

오늘날 정치, 경제, 사회, 문화 모든 방면에서 시민이 제외된 상태에서 이루어지는 것은 예를 찾을 수 없을 정도로 보편화되었다. 부당한 행정이나 위법한 행정의 피해는 고스란히 시민의 몫으로 전가된다. 시민참여는 이것을 감시하여 행정에 대한 시민의 지지를 확산한다는데 의의가 있다. 독불장군식 관치행정은 시민의 지지를 얻을 수 없다.

#### ④ 각종 위원회 참여를 통한 시민평가

행정은 최종 소비자인 시민의 평가를 전제한다. 각종 위원회의 형태로 시민이 참여하는 기회는 보편화되어가고 있다. 일반 주민생활에 있어서도 아파트입주자대표회의나 아파트선거관리위원회를 아파트공동체의 입주자들 스스로가 구성하여 관리와 운영에 있어서의 주민의사를 반영하고 있다. 치안서비스도 체험평가단과 같은 위원회를 구성하여 이를 평가함으로써 시민의 참여가 유도되고 있다. 기타 공청회와 청문회 등에서 방청객을 넘어서 적극적 의견제시를 통해 시민의사를 반영하고자 노력하기도 한다.

시위에 참가하거나 시민단체에 가입하여 활동하거나 행정정보공개청구나 행정쟁송을 하는 것도 넓은 의미의 시민평가라고 할 수 있다. 언론의 자유, 표현의 자유와 같은 헌법상 기본권의 보장은 참여를 통한 시민의 의사표시를 확고하게 지지하는 제도이다.

시민참여는 많은 지지를 얻을 수 있는 좋은 수단이 되기 때문에 정치를 하는 입장에서도 시민참여를 적극 유도하고 있다. 시민의 지지를 이끌어낼 수 있는 최선의 방법이기 때문이다. 지역문제를 함께 토의하고 현안을 국민과 공동으로 해결한다는 데에 시민참여의 의의가 있다. 이렇듯 국가중심의 통제나 규제를 시민참여를 통한 보호와 봉사라는 가치로 변화시킨 것도 시민참여의 참된 의의라고 할 수 있다.

## 3. 시민참여의 유형

시민참여의 형태는 정책결정과 집행이라는 단계에서는 물론이고 집회 및 시위나 종국적으로는 재판절차의 참여로 나타난다. 불법도로 개설로 인한 예산낭비나 음식물쓰레기 처리장 부실공사, 심지어 기관장의 업무추진비 부당 집행도 주민소송의 대상이 되고 있다. 지방자치단체장을 선출직으로 하고 있는 지방자치제도 하에서 방만한 행정으로 예산을 낭비했다는 책임을 묻는 것은 시민참여를 통한 정치적 행위의 일면도 가지고 있다.

집회 · 시위 장소에서 경찰과 집회참가자 간의 과도한 물리력 행사를 감시하기 위하여 인권침해감시단을 조직하여 활동하는 것도 시민참여의 한 유형이다. 이것은 공권력에 의한 부당한 물리력 행사와 불법적 폭력행위를 예방하기 위한 시민운동의 한 형태이기도 하며, 집회 · 시위현장에서 쌍방 간에 어떤 폭력행위가 있고 과잉행동은 없는지를 감시하는 시민의 눈을 현장에 둠으로써 평화로운 집회 · 시위가 이루어질 수 있도록 유도하는 성과를 내고 있다.

## 4. 경찰활동과 시민참여의 배경

경찰이 법과 물리력만으로 우리사회의 법과 질서를 유지하는 것은 이제 불가능해졌다. 시민의 지지와 참여는 경찰활동의 든든한 지원세력이 된다. 시민의 참여를 확대하지 않으면 안되는 이유가 여기에 있다. 시민이 경찰활동에 참여하게 된 배경을 살펴보자.

### (1) 주민신고에 의한 수사비중 확대

경찰의 수사개시를 가져오는 수사단서 별 현황을 살펴보면 고소·고발·진정·투서 등 피해자 신고나 가해자의 자수 기타 타인신고 등을 포함한 주민신고에 의한 수사가 전체 범죄의 81.1%에 달하고 있다. 이는 2017년 주민신고 비중이 70.7%인 것에 비해 10.4%가 증가한 것이다. 신고에 의하지 않는 불심검문, 변사체, 탐문정보, 여죄 등 경찰 스스로 범죄를 인지하고 수사를 개시한 것은 13.6%에 지나지 않는다. 이와 같이 주민신고에 의한 수사활동 단서 수집의 비중은 해를 거듭할수록 더 커지고 있다. 시민참여가 수사촉구와 관련한 주민의 신고와는 개념상 동일선상에 있는 것은 아니지만, 시민들이 참여하는 하나의 형태임은 분명하며 동시에 주민의 자발적 개입이라는 측면에서 경찰활동의 주요 구성 요소가 아닐 수 없다.

**표 9-1 ❙ 범죄의 수사 단서별 현황**

단위 : 건, %

| 범죄 합계/비율 | 현행범 | 신고 (피해자/타인신고 등) | 미신고 (탐문정보/여죄 등) |
|---|---|---|---|
| 1,587,866 | 83,585 | 1,288,087 | 216,194 |
| 100% | 5.3% | 81.1% | 13.6% |

출처 : 경찰청, 2020 경찰통계연보, 2021.

### (2) 행정적 측면의 능동적 변화

오늘날 대다수의 국가가 대의제 혹은 간접민주주의 형태의 정치와 행정제도를 택하고 있음에도 불구하고 정책과정에 대한 시민의 직접적 참여가 광범위하게 늘어나고 있다. 단체장의 직선제와 SNS 등을 통한 정보의 대중화는 대의제의 한계를 극복하고자 하는 시민참여를 가능하게 하는 충분한 기반이 되었다. 과거의 행정이 주민의 불만에 수동적으로 대응하는 정도였다면 경찰행정을 포함한 오늘날의 행정은 시민을 적극적이고 능동적으로 행정과정에 끌어들이고 참여를 촉구하고 있다.

#### (3) 경제적 측면에서의 분배문제

국가와 시민의 모든 정책과 활동은 경제적 이익과 관련된다. 과거 국가주도의 경제성장이 있었지만 그 결과물의 분배문제에 있어서는 이해가 대립되고 있다. 시민참여의 문제는 경제적 측면에서 보면 시민의 정당한 경제적 이익을 보장받으려는 성격이 강하다. 경찰활동에 참여하고 그 결과물로서의 치안서비스와 편익을 향유하는 것 모두가 분배의 측면에서 비롯된 것임을 이해할 수 있다.

#### (4) 사회복지를 통한 후생의 극대화

사회복지는 사회적 약자뿐만 아니라 사회의 모든 구성원에게 그들이 속해 있는 사회와 상호협력적인 동반자적 관계를 확보할 수 있는 수단을 제공하는 국가시스템이다. 이를 통해 국민전체의 복리후생이 최고가 되도록 만들 수 있다고 보기 때문에 구성원인 시민들의 생각과 행동을 이해하지 못하면 안 된다. 치안에 있어서 후생을 높이는 것은 경찰활동에 대한 시민의 의사를 충분히 반영해야만 가능하다. 복지국가를 제일목표로 삼는 입장에서는 시민참여는 필요불가결하다.

#### (5) 공익과 사익의 구별을 넘는 공동이익 추구

과거에는 행정의 문제는 대부분이 공적 차원의 문제였다. 이제 행정에 있어서 공과 사의 분리가 분명하지 않은 영역이 출현하여 소위 '회색지대'가 보편화되고 있다. 국가경찰과 민간경비의 치안서비스 공동생산도 좋은 예시가 될 수 있다. 공과 사를 구분하지 않고 두 개를 모두 아우르는 가운데 공과 사가 이해관계를 같이하도록 하는 것이 시민참여를 통해 가능해지는 사회가 되었다. 공적 영역에의 시민참여가 확대되고 있기 때문에 행정목표도 공익성을 강조한다는 점에서 개인을 포함한 공동체 전체를 위한 선(善)을 추구한다는 의미의 공동선(共同善, the common good)을 지향하고 있다. 시민참여는 공동의 노력에 의한 문제해결을 의미한다.

## 5. 시민참여와 지역사회의 중요성

현대 경찰활동은 국민에게 보다 가까이 다가가서 항상 곁에 있다는 느낌을 준다는 가치를 중요시하고 있다. 마찬가지로 국민을 보다 가까이 오도록 만드는 것이 시민참여이다. 양자는 다가가는 방향만 다를 뿐이지 그 결과는 시민과 경찰이 가까이에서 지역문제를 함께 고민하고 해결한다는 측면에서 마찬가지다.

경찰이 공동체의 범죄문제를 책임지고 풀어나가는 일은 이제 시민의 지지와 협력이 절대적인 가치가 되었다. 경찰과 지역사회의 협조(Police-Community Cooperation)는 현실적으로도 범죄에 대한 신고도 70% 이상이 주민에 의한 것이라는 사실에서도 긴요하게 되었다. 범죄통제에 있어서 지역사회협조는 절대적이라고 볼 수 있다. 시민참여는 경찰과 시민사회의 의사소통의 문제를 해결한다. 경찰이 미리 지역사회 경찰활동을 통해서 시민에게 다가가거나 시민참여의 문호를 넓힘으로써 서로를 이해하도록 소통한다면 보다 향상된 공조와 의사소통(Communication)이 가능하게 된다.

경찰조직의 특징 중에 하나가 조직의 폐쇄성이다. 시민의 입장에서는 의심이 들 정도로 비밀스러운 경찰조직에 의식적으로 다가오게 하고, 이를 통해 인권침해의 여지를 줄여나는 열린 경찰활동은 시민참여를 가져오는 마중물이 된다.

# 제2장 경찰활동에의 시민참여와 민간화

절대왕정시대에는 일반 시민이 국정에 참여한다는 것을 지금처럼 당연시하기 어려웠다. 오늘날 참여민주주의 시대에서는 시민의 참여 필요성 논의를 넘어서 국가의 많은 부분에서 이미 시민참여를 요청 받고 있다. 경찰활동에 대해서도 적극적인 시민참여가 이루어지고 있으며 앞으로도 더욱 확대될 것으로 예상된다. 이번 장에서는 경찰활동에 대한 시민참여를 더욱 확대해 나가기 위한 전제로서 경찰에 대한 몇 가지 편견에 대하여 살펴보도록 하겠다.

## 1. 경찰에 관한 몇 가지 편견

### (1) 경찰은 폐쇄된 사회이다

경찰조직은 오랫동안 시민들에게 일종의 폐쇄된 사회였다. 사건사고나 범죄에 연루되지 않는 한 경찰과는 일정한 거리를 두는 것이 오히려 낫다는 생각을 상식이라고 믿고 있었다. 이런 통념은 경찰에 대한 두려움을 증폭시켜 왔고 시민의 관심과 감시로부터 멀어진 경찰조직은 권력을 오남용하거나 비리에 신음하기도 하였다. 하지만 최근 경찰은 시민에게 능동적으로 다가가 시민에 대한 고객만족도를 척도로 치안서비스의 질적 향상을 도모하고 있다.

### (2) 경찰은 자율과 창의가 부족하다

경찰이 창설된 지 70여 년이 지난 오늘날에도 경찰에 대한 두려움 혹은 혐오와 같은 부정적 이미지가 일부 남아 있다. 자유당 시대의 부정부패와 군사독재 시대의 권한남용, 민주화 시대의 정치적 중립성 훼손 등으로 아직도 그 이미지에서 자유롭지 못한 실정이다. 하지만 짧지 않은 기간 동안 경찰은 부단한 인적 쇄신을 통하여 과거에 비하여는 자율과 창의를 통한 조직개혁을 진행하고 있다.

### (3) 경찰은 집단주의적 경향이 강하고 배타적이다

경찰업무는 그 성격상 불법이나 인권침해의 경계선에서 움직이게 되는 매우 민감한 사안이 적지 않다. 따라서 담당자 본인 외에는 관련 사실을 발설하기를 꺼려하고, 나아가 경찰조직 외부의 다른 분야로의 누설되는 것은 매우 경계한다. 오랜 경험에서 스스로의 조직을 시민들로부터 지키려고 하는 것이며, 불필요한 관심이나 비난으로부터 이를 회피하려고 한다.

하지만 경찰업무의 특성에도 불구하고 공공데이터(www.data.go.kr) 개방은 물론 정보공개제도(www.open.go.kr)를 적극 운영하는 등 절차적 민주주의에 기초한 공정하고 공평무사한 업무처리를 이루어 나가고 있다.

## 2. 경찰에 대한 시민의 다양한 역할

### (1) 고객으로서의 역할

시민은 치안서비스를 사용하는 소비자로서 고객의 지위를 가지고 있다. 법집행과 질서유지 업무 외에 경찰서비스를 향유하는 고객이 되는 것은 시민의 몫이다.

### (2) 참여자로서의 역할

시민은 참여민주주의의 주체로서 경찰행정에 능동적으로 참여하여 경찰의 정책결정에 의사를 적극적으로 전달하고 경찰활동의 평가와 환류를 통한 경찰행정 발전에 기여하는 참여자로써의 역할도 한다.

### (3) 행정쟁송의 당사자 역할

시민은 경찰의 사실행위나 행정처분행위가 자신의 이익을 위법·부당하게 침해하였다고 판단이 하였을 때에는 행정쟁송을 할 수 있다. 나아가 법원에 민사상 혹은 형사상 주장을 개진하고 불복하여 항소(抗訴)하거나 상고(上告)하는 등 쟁송의 당사자로서의 역할을 할 수 있다.

### (4) 피의자의 역할

피의자는 범죄를 범한 혐의로 경찰의 수사대상이 되어 있는 자이며 검찰송치절차를 통해 아직 공소(公訴)가 제기되지 않은 자를 말한다. 검사에 의해 공소가 제기된 뒤에는 피고인으로 신분이 전환된다. 시민은 이와 같이 위법한 행위를 하게 되면 수사대상이 될 수 있고, 피의자 신분이 되어 수사를 받고 검찰에 송치될 수 있다.

### (5) 경찰공무원으로 입직하는 역할

시민은 경찰공무원이 될 수 있으며, 이러한 의미에서 경찰조직의 미래는 시민에게 달려 있다고 할 수 있다. 입직 후에도 직업적으로 그가 경찰복장을 하고 임무를 수행한다는 의미에서 역할이 달라졌을 뿐이지 역시 시민이기는 마찬가지다. 따라서 경찰과 시민은 한 몸이다. 경찰이 곧 시민이고 시민이 곧 경찰이라는 말에서도 시민의 역할을 찾을 수 있다.

## 3. 신임 경찰관의 특징과 인식변화

### (1) 높은 교육수준

과거에 비해서 경찰관의 교육수준은 상당히 높아졌다. 비록 채용시험 기준에는 대학졸업을 요건으로 하고 있지 않지만 경찰에 입문하는 대부분의 사람 95% 이상은 2년제 대학을 포함해서 대학교 재학이나 졸업생이다. 따라서 교육수준이 과거에 비해서 비교할 수 없을 정도로 높아졌다.

### (2) 맹목적 권위 부정

과거와 달리 경찰에 입직한 신입경찰이라고 할지라도 조직의 상사, 선배들에 대해서 맹목적인 복종에 회의적인 시각을 나타낸다. 지금 경찰에 입직하는 20~30대 경찰관들은 지난 1990년대 중반에서 2000년대 초반에 걸쳐 태어난 소위 'Z세대'이다. Z세대는 풍족한 사회 속에서 자라난 동시에, 부모 세대가 금융위기로 인해 경제적 어려움을 겪는 모습을 보고 자랐기 때문에 안정성과 실용성을 추구하는 특징을 보인다. 이들은 IMF 외환위기와 글로벌 금융위기를 겪는 부모세대를 보면서 충성이나 성실도 보답이 없다는 걸 먼저 학습한 세대다. 충성과 소속감, 희생은 이제 더 이상 그들의 언어가 아닌 것이다. 따라서 맹목적인 권위보다는 법치행정과 합리적 리더십을 요구하며, 부당한 명령, 불필요한 복종에 대해서는 거부한다. 다른 사람이 비록 불편해한다 해도 자신의 생각을 솔직하게 표현하는 편이다.

### (3) 독립성

이들은 어릴 때부터 디지털 환경에 노출되어 자라 이른바 '디지털 원주민(Digital

Native)'이라 불리며, 인터넷과 IT에 친숙하며, TV · 컴퓨터보다 스마트폰, 동영상 콘텐츠를 즐긴다. 타인과의 불필요한 관계 맺기를 피하고 자신의 삶의 가치를 소중하게 여긴다. 따라서 경찰조직에서도 집단주의 보다는 개인을 중시하는 독립적 성향을 나타낸다.

### (4) 인간적이면서 열린 마인드

성장환경의 차이와 높은 수준의 교육을 받은 이들 경찰관들은 동료나 시민들에 대해서 가까이 다가가려고 하는 성향이 강하고 직무수행에 있어서 내심으로는 준엄한 법집행이나 융통성 발휘보다 인간적 문제해결을 선호하기도 한다. 이들 경찰관들은 시민에게 경찰조직을 설명하고 이해를 구하는 적극적 행동도 마다하지 않는다. 과거에 비해 열린 마음으로 다가갈 확률이 높아졌다고 볼 수 있다.

## 4. 민간화

민간화(civilianization)란 경찰 서비스에서 다양한 유형의 경찰 업무를 수행하기 위해 유니폼 경찰관 대신 민간인을 고용하는 것을 말한다. 이들은 유니폼을 착용하지 않으며 원칙적으로 총기를 휴대하지 않고 체포할 권한도 없다. 경무와 인사기능, 외부기관과의 의사소통, 정책기획 및 범죄현장조사 등과 같은 업무는 종래의 경찰보다 전문 훈련을 받은 민간인이 더 잘 수행할 수 있다고 알려져 있다.

민간화의 경향은 다음과 같은 3가지 이유를 근거로 한다. ①비용을 절약하면서 서비스를 개선할 필요성이 있을 때 ②숙련도가 낮고 일상적인 직무이거나 반대로 매우 전문화된 업무를 위해 민간인의 영입이 요구되는 경우 ③민간인 이용을 늘이기 위한 특정 경찰 서비스 프로그램의 운영을 위해 필요한 경우 등이다. 미국이나 캐나다 등 선진국에서는 범죄 분석, 통신, 정보 기술, 법의학 분석, 인적 자원 및 미디어 관계 등 특별히 형사, 수사, 전투적인 의미의 경찰활동이 아닌 영역에서는 대부분 민간인 사용을 선호하고 있다.

## 5. 재판과 교정 분야에서의 시민참여

시민참여는 최근 형사사법 분야 전반에서 급격히 늘어나고 있는데, 국민참여재판에서 시민을 배심원으로 임명하고 일부 유무죄 판단을 맡기고 있는 것과 민영교도소 제도와 같이 국가 형벌권의 집행을 민간교도소에 위탁하게 되면 교정공무원이 아닌 민간인 교정 인력이 수용자를 관리하도록 하는 경우가 있다.

국민참여재판제도(國民參與裁判制度)은 2008년 1월부터 실시된 배심원 재판제도로서 만 20세 이상의 국민 가운데 무작위로 선정하여 형사재판에서 사실의 인정 및 형의 양정에 관한 의견을 판사에게 제시할 수 있도록 하고 있다. 배심원의 평결은 법관의 최종 판결에 대해 법적 구속력이 없다. 권고적 효력만 인정될 뿐이다. 그러나 재판장이 배심원의 평결결과와 다른 판결을 선고하는 때에는 판결서에 그 이유를 기재하여야 하며 피고인에게 그 이유를 설명하여야 한다. 배심원들이 결정한 유·무죄 평결을 판사가 반드시 따라야 하는 미국의 배심원 제도와 비교된다.

민영교도소 제도는 1980년대 미국정부의 범죄에 대한 강경정책으로 재소자가 급증하게 됨에 따른 교도소 과밀화 문제를 해소하기 위해 확산되었다. 당시 신자유주의 정책기조가 작은 정부를 지향하면서 그 빈자리를 시장원리를 받아들여서 해결하고자 한 것도 이러한 민영교도소 확산을 더욱 가속화시켰다. 우리나라 민영교도소는 2010년 여주에서 개소한 소망교도소인데 관련통계에 따르면, 60%의 수용자가 살인, 강도 등 강력범임에도 불구하고 2015년 기준 재범률이 3%로에 불과한 놀라운 성과를 보여주고 있다. 이것은 국영교도소의 평균 재범률인 22%에 비해 현저히 낮은 수준이다.

# 제3장 시민경찰학교와 치안서비스 공동생산

지난 시간까지는 시민이 어떤 형태의 지위를 가지고 어떤 유형으로 경찰활동에 참여하고, 경찰도 어떤 교육수준이라던가 여러 가지 바뀐 모습으로 시민이 경찰에 다가오도록 몸과 마음을 열고 있는가를 함께 볼 수가 있었다. 이번 시간에는 시민참여의 구체적인 유형으로서 시민경찰학교와 치안서비스 공동생산에 대해서 살펴볼 수 있도록 하겠다.

먼저 시민경찰학교는 시민들의 참여를 통해 경찰을 이해할 수 있는 환경을 만들고, 시민과 경찰이 소통할 수 있는 기회를 공유할 수 있도록 한다는 점에서 경찰활동에의 시민참여를 확장할 수 있다.

## 1. 시민경찰학교

### (1) 시민경찰학교의 연혁

시민경찰학교(Citizen's Police Academy)는 영국경찰에서 처음 시작하였다. 영국경찰에서 시민경찰학교를 했던 이유는 지역사회 경찰활동과 관련이 있다. 즉 지역사회 경찰활동의 이념과 철학을 실현하기 위해 시민경찰학교를 열었던 것이다. 시민과 경찰의 소통에 목적을 둔 것이다. 영국 경찰의 법집행활동을 시민들에게 알려주기 위해서 고안된 것이 시민경찰학교의 최초의 모습이다.

1977년 영국경찰은 야간에 police night school이라는 것을 열었는데, 미국에서는 Florida에 있는 Orlando 경찰서에서 처음 실시가 되었다. 이후 여러 도시에서 시행되면서 과거에 폐쇄된 공간에서 비밀스럽게 행동하던 경찰을 시민학교를 통해서 경찰을 보다 이해하고 협조하게 되고 나아가 지원하거나 존경하는 단계로 나아가는 성공을 거두게 됨으로써 우리나라에서도 2000년부터 도입·실시되고 있다.

### (2) 시민경찰학교 현황

2020년 기준 경찰청 통계를 보면 실질적으로 시민경찰학교의 교육생 수료 현황은 전국적으로 47개 경찰서에서 연간 2천196명으로, 예년에 비하여 현격하게 낮은 현황을 보여주고 있다. 매년 시민경찰활동을 통해서 경찰에 대해서 배우고 체험해 나가고 있었으나, 코로나 19로 인한 집체교육에 제한이 있었기 때문이다. 시민경찰학교 운영은 전국의 경찰서 중에서 희망하는 경찰서 위주로 선정하고 있는데, 〈표 9-1〉에서 보는 바와 같이 참여경찰서의 수치가 최근 5년간 평균 수준(2013년~2016년 46개 경찰서, 2017년 53개 경찰서)의 2배에 가까운 급증세를 보였던 2018년(101개 경찰서에서 총 16,270명이 참석)과는 대조적으로 다시 최근 5년간 평균 수준으로 수렴하고 있는 상황이다. 그럼에도 불구하고 시민참여에 관한 우리나라 경찰정책의 방향은 그대로 지속될 것으로 전망된다.

**표 9-1 | 시민경찰학교 현황**

2020.12.31 현재

| 구분 | 계 | 서울 | 부산 | 대구 | 인천 | 광주 | 대전 | 울산 | 세종 |
|---|---|---|---|---|---|---|---|---|---|
| 경찰서 | 47 | 8 | 3 | 3 | 3 | 1 | 1 | 0 | 0 |
| 인원 | 2,196 | 606 | 102 | 42 | 55 | 13 | 20 | 0 | 0 |

| 구분 | 경기남부 | 경기북부 | 강원 | 충북 | 충남 | 전북 | 전남 | 경북 | 경남 | 제주 |
|---|---|---|---|---|---|---|---|---|---|---|
| 경찰서 | 2 | 4 | 1 | 2 | 5 | 2 | 3 | 5 | 3 | 1 |
| 인원 | 35 | 50 | 10 | 27 | 82 | 73 | 65 | 986 | 20 | 10 |

출처: 경찰청 정보공개자료실(https://www.police.go.kr), 2022. 8. 10. 검색.
※ 코로나19로 인해 집체교육에 제한이 있어 예년보다 교육 인원이 적고, 일부 미실시.
(2018년 기준으로는 시민경찰학교 개설 경찰서가 101개에 총 16,270명 참석)

## (3) 시민경찰학교 교육내용

시민경찰학교에서의 교육내용은 범죄예방, 경찰활동 홍보, 현장 견학 등이 있는데 경찰청에서 제시한 가이드라인은 〈표 9-2〉에서 보는 바와 같다. 운영시간은 2주간 20시간 이상을 실시하는 것을 원칙으로 하며, 교육강사는 실무경험이 있는 내부 강사나 전문성 있는 외부강사를 활용하도록 권장하고 있다.

**표 9-2 | 시민경찰학교 교육내용 가이드라인**

| 분야 | 교육 내용 |
|---|---|
| 범죄예방 | 범죄예방 요령(보이스피싱 · 성폭력 · 침입강도 · 가정폭력 등)<br>교통사고 방지 요령<br>고소 · 고발 처리 등 안내 |
| 경찰활동 홍보 | 경찰의 역할 소개<br>경찰서 조직 및 업무 소개<br>주요 치안상황 및 금년 치안시책 홍보 |

| 분야 | 교육 내용 |
|---|---|
| 현장 견학 | CCTV 관제센터<br>112종합상황실<br>경찰박물관 등 견학 |
| 기타 | 건강관리<br>재테크 상식<br>노후관리<br>심폐소생술(소방서 협조)<br>일상생활에 유익한 정보<br>교육취지에 맞는 간담회 |

출처: 경찰청 내부자료, 2022.

### (4) 시민경찰학교의 활성화 방안

무엇보다도 시민경찰학교의 교육프로그램을 시민의 호기심과 흥미에 기초하여 편성할 필요가 있다. 효과적인 학습은 학습활동이 학습자의 흥미에 부합하면서 학습자에게 의미와 가치가 있다는 것에 기초한다. 시민들이 듣고 싶고 알고 싶은 교육과목으로 재편하는 것이 필요하다. 현재는 경찰홍보 차원의 일방향적 내용을 담고 있다. 호기심은 학습자의 주의력을 이끌어 내는데 필수다. 불심검문, 고소고발의 내용과 절차, 경찰관과 함께 지역사회 범죄문제 함께 토의하기, 경찰관의 24시간을 담은 영상 시청하기, 유치장 견학, 지구대 · 파출소 현장체험, 음주운전 및 풍속업소 단속현장 동반 참여하기 등 시민의 생활과 보다 밀접한 프로그램을 개발하는 것도 시민경찰학교를 통한 시민의 관심과 참여를 늘려나가는 방법이다.

특히 민 · 경 협력치안 기반 조성의 일환으로 수료생 모임이 활성화 될 수 있도록 환경을 조성해 주고, 20~30대 및 다양한 계층의 교육 참여 확대를 적극 유도할 필요가 있다.

## 2. 치안서비스 공동생산

### (1) 치안서비스 공동생산의 의의

1970년대 미국에서 시작된 공공부문에 대한 한계를 극복하기 위한 대안으로서 논의되었다. 많은 범죄에 대응하기 위해서 정부는 점점 더 많은 재정적 압박을 견디어왔으나 그럼에도 불구하고 범죄율은 계속 증가했다. 부족한 경찰력을 시민의 참여를 통하여 보충하고 시민과의 협력을 통하여 범죄에 대응하는 경찰의 능력을 향상시키고자 하였다.

독점적 치안서비스 생산자로서의 비효율을 제거하게 됨으로써 경찰주도적인 경찰과 시민의 일방적인 관계가 사라지게 될 가능성이 높아졌다. 범죄발생, 범죄의 두려움, 무질서 등의 지역사회문제에 경찰과 시민이 함께 대처한다는 의미의 치안서비스 공동생산론은 시민참여가 일상화되어 있는 오늘날에는 더욱 각광 받는 경찰활동의 새로운 패러다임이 되었다.

이제 민간경비와 경찰의 상호협력을 통한 치안서비스의 제공은 동서를 불문하고 시대적인 요청이 되고 있다. 이것은 경찰인력만으로는 늘어나는 범죄에 효과적으로 대처할 수 없거니와, 설령 경찰인력을 획기적으로 늘인다고 하더라고 이러한 투자에 따른 비용대비 경찰력 운용의 효과를 나타낼 수 있는 생산성 측면의 결과 검증에 있어서 그 동안의 경찰활동이 그다지 성공적이지 못하였다는 평가는 치안서비스 공동생산에 관한 논의에 힘을 실어주고 있다.

### (2) 치안서비스 공동생산 유형

경찰과 시민 혹은 경찰과 민간경비 등 경찰과 지역사회가 가지고 있는 사회적 치안역량과의 적절한 조합을 통하여 치안서비스를 공동으로 생산할 수 있다. 치안서비스 공동생산의 유형은 경찰과의 협력 및 협조의 수준에 따라 크게 4가지 영역으로 나누어 설명할 수 있다. 이것은 시민들이 개별적으로 활동하느냐 혹은 단체를 조직하여 활동하느냐 하는 것과 시민들이 활동함에 있어 어느 정도 정부와 협조하여 서로의 기대수준과 행동을 조절하느냐 하는 것에 따른 것이다.

이에 따라 치안서비스 공동생산의 유형은 ①개인적 소극적 유형 ②개인적 적극적 유형 ③집단적 소극적 유형 ④집단적 적극적 유형으로 나눌 수 있다.[33]

① 개인적 소극적 유형에는 개인이 자신을 보호하기 위하여 주거에 자물쇠나 방범기기를 설치한다거나, 우범지역을 피해서 안전한 곳으로 다녀 스스로 범죄에 노출되지 않도록 한다거나, 호신장비를 지니거나 호신술을 익히고, 가족 구성원에게 범죄예

33) 보다 상세한 논의는 송건섭 · 김상길. (2004). "치안서비스 공동생산유형별 시민평가와 영향요인", 「지방정부연구」, 7(4): 238-240. 참조.

방을 위한 행동요령을 알리는 것 등이 있다.

② 개인적 적극적 유형은 수상한 사람을 신고하거나, 인지한 범죄를 경찰에 신고하거나, 법정에서 범죄관련 사실을 증언하는 것 등을 포함된다.

③ 집단적 소극적 유형은 정부기관과의 소극적인 협조 하에 활동하는 노력을 말하는데, 자신의 주거나 가족을 범죄로부터 지킨다는 차원을 넘어서서 공동체 차원으로 이를 구현해 나가는 것이다. 공동체 내 우범지역에 가로등이나 CCTV를 설치하는 것, 어두운 골목길에 비상벨을 설치한다거나, 공동체 구성원에게 위험상황 시 대응요령을 알리는 것 등이 있다.

④ 집단적 적극적 유형은 개인적 차원에서의 방범활동을 공동체로 확대시키는 것을 말하는데, 자율방범대에 스스로 참여하여 활동한다거나, 경찰의 정책개발이나 경찰활동에 참여한다거나, 시민경찰학교 등 경찰과 공동체의 소통을 위한 모임에 적극 참여하는 것 등이 있다.

### (3) 치안서비스 공동생산의 한계

치안서비스 공동생산이론은 경찰에 대한 시민의 이해와 협조를 구하는 것에서 시작된다. 공동체의 치안문제는 경찰과 시민이 함께 해결해 나가야 하는 문제라는 인식을 공유하는 것이 중요하다. 경찰에 대한 이해를 통해 시민들의 적극적인 참여를 유발하는 것은 치안서비스 공동생산의 종국적 목표이기도 하다.

치안서비스 공동생산은 그 생산주체의 다원화를 의미한다. 이는 오히려 치안의 주체로서의 경찰의 한계를 점점 가속화할 수도 있고 경찰불신으로 나타날 수도 있다. 경찰의 중요성과 치안담당의 비중이 약해진다고 판단되면 의회는 예산 증액에 부정적이 될 수 있으며, 다양한 치안서비스 생산자들 간의 의견이 충돌한 때 이를 신속하게 해결한 주체가 불분명해 질 수도 있기 때문이다.

민간경비의 공동생산 참여는 경제적 약자의 안전을 더욱 위협할 수 있다. 시장논리에 의한 치안서비스 공급이라는 원리는 치안서비스 구매력이 낮은 경제적 취약층을 더욱 위험한 상태로 몰고 갈 수 있는 것이다. 최소한의 공공재로 남아 국가의 보호를 받아야 할 치안서비스가 공동생산이라는 이름으로 그 생산주체가 모호해지게 되면, 국가의 보호의무는 시장 뒤에 숨게 되는 부작용으로 나타날 수 있다.

제10강 I

# 공무집행 방해와 공권력 확보

# 제10강 공무집행 방해와 공권력 확보

〉〉〉 경찰과 사회 〉〉〉

## 제1장 공무집행 방해와 법문화

파출소나 지구대를 지나치다가 술 취한 사람이 지구대나 파출소에서 경찰관에게 행패를 부리거나 기물을 파손하는 행위를 본 적이 있을 것이다. 각종 시위 현장에서 폴리스 라인을 뚫고 도시를 극한의 무질서로 몰아가는 것도 쉽게 기억한다. 우리나라의 공권력이 무너지는 이 상황을 어떻게 하면 슬기롭게 벗어날 수 있을까? 우리 사회는 다수의 힘을 이용하여 국민을 불안하게 하는 집단이기주의가 팽배하고, 법질서에 공공연한 도전을 영웅시하는 풍조가 사회 저변에 깔려 있어서 시민사회 전체가 위협받고 있다.

문민시대를 열고 선진국으로 도약하는 이 시점에 와서도 불행했던 역사 속의 학습효과들은 공권력의 주체들로 하여금 과격하고 불법적인 행위에 대해서도 관용과 인내로 대응하도록 하였는데, 이러한 왜곡된 법집행으로 인한 정치적 · 사회적 부담은 주로 경찰조직에 고스란히 전가되어 왔다. 일부에서는 이러한 것이 마치 우리나라의 법문화의 일부인 양 당연시하게 되는 기현상이 벌어지게 되었고, 한국사회는 최고규범인 '헌법' 위에도 실력행사라고 하는 '떼법' 내지 '국민정서법'이 존재하기에 이르렀다.

최근에 와서는 급기야 정부가 법질서 확립을 통하여 국가의 경쟁력을 확보하고 경제를 살린다는 명목으로 엄정한 법집행을 새삼스럽게 선언하고 나섰다. 이른바 '무관용 원칙' 적용 및 '엄정대처'로 법질서를 확립하여 "정당한 공권력에 도전하면 반드시 처벌을 받는다."라는 인식을 확산시키고 종국적으로는 법과 원칙이 준수되는 사회풍토를 정착시키겠다는 것이다.

## 1. 한국 사회의 법문화

### (1) 법치주의의 왜곡

법치주의는 영국에서의 '법의 지배(rule of law)'원리에 근거를 둔다. 코크경(Coke, E.)이 제임스 1세에게 '국왕이라 할지라도 신과 법 아래에 있다.'는 것을 주장한 이래로 절대군주의 권력을 견제하고 자의(恣意)에 의한 통치를 막는 영국 헌정상의 대원칙이 되었다.

이러한 '법의 지배' 원리는 독일에서는 '법치국가(Rechtsstaat)' 이론으로 발전하여 국민의 기본권 제한은 법률에 의해서만 가능하다는 '기본권 제한의 법률유보'로 자리매김하였고, 법치주의를 구성하는 원리들은 주로 국가권력을 제한하는 근거로 원용되었다. 이른바 '국가로부터의 자유'를 보장하는 수단이 된 것이다.

우리 한국 사회에서 흔히 볼 수 있는 이와 같이 법을 경시하는 행동은 주로 국가공권력에 대한 저항과 폭력이다. 이는 법치주의가 연혁적으로 가지고 있는 국가로부터의 자유라는 법치주의의 본질적 의미를 아전인수식으로 왜곡하여 법을 공격하고 파괴하는 행동으로 나타난다.

### (2) 아미노적 현실

사회적 규범의 혼돈상태 또는 무법 · 무질서의 상태를 아노미(Anomie)라고 한다. 우리는 다른 서구 열강이 지난 200년 내지 300년 동안 이루어 놓은 성과를 불과 50년 내지 100년 사이에 성취하는 과정을 치열하게 경험해왔다. 소위 '압축성장'의 과정에서 현실세계를 규율하는 법과 제도의 미비는 물론이고, 경제 · 사회 · 문화적 가치충돌이나 이해충돌로 말미암은 혼란에 제대로 대응하지 못하였다. 대개 주취자(酒醉者)가 경찰서 지구대에 들어가 욕설을 퍼붓거나 인분을 뿌리고 난동을 부린다거나 흉기로 경찰관을 위협하는 행위, 적법하지 않은 집회 및 시위현장에서 경찰의 해산명령에도 불응하고 나아가 집단적으로 쇠파이프나 돌로 무장한 채 경찰을 공격하여 폭력을 행사하는 행위, 그리고 신고를 받고 출동하여 정당한 업무를 집행하는 경찰공무원에게 필요 이상의 감정을 보이며 항거하는 행위 등으로 나타나고 있다.

### (3) 불법행위 · 집단행위의 도구화

근현대사에서 부정선거, 군부독재, 정경유착 등을 경험한 우리 사회는 일상의 불법 행위나 집단행동은 이러한 거대한 악에 비하면 용인되어야 하는 것으로 인식하여 왔다. 소위 떼법, 국민정서법 등이 헌법적 가치 위에 자리를 잡아가는 것이 우리 사회의 실상이자, 우리 법문화의 현주소이다. 과거 유신정권이나 군사정권에서는 공무집행방해행위가 민주적 정당성이 결여된 정권에 대한 시민의 불복종 내지 저항권 차원에서 일반시민들의 암묵적 동조 하에 행하여져 왔고, 나아가 공권력에 대한 도전 자체가 영웅시되는 사회적 분위기도 팽배하였다.

## 2. 공무집행방해죄의 사회적 기능

### (1) 공무집행방해죄의 보호법익

먼저 공무집행방해죄를 사회 · 기능적 측면에서 살펴볼 때, 법실증주의 입장에 따르면 범죄란 실정형법에 대한 침해이며 그 이상 그 무엇도 아닌 것이어서 공무집행방해죄에 대해서는 법집행의 준엄성과 확실성, 그리고 엄격성만이 문제될 수 있을 것이다. 하지만, 자유주의적 관점에서 볼 때 공무집행방해죄 규정은 국가형벌권의 범위를 일정부분 제한하는 가운데 인신의 자유를 보장하는 형사정책적 기능도 가지고 있다. 이러한 측면에서는 법원이 공무집행방해죄를 심판하면서 '직무집행의 적법성'을 엄격하게 해석하는 것은 법 · 연혁적인 측면에서나 법의 인권보호적 측면에서 법 논리상 일견 타당하다고 할 수 있을 것이다.

하지만, 한국사회의 법문화적 측면에서도 이제는 국가권력을 바로 세우는 문제를 비중있게 다루어야 할 때다. 더욱이 법이란 이 사회의 온갖 갈등을 규율하거나 조율하여 그 사회의 일정한 가치에 부합하도록 하는 책무가 있다는 측면에서도 더욱 그러하다. 한국사회는 다른 서구 국가들이 100년이 넘게 걸려 이룩한 산업화를 불과 30여년 사이에 달성하는 과정에서 급격한 변화가 불가피하였다. 이 때문에 시민들은 전통적 질서를 강조하는 기존의 권위적 질서와 현실적 규범 사이에서 갈등을 겪게 되었고, 이러한 아노미

(anomie)적 현실 속에서 무질서와 각종 불법행위 · 집단행위를 도구화하게 되었다. 다른 한편으로는 현실적 필요성도 고려되어, 불법 폭력시위가 다른 평화적 비폭력 시위에 비해 시위의 목적을 달성하는데 있어서 보다 효과적이었기 때문에 불법 · 폭력시위를 선호하는 경향마저도 분명 존재하였다.[34)]

## (2) 공무집행방해 행위의 상징성

절대주의 국가에서 공무(公務)는 주권의 절대적 권위에 의해 적법 · 불법을 가리지 않고 언제나 보호받았지만 자유주의 국가에서는 위법한 직무집행에 대한 저항을 인정함으로써 공무집행의 적법성을 요구하게 되었다(이재상, 2006: 730).

특히 경찰은 시민에 대해 정부를 대표하는 '거리의 관료'로 받아들여질 수 있기 때문에 경찰의 집회시위 관리는 사회운동과 국가와의 관계를 이해하는데 있어서 특별히 중요한 지표가 된다. 실제로 집회시위에 있어서 경찰개입의 태양은 국가의 집회시위자들에 대한 정치적 반응[35)]이라는 측면에서 집회시위자들의 인식에 강한 영향을 미치게 된다. 따라서 경찰의 집회 · 시위 관리는 경찰의 직업적인 자기정의(Self-Definition) 내지 경찰자체의 이미지(Self-Image)를 만드는데 있어서 매우 중요한 요소로 작용하기도 한다(이창무, 2007: 333).

특히 주취소란행위자 등에 대한 법집행과정에서 발행하는 공무집행방해 행위는 소수 시민의 넉살좋은 위법행위로 말미암아 시작되지만 그것이 방치되면 이 사회의 기본 법질서의 근본마저도 무시하고 무너뜨리려는 사회적 분위기로 확산될 위험성이 무엇보다도 크다고 하겠다.[36)]

---

34) 실제로 동아시아연구원(EAI)이 1989년부터 2005년까지의 주요 시위 5,400건을 분석한 결과 정부가 불법시위대의 요구를 받아들인 비율이 29.1%, 준법시위대의 요구를 받아들인 비율이 25.1%였다. 즉 시위대의 입장에서 요구조건을 수용시키는 데 불법이 준법보다 효과적이라는 역설적인 설명이 가능하다(이황우, 2006: 167).

35) 시위현장에서 물대포를 쏘거나 과잉진압을 하게 되면 시민들은 그러한 행위를 곧 '정권의 실체'로 받아들인다.

36) 윌슨과 켈링(Wilson & Kelling)은 '깨어진 창 이론(Broken Window Theory)'에서 강력범 중심의 전통적 법집행방식에 의문을 제기하면서 기초질서유지와 범죄예방활동의 중요성을 강조하였다. 이에 따르면 주취자등의 공무집행방해사례가 방치된다면 더 중대한 범죄가 일어날 가능성은 보다 높아지게 된다.

### (3) 공무집행을 위한 경찰권 발동 요건

따라서 경찰이 법을 집행함에 있어서는 상대방인 시민과 경찰관 자신의 명확한 관계설정이 중요한데, 그것은 다름 아닌 법 규정의 입법취지, 보호법익, 구체적 상황에 대한 인식, 그리고 공정성이다. 하지만 공무집행을 위한 경찰권의 발동 시에는 경찰관과 공무집행의 상대방인 일반시민은 그 입장이나 상황이 근본적으로 다르다는 점을 간과해서는 안된다. 즉 경찰은 국가의 법적 정당성과 권위를 가지고 국법질서 최후의 보루로서 결코 물러설 수 없다는 속성을 가지고 있으며, 전문적으로 훈련된 무력을 사용할 수 있다(Harmon, 2008: 1120-1121)는 점이다. 이러한 상대적 차이점들은 경찰권의 발동에 반드시 고려되어야 할 '직무집행의 적법성'이라는 정당화 기준으로 제시되는 구성요건 요소로서의 긴급성, 필요성, 비례성의 개념범주를 정하는데 영향을 미치게 될 것이다.

그러나 미국에 있어서조차 현실적인 면에 있어서 이러한 요소들이 완전하게 고려되는 것은 아니어서, 최근에는 미연방대법원이 종래 원칙으로 천명하였던 수정헌법 제4조를 근거로 하는 경찰권 발동상의 제한원칙이 심각한 수준까지 형해화(形骸化)되고 있는 실정이다. 심지어 치명적이지 않은 경찰권의 발동(nondeadly force)에서조차도 법원의 판단기준은 불확정적이고 이론적인 뒷받침이 미약한 상태에 이르고 있다(Harmon, 2008: 1119).[37]

이것은 최근 전 세계적으로 불고 있는 보수화 바람에 맞추어 시민의 자유와 권리의 주장보다는 준엄한 국법과 원칙을 강조하는 법해석과 법집행의 경향이 반영된 것으로 보인다. 하지만 경찰의 자제력은 그 어느 국가기관보다도 중요한 덕목임은 쉽게 부정하기 어렵다.[38]

---

37) 그러나 우리나라의 경우, 공무집행 방해사범에 대한 처벌 강화가 공권력을 확보하기 위한 불가피한 수단인지, 아니면 공권력 남용이라는 부작용을 불러올 것인지에 대한 경찰 · 검찰과 법원의 인식차가 확연하게 존재한다. 경찰과 검찰이 공무집행 방해 사범에 대한 처벌을 강화하겠다는 입장을 취하여 적극적으로 공무집행사범에 대하여 구속영장을 청구하겠다고 공표한 상황에서도 법원에 의한 영장기각은 지속적으로 이루어지고 있기 때문이다.

38) 2008년 6월에 있었던 소위 '촛불문화제'에 있어서 새롭게 등장한 시위패턴은 '유머 감각'의 출현이다. 물대포를 쏘는 경찰한테 '온수! 온수!'를 외쳤던 것이다. 이것은 공권력에 대한 야유로서 경찰권의 경시 내지 무시로 해석할 수도 있겠지만, 집회 및 시위의 본질을 정치와 사회현상에 대한 패러디 마당을 만든 공동체 구성원 간의 놀이로 보이는 문화적 측면의 해석도 있다.

# 제2장 공무집행방해 행위의 실태와 판례의 태도

## 1. 공무집행 방해 행위의 실태 및 분석

1987년 민주화 이후에 공무집행에 대한 시민의 저항이 공공연하게 늘어나기 시작하였다. 순찰경찰관의 불심검문에 불응하거나 교통경찰관의 정지명령이나 음주측정 요구에 순응하지 않는 운전자도 증가하고 있다. 적극적으로 경찰관에 대한 폭행·상해 등 공격행위를 서슴지 않는 경우도 줄어들지 않고 있다. 이러한 시민의 법집행에 대한 불수용 행위는 경찰관 개인이나 경찰조직에 대한 불만이 원인이 될 수도 있겠지만, 결과적으로 국가의 존립과 위상에 대한 위해이기도 하다.

지난 2013년부터 2020년까지 8년 동안의 공무집행 방해사범 검거 현황은 〈표 10-1〉에 나타나 있다. 공무집행 방해사범으로 검거된 사람들은 최근 3년간 꾸준한 수준을 유지하고 있다. 2017년 이후 2020년까지의 실태는 이전에 비해 현격하게 공무집행 방해사범의 검거건수가 줄어들었음을 보여준다. 당시 여야의 정치권력 이동과 함께 공무집행 방해 행위를 하는 집회·시위대에 대한 경찰 등 형사사법기관의 법적용의 잣대가 움직였기 때문으로 해석된다.

하지만, 경찰관의 공무집행방해 사범에 대한 수사에 있어서는 〈표 10-1〉에서 보는 바와 같이, 지난 2013년부터 2020년까지의 공무집행 방해사건은 총 89,233건 가운데 구속수사 사건은 6,112건임에 비해 불구속으로 수사가 진행된 사건은 83,121건으로 구속수사 비율은 6.8%에 불과하였다. 나머지 93.2% 정도는 불구속상태에서 수사가 진행되는 것으로 나타난다. 물론 구속수사는 피의자의 방어권 보장 차원에서 기본권 제한에 있어서의 과잉 금지의 원칙에 따라 수사의 목적 달성을 위한 필요 최소한의 범위에 그쳐야 한다. 하지만 범죄피의자에 대한 구속·불구속 처리 여부에 따라 범죄의 경중을 판단하는 한국사회의 법문화적 특성과 일반인의 인식태도에 비추어 볼 때, 공무집행 방해 사범들에 대한 법원의 태도는 공무집행 행위에서 문제되는 폭력과 파괴행위를 법은 관대하게 용인하는 것으로 잘못된 신호를 줄 수 있다.

표 10-1 ▌공무집행 방해사범 검거 현황

(단위: 명)

| 구 분 | 합 계 | 공무집행 방해 | | 위계에 의한 공무집행방해 | | 특수공무 집행방해 | | 특수공무집행 방해치상 | | 특수공무집행 방해치사 | |
|---|---|---|---|---|---|---|---|---|---|---|---|
| | | 구속 | 불구속 | 구속 | 불구속 | 구속 | 불구속 | 구속 | 불구속 | 구속 | 불구속 |
| 2013 | 13,407 | 433 | 11,536 | 25 | 874 | 51 | 260 | 63 | 164 | 1 | - |
| 2014 | 15,142 | 1,370 | 12,041 | 54 | 940 | 118 | 422 | 75 | 122 | - | - |
| 2015 | 14,556 | 1,131 | 11,368 | 40 | 1,091 | 164 | 499 | 102 | 161 | - | - |
| 2016 | 15,313 | 1,229 | 11,536 | 51 | 1,571 | 162 | 507 | 122 | 138 | 1 | 1 |
| 2017 | 12,880 | 686 | 10,058 | 50 | 1,370 | 96 | 460 | 69 | 91 | - | - |
| 2018 | 11,426 | 474 | 9,096 | 48 | 1,288 | 90 | 282 | 44 | 104 | - | - |
| 2019 | 11,652 | 422 | 8,824 | 27 | 1,678 | 78 | 463 | 50 | 110 | - | - |
| 2020 | 11,172 | 367 | 8,662 | 29 | 1,400 | 82 | 487 | 44 | 101 | - | - |
| 소계 | | 6,112 | 83,121 | 324 | 10,212 | 841 | 3,380 | 596 | 991 | 2 | 1 |
| % | | 6.8 | 93.2 | 3.0 | 97.0 | 19.9 | 80.1 | 36.5 | 63.5 | 66.6 | 33.4 |

출처: 경찰청, 2020 경찰통계연보, 2021.

특히 법원이 영장심사에 있어서 (경찰)공무원에 대한 폭행의 정도가 심하지 않다는 이유로 구속영장을 기각하는 경향이 나타나고 있는 바, 비록 영장심사에 있어서 불구속수사를 원칙으로 한다고 하더라도 다른 범죄와의 형평에도 맞지 않을 정도로 경하게 취급하는 경향을 보이고 있다.

단체 또는 다중의 위력을 보이거나 위험한 물건을 휴대하여 경찰관의 공무집행을 방해하거나, 공무집행방해 행위로 말미암아 경찰관에게 상해를 입히거나 사망에 이르게 하는 특수공무집행사범 일정한 수준에서 꾸준히 발생하고 있다. 이러한 경우의 구속수사 비율은 일반공무집행방해 사범의 6.8%보다 높은 각각 19.9%와 36.5%, 그리고 66.6%의 비율을 보이고 있다.

## 2. 판례의 태도

대법원은 일관하여 형법 제136조가 규정하고 있는 공무집행방해죄는 공무원의 직무집행이 적법한 경우에 한하여 성립하는 것이고, 여기서 적법한 공무집행이라 함은 그 행위가 추상적 권한에 속할 뿐 아니라 구체적 직무집행에 관한 법률상 요건과 방식을 갖춘 경우를 가리키는 것이므로, 경찰관이 적법절차를 준수하지 아니한 채 실력으로 현행범인을 연행하려고 하였다면 적법한 공무집행이라고 할 수 없고, 현행범인이 그 경찰관에 대하여 이를 거부하는 방법으로써 폭행을 하였다고 하여 공무집행방해죄가 성립하는 것은 아니라고 하는 입장을 보이고 있다.[39] 이하에서 몇 가지 주요 판례를 소개하면 다음과 같다.

### (1) 공무집행의 적법성을 인정한 사례

① 대학생들에 의하여 납치, 감금된 전경들을 구출하기 위하여 경찰이 압수수색영장 없이 대학교 도서관 건물에 진입한 경우(동의대방화치사사건),[40]

② 도로교통법 제41조 제2항의 음주측정불응죄와 관련하여 "경찰공무원은 교통안전과 위험방지를 위하여 필요하다고 인정하는 때에는 운전자가 술에 취하였는지의 여부를 측정할 수 있고 운전자는 이러한 경찰공무원의 측정요구에 응하여야 한다"고 규정하고 있으므로, 경찰공무원이 음주여부나 주취의 정도를 측정함에 있어 그 측정방법이나 측정횟수에 있어서 합리적인 측정한도에 그쳐야 하겠지만, 그 한도 내에서 "어느 정도의 재량이 있다"고 보아, 경찰공무원이 3회에 걸친 음주측정 후에도 확인할 수 없어 다시 검사를 받을 것을 재차 요구하는 경우에도 적법성을 인정한 사례,[41]

③ 교통단속업무에 종사하던 의무경찰이 범칙행위를 하였다고 인정되는 운전자에게

39) 대법원 2000. 7. 4, 선고 99도4341 판결; 대법원 2000.7.4. 선고 99도4341 판결.
40) 대법원 1990.6.22. 선고 90도767 판결. 동 판례는 1989년 5월 3일 대학생인 피고인들이 전경 5명을 불법으로 납치 · 감금하여 경찰의 석방요구에도 불응한 경우, 경찰이 납치된 전경들을 구출하기 위하여 진입하기 직전 동 대학교 총장에게 통고한 경우, 현행의 불법감금상태를 제거하고 범인을 체포할 긴급한 필요를 인정하여, 경찰이 압수수색영장 없이 도서관 건물에 진입한 것은 적법한 공무원의 직무집행이라고 판단하였다. 전투경찰 7명이 사망하고 대학생 70여명이 구속된 사건으로 2005년 '민주화운동 관련자 명예회복 보상심의위원회'는 동의대 사건을 민주화운동으로 인정했고 '민주화운동 관련자 명예회복과 보상에 관한 법률'에 따라 보상금을 받았다. 이에 숨진 경찰관 유족들이 "민주화 운동 인정은 위헌"이라며 헌법소원을 냈지만 헌법재판소는 각하결정을 내린 바 있다. 정부는 동의대 사태로 숨진 경찰관들에게 두 계급 추서와 함께 국민훈장 보국장을 수여하고 시신은 국가유공자들의 묘역인 대전 국립묘지에 안장됐다.
41) 대법원 1992. 4. 28. 선고 92도 220 판결.

운전면허증의 제시를 요구하고 서서히 출발하려는 차량의 문틀을 잡고 정지를 요구한 사례[42]를 들 수 있다.

④ 한편, 미국연방대법원도 2007년 4월 30일에 지난 20여 년 동안의 침묵을 깨고 경찰의 폭력성 법집행일지라도 헌법에 위반되지 아니한다는 쪽으로 입장을 선회한 바 있다. 즉 Scott v. Harris 사건(2007)에서 도로변의 무고한 시민을 보호하기 위하여 위험한 차량추격전을 종료하고자 감행한 경찰의 저지행위는 비록 그 결과로 인하여 도주하는 운전자가 중상을 입거나 사망에 이르게 될지라도 미국수정헌법 제4조[43]에 위반되지 아니한다고 판단한 것이다.[44]

### (2) 공무집행의 적법성을 부인한 사례

① 경찰당국이 서울시청 앞 광장에서 열릴 한미 자유무역협정(FTA) 체결 반대 집회의 개최를 금지하고 각 지방에서 집회에 참가하기 위해 상경하는 것을 원천봉쇄하기로 함에 따라, 제천경찰서 소속 경찰관들이, 위 집회에 참가하기 위하여 상경하려는 제천시농민회 소속 농민들의 차량이 출발하지 못하도록 진로를 막은 사안에서, 위 경찰관들의 조치는 공무집행방해죄의 성립에 요구되는 공무집행의 적법성이 인정되지 않는다고 한 사례,[45]

---

42) 대법원 2994.9.27. 선고 94도 886 판결.

43) 미국수정헌법 제4조는 비합리적인 수색과 압수'(unreasonable searches and seizures)를 금지하고 '상당한 이유'(probable cause)에 기초한 영장발부의 요건을 규정하고 있다. 1961년의 미 연방대법원의 Mapp v. Ohio 판결 등을 비롯한 많은 판례의 축적을 통해 위법수집증거배제법칙의 체계가 만들어졌다.

44) Scott v. Harris(2007) 사건은 고속차량추격 끝에 차량 밖으로 떨어져서 마비가 된 차량운전자가 경찰을 상대로 소를 제기하면서 이러한 행위는 연방수정헌법 제4조에 비추어 부당한 행위라고 주장했다. 이 재판에는 1871년 민권법(Civil Rights Act of 1871)상의 경찰관의 면책권을 인정할 것인가 여부도 포함되어 있었는데, 재판부는 재판관 8:1로 도로변의 무고한 시민을 보호하기 위하여 위험한 차량추격전을 종료하고자 감행한 경찰의 저지행위는 비록 도주하는 운전자가 중상을 입거나 사망에 이르게 될지라도 미국수정헌법 제4조에 위반되지 아니한다고 판단하였다. 한편 이 사건에서 재판부는 이례적으로 의사결정에 강력한 영향을 끼친 고속추격전을 촬영한 비디오 자료를 증거로 받아들였는데 이러한 소송진행은 연방대법원에 있어서는 파격적인 것으로 받아들여지고 있다(위키피디아: http://en.wikipedia.org/wiki/Scott_v._Harris).

45) 청주지방법원제천지원 2007.07.06 선고 2007고합13 판결. 동 법원은 제천경찰서 소속 경찰관들이 서울집회에 참가하기 위하여 차량에 올라 출발하려고 하는 것을 저지하기 위해 순찰차 등을 세워 농민들의 차량이 빠져나갈 수 없도록 출입로를 봉쇄하자 위 농민들이 이에 저항하여 순찰차의 유리창을 부순 사안

② 방범과 소속 경찰관들이 그 판시의 각 일시에 주류 판매여부를 확인하기 위하여 피고인이 운영하는 노래연습장을 검색한 바, 피고인이 이에 강력히 항의하면서 경찰관들이 검색업무를 방해한 경우, 경찰관들이 주류 판매여부를 확인하기 위하여 노래연습장을 검색하는 행위는 풍속영업의 규제에 관한 법률 제9조 제1항[46]에서 규정하고 있는 '검사'에 해당하지 아니하고, 또한 이를 일반적으로 허용하는 법령도 없어서, 법관이 발부한 영장 없이는 노래연습장 업주의 의사에 반하여 이를 행할 수 없다고 할 것인데, 위 경찰관들은 피고인의 의사에 반함에도 불구하고 영장 없이 이를 행하였음이 기록상 분명하므로, 위 경찰관들의 위 각 행위는 적법한 직무집행으로 볼 수 없고, 따라서 피고인이 이를 방해하였다고 하더라도 공무집행방해죄를 구성하지 아니 한다고 판단한 사례,[47]

③ 피고인이 신호위반을 하였다고 하더라도 범칙금납부통고서를 받지 않겠다는 의사를 분명히 밝힌 이상, 피고인에 대하여 지체없이 즉결심판 출석통지서를 교부 또는 발송하고 즉결심판청구서를 작성하여 관할 법원에 제출하는 등 즉결심판청구의 절차로 나아가야 함에도, 이러한 절차를 밟지 아니한 채 범칙금납부 통고처분을 강행할 목적으로 무리하게 운전면허증을 제시할 것을 계속 요구한 것은 적법한 교통단속 업무라고 할 수 없으며, 이와 같이 적법성이 결여된 직무행위를 하는 경찰관에 대항하여 피고인이 폭행을 가하였다고 하더라도 이를 공무집행방해죄에 해당한다고 볼 수 없다고 본 사례,[48]

④ 경찰서에 설치되어 있는 보호실은 영장대기자나 즉결대기자 등의 도주방지와 경찰

---

에서, 농민들의 상경행위는 금지된 집회에 참가하기 위해 준비하는 행위에 불과하여 이러한 정황만으로는 경찰관직무집행법 제6조에서 정한 경찰권 발동의 요건이 갖추어졌다고 볼 수 없으므로, 이를 저지하기 위한 경찰관들의 출입로 봉쇄조치는 구체적 직무집행에 관한 법률상 요건과 방식을 흠결한 것으로서 공무집행방해죄의 성립에 요구되는 공무집행의 적법성이 인정되지 않는다고 보았다.

46) 제9조(출입)

① 경찰서장은 특히 필요하다고 인정하는 경우에는 경찰공무원으로 하여금 풍속영업소에 출입하여 풍속영업자 및 대통령령으로 정하는 종사자가 제3조의 규정(윤락행위, 음란행위, 도박 기타 사행행위)에 의하여 지켜야 할 사항의 준수상태를 검사하게 할 수 있다.〈개정 1999.3.31〉

② 제1항의 규정에 의하여 풍속영업소에 출입하여 검사하는 경찰공무원은 그 권한을 표시하는 증표를 지니고 이를 관계인에게 내보여야 한다.

47) 대법원 2005.10.28. 선고 2004도4731 판결.

48) 대법원 2004.7.9. 선고 2003도8336 판결.

업무의 편의 등을 위한 수용시설로서 사실상 설치·운영되고 있으나, 그 시설 및 구조에 있어 통상 철창으로 된 방으로 되어 있어, 그 의사에 기하지 아니하고 일정 장소에 구금되는 결과가 되므로, 구속영장을 발부받음이 없이 피의자를 보호실에 유치함은 영장주의에 위배되는 위법한 구금으로서 적법한 공무수행이라고 볼 수 없다고 본 사례[49]가 있다.

### (3) 특수공무집행방해치사상죄의 의율 기준

특히 경찰관의 생명과 신체에 중대한 영향을 가져 올 수 있는 특수공무집행방해행위에 대한 법원의 입장은 해당 경찰관이나 당사자인 행위자 자신 그리고 이러한 판결의 일방 예방적 효과라는 측면에서 별도로 살펴볼 필요가 있다.

① 사건의 경위와 정황, 그 의무경찰의 피해가 전치 5일 간의 우슬관절부 경도좌상 정도에 불과한 점 등에 비추어 볼 때, 그와 같은 택시운행으로 인하여 사회통념상 피해자인 의무경찰이나 제3자가 위험성을 느꼈으리라고는 보여지지 아니하므로 그 택시 운전자의 범행을 특수공무집행방해 치상죄로 의율할 수는 없다고 한 사례.[50]

② 시위자들이 3시간 동안 도심 한복판의 차로를 점거한 채 행진을 하고 차로에 드러눕는 등으로 시위를 계속할 경우 시위진압 경찰관들이 이를 제지하려 할 것이고, 그 과정에서 상당수의 시위자들과 경찰관들 사이에 몸싸움이 벌어지고 특히 각목이나 깃대 등을 휴대한 일부 시위자들이 이를 휘두르는 등으로 경찰관들에게 상해를 입게 할 수 있으리라는 것도 충분히 예견할 수 있었을 것이므로, 피고인과 다른 시위 참가자들 사이에는 순차적 또는 암묵적으로 이 사건 특수공무집행방해의 범행에 대한 공모관계가 성립하고, 나아가 특수공무집행방해치상의 점에 대한 공모공동정

---

49) 다만, 동 판례에서는 시설을 경찰관직무집행법상 정신착란자, 주취자, 자살기도자 등 응급의 구호를 요하는 자를 24시간을 초과하지 아니하는 범위 내에서 경찰관서에 보호조치할 수 있도록 제한적으로 운영하는 경우로써 지체 없이 피구호자의 가족, 친지 기타의 연고자에게 그 사실을 통지하는 경우(물론 피보호자가 보호실의 유치에 항의하면서 나오는 경우 경찰은 적법하게 제지할 권한이 없다 하겠다) 또는 피의자를 구속영장 없이 현행법으로 체포하든지 긴급구속하기 위하여 체포 또는 긴급구속 당시에 헌법 및 형사소송법에 규정된 바와 같이 피의자에 대하여 범죄사실의 요지, 체포 또는 구속의 이유와 변호인을 선임할 수 있음을 말하고 변명할 기회를 준 경우라면 체포 또는 긴급구속하여 유치할 수가 있다고 보았다.

50) 대법원 1995.1.24. 선고 94도1949 판결.

범으로서의 책임도 면할 수 없으며, 또 집단적인 폭행·손괴 등으로 공공의 안녕질서에 직접적인 위해를 가할 것이 명백한 시위에 참가한다는 범의가 있었다고 보아야 한다고 본 사례.[51)]

③ 결과적가중범의 공동정범은 기본행위를 공동으로 할 의사가 있으면 성립하고 결과를 공동으로 할 의사는 필요 없다고 보면서, 특수공무집행방해치상죄는 단체 또는 다중의 위력을 보이거나 위험한 물건을 휴대하고 직무를 집행하는 공무원에 대하여 폭행·협박을 하여 공무원을 사상에 이르게 한 경우에 성립하는 결과적가중범으로서 행위자가 그 결과를 의도할 필요는 없고 그 결과의 발생을 예견할 수 있으면 족하다는 입장을 견지하고 있다.

### (4) 소결

위에서 언급한 판례 중에서 먼저 동의대방화치사사건의 경우를 살펴본다. 동 사건은 그 사건자체의 의미보다는 대법원의 최종판결 이후의 추후 경과와 국가의 법운영의 일관성 측면에서 의미가 있다.

전투경찰 7명이 사망하고 대학생 70여명이 구속된 이 사건이 대법원에서 1990년에 유죄판결이 확정되었음에도 불구하고, 2005년에 이르러 국가기관인 '민주화운동 관련자 명예회복 보상심의위원회'가 동 사건을 민주화운동으로 인정하였고 이에 따라 '민주화운동 관련자 명예회복과 보상에 관한 법률'에 따라 보상금을 지급하기에 이르렀다. 이에 숨진 경찰관 유족들이 "민주화 운동 인정은 위헌"이라며 헌법소원을 냈지만 헌법재판소는 각하결정을 내리고 말았다.

이렇듯 동일한 사안에 대하여 사건 발생 당시의 정부는 피해자인 숨진 경찰관들에게 두 계급 추서와 함께 국민훈장 보국장을 수여하고 순직경찰관들의 시신을 국가유공자들의 묘역인 대전 국립묘지에 안장하는 한편, 또 다른 정부는 가해자인 무기징역 등 유죄판결을 받은 대학생들에게도 다시 '민주화 운동의 주체'로 그 정당성을 부여하고 있다.

이러한 이율배반적인 문제해결방식은 '관련자 모두가 시대적 피해자'라는 부득이한 현실인식에서 기인한 점을 십분 이해할 수 있더라도, 한 사회가 지향하고자 하는 사법적

51) 대법원 2002.4.12. 선고 2000도3485 판결.

정의의 실현을 통해 '한 차원 높은 세상'을 열어가는 데 필요한 법치주의를 몰각시킨 점은 대단히 아쉬움을 남게 하는 대목이다.

대체적으로 최근의 인권보호강화 경향과 맞물려 법원이 불구속수사 원칙과 최종적 사법판단인 처벌 수위를 낮게 함으로써 결과적으로는 현실세계에서 무시당하고 있는 공권력이 법집행에 있어서 상당한 곤경에 처하고 있는 실정이다. 이러한 현상은 법원이 공무집행방해죄로 처단함에 있어서 '공무집행의 적법성'의 기준을 여전히 엄격하게 해석하고 있기 때문이다. 공무집행방해 범죄를 줄이기 위해서는 범인의 제압·검거 등 현장 대응력을 강화하고, 정당한 경찰권 행사에 대한 사회적 공감대를 확보하기 위한 경찰 스스로의 노력도 필요하지만, 법원을 포함한 형사사법기관 사이에서도 시대정신에 공감하고 그에 부응한 적극적인 역할변화를 모색하는 것이 새삼 필요함을 일깨워주고 있다.

## 제3장 공권력 확보방안

그 동안 경찰의 법집행은 너무 빈번하여 더 이상 특별할 것 없는 '특별단속'이나 '범죄와의 전쟁' 내지 '100일 작전' 등으로 범죄문제에 대응해 왔다. 범죄현상에 강력하게 법을 집행하면 종국적으로 공무집행방해사범도 줄어들 것이라는 강경한(Tough) 입장의 논리에 따른 경찰활동만 강조하여 온 게 사실이다.

하지만 공무집행방해사범에 대한 공권력의 확보는 엄중한 법집행만이 능사가 아님은 지난 과거의 경험을 통해 알 수 있다. 정치적 고려가 앞선 강경일변도의 경찰정책은 결과적으로 경찰의 고립화를 자초할 뿐만 아니라, 지역사회 경찰활동 철학이 시사하는 바와 같이 우리사회 저변에 깔린 근본적인 문제점을 간과한 채 언 발에 오줌누기식의 우둔함을 반복할 위험만 늘려갈 뿐이다. 따라서 사회의 보수화 경향에 편승한 일방적인 강경정책보다는 우리사회의 법문화와 관련된 기초체질부터 개선하는 장기적인 정책도 병행하는 강온(强溫)양면의 경찰정책을 시행하는 것이 바람직하다.

## 1. 기초질서의 확립

국가공권력을 바로 세우자는 사회일각의 바램들은 한결같이 '엄정한 법집행'을 내세우고 있다. 서슬이 퍼런 법이 존재하고 있음을 알려 두 번 다시 '법'에 도전하는 행위를 발본색원하여야 한다는 것이다. 이렇게 함으로써 '국가의 권위'가 바로 선다는 것이다.

하지만 이러한 시각은 문제의 해결방식 중에 하나일 수는 있으나 그것만이 유일한 문제해결방식이라고는 볼 수 없다. 공권력이 도전받는 모든 이유가 외부에만 존재한다고 볼 수 없기 때문이다. 법 내용의 정당성에 있어서는 법집행기관인 경찰로서는 권한과 역량의 밖에 존재하므로 그 한계가 인정된다고 하겠다.

무엇보다 중요한 것은 경찰관의 권위(Authority)를 향상시키는 것이다. 이것은 단순히 경찰관의 권한을 강화하는 것만으로 해결될 성질의 것이 아니다. 법과 질서에 대한 시민사회의 사회 · 문화적인 의식수준 개선이 함께 이루어져야 하는 이유가 여기에 있다.

영국이나 미국 등 대부분의 선진사회에서는 문명사회를 유지하기 위해 시민들이 기본의무와 책임을 다하는 것은 당연한 것이라고 믿는다. 시민들의 기본의무와 책임이란 다름 아닌 법에 대한 순종이다. 나아가 엘리트계층은 동료시민에 대한 봉사와 사회지도층으로서의 도덕적 의무(Noblesse Oblige)에 충실하다. 하지만 우리사회는 모든 분야에 있어서 오로지 한 줄 세우기 식의 경쟁문화가 팽배해 있다. 경쟁위주의 사회는 모든 분야에서 수단과 방법을 가리지 않게 되고 한탕주의와 이기주의가 공공의 이익이라는 가치를 고사시키는 등 과정이야 어떠하든 목적만 달성하면 된다거나, 개인이나 자기가 소속한 집단의 이익을 위해서는 불법을 자행하더라도 결사(決死)의 각오로 투쟁하는 가치에 묵시적인 동조와 관용을 강제하고 결과적으로 법과 질서가 문란한 지경에 이르게 된다.

우리사회는 민주화의 진전에 따라 인권의식은 높아진 반면, 사회 전반의 법경시 풍조와 낮은 준법의식으로 말미암아 공무집행 방해사범은 지속적으로 증가하는 추세에 있으며, 민주화 과정에서 폭력시위 등 불법행위를 관용하던 분위기가 남아있어 집단적 · 폭력적으로 민원을 해결하려는 경향이 여전하다. 이러한 부문화는 규율의 위반과 그로 인한 처벌을 자신에게 사회에서의 지위를 확보해 주는 하나의 수단으로까지 인식되기도 하기 때문에 처벌이 경우에 따라서는 규율위반이나 비협조, 비동조 또는 권위에의 도전을 더욱 부추길 수도 있다.

이러한 법질서 경시현상은 기초질서 위반과도 무관하지 않다. 교통신호위반, 쓰레기투기, 금연장소에서의 흡연 등과 같은 행위도 아무런 죄의식 없이 자행되고 있다. 법을 지키는 사람이 오히려 바보 취급을 받거나 손해를 보는 느낌이 드는 현상마저 고착화되고 있어 시민의 자율적 법준수 풍토를 마련하기 위해서는 특단의 계기가 이 사회에 요구된다 하겠다.

기초질서의 부재는 도덕 불감증을 야기하고 다시 사회 전반의 부패현상으로 번져나간다. 공권력을 바로 세우고 기초질서를 지키는 시민의식을 확립해야 한다. 어릴 때부터 법질서를 체질화할 수 있도록 초등학교 · 청소년의 체험위주 법교육 강화, 일반시민을 위한 다양한 법교육 프로그램의 활용이 요구되는데, 시민경찰학교를 적극 활성화하는 것도 좋은 방법이 될 수 있다.

## 2. 순찰지구대 중심의 지역경찰제 조정

경찰청은 지난 2003년 10월부터 본격적으로 순찰지구대[52] 체제를 기반으로 하는 지역경찰제를 시행하고 있다. 이 제도의 취지는 이러한 통합운영을 통하여 종래 빈발하였던 법집행 저항행위를 상당 수 감소시키기 위한 것이었다. 경찰근무자의 수적 우세를 통해 경찰관에 대한 공격행위를 현격히 감소시킬 수 있다는 것이다.

최근에 공무집행방해사범이 현격히 증가하고 있다는 또 다른 새로운 현실에 직면하면서 과연 순찰지구대의 공무집행방해사범에 대한 공격성 억지효과에 대해 의구심을 자아내고 있다. 오히려 경찰대응조직의 변화보다는 그 사회의 법문화와 법집행의 분위기가 공무집행방해사범의 증가를 좌우하는 결정적 변수라고 평가할 수 있을 것이다.

특히, 순찰지구대를 중심으로 하는 경찰의 현장대응능력을 결정하는 변수로서 경찰의 지역협력활동능력이나 경찰의 예방순찰활동, 그리고 경찰관의 조직몰입이 부정적인 효과를 낸 것으로 분석한 연구(석청호, 2004)에 비추어 보면, 순찰지구대 체제는 공무집행방해사범에 대한 효과적인 대응조직으로서는 한계가 있다고 평가할 수 있다. 비록 순찰

---

52) 순찰지구대 체제는 기존 3~5개의 파출소에 산재해 있던 각각 10명 내외의 소인원 파출소 체제를 1개의 파출소에 집중시켜 '순찰지구대'를 설치하여 통합운영방식으로 30여명 규모의 경찰관이 집중 근무하도록 하는 지역경찰제이다.

지구대 운용의 광역화로 인해 순찰차량을 이용한 범죄 예방활동은 증가했으나 도보, 오토바이 순찰 등 대민접촉이 가능한 순찰활동의 상대적 감소로 주민들과의 밀착도가 낮아지는 등 대민 협력치안활동은 미흡하여 경찰공무원에 대한 공무집행방해 행위의 주원인 될 수 있는 경찰에 대한 친밀도 부족 내지 심지어는 적개심까지 갖도록 하는 지경에 이르게 된 것이다. 이것은 경찰관의 공무집행에 대항하는 직접적 원인이 될 수 있다.

다른 한편, 경찰행정에 시민의 참여 폭을 확대할 필요가 있다. 시민과 경찰의 치안협의체를 활성화하여 양자 간의 파트너십을 향상시킬 필요가 있다. 법과 질서의 문제에 정부 혹은 경찰이 너무 관여하면 역효과를 내게 된다. 오히려 시민과 지역사회가 주도권을 가지고 구성원 모두의 평화를 위해 해법을 찾도록 하는 방안도 모색해 볼 필요가 있다.

## 3. 엄정한 공무집행을 통한 시민의 신뢰구축

지금 우리사회에서 경찰에 대한 시민들의 인식은 경찰의 시민사회에 대한 기여도에 비하여 현격하게 낮은 것은 분명하다. 이것은 곧 사회질서유지를 위해 일하고 있는 경찰관들의 사기와도 직결되는 중요한 문제이기도 하다. 경찰이 보다 시민에 적극적으로 다가가서 경찰업무를 공개하는 노력을 통하여 지역사회와 조화롭게 공존하려는 경찰정책의 전환이 시급하다.

법집행과 경찰서비스를 내용으로 하는 경찰직무를 충실히 수행하여 시민의 신뢰를 구축하기 위해서 경찰은 '야누스의 얼굴'을 가지고 있어야 한다. 일반 시민들에게는 더 없이 좋은 친구로서 듬직한 후견인으로서 친근하게 다가서는 한편, 위법의 선을 넘어서는 경우 준엄한 법의 집행자로서 본연의 역할에 충실하여야 한다. 적법절차를 통한 경찰의 법위반사실에 대한 고지와 법 위반행위에 대한 중지를 고지하였음에도 불구하고 법질서 파괴행동이 이어질 경우, 경찰은 물리력과 모든 수단을 동원하여 단 시간 내에 시위를 진압하고 질서를 회복하는데 망설임이 없어야 한다.

시민에게 신뢰를 얻는 방법으로 봉사에만 치중하는 경향이 있는 경찰정책은 분명 재고되어야 한다. 신뢰는 경찰의 본분에 맞는 역할을 엄정하게 수행하여 나갈 때 비로소 생기는 것이다.

## 4. 주취자에 대한 일시 감금처분 허용

과거에는 파출소에 유치장이 있어서 주취자등의 경미한 질서위반사범에 대한 처리가 용이했으나 현재는 비보호 또는 경고 후 귀가조치를 원칙이기 때문에 일선 경찰이 주취 소란자 등에게 엄정한 법집행을 하는 것은 생각할 여지가 별로 없어 보인다. 일단 말썽이나 물의가 있으면 덮어놓고 경찰의 책임으로만 돌리는 사회풍조로 인해 모든 것이 고스란히 경찰의 부담으로 남게 되었다. 따라서 주취자 등 공무집행사범에 대하여 현장경찰이 실질적으로 적용할 수 있는 경찰관직무집행법의 현실화작업이 필요하다.

경찰관직무집행법 제4조(보호조치)는 "술 취한 상태로 인하여 자기 또는 타인의 '생명·신체와 재산에 위해(危害)'를 미칠 우려가 있는" 자를 '제지(制止)의 대상'으로 보지 않고 오히려 보호(保護)조치의 대상으로 삼고 있다. 하지만 동법 제6조(범죄의 예방과 제지) 제1항에서는 "경찰관은 '범죄행위'가 목전에 행하여지려고 하고 있다고 인정될 때에는 이를 예방하기 위하여 관계인에게 필요한 경고를 발하고, 그 행위로 인하여 '인명·신체에 위해를 미치거나 재산에 중대한 손해를 끼칠 우려가 있어 긴급을 요하는 경우'에는 그 행위를 제지할 수 있다"고 규정하고 있다. 이러한 법 규정으로 미루어 보건대 경찰은 경범죄처벌법 단속분야에서 종래의 강경정책(zero tolerance policy)을 포기하고 인내정책(tolerance policy)으로 전환하고 있다고 해석할 수 있다(심희기, 2004: 35).

외관상 주취소란행위는 경범죄처벌법 제1조 제25호에 해당되어 즉결심판의 대상이 되지만 경찰관이 주취소란자의 신병을 보호조치할 수 없으므로 결국 즉결심판이 행하여지지 못하여 경범죄처벌법의 실효성이 극히 저하된 것이다.[53] 과거 인권침해소지를 최소화하기 위한 법적·제도적 장치이지만 이제는 다수의 일반 시민들을 보호하기 위하여 보호조치와 제재조치의 수단을 적극적으로 선택할 수 있도록 법을 개정할 필요가 있다. 주취자의 인권도 중요하지만 이제는 사회일반의 공공질서확립이 보다 요구되기 때문이다.

더구나 경찰관직무집행법의 시행령격인 경찰장비의 사용기준 등에 관한 규정 제5조에서는 주취자 등이 '자살 또는 자해'를 기도하는 경우에 이를 방지하기 위하여 필요한 때

53) 현재 경찰서 단위로 보호실이 운영되고 있지만 지구대나 파출소에서 경찰서로의 이송업무자체가 더 어려운 과정이고 많은 인력과 장비가 소요되는 실정이다. 지구대 단위의 보호실 부활도 고려해 볼 수도 있고 순찰지구대로의 통합과정에서 남는 일부 시설을 일정구역의 통합 보호실로 운영하는 방안 검토할 수 있다.

에 '수갑 · 포승 또는 호송용 포승을 사용'할 수 있도록 하고 있는데, 이 조항을 반대해석하면 정작 문제시 되는 주취자에 대해서는 '수갑 · 포승 또는 호송용 포승을 사용'할 수 없는 것으로 해석될 수 있다(심희기, 2004). 따라서 주취자 등이 '타인 · 경찰관의 생명 · 신체와 재산에 위해를 미칠 우려'가 있는 경우에도 '수갑 · 포승 또는 호송용 포승을 사용할 수 있음'을 명시할 필요가 있다.

## 5. 경찰활동 주체의 다극화

미국의 경우 경찰의 집회 · 시위 대응에 대한 전반적 기조는 엄격한 법집행과 적용으로 대응 자체가 불법과격시위를 용인하지 않는 방향으로 이루어지고 있다. 그런데 워싱턴시(Washington D. C.) 경찰청은 이와 같은 강경진압의 원칙을 보완하기 위하여 변호사나 학생, 전문가들로 구성된 '법률옵서버' 제도를 운영하여 집회 · 시위 시 발생하게 되는 다수의 문제들에 대하여 책임 소재를 명확히 할 수 있도록 하고 있다. 결국 이와 같은 제도를 통해 경찰은 과잉대응 등 불법적인 행위를 하지 않고 있으며, 주최자의 경우에도 스스로 합법적인 집회 · 시위문화를 만들어 가도록 유도하고 있다(이창무, 2007: 341).

이러한 측면에서 집회 · 시위관련 시위대의 공무집행방해죄상의 폭력성이나 경찰의 과잉대응 여부는 그동안 일방적인 입장에서의 단면적인 평가에 그쳤고, 이에 보다 객관적인 평가를 통해 문제점을 도출해 내고 이를 관련기관 · 단체가 공유하여 점진적인 개선을 기하고자 경찰청에서는 대규모 · 폭력시위 발생 시 시 · 도경찰청 단위에 '집회시위평가위원회'를 두어 운영(이황우, 2006: 178-180)하고 있는 것은 대단히 고무적인 일로 평가된다. 사후평가를 위해 이 같은 민관의 합동평가가 가능하게 된다면 공정성과 객관성을 확보는 물론 평가결과의 환류과정을 통해 현실적인 해결방안이 모색되어질 수 있을 것이다.

이렇듯 최근 활발하게 모색되고 있는 '연합경찰활동(Grey Policing)'을 내용으로 하는 '경찰활동 주체의 다극화(Fragmentation of Policing)' 움직임은 주목할 만하다.[54] 어

54) 혼성경찰활동 내지 하이브리드 경찰활동이라고도 소개되고 있는 '연합경찰활동(grey policing)'은 후겐브룸(Hoogenbloom)이 정의한 개념으로 경찰의 목적을 달성하기 위하여 국가경찰, 각종 규제기관, 민간부문 간에 정보를 교환하고 기술적 장치를 공유하는 비공식적 협력치안 매카니즘을 말한다(Button, 2002: 28).

차피 국가경찰만으로는 급증하는 모든 범죄문제에 대처하는 것이 물리적으로도 불가능하거니와 시민사회의 다양한 치안수요와 참여욕구에 부응하여 할 필요가 있기 때문이다. 또한 이것은 경찰업무의 공개를 가져와 '경찰행정의 투명성'도 담보해내는 효과를 가져와서 공권력에 대한 신뢰의 회복을 위해 가장 필요한 대안이 될 것이다.

# 제11강 I

# 경찰과 언론

제11강

# 경찰과 언론



## 제1장 언론의 개념과 기능

언론(言論)은 입법부 · 사법부 · 행정부와 함께 '제4의 권력기관'이라고 부른다. 이는 언론이 갖는 여론형성의 정치 · 경제 · 사회 · 문화적 영향력에 비추어 국가권력과도 견줄 수 있음을 상징적으로 잘 보여준다. 특히 언론이 경찰과 관련한 기사를 어떻게 보도하느냐에 따라서 시민들이 갖게 되는 경찰에 대한 이미지를 긍정적으로 혹은 부정적으로 형성하는데 적지 않은 영향을 미치는 것 또한 엄연한 현실이다. 따라서 경찰은 언론과의 관계에 있어서 언론이 요구하는 기사자료를 모두 내어 주거나 혹은 언론의 취재요청을 무작정 거부하고 언론관계를 끊을 수도 없는 상황에서 불가근불가원(不可近不可遠)의 관계, 즉 가까이 할 수도 없고 그렇다고 멀리 할 수도 없는 관계에 있는 상태이다. 경찰과 범죄에 얽힌 사건 · 사고를 언론 또한 다루지 않을 수는 없다는 점에서 양자는 어쩌면 악어와 악어새의 관계와도 같이 공생하고 있다고 할 수 있다. 아래에서는 언론의 개념을 알아보고 그 특징이 무엇인지 살펴보겠다.

### 1. 언론의 개념

언론이란 TV, 신문, 인터넷 등을 통하여 어떤 사실을 시민들에게 밝혀 알리거나 어떤 사회적 문제에 대하여 여론을 만들어 나가는 활동이나 그러한 활동을 하는 기관을 의미한다. 4차 산업혁명의 도래로 사회관계망 서비스(SNS, Social Network Service)라 불리는 1인 미디어나 정보공유시스템에도 불구하고 아직은 우리의 가정, 학교, 직장 등 다양한 사회에서 TV, 신문, 인터넷 등 전통적 매체가 차지하고 있는 비중은 여전히 막강하다. 한편, 인터넷 보도매체는 세상을 하나의 망으로 연결하고 있고 뉴스를 실시간으로 전해 준다는 점에서 매우 중요한 역할을 하고 있다. 더구나 인터넷 1인 방송 등 개인미디어의 사회적 영향력이 높아짐에 따라 소위 '방송권력'의 영향력에 도전하는 경향을 보임에 따라 종래의 언론의 개념과 범주는 보다 넓게 이해할 필요가 있다.

오늘날 정보는 권력이다. 언론이라고 하면 대중매체, 즉 미디어를 이야기하는 경우가 많다. 우리 사회의 분절화 경향, 전문화 경향에 따라서 대중매체 외에도 여론을 선도하는 직업계층이나 집단 등이 출현하게 된다. 사회집단, 이익집단 등이 그것이다. 언론과 이들 집단은 사실에 근거하여 정보를 생산하고 이를 통해 여론을 형성한다는 점에서 대단히 막강한 힘을 가지고 있다.

## 2. 언론의 특징

언론은 본질적으로 대량성과 대중성을 갖고 있다. 이미 언론은 정치, 경제, 사회, 문화, 스포츠, 바둑, 여행, 레저 등의 영역에 다양한 섹션을 가지고 있으며, 내용에 있어서도 전문적 영역을 구축하고 있다. 그만큼 언론은 그 소비자 계층의 다양성에 요구에 부응하기 위해서 부단히 진화해 왔다. 이러한 언론의 다양한 컨텐츠 제공능력은 전체 대중을 어떤 방식으로든 좌지우지할 수 있는 막강한 영향력으로 나타나고 있다. 신문은 지면(紙面)에 인쇄하는 과정을 통하여 이루어지고 있어 정보전달에 이르기까지는 하루 혹은 반나절이라고 하는 시차가 분명 존재한다. 그렇지만 실시간으로 중계가 되고 있는 방송에서의 뉴스는 실시간으로 전달이 되기 때문에 그 영향력이나 파괴력을 이루 말할 수 없다.

미국 45대 대통령 도널드 트럼프(Donald John Trump)가 거의 매일 사용하는 트위터(Twitter)는 백악관 대변인보다 신속하고 정확하며 그 영향력은 세계적이었다. 그는 개인미디어로 정치적 성공을 거둔 대표적 인물이다. 대개 자신의 국정 수행을 자화자찬하거나 기성언론을 가짜뉴스로 몰아붙이는 내용이거나, 심지어 전직 대통령을 비롯한 정적들을 비꼬거나 비판하는 글에 이르기까지 그의 글 하나에 달리는 댓글은 수만 개를 넘는다. 장관 경질이나 백악관 보좌관 교체, 시리아 주둔 미군철수 등 주요 인사와 정책 결정을 트위터로 알림으로써 거대한 언론기관들이 그의 트위터에 알람을 켜놓고 있다. 그는 1인 미디어의 최대 수혜자인 것이다.

그럼에도 불구하고 이러한 다양한 미디어 등 언론은 대중들에게 사실을 전파하고 여론을 주도하고 비판해야할 공익성을 가지고 있다는 측면에서 많은 사회적 기대와 역할을 가지고 있다. 따라서 경찰이 추구하고 있는 정당한 법집행과 질서유지 임무를 효과적으로 수행하기 위한 공통분모가 경찰과 언론 사이에 분명 존재하게 된다.

## 3. 언론의 역할과 기능

언론은 제일 우선시되는 정보 전달기능을 가지고 있다. 우리를 둘러싸고 있는 환경에서 벌어지고 있는 다양한 사건사고를 보도하고 사실에 대한 분석과 비판 기능도 언론이 하게 된다. 언론사에는 일반 기자나 논설위원도 있지만 전문기자나 객원논설위원도 따로 두고 있어서 사회 각계각층의 명망가들의 생각과 논평, 해설 등 다양한 의견을 종합하여 전달한다. 또한 시사만화나 각종 가십 등 다양한 형태로 일정한 사실에 대한 분석과 비판을 이어간다. 이러한 사실과 사실에 대한 분석과 비판을 통해서 여러 가지 정책결정에 대해서 언론은 감시하고 통제하는 기능을 수행한다. 언론이 없다고 상상해보면 국가가 어떤 일을 하고 있고 어떤 일을 하려고 하였는지에 대하여 아무리 궁금해도 알 수 없을 것이다. 방향성에 있어서도 독자투고란 등의 코너는 독자인 국민의 생각을 정부나 의회, 법원 등 국가기관이나 정치지도자, 사회지도자들에게도 전달될 수 있도록 하는 역할을 하기도 한다.

## 4. 경찰과 언론의 관계

로버트 마크는 경찰과 언론은 황홀하고 행복스럽지 않더라도 오래 지속되는 결혼생활이라고 보았다. 미혼인 여러분들에게 과연 결혼생활이 어떠한지는 아마도 부모님의 결혼

생활을 보면서 간접 경험을 하게 될 것이다. '황홀하고 행복스럽지도 않은'이라고 단언하기는 어렵지만, 늘 황홀한 것은 아닌 것 같고 또한 늘 행복한 것은 아니지만 두 분은 오래오래 서로의 곁을 내어주고 삶을 지켜주는 것이라고 생각할 것이다. 통계상 4쌍 중에 1쌍이 이혼하는 시대라고는 하지만, 다른 3쌍은 황홀하지도 않고 늘 행복하지도 않은 생활을 지속하게 된다. 경찰과 언론의 사이가 늘 허니문은 아니지만 그들은 운명적으로 희로애락을 함께하여야 하는 공동운명체라고 말할 수 있다.

경찰은 언론에 대하여 범죄와 형사사법을 둘러싼 정통성, 법적 권위와 같은 것을 국민으로부터 받기 위하여 긍정적 보도를 언론이 해주길 기대한다. 경찰 예산이 늘어나야만 되는 현실론과 당위론을 국민에게 잘 알리기 위한 기회도 언론을 통해서 부단히 얻으려고 애쓴다. 나아가 평소에도 경찰이 어느 정도 일을 잘하고 있는지를 널리 알려서 시민의 지지를 얻고 경찰 이미지를 관리하는데 언론의 역할이 필요하다. 언론도 국민의 알권리 충족을 위해서 취재를 하여야 하는데 경찰이 사건을 움켜쥐고 공개하지 않으면 도저히 알 수가 없다. 중요한 내용들은 경찰청 대변인실에서 브리핑을 해주는 보도자료를 참고하거나 현장 경찰관에게 취재를 하여야 한다. 언론과 경찰은 공생관계다.

## 5. 경찰의 언론대응 필요성

우리 사회에서 경찰과 언론은 각자 고유의 역할과 기능을 가지고 있다. 경찰은 법집행과 질서유지 및 경찰서비스를 제공함으로써 국민에게 봉사하고, 언론은 일어난 사건사고를 사실로 삼아 이를 보도하고 다양한 시각으로 이를 분석하여 여론을 형성하는 역할을 수행한다. 언론은 보도를 통해 국민의 알권리를 충족시킨다는 것과 당해 사건사고를 둘러싼 국민의 기본권 침해의 여부 및 인간의 존엄과 가치 및 행복추구라고 하는 헌법적 여망이 제대로 지켜지고 있는지를 살펴봄으로써 권력기관을 감시하는 역할을 다하고자 한다.

언론의 감시자로서의 역할은 경찰과의 갈등관계를 가져온다. 대개 언론은 경찰이 사실을 은폐하거나 축소하여 숨기려한다고 의심하고 비난하는 반면, 경찰은 언론이 사실을 왜곡 보도하여 경찰의 노력을 물거품으로 만들고 오히려 국민들로부터 질타를 받게 만드는 무책임한 존재라고 생각한다.

굳이 흥미만을 추구하는 황색언론이 아닐지라도 언론은 본질적으로 경찰을 비판하는 시각에서 보도함으로써 시민들의 흥미를 불러일으키고 진실을 보도하는 매체로서의 공감대를 형성하고자 한다. 언론은 불법과 억압을 통해 권한을 남용하는 가해자로서의 이미지로 경찰을 보도할수록 독자들의 환호와 응원이 높아지고 자신들의 위상도 높아진다고 생각한다. 경찰은 오히려 허위·과장보도나 왜곡보도로 인해 경찰의 국민적 신뢰가 무너지고 경찰의 사기가 떨어지는 등 결과적으로 국가공권력의 권위실추라는 불명예가 나타날 우려가 있다고 언론을 경계한다. 현장 경찰관의 직무수행을 위축시키고 시민들의 냉소와 질타를 감내해야하는 경찰은 언론에 적극 대응하지 않으면 안 된다. 왜곡보도로 인한 진실은 법정에서 밝혀질 수 있으나 실추된 경찰의 명예와 보도된 경찰관에 대한 그동안의 비난과 징계절차 상의 피해는 회복하기가 사실상 불가능에 가깝다. 경찰의 잘못을 감추거나 축소시키기 위한 경찰홍보가 아니라, 있는 사실 그대로 보도하게 함으로써 잘못을 훨씬 넘는 책임을 부담하지 않도록 하겠다는 입장에서 경찰의 언론 대응은 보다 적극적일 필요가 있다고 하겠다.

## 제2장 언론보도와 뉴스 가치

경찰과 언론은 같은 관심사를 가지고도 결코 너무 가까이할 수도 없고 너무 멀리할 수도 없는 관계이다. 하지만 경찰은 언론과 보다 유익한 생산적인 관계를 유지할 수 있도록 적극적인 노력을 해야 한다. 이번 장에서는 경찰을 보도하는 언론의 태도를 구체적인 사례를 중심으로 분석해 보고자 한다.

## 1. 게이트 키핑

일반적으로 어떠한 메시지가 선택되거나 선택되지 않는 경우를 말한다. 이번 논의에서 게이트 키핑(Gate Keeping)은 뉴스를 생산하는 기자나 편집자에 의해서 뉴스가 취사선택되는 것을 의미한다. 언론이 어떤 사실을 보도할 때 팩트 그대로의 날것을 시민들에게 잘 전달만 해도 좋겠는데, 사실 그 자체는 물론이고 여기에 따른 다양한 분석이나 견해들 가운데 언론이 이를 보도하거나 버릴 수 있는 선택권을 가지고 있다. 보도내용을 선택이 되는지 여부, 선택이 되더라도 크게 보도하는지 작게 보도하는지에 대한 언론의 여과과정 내지 왜곡과정은 이러한 게이트 키핑 과정에서 다양하게 일어난다. 이때 사실이 축소·과장되거나 삭제·왜곡된다.

어떤 뉴스가 선택되고 거부되는지는 수 많은 요인에 의해 결정된다. 그러한 요인의 예로는 게이트 키퍼의 ①사회·경제적 계급 ②성장배경 ③교육배경 ④가치관(세계관) ⑤소속 언론사의 이념 ⑥규범 ⑦전통 등이 있다.

## 2. 언론이 주목하는 뉴스가치

뉴스가치는 게이트 키핑을 통과하는 열쇠다. 뉴스가치는 ①사회적 유의미성(영향) ②적시성 ③명성 ④인간적 흥미(재미) ⑤갈등성(일탈성) 등에 따라서 미디어가 보도내용을 얼마나 비중 있게 다루는가가 결정된다.

### (1) 사회적 유의미성(영향)

언론 보도의 내용이 사회적 영향이 큰 것일수록 언론에서 관심을 갖게 된다. 속보나 호외로 보도될 수도 있다. 대형사건·사고, 세계정상들의 만남, 세기의 대결, 올림픽, 재해재난, 연쇄살인범 등 보도의 내용에 영향을 받는 사람의 숫자가 많으면 많을수록 언론에 보도될 개연성이 커진다.

### (2) 적시성

뉴스는 신선해야 한다. 특종 경쟁이 있는 사건일수록 언론에 보도될 기회가 많다. 어떤 이유로 신문이나 방송이 취재원으로부터 얻은 정보를 전부 혹은 일부 보도하지 않거나 취재원의 신분을 밝히지 않는다는 조건으로 취재한 경우인 오프더레코드가 있다. 오프더레코드(off the record)는 취재원이나 취재 대상에 대한 일부 정보를 익명화함으로써 시청자의 알 권리를 일시적으로 제한하는 것이다. 인터뷰 전에 오프더레코드를 요구하였다면, 이는 보도금지를 암묵적으로 인정한다는 뜻이 된다. 하지만 취재기자가 오프 더 레코드를 지켜야 할 법적 의무는 없다. 보다 많은 정보를 적시에 제공할 기회를 얻을 수 있다는 장점이 있다. 엠바고(embargo)는 정보제공자나 취재대상이 기자들을 상대로 일정시점까지 보도자제를 요청하거나 기자들 간의 합의에 따라 일정 시점까지 보도를 자제하는 행위를 말한다. 보도 타이밍을 위해 엠바고를 지키지 않는 경우도 많다.

### (3) 명성

K-Pop 스타와 배우 그리고 스포츠 스타 등 셀러브리티(Celebrity) 혹은 셀렙(Celeb)은 대중들로부터 주목을 받고 대중들에게 영향을 끼치는 사람이다. 그들의 행동은 화제를 몰고 다니며 크고 작은 유행을 일으키는 등 대중적 또는 문화적 영향력을 지니고 있다. 언론은 이들을 보도함으로써 언론의 명성을 높여나가고 셀러브리티들은 언론 보도를 통해 인기를 구가할 수 있다. 사이코패스, 연쇄살인범 등 희대의 살인마들처럼 잘 알려진 범죄나 악행을 저질러 유명해지는 경우도 있다.

### (4) 인간적 흥미(재미)

네덜란드의 역사가 요한 호이징가(Johan Huizinga)는 그의 저서 『호모 루덴스(Homo Ludens, 놀이하는 인간, 1938)』에서 인간 문화의 바탕에는 '놀이'의 원리가 깔려 있다고 주장했다. 정치, 경제, 사회, 문화, 외교, 전쟁, 스포츠 등 인간이 만들어 내는 모든 것은 본질적으로 '놀이'의 원리 위에 세워져 있다는 것이다. 언론에서 기사를 찾는 사람들은 흥미로운 기사를 통해 일상의 무료함을 달래려는 경향이 많다. 가십(Gossip)은 흥미본위의 인물평 기사를 말하는데, 언론에는 대부분 이러한 가십 코너가 있어 재미있는 볼거리를 바라는 사람들을 만족시켜주고 있다. 완전범죄와 강력사건 등 범죄스릴러(Crime Thriller)는 인간적 흥미를 불러온다는 점에서 언론의 주요 보도대상이 된다. 패륜범죄 등 엽기적 범죄에 대한 보도도 인간의 이면에 있는 악의적 흥미를 끌어들이려는 언론이 즐겨 찾는 주제이다.

### (5) 갈등성(일탈성)

화해와 용서보다는 싸움과 배신을 내심 즐기는 대중의 원시적 본능을 자극하고 호기심에 호소하여 흥미본위의 보도를 하는 것을 센세이셔널리즘(Sensationalism)이라고 한다. 이런 경향을 띠는 언론은 언론 시장의 과열경쟁으로 기사가 상품화됨으로써 대중에 영합하는 기사를 취재하고 보도하게 된다. 가정폭력, 성폭력, 학교폭력 등 인간의 불건전한 감정을 자극하는 각종 범죄나 선정적인 사건은 언론보도에 있어서 우선순위를 차지하고 있다.

## 3. 기자의 인구사회학적 특성과 기자의식

언론의 구체적 보도내용은 직접 기사를 작성하는 기자들의 속성과 깊은 관련성을 가지고 있다. 비난성 왜곡보도로 인한 경찰조직의 피해를 최소화하고 위기상황을 극복하고 이를 반전시키기 위해서는 1차적으로 취재를 하고 있는 담당기자를 논리적으로 설득해야 한다.

한국언론진흥재단이 실시한 제15회 언론인 조사 결과에 따르면,[55] 한국 언론인은 ① 2021년 현재 평균나이 40.3세, 연봉은 5,276만원, 일주일 기사작성 건수에서 신문사·인터넷언론사·뉴스통신사 기자들은 13.7건의 지면기사, 14.6건의 온라인 기사를 작성했고, 방송기자들 역시 비슷한 수준인 14.9건의 기사를 작성했다. ②언론인이 가장 비중있게 다뤄야 할 사회현안으로는 경제양극화 해소(41.7%), 정치 및 공공 영역 부정부패

55) 한국언론진흥재단이 (주)메가리서치에 의뢰하여 2021년 7월 19일부터 10월 5일까지, 신문사(166개사), 방송사(59개사), 뉴스통신사(9개사), 인터넷언론사(220개사) 등 전국 454개 언론사 소속 신문·방송기자 2,014명을 대상으로 실시하였다. 한국언론진흥재단, 2021 한국의 언론인: 제15회 언론인 조사, 2021. 50-51쪽.

청산(38.9%), 경제 성장 및 일자리 창출(38.0%) 순으로 나타났다. ③언론의 자유를 직·간접적으로 제한하는 요인으로는 광고주(62.4%), 편집/보도국 간부(47.0%), 사주/사장(43.4%)으로 응답했다. ④언론의 역할에 대한 중요도로는 '정부, 공인(국회의원, 고위공직자 등)에 대한 비판 및 감시'(4.50), '사회 현안에 대한 정확한 정보 제공'(4.42), '사회적 약자 대변'(4.40), '기업 활동에 대한 비판 및 감시'(4.36), '중요 사회 문제를 의제로 제시'(4.26), '사회 현안에 대한 다양한 의견 제시'(4.18), '사회 현안에 대한 해결책 제시'(3.81) 순으로 응답하였다.

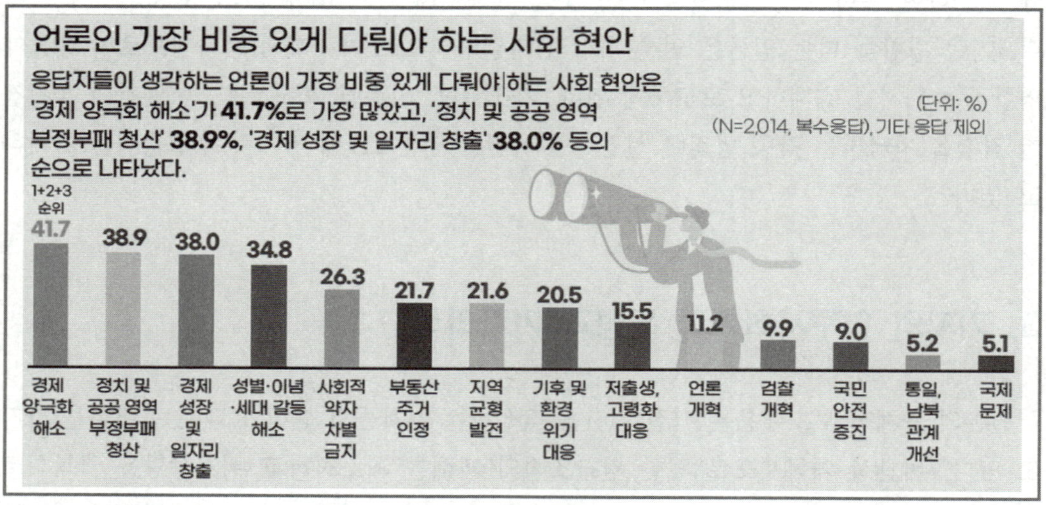


출처: 한국언론진흥재단, 2021 한국의 언론인, 2021: 8쪽.

## 4. 불리한 사건·사고도 객관화할 수 있는 경찰홍보 담당자

경찰만큼 언론보도에 있어서 비중이 큰 공공기관도 없다. 국민의 입장에서 보면 어떤 직접적인 관련이 있는 일부 국민을 제외하고는 대부분이 언론을 통해서 경찰에 대해 인식을 갖게 된다. 경찰 이미지 형성은 절대적으로 언론보도가 좌우하는 양상이다.

경찰이 언론을 잘 관리하기 위해서는 적극적인 언론 전략이 필요하다. 2022년 현재 14만 명에 육박하는 경찰인력을 가진 조직임에 비해 경찰홍보부서는 조직규모도 작지만 담당자의 언론전문성이 출입기자들의 눈높이를 맞추지 못한다고 평가되고 있다. 또한 언론을 대하는 태도와 전략이 피해의식에 젖어 있는 경우가 적지 않다. 매일 나오는 사건사고로 눈 코 뜰 새 없이 바쁘고 각종 비리나 인권침해성 논란을 야기하는 사건 등으로 위축되어 있는 측면도 없지 않다.

따라서 이러한 불리한 언론보도에 대하여 상황을 냉정하고 객관적으로 보고 처리할 수 있는 언론 전문가가 필요하다. 그런 의미에서는 경찰계급을 지니지 않은 언론 전문 일반 행정공무원이나 언론출신의 베테랑 기자를 채용하여 언론사를 상대로 응대하는 것이 보다 나을 수 있다. 필요하다면 경찰서 단위까지 홍보담당자들이 배치되어 언론의 현장취재에 능동적으로 대처하는 것이 바람직할 것이다.

# 제3장 경찰과 언론 관계의 특성과 미래전략

우리는 대부분 인터넷이나 신문, TV방송을 통해서 경찰을 간접적으로 경험한다. 따라서 만약 부정적인 인식을 하고 있다면 경찰을 보도하는 언론의 태도에 적지 않은 영향을 받은 것이라고 볼 수 있다. 물론 그러한 빌미 자체를 제공한 경찰의 책임도 적지 않다고 보아야 한다. 따라서 경찰로서는 경찰이 원하는 이미지 혹은 사실 그대로의 사건사고의 실상을 언론을 통하여 보도할 수 있도록 하려면 보다 적극적인 대 언론관과 언론정책을 가질 필요가 있다.

## 1. 경찰과 언론 관계의 복잡성

살인과 같은 강력사건이 발생한 경우에 경찰이 사건 현장에 폴리스라인을 치게 되면 사건의 실체적 진실을 밝혀내기 위한 구체적 증거와 정황은 모두 경찰과 같은 국가기관이 확보하게 된다. 이렇게 통제된 상황에서 언론은 경찰의 수사결과 발표를 마냥 기다리고만 있지는 않는다. 수사내용은 물론 사건을 둘러싼 모든 사실을 속속들이 알고 싶어하기 때문에 취재경쟁은 갈수록 뜨거워진다. 사건 담당자를 독촉하거나 이것이 원활하지 않을 때에는 충돌이 불가피하다고 생각하고 이를 행동에 옮기기도 한다. 한 예로 어린이 유괴사건이 발생하게 되었다면 사건의 공개라던가 보도 내용에 있어서 피해자를 보호하기 위한 목적이거나 도주한 가해자를 추적하기 위한 단서 등의 공개는 상세하게 보도하지 않도록 요청 받기도 한다. 하지만 언론사의 본격적인 취재가 시작되고 생방송이나 기사 마감시간이 다가오게 되면 취재는 경쟁을 넘어 투쟁으로 변하는 경우가 허다하다. 언론의 경쟁시장이 점점 격화가 되고 경쟁력을 확보하지 않으면 언론사 존립에 영향이 크다고 판단하는 경우에는 경쟁에서 도태되지 않기 위해 엠바고나 오프더레코드의 보도제한을 무시하기도 한다. 따라서 보도제한을 통한 일정부분의 공익 추구와 언론의 사회적 책임은 뒷전으로 밀려나기 십상이다. 이러한 부분은 경찰 홍보담당자가 통제할 수 없는 것으로 언론 스스로의 자율적 영역에 해당된다.

이러한 자제노력을 특정 언론이 하지 못하고 있다고 판단하였을 때에는 당해 언론사에 대하여는 더 이상 정보를 제공할 수 없음을 선언하고 'No comment'(더 이상 드릴 말씀 없음) 입장을 관철해야 한다. 보도자료 등 관련사실 자체를 주지 못하는 상황에는 경찰의 책임만 있다고 볼 수는 없고 언론과 경찰이 함께 서로 공생한다는 지혜를 가져야만 개선될 수 있다.

## 2. 경찰과 언론 관계의 의존성

과거의 원형 교도소형 감시를 뜻하는 파놉티콘(Panopticon)은 한 명의 감시자가 여러 명을 감시한다는 일망 감시 시스템을 말한다. 정보사회의 발전에 따라 전통적인 파놉티콘형 일방적 감시는 언론에 의한 시놉티콘형으로 바뀌어 가고 있다. 시놉티콘(Synopticon)형은 언론 등 대중매체의 영향력이 커진 당연한 결과이다. 과거의 감시유형인 파놉티콘형 감시는 권력자인 소수에 의해서 다수를 감시하는 유형이었다면, 시놉티콘(Synopticon)형은 언론의 눈을 통해 시민 다수가 오히려 권력기관인 경찰을 감시하는 것을 말한다.

이처럼 다수에 의한 소수의 감시라는 새로운 변화양상이 전개되고 있다. 예전에는 권력기관인 소수가 다수의 국민을 감시하게 되는 소수에 의한 다수의 감시였는데, 이제는 언론매체가 중간에서 시민의 눈과 귀가되어 권력을 감시하는 양상으로 변하고 있다. 다수인 시민이 소수인 경찰을 감시하게 되는 패턴으로 바뀌고 있어서 그만큼 사건·사고를 통하여 경찰과 경찰활동은 언론에 노출될 확률이 높아졌다. 권력에 대한 견제, 곧 감시가 시민으로부터 권력으로 이루어지는 역감시가 이루어진다는 것이다.

미국 LA폭동의 도화선이 되었던 '로드니 킹(Rodney King)'사건(1991.3.3.)도 그곳을 지나던 시민이 개인 카메라로 촬영하여 이 영상을 언론사에 제보하면서 시작되었다. 언론사는 그것을 여과 없이 보도함으로써 결국 백인 경찰관에 의해서 흑인 피의자가 무참히 구타를 당하는 동영상이 시민을 자극하게 되었고 급기야 폭동으로 비화되었다.

최근에는 경찰 역시 폭동 진압 시에 언론을 이용하는 경우가 늘어나고 있다. 채증 카메라를 운용하는 것 역시 정보경찰 스스로가 사후에 수사와 관련된 증거자료를 얻기 위한 목적을 가지고 있다. 범죄현장을 경찰 단속반이 급습하는 것과 같이 언론의 카메라를 대동하고 경찰이 성매매 업소를 단속하거나 불법적인 영업행위를 하고 있는 카지노나 도박장을 단속하는 장면을 보도하는 것은 언론과 경찰이 상호 의존적인 관계에서 공익적 차원의 활동을 하는 것이다. 일반시민들이 보기에는 마치 경찰과 언론이 중계방송을 하고 있는 것이지만 사실은 시민이 언론을 통해서 경찰활동을 가까이에서 보며 감시하는 효과도 있는 것이다.

언론은 경찰에게 하나의 위협이긴 하지만 동시에 언론을 잘 활용해서 언론이 경찰활동이나, 마약단속현장을 급습할 때 보도할 수 있도록 한다면 범죄를 소탕하는 경찰의 영웅담을 그대로 안방 깊숙이 전달할 수 있다. 물론 카메라가 가는 곳은 야간의 경우 조명도 함께 움직이기 때문에 은밀한 경찰작전에 방해가 될 수도 있다. 그래도 일반 시민이 궁금해 하는 범죄소탕 장면을 공익적인 차원에서 중계하는 것처럼 효과적인 홍보는 찾기 어려울 것이다. 물론 이런 적극적인 홍보방법을 사용할 때에는 시민의 반응 등 사회적 여건을 신중하게 고려하여야 한다.

## 3. 경찰과 언론의 피의자 보호

언론이 범죄사실을 보도할 때 기사에 나타나는 주인공은 피의자인 경우가 대부분일 것이다. 경찰은 피의자를 적법하게 보호하면서도 언론도 나름대로 국민의 알권리를 충족시켜 줄 책임을 다 할 수 있어야 한다. 따라서 범죄피의자의 인권을 보호와 더불어 국민의 알권리라고 하는 충돌하는 기본권 간의 조화로운 접점을 잘 찾아가야만 한다.

우리가 재판 전에 피의사실을 모두 공개하는 것은 피고인의 공정한 재판을 받을 권리를 해하게 된다. 재판은 국가와 피고인의 전쟁이다. 따라서 무기는 상호 대등하여야 한다. 국가가 검찰과 경찰이라는 기관을 통해서 피고인의 범죄 사실을 증명할 증거를 확보하게 되는데, 경찰이나 검찰의 주장사실과 증거를 언론이 보도하게 되면 피고인은 정식재판을 받기도 전에 유죄가 확정된 것처럼 시민들에게 각인이 되어 이전 상태로 회복하기가 쉽지 않게 된다.

반면, 시민의 알권리 측면에서 볼 때 언론의 자유를 마냥 제한할 수는 없다. 범죄사실에 대한 수사결과를 가지고 있는 경찰에서는 이런 양자의 충돌 사이에서 정보를 어떻게 공개할 것인가에 대해서 많은 부담을 갖게 된다. 언론에게 보도자료를 배포하면서 경찰은 언론을 통하여 경찰 이미지를 개선할 수는 있겠지만 , 다른 한편으로는 피의자의 인권을 보호해야 한다는 수사기관의 책임을 경시할 수도 없다. 하지만 경찰은 책임 있는 국가수사기관으로서 언론보도를 할 때에 피의자를 보호할 수 있는 인권옹호적 언론태도가 필요하다. 유죄판결이 확정될 때까지는 피고인과 피의자 모두가 무죄로 추정되기 때문이다.

## 4. 언론을 통한 경찰홍보의 장점

경찰이 언론을 적극적으로 활용할 수 있도록 노력을 해야 하는 것은 여러 가지 장점이 있기 때문이다. 경찰이 경찰조직을 홍보하려면 많은 광고비용이 들어가는데 돈을 들이지 않고 경찰을 홍보할 수 있는 방법이 있다. 언론에서 원하는 기사를 적절히 제공하면서 경찰의 우수한 점, 열성을 다해 노력하는 면들을 보여주는 것이다. 이러한 경찰홍보는 큰 예산을 들이지 않고도 가능하기 때문에 언론관계가 대단히 중요하다. 또한 경찰정보를 신속하게 전달하는 것은 광고를 이용하는 것보다는 일반 시민에게 높은 신뢰도를 확보할 수 있다. 광고물에 대해서는 그것을 보는 사람들은 일정한 선입견을 갖는다. 일반 언론이 아닌 경찰 자체의 방송국을 통해서 경찰의 실상을 보여주더라도 이것을 보는 사람들의 신뢰도는 높지 않다. 마음의 벽을 가지고 뭔가 '나에게 과장된 이미지를 주입하려는 의도된 기사구나.'라는 생각 때문에 신뢰도를 높이는 데에는 일정한 한계가 있다.

따라서 일반 언론을 통해서 보도했을 때에는 비교적 높은 신뢰도를 가질 수 있다. 언론을 통한 경찰홍보는 언론보도 자체에서 누락된 내용을 경찰이 보완해주는 효과가 있을 뿐만 아니라 사건의 심층취재를 통해 세간의 관심을 갖게 한다는 점에서 경찰 홍보 효과도 있고 언론사의 명성을 높이는 데에도 도움이 된다. 경찰정책에 대해서 언론의 신뢰도가 향상되는 것은 물론이고, 적절한 보도는 난무하는 경찰에 대한 유언비어를 방지할 수 있다는 효과도 가지게 된다. 더 이상 언론에 대한 두려움이나 공포를 가질 필요가 없다. 언론이 가진 능력과 지위를 경찰이 어떻게 활용하는가가 중요하다.

## 5. 경찰과 언론 관계의 미래전략

첫째, 언론이나 소통 내지 홍보전문가를 경찰이 적극적으로 영입해서 활용하는 것이 좋겠다. 경찰 관련 브리핑을 반드시 유니폼 경찰이 할 필요는 없다. 오히려 언론에 친화력을 가지고 있고 언론을 좀 아는 전문가가 경찰문제를 잘 풀어낼 수 있다면 언론관계도 훨씬 부드러워질 수 있고, 무엇보다 언론의 속성을 잘 알기 때문에 무엇이 기자에게 필요한 것인가를 잘 알고 이를 적시에 제공해 줄 수 있을 것이다. 언론의 입장에서도 기자가 조급해 하지 않더라도 경찰 언론담당자가 언론이 원하는 것을 적시에 줄 것이라는 신뢰를 얻을 수 있다면 양자는 모두 대단히 만족하게 될 것이다.

둘째, 경찰 스스로가 잘못된 사실을 발견하게 되더라도 더 이상 숨기거나 언론의 관심을 다른 곳으로 돌리도록 하지 말고 자신 있고 공개적인 경찰행정을 해야 될 것이다.

셋째, 경찰과 언론이 상호간의 교육 강화를 통하여 경찰도 언론을 많이 알아야겠지만 언론도 경찰에 대해 더 잘 알도록 할 필요가 있다. 경찰전문기자 제도를 마련해서 경찰출입기자는 적어도 법률과 경찰학에 대해서는 해박할 뿐만 아니라 경찰의 진심을 이해할 수 있도록 할 필요가 있다. 현실적으로 기자도 경찰 관련된 재교육, 경찰도 언론과 관련된 전문적 교육을 받아서 서로가 서로를 잘 이해하는 가운데 상호협력이 이루어 질 수 있도록 환경을 획기적으로 바꾸어야 한다. 취재가 이루어지고 보도자료 작성 및 추가 질문에 대한 답변 능력이 있는 전문적인 경찰관을 양성하여야 한다. 경찰과 언론이 서로 공생하면서 피의자에 대한 인권보호 측면을 고려하면서 상호간에 필요한 부분들을 주고 받을 수 있는 원만한 관계를 만들어야 하겠다.

제12강 I

# 경찰의 직무와 권한

**제1장** 경찰권의 법적 근거와 불심검문
**제2장** 보호조치 및 위험발생의 방지 등
**제3장** 경찰장비 및 장구의 사용, 무기의 사용 등

# 제12강 경찰의 직무와 권한

〉〉〉 경찰과 사회 〉〉〉

## 제1장 경찰권의 법적 근거와 불심검문

경찰의 임무는 세 가지로 정리할 수 있다. 법집행, 질서유지, 경찰서비스 제공이다. 그러면 이러한 경찰의 법집행과 질서유지의 권한과 경찰서비스의 의무는 어디에 근거하는 것인가? 바로 「경찰관직무집행법」이다. 국민은 이 법률을 통하여 일정한 강제력을 사용할 권한 등을 경찰에게 부여하고 있기 때문에 경찰공무원은 이 법에 의해서 경찰활동상 필요한 명령, 강제, 금지를 내용으로 하는 권한을 행사하는 것이다. 법은 국가의 강제력을 수반하는 사회적 규범이므로 주어진 일정한 권한만큼 일정한 책임과 의무도 따르게 마련이다. 이번 시간에는 경찰이 직무상 갖고 있는 권한과 책임이 무엇인지 알아보도록 하겠다.

### 1. 논의의 배경

#### (1) 경찰활동의 본질

경찰활동은 본질적으로 공공의 안녕과 질서유지, 개인의 생명과 신체 · 재산의 보호 등을 실현하는 데에 그 목적이 있다. 국민에게 명령하고 강제할 수 있는 것은 바로 공공의 안녕과 질서, 그리고 국민 개개인의 생명과 신체와 재산을 보호해주겠다는 국가적 책무를 배경으로 한다. 반면 일반 시민의 입장에서는 이러한 경찰의 명령과 강제로 인해 당장의 자유와 권리가 일부 제한되는 듯한 간섭의 느낌을 받는다. 국가의 여러 가지 강제력 가운데에는 국민에게 해라, 하지 말라고 하는 것들이 많이 있는데, 유독 우리생활 가까이에서나 신문이나 방송에서나 가장 많이 언급되는 것이 바로 경찰활동과 관련된 명령과 강제라고 느낀다. 이것은 경찰활동이 바로 우리의 공동체적 삶과 밀접한 치안서비스를 제공하기 때문일 것이다.

헌법상 국민이 지닌 인간의 존엄과 가치, 행복 추구, 신체의 자유와 같은 기본권을 잘 향유할 수 있도록 하기 위하여, 경찰은 직무를 집행함에 있어서 국민의 자유와 권리를 함부로 침해하지 못하도록 반드시 그 법적 근거를 가지고 있어야 한다. 그렇지 않다면 위법한 직무집행이자 정당한 공무집행이라고 볼 수 없다.

먼저 경찰활동의 본질을 살펴보는 이유는 다른 일반 행정과 달리 경찰행정은 특수성이 있기 때문이다. 동사무소에서 주민등록증을 발급한다거나 주소 이전 신고를 접수하는 일은 긴급을 요하는 일이 아니다. 대부분 정형화되어 있기 때문에 법률로 명쾌하게 사전에 그 절차를 규정할 수 있다. 그러나 경찰작용은 대부분 변화무쌍하고 위험하며 급박하다. 이렇게 다양한 것들을 모두 사전에 법규로 구체화하는 것은 입법기술상 불가능하다. 따라서 일정부분에 대해서는 포괄적이고, 추상적인 입법규정이 불가피하다. 경찰의 재량권이 늘어나는 이유다. 이것을 사후에 구체적으로 평가하는 법원의 역할이 필요한 이유이기도 하다. 법원은 관련 근거법령을 엄격하고 제한적으로 해석함으로써 경찰권 발동으로 국민의 자유와 권리를 지나치게 제한하거나 침해하지 않도록 하고 있다.

### (2) 경찰관 직무의 범위

「경찰관직무집행법」은 국민의 자유와 권리를 보호하고 사회공공의 질서를 유지하기 위한 경찰관(국가경찰공무원만 해당)의 직무 수행에 필요한 사항을 규정하고 있다. 동법에서 규정한 경찰관의 직무 범위는 아래와 같다(경찰관직무집행법 제1조 및 제2조 참조).

※ 경찰관직무집행법 제2조(직무의 범위) 경찰관은 다음 각 호의 직무를 수행한다.
1. 국민의 생명·신체 및 재산의 보호
2. 범죄의 예방·진압 및 수사
2의2. 범죄피해자 보호<개정 2018. 4. 17.>
3. 경비, 주요 인사(人士) 경호 및 대간첩·대테러 작전 수행
4. 공공안녕에 대한 위험의 예방과 대응을 위한 정보의 수집·작성 및 배포
5. 교통 단속과 교통 위해(危害)의 방지
6. 외국 정부기관 및 국제기구와의 국제협력
7. 그 밖에 공공의 안녕과 질서 유지
<개정 2018. 4. 17., 2020. 12. 22.>

경찰의 직무는 1호 내지 7호의 사항에도 불구하고 사실상 8가지의 범주로 구성되어 있다. 직무의 범위 중 '2의2호 범죄피해자 보호'가 추가되어 있기 때문이다.[56)]

우리가 살펴보아야 하는 것은 제7호에서 규정한 '그 밖에 공공의 안녕과 질서유지' 부분이다. '그 밖에'라는 단어는 두 가지 의미를 내포하고 있다. 첫째는 동조 제1호에서 제6호까지의 내용은 모두 '공공의 안녕과 질서 유지'의 범주에 포함된다는 의미이다. 따라서 국민의 생명과 신체 및 재산의 보호에서부터 외국 정부기관 및 국제기구와의 국제협력의 직무는 궁극적으로 공공의 안녕과 질서 유지라는 목표 실현을 위한 수단이어야 한다. 둘째는 제1호에서 제6호까지의 조항은 모두 열거된 경찰의 직무라기보다는 예시된 경찰의 직무로써, 만약 실제 사례에서 이러한 제1호에서 제6호까지의 직무와 직접적으로 연결되지 않는 업무가 있는 경우에 매우 유용하게 사용할 수 있는 것이 제7호의 '그 밖에'가 될 수 있다.

경찰작용의 강제성 등에 비추어 경찰의 직무는 엄격하고 명확하게 미리 규정하는 것이 바람직하다. 하지만 법기술상 경찰의 직무를 모두 그리고 구체적으로 규정하기란 불가능하다. 따라서 '그 밖에'라는 입법상 기술적 용어를 사용하여 해석상 여지가 넓은 경찰의

56) 이것은 지난 2018년 4월 17일에 개정된 것으로 「범죄피해자 보호법」에서는 국가가 수사 및 재판 과정에서 범죄피해자 보호 등을 위한 정보를 범죄피해자에게 제공하도록 의무화하는 등 범죄피해자 보호를 위한 규정이 있으나, 범죄피해자 자신이 보호를 받을 수 있다는 사실을 제대로 인지하지 못하여 적극적인 보호를 받지 못하는 경우가 발생하고 있다는 문제가 있었다. 이에 범죄피해자를 1차적으로 접하는 경찰의 직무에 '범죄피해자 보호'를 명시함으로써 범죄피해자를 경찰이 적극적으로 보호하도록 하고, 범죄피해자가 적시에 필요한 지원을 받을 수 있게 하려는 취지이다.

경찰권 발동의 근거를 확보할 수 있도록 한 것이다. 이것은 경찰관의 입장에서는 직무범위의 문제이지만 경찰작용의 대상인 국민의 입장에서는 경찰권 행사의 법적 근거의 문제[57]로 동전의 양면이라 하겠다. 물론 이러한 해석이 쟁점이 되는 경우에는 당사자인 국민의 입장에서는 권리와 의무에 관한 사항이 명확하게 규정되어 있지 않은 상태에서 경찰관의 임의적 처분으로 헌법상 권리가 부당하게 제한될 수 있다는 주장을 할 수 있다.

### (3) 경찰권의 근거와 개괄적 수권조항

일반적으로 경찰권은 '공공의 안녕과 질서 유지'를 위하여 개인의 기본권을 제한하는 사실적 · 법률적 행위를 할 수 있는 법적 힘이라고 할 수 있다. 국민의 기본권 제한과 관련되므로 법치행정의 원리에 따라 입법형성권을 가진 국회에서 제정한 법률에 근거하여 발동되어야 한다. 대한민국 헌법은 국민의 자유와 권리의 제한에 관하여 '국민의 모든 자유와 권리는 국가안전보장 · 질서유지 또는 공공복리를 위하여 필요한 경우에 한하여 법률로써 제한할 수 있으며, 제한하는 경우에도 자유와 권리의 본질적인 내용을 침해할 수 없다.'고 규정하고 있다(헌법 제37조 제2항). 또한 '대통령은 법률에서 구체적으로 범위를 정하여 위임받은 사항과 법률을 집행하기 위하여 필요한 사항에 관하여 대통령령을 발할 수 있다.'(헌법 제75조)고 규정하였고, '국무총리 또는 행정각부의 장은 소관사무에 관하여 법률이나 대통령령의 위임 또는 직권으로 총리령 또는 부령을 발할 수 있다.'(헌법 제95조)라고 명시하여 법률과 시행령(대통령령) 그리고 시행규칙(부령)에 법률에 의한 행정권에의 위임입법의 가능성을 열어두고 있다.

이러한 법적 체계에 의해 경찰관직무집행법과 동법시행령, 그리고 동법시행규칙은 경찰작용법상의 중요한 수권법령이 된다. 이러한 위임입법 또한 법치주의의 원리상 국가권력 행사의 예측가능성을 보장하기 위하여 그 주체와 방법 및 범위 등이 예견가능하여야 한다는 점에서 포괄적 위임입법은 부정된다(헌재 1993. 5. 13. 92헌마80 결정). 이러한

57) 예를 들어, 2019년 3월 15일 현재 정보경찰의 선거 개입과 민간인 사찰 의혹이 있는 정보경찰 개혁과 관련하여 '경찰관직무집행법 일부개정법률안(소병훈의원 대표발의)'이 제출되어 있다. 법에 명시된 '치안정보'라는 모호한 개념 탓에 정보경찰의 권한남용이 생긴다고 보아서 명확한 규정을 통해 정보경찰의 활동 범위를 제한하는 취지이다. 치안정보의 개념이 너무 포괄적이어서 범죄수사 또는 범죄예방과 밀접한 정보 외에도 각종 단체나 개인들의 활동, 주장을 광범위하게 수집하는 근거로 악용될 우려를 막기 위한 것이다.

관점에서 경찰관직무집행법상 '그 밖에 공공의 안녕과 질서유지' 규정(동법 제2조 7호)이 문제된다. 비록 경찰행정은 침익적(侵益的) 행정행위의 전형이기 때문에 경찰권의 발동에는 법률의 수권을 필요로 한다는 점에 있어서는 이론(異論)이 없으나, 경찰작용법상 수권의 정도에 있어서는 학설이 나뉘고 있다. 이러한 논쟁은 경찰작용의 속성상 모든 사항을 구체적으로 입법화하기는 불가능하기 때문에 불명확한 용어의 사용으로 재량의 여지가 많다는 우려에서 비롯된 것이다.

현행 경찰관직무집행법은 임무규정과 권한규정이 분리되어 있지 않고 있다. 특히 '공공의 안녕과 질서유지' 규정을 어떻게 볼 것인가에 대해 수권조항으로서의 법적 효과 긍정설과 부정설이 대립한다. 경찰권의 성질상 모든 경찰권 발동상황을 미리 예상해서 일의적이고 확정적 개념으로 입법하는 것은 입법기술상 불가능하다. 부정설의 입장에서는 헌법상 국민의 자유와 권리의 제한은 법률로서만 가능한데 이것은 반드시 개별적 수권조항에 의해서만 가능하고 '그 밖에 공공의 안녕과 질서유지'라는 규정으로 함부로 확대해석할 여지를 두어서는 안된다는 입장이다.

경찰작용의 특수성에 비추어 개별규정이 없는 경우에 한하여 보충적이고 예외적으로 적용한다는 전제 하에 개괄조항을 인정하는 것이 필요하다. 다만 임무규정과 권한규정을 구분 없이 규정하여 논란을 지속하기 보다는 별도의 근거규정을 신설하는 것이 합리적이라고 본다.

## 2. 불심검문

### (1) 불심검문의 개념과 논의 배경

불심검문이란 경찰관이 거동이 수상한 자를 발견한 때에 이를 정지시켜 질문하는 것을 말하며, 직무질문이라고 부르기도 한다. 이렇게 하는 이유는 범죄를 예비하거나 실행 전 단계에서 이를 포기하도록 미리 저지시키는 것이다. 또한 범행 이후에 도주하는 자이더라도 물건을 가방 안에 넣고 있다면 장물을 발견할 수 있는 등의 범죄수사의 단서를 잡을 수도 있다.

경찰관직무집행법상 불심검문은 경찰 재량권의 행사와 검문을 받는 시민의 인권보장

차원에서 논의되어 왔다. 정지 및 질문을 위한 불심검문 대상자 선정에 있어서 법적 요건은 '수상한 거동', 혹은 '합리적인 판단' 등 추상적 용어를 사용하고 있어서 구체적인 불심검문 대상자 선정 기준은 경찰관의 재량 혹은 해석에 달렸다. 재량권의 일탈 · 남용의 판단에 있어서 위법 · 부당의 문제가 일어나지 않도록 보다 명확한 요건을 규정하여야 하겠지만, 현장 경찰관의 주관적 판단기준을 법률 내용에 담기란 실질적으로 불가능하다. 현재 이를 통제할 행정절차로는 경찰관 신분증 제시, 질문의 목적 고지, 임의동행 거부권 고지와 같은 간접적 강제방식이 있다.

지난 2015년 길 가던 학생이 세월호 추모 의미의 노란배지를 달았다는 이유로 경찰관이 불심검문을 하여 문제가 되었다.[58] 이는 명백한 인권침해이자 불심검문의 전형적인 남용사례라고 할 수 있다. 경찰권 행사는 다양한 상황에서 경찰관 개인의 판단이 필요한 경찰작용의 특성을 반영하여 일정한 재량권이 인정된다. 현장에서는 정복경찰관의 신분증 미 제시와 정지 불응 시 유형력 행사 문제가 가장 많이 발생하고 있다.

### (2) 불심검문의 요건과 범죄예방

불심검문 등 모든 경찰관의 법적 처분은 법적 권한이 부여된 법률에 의해서만 할 수 있다. 불심검문이 필요에 따라 현격하게 늘어나게 되면 사회적으로 일부는 국가가 너무 국민의 생활에 간섭하는 것이 아니냐는 비판의 목소리가 나온다. 경찰이 가지고 다니는 휴대용 단말기를 이용한 수배자 및 수배차량 조회는 매년 급속도로 증가하고 있다. 휴대용 단말기를 이용한 수배자 조회건수는 지난 2014년 8월 이후 총 1억8958만여 건으로 국민 1명당 최소 3회 가량 조회할 수 있는 수치로 확인됐다. 특히 지난 2014년 542만여 건에서 2015년 7월 1억156만여 건으로 20배나 폭증했다. 휴대용 단말기를 이용한 수배

58) 광화문에서 안국역 쪽으로 이동하던 고등학생 임아무개(18)에게 소지품과 신분증 검사를 요구한 사건이다. 관련 보도에 따르면 임씨는 "저녁 자습을 하기 위해 학교로 돌아가는 길에 갑자기 경찰이 불러 세웠다"며 "다른 사람들은 잘 지나가는데 자신만 붙잡는 게 이상해서 '왜 잡으셨어요'라고 물으니 노란배지 때문에 잡았다고 답했다"라고 임씨는 당시 상황을 설명했다. 임씨에 따르면 이후 상관으로 보이는 경찰 3~4명이 도착했고 이들은 임씨가 고등학생이라고 하자 임씨에게 소지품과 신분증 등을 보여줄 것을 요구했다. 그러면서 경찰은 임씨에게 이렇게 말했다. "저기 앞에도 경찰이 있으니 또 검사를 받을 수 있다. 너무 기분 나쁘게는 생각하지 마시고. 그거(세월호 추모 배지) 떼고 가시는 게 어떻겠냐." 임씨는 "불심검문을 거부할 수 있는지 몰랐다"며 "억울하고 어이없다"고 말했다(길 가던 고등학생에게 경찰이 "노란 리본 떼라", 미디어오늘(http://www.mediatoday.co.kr)/2015.04.22. 참조)

차량 조회 역시 상황은 크게 다르지 않았다. 지난 2014년 623만여 건이었던 수배차량 조회건수는 매년 급속도로 증가, 올해 7월 현재 3315만여 건으로 5배나 증가했다(경찰청 내부자료).

휴대용 단말기를 이용한 수배자 조회행위는 경찰의 수사편의주의에 따른 개인정보 조회라는 비판이 많은 가운데, 거리에 가보면 예전같이 휴대용 단말기를 가지고 불심자의 신원을 조회하고 확인하는 등 실시간으로 운영이 되고 있다. 불심검문이 범죄예방을 목적으로 이루어져야 한다는 차원에서 이에 따른 국민 불편은 어느 정도 감내하여야 한다는 사회적 분위기를 만들어 가려면 불심검문을 하는 현장경찰이 인권보장 의식을 전제하고 실시하도록 하여야 할 것이다.

주민등록법상 사법경찰관리가 범인을 체포하는 등의 직무를 수행할 때 17세 이상인 주민의 신원이나 거주 관계를 확인할 필요가 있으면 주민등록증의 제시를 요구할 수 있다(동법 제26조 제1항). 일반적으로 주민등록증 교부와 관련하여 1차적인 모든 국민의 정보는 관련 국가기관이 공유하고 있다. 주민등록증의 제시를 요구할 수 있을 뿐만 아니라 일정한 경우에는 인근 관계 관서에서 신원이나 거주관계를 밝힐 것을 요구할 수 있다. 인근 관계 관서라고 함은 경찰서 등이며, 주민등록법상 '신원 등을 확인할 때' 혹은 경찰관직무집행법상 '질문을 하거나 동행을 요구할 때'에 있어서, 주민등록법은 '정복 근무 중인 경우'에는 '미리 신원을 표시하는 증표를 지니고 이를 관계인에게 내보여야' 할 것을 경찰에게 요구하지 않고 있다. 이것은 정작 경찰관직무집행법상 '질문을 하거나 동행을 요구할 경우 자신의 신분을 표시하는 증표를 제시하면서 소속과 성명을 밝히'라고 규정하고 있어서 비교된다. 경찰관직무집행법상에는 정복 근무 중인 경우의 경찰관에게 '신원을 표시하는 증표를 관계인에게 내보여야' 의무 면제조항을 가지고 있지 않은 것이다. 또한 경찰관직무집행법에는 주민등록증 제시를 요구할 수 있는 근거규정이 마련되어 있지 않다.

| 주민등록법(시행 2017. 12. 3., 법률 제14286호, 2016. 12. 2., 일부개정) | 경찰관직무집행법(시행 2019. 6. 25., 법률 제16036호, 2018. 12. 24., 일부개정)] |
|---|---|
| **제26조(주민등록증의 제시요구)**<br>① 사법경찰관리(司法警察官吏)가 범인을 체포하는 등 그 직무를 수행할 때에 17세 이상인 주민의 신원이나 거주 관계를 확인할 필요가 있으면 주민등록증의 제시를 요구할 수 있다. 이 경우 사법경찰관리는 주민등록증을 제시하지 아니하는 자로서 신원을 증명하는 증표나 그 밖의 방법에 따라 신원이나 거주 관계가 확인되지 아니하는 자에게는 범죄의 혐의가 있다고 인정되는 상당한 이유가 있을 때에 한정하여 인근 관계 관서에서 신원이나 거주 관계를 밝힐 것을 요구할 수 있다.<br>② 사법경찰관리는 제1항에 따라 신원 등을 확인할 때 친절과 예의를 지켜야 하며, 정복근무 중인 경우 외에는 미리 신원을 표시하는 증표를 지니고 이를 관계인에게 내보여야 한다. | **제3조(불심검문)**<br>① 경찰관은 다음 각 호의 어느 하나에 해당하는 사람을 정지시켜 질문할 수 있다. (각호 생략)<br>② 경찰관은 제1항에 따라 같은 항 각 호의 사람을 정지시킨 장소에서 질문을 하는 것이 그 사람에게 불리하거나 교통에 방해가 된다고 인정될 때에는 질문을 하기 위하여 가까운 경찰서 · 지구대 · 파출소 또는 출장소(지방해양경찰관서를 포함하며, 이하 "경찰관서"라 한다)로 동행할 것을 요구할 수 있다. 이 경우 동행을 요구받은 사람은 그 요구를 거절할 수 있다. 〈개정 2014. 11. 19., 2017. 7. 26.〉<br>③ (생략)<br>④ 경찰관은 제1항이나 제2항에 따라 질문을 하거나 동행을 요구할 경우 자신의 신분을 표시하는 증표를 제시하면서 소속과 성명을 밝히고 질문이나 동행의 목적과 이유를 설명하여야 하며, 동행을 요구하는 경우에는 동행 장소를 밝혀야 한다.<br>⑤ (이하 생략) |

### (3) 불심검문 대상자

#### ① 범죄 연루에 관해 의심할 만한 상당한 이유가 있는 사람

불심검문은 누구에게 실시하는가? 수상한 행동이나 그 밖의 주위 사정을 합리적으로 판단하여 볼 때 어떠한 죄를 범하였거나 범하려 하고 있다고 의심할 만한 상당한 이유가 있는 사람을 대상으로 한다. 주위 사정을 주관적인 판단이 아닌 객관적, 합리적으로 판단했을 때 비이성적이거나 합리적이지 못한 행동일 경우를 말한다. 거동수상자에 대한 판단은 행위자의 수상한 외부적 거동뿐만 아니라 주위의 제반 사정, 현장 경찰관의 사전정보와 경험이나 지식 등을 종합해서 합리적으로 이루어져야 한다. 거동수상자는 형사상 피의자가 아니며 위법사항이 확인되지 않는 한 무죄추정의 원칙에 따라 법적 보호를 받는다.

판례에 의하면 교통법규 위반 차량이 순찰차의 정지지시를 무시하고 도주했다면 이를 거동이 수상한자라고 볼 수 있다. 따라서 거동이 수상한자를 경찰이 추적하게 되는데 이 추적의 필요성과 상당성이 인정이 되고 과잉한 추적이 아닌 한 도주하던 자가 전방 주의 의무를 게을리 하여 전봇대를 들이받았다면 국가는 거동 수상자의 사고에 대해 손해배상의 책임을 지지 않는다고 보았다.

#### ② 범죄행위에 관한 사실을 안다고 인정되는 사람

이미 행하여진 범죄나 행하여지려고 하는 범죄행위에 관한 사실을 안다고 인정되는 사람도 불심검문의 대상이 될 수 있다. 피의자나 참고인 등은 이에 해당된다.

피의자(被疑者)란 경찰이나 검사 등 수사기관으로부터 범죄를 하였다는 의심을 받아 수사를 받고 있는 자를 말한다. 피의자는 수사를 받고 있는 자로서 수사개시 이후의 개념이므로 수사개시 전 피내사자(被內査者)와 구별되고 공소제기(公訴提起) 이전의 개념이므로 공소제기 이후의 개념인 피고인(被告人)과도 구별된다. 직접적으로 범행을 준비하거나 범행 개시 직전과 같은 정황이 있거나, 본인이 아니더라도 어떠한 범죄행위에 연루되었다고 인정되거나 그 사실을 안다고 인정되는 경우도 이에 해당될 것이다.

참고인(參考人)은 범죄혐의는 받고 있지 않지만 타인의 범죄혐의를 입증하는데 중요한 사람이다. 참고인은 일종의 피해자로 피의자의 혐의를 입증하는 데 중요한 역할을 맡는다. 수사기관에서 진술하는 사람이라는 점에서 법원에서 진술하는 사람을 의미하는 증인(證人)과 구별된다. 어떤 범죄의 피해자로서 수사기관에 범죄사실을 신고해 범인의 처벌을 구한 경우에는 참고인이 될 수 있다.

### (4) 불심검문의 절차

#### ① 정지

정지(停止)란 질문을 하기 위한 수단으로서 거동이 수상한 자를 불러서 세우는 것을 말한다. 정지라고 하는 것은 보행자를 앞에서 가로막거나 불러 세우는 것이다. 또 차량을 정지시키는 것, 차량에서 내려달라고 요구하는 것도 불심검문의 내용에 속한다. 불심검문은 임의처분이므로 원칙적으로 상대방의 동의가 있어야 정지시킬 수 있다. 원칙적으로 상대방이 거절하여도 물리력을 사용하여 강제할 수 없다. 정지에 응하지 않거나 일단 정지하였으나 경찰의 질문 도중에 그 장소를 일방적으로 떠나버리는 경우에 불심검문의 실효성을 확보하기 위하여 어느 정도의 실력행사가 가능한 것인지에 대해서는 논란이 있다. 판례는 직전에 발생한 범죄의 범인과 흡사한 인상착의인 상대방에게 정지를 요구하고 이에 응하지 않자 앞을 가로막으며 협조하여 달라고 하였고, 그럼에도 계속 불응하여 전진하는 상대방에게 재차 앞을 가로막고 질문에 응할 것을 요구하는 정도의 불심검문은 가능하다고 보았다(대법원 2012.9.13.선고 2010도6203 판결).

### ② 질문

질문(質問)이란 거동이 수상한 자에게 성명, 주소, 나이 그리고 행선지나 용건을 묻거나 신분증제시를 요구하고 필요에 따라서는 범죄와 관련된 사실이나 소지품의 내용에 대하여 묻는 것을 말한다. 질문을 할 때에는 신분을 표시하는 경찰공무원증을 제시하고 소속과 성명을 밝히고 정지하고 질문시키는 목적과 이유를 설명하여야 한다. 답변을 하지 않는다고 하여도 답변을 강요해서는 안 된다.

만일 상대방이 질문에 응하지 않거나 답변 도중에 그 장소를 일방적으로 떠나버리는 경우에 불심검문의 실효성을 확보하기 위하여 정지의 경우와 마찬가지로 번의를 구하는 등으로 설득행위라고 인정되는 범위에서 제한적으로 실력행사가 가능하다. 자기가 묻는 말에 대해서 대답은 하고 있지 않지만 옷에 피가 묻어있다거나 피 묻은 장갑이 차에 있다면 영장 없이도 체포할 수 있는 여러 가지 권한들을 다른 법규에서 갖고 있기 때문에 형사소송법에 의해서 체포할 수 있다. 그렇지만 경찰관직무집행법상의 불심검문에 의해서는 답변을 요구했는데 답변을 강요할 수 없다.

### ③ 동행요구

동행요구(同行要求)란 정지한 장소에서 질문을 하는 것이 거동이 수상한 자에게 불리하거나 교통에 방해가 된다고 인정되는 때에 질문을 하기 위하여 부근의 경찰관서에 동행할 것을 요구하는 것을 말한다. 상대방은 동행요구를 거절할 수 있으므로 경찰관직무집행법상의 동행은 임의동행이 될 수밖에 없다. 하지만 형사소송법에 의한 임의수사로서의 임의동행(동법 제199조 제1항)과는 구별된다.

임의동행에서 임의의 반대말은 강제이다. 그러므로 임의동행은 강제동행이 아니기에 그 사람의 의사를 물어서 동의를 구해야 한다. 그래서 불심검문에서 상대방의 동의 없이 강제하는 것은 위법하다. 경찰의 이러한 강제 연행에 항거하거나 나아가 경찰을 폭행하는 것에 대해서 공무집행방해죄를 법원은 부정한다. 또 임의 동행 이후에 사무실을 자유롭게 다니지 못하게 한다면 경찰관은 불법체포감금죄에 해당될 수 있다. 또 경찰관서를 무단으로 이탈을 했다고 해도 형법에서 이야기하는 도주죄에 해당하지 않는다고 판례는 보고 있다.

동행을 한 경우에 경찰관은 6시간을 초과하여 경찰관서에 머물게 할 수 없다. 임의동행 후 언제든지 경찰관서에서 퇴거할 자유가 있다 할 것이므로, 임의동행한 경우 당해인을 6시간을 초과하여 경찰관서에 머물게 할 수 없다고 규정하고 있다고 하여 그 규정이 임의동행한 자를 6시간 동안 경찰관서에 구금하는 것을 허용하는 것은 아니라고 할 것이다(대법원 1997.8.22.선고 97도1240 판결). 임의동행한 당해인은 형사소송에 관한 법률에 의하지 않고는 신체를 구속당하지 않으며, 그 의사에 반하여 답변을 강요당하지 않는다.

**〈관련 판례〉**

임의동행은 상대방의 동의 또는 승낙을 그 요건으로 하는 것이므로 경찰관으로부터 임의동행 요구를 받은 경우 상대방은 이를 거절할 수 있을 뿐만 아니라 임의동행 후 언제든지 경찰관서에서 퇴거할 자유가 있다 할 것이고, 경찰관직무집행법이 임의동행한 경우 당해인을 6시간을 초과하여 경찰관서에 머물게 할 수 없다고 규정하고 있다고 하여 그 규정이 임의동행한 자를 6시간 동안 경찰관서에 구금하는 것을 허용하는 것은 아니라고 할 것이다 .

원심이 이와 같은 견해를 전제로 하여, 관계 증거들에 의하여 피고인이 송도파출소까지 임의동행한 후 조사받기를 거부하고 파출소에서 나가려고 하다가 경찰관이 이를 제지하자 이에 항거하여 그 경찰관을 폭행한 사실을 인정한 다음, 경찰관이 임의동행한 피고인을 파출소에서 나가지 못하게 한 것은 적법한 공무집행행위라고 볼 수 없고, 따라서 피고인이 그 경찰관을 폭행한 행위는 공무집행방해죄가 성립하지 않는다고 판단하였는바, 기록에 비추어 살펴보면 위와 같은 원심의 조치는 정당하고, 거기에 상고이유로서 주장하는 바와 같은 위법이 있다고 할 수 없다.[대법원 1997. 8. 22., 선고, 97도1240, 판결]

### ④ 소지품 검사

소지품검사(所持品檢査)란 거동이 수상한 자에게 불심검문을 진행하면서 흉기 기타 물건의 소지여부나 범죄의 단서를 발견하기 위하여 그의 의복이나 휴대한 물품을 조사하는 것을 말한다. 경찰관직무집행법에서는 경찰관은 불심검문을 하면서 사람에게 질문을 할 때에 그 사람이 흉기를 가지고 있는지를 조사할 수 있다고 규정하여(동법 제3조 제3항), 흉기의 소지여부만을 조사할 수 있다고 규정하고 있기 때문에 흉기 이외에 장물, 마약, 위조품 등과 같은 일반 물건도 소지품검사의 대상이 될 수 있는지와 이러한 소지품검사 과정에서의 실력행사가 가능한지에 대해 논의가 있다. 법에서 명시적으로 '흉기의 소지여부'에 대한 조사만을 허용하고 있는 것이므로 그 외 일반소지품의 조사에 대해서는 상대방의 동의가 있어야만 된다고 제한적으로 해석함이 타당하다. 결국 불심검문시의 소지품검사는 흉기 소지검사에 국한하여야 하고 일반물품검사는 현행법상 허용되지 않는다고 보아야 한다. 만약 형사소송법상 현행범체포나 긴급체포에 의한 긴급압수 · 수색 등의 요건을 갖춘다면 이를 근거로 강제할 수 있다. 또 자동차 검문(自動車檢問)도 자동차를 일시 정지시킨 이후(일시정지권, 도로교통법 제47조) 운전자의 운전면허증을 보고, 동승자를 포함해서 질문을 할 수 있는 것이며, 또 차체의 외부조사도 가능하며 트렁크 내부도 동의가 있다면 열어볼 수 있다. 운전자와 동승자에게 질문을 위하여 자동차에서 잠시 내릴 것을 요구하고 일시적으로 운전석의 문을 양손으로 잡는 등의 행위를 하는 것은 허용될 수 있다.

# 제2장 보호조치 및 위험발생의 방지 등

## 1. 보호조치

### (1) 보호조치의 의의

보호조치는 국민의 생명 · 신체의 보호를 수행하기 위한 방법으로서, 법률상 보호를 요하는 사람들을 보호해야 하는 경찰의 의무이다. 경찰관은 수상한 행동이나 그 밖의 주위 사정을 합리적으로 판단해 볼 때, ①정신착란을 일으키거나 술에 취하여 자신 또는 다른 사람의 생명 · 신체 · 재산에 위해를 끼칠 우려가 있는 사람 ②자살을 시도하는 사람 ③미아, 병자, 부상자 등으로서 적당한 보호자가 없으며 응급구호가 필요하다고 인정되는 사람(다만, 본인이 구호를 거절하는 경우는 제외한다)에게 응급구호가 필요하다고 믿을 만한 상당한 이유가 있는 사람(구호대상자)을 발견하였을 때에는 보건의료기관이나 공공구호기관에 긴급구호를 요청하거나 경찰관서에 보호하는 등 적절한 조치를 할 수 있다(동법 제4조 제1항).

보호조치는 국민의 복리증진이라는 적극적 의미를 가진 것이라기보다는, 경찰권의 개념과 경찰의 본질적 성격에 비추어 위해방지라는 소극적 목적에 한정된다고 보아야 한다. 법 조항에서도 자신 또는 다른 사람의 생명 · 신체 · 재산에 위해를 끼칠 우려를 제거하기 위한 소극목적에 한정되어 있는 것도 근거가 된다.

### (2) 보호조치의 요건과 대상자

보호조치의 대상자로는 ①본인의 의사에 결함이 있는 강제보호조치 대상자와 ②본인의 의사는 있지만 스스로의 통제가 불가능한 임의보호조치 대상자가 있다. 강제보호조치 대상자로는 정신착란 또는 술 취한 상태에 있는 자와 자살을 기도하는 자가 있고, 임의보호조치 대상자에는 적당한 보호자가 없으며 응급구호가 필요하다고 인정되는 미아 · 병자 · 부상자 등이 있다.

대상자 여부의 판단은 경찰관의 일방적이고 주관적인 판단은 배제된다. 보호차원에서 행해져야 할 것이며, 범죄수사상의 편의를 위하여 남용되는 것은 명백한 불법이다. 정신착란자 또는 술에 취한 자, 자살을 기도하는 자가 모두 강제보호조치 대상자가 되는 것은 아니고 그 상태로 인하여 '자신 또는 다른 사람의 생명 · 신체 · 재산에 위해를 끼칠 우려가 있어야 ' 한다.

미아 · 병자 · 부상자 등은 당해인이 보호조치를 거부하면 보호조치의 대상에서 제외된다. 이들에게는 의사능력이 있기 때문에 그들의 의사를 존중하여 보호조치 여부를 결정하여야 한다.

### (3) 보호조치의 방법과 비용

경찰관은 요보호자를 보건의료기관이나 공공구호기관에 긴급구호를 요청하거나 경찰관서에 보호하는 등 적절한 조치를 할 수 있다. 보건의료기관이나 공공구호기관에는 병원이나 한의원, 조산소 등이나 아동보호소, 부녀보호소, 양로원 등의 사회보장시설이 있고, 경찰관서란 요보호자를 보호자나 관계기관에 인계할 때까지 일시 보호할 수 있는 경찰서의 보호실을 말한다. 보호실에 공간이 없다는 이유로 유치장이나 형사피의자대기실 등을 보호장소로 사용할 수 없다.

이때 치료비 등은 어떻게 될까? 보건의료기관을 이용한 경우에는 수익자부담의 원칙에 따라 본인이 부담하는 것이 원칙이고, 경찰서 보호실에서의 급식비는 경찰 자체예산으로 처리한다.

〈관련 판례〉

원심은, 망 소외인이 파출소 내에서 몸에 신나를 붓고 분신하여 전신화상을 입자, 피고 소속 경찰관들이 119 구급대 차량으로 망 소외인을 원고 부속 광양병원에 후송하여 와 긴급구호조치를 취하여 줄 것을 요청하였고, 위 병원은 그 요청에 따라 망 소외인의 생명유지를 위한 입원치료를 하였으나 동인은 사실하였고, 망 소외인의 입원치료비와 영안실 사용료가 발생하였다. 경찰관직무집행법에 의하면 경찰관은 자살을 기도하는 자나 미아, 병자, 부상자 등으로서 적당한 보호자가 없으며 응급의 구호를 요한다고 인정되는 자를 발견한 때에는 보건의료기관 또는 공공구호기관에 긴급구호를 요청하거나 경찰관서에 보호하는 등 적당한 조치를 취할 수 있으며, 그와 같은 긴급구호요청을 받은 보건의료기관이나 공공구호기관은 정당한 이유없이 이를 거절할 수 없도록 되어 있고, 위 인정사실에 의하면 피고 소속 경찰관들은 그들의 적법한 직무집행 범위 내에서 원고 부속 위 병원에 망 소외인의 긴급구호조치를 요청하였고, 그와 같은 요청은 위 경찰관들이 소속된 피고가 원고 부속 위 병원에 대하여 망 소외인의 생명유지를 위한 긴급구호 치료행위를 위임한 것이라 할 것이므로 피고는 원고에게 원고 부속 위 병원이 위 위임사무의 처리를 위하여 과실없이 입은 위 입원치료비 및 영안실사용료 등의 손해금을 지급할 의무가 있다고 판단하였다.

그러나 경찰관직무집행법에 의하면 경찰관이 병자, 부상자 등으로서 적당한 보호자가 없으며 응급의 구호를 요한다고 인정되는 자를 발견한 때에는 보건의료기관 또는 공공구호기관에 긴급구호를 요청할 수 있고, 이러한 긴급구호요청을 받은 보건의료기관이나 공공구호기관은 정당한 이유없이 긴급구호를 거절할 수 없다고 규정하고 있을 뿐이고(경찰관직무집행법 제4조 제1항, 제2항), 응급의 구호를 요하는 자의 치료가 국가의 사무라거나 국가가 응급의 구호를 요하는 자에 대하여 응급의 구호에 필요한 치료의 의무를 부담한다는 규정을 두고 있지 아니하므로 경찰관이 응급의 구호를 요하는 자를 보건의료기관에게 긴급구호요청을 하고, 보건의료기관이 이에 따라 치료행위를 하였다고 하더라도 국가와 보건의료기관 사이에 국가가 그 치료행위를 보건의료기관에 위탁하고 보건의료기관이 이를 승낙하는 내용의 치료위임계약이 체결된 것으로는 볼 수 없다 할 것이다. 사실관계가 원심이 확정한 바와 같이 피고 소속 경찰관이 위 파출소 내에서 분신한 망 소외인을 원고 부속 위 병원으로 후송하여 긴급구호를 요청하고, 이에 따라 위 병원이 망 소외인을 치료한 것이라면 그 사실만으로는 피고와 원고사이에 망 소외인의 치료위임계약이 체결된 것으로는 볼 수 없다고 할 것이다.[대법원 1994. 2. 22., 선고, 93다4472, 판결]

## 2. 위험발생의 방지

### (1) 위험발생 방지의 의의와 성격

국민의 생명 · 신체 · 재산에 대한 긴급한 위험이 있는 경우에 그 위험 발생을 방지하거나 위해를 배제하는 것은 경찰관이 중요한 책무 중에 하나이다. 따라서 경찰관은 사람의 생명 또는 신체에 위해를 끼치거나 재산에 중대한 손해를 끼칠 우려가 있는 천재(天災), 사변(事變), 인공구조물의 파손이나 붕괴, 교통사고, 위험물의 폭발, 위험한 동물 등의 출현, 극도의 혼잡, 그 밖의 위험한 사태가 있을 때에는 이를 경고하거나 억류 또는 피난시키거나 기타 필요하다고 인정되는 조치를 하게하거나 직접 그 조치를 할 수 있다.

### (2) 위험발생 방지조치의 수단

일반적 위험방지의 수단으로는 크게 경고, 억류 및 피난이 있다. 경고란 위험한 장소에 모여 있는 사람들에게 필요한 예고를 하거나 주의를 주는 것을 말한다. 경고의 방법으로는 구두, 문서, 게시, 경적, 사이렌, 깃발, 라디오, TV, 재난문자 등이 있다. 억류란 위험한 장소에 들어가지 못하도록 상대방의 의사에 반하여 물리력으로 저지하는 것을 말하고, 피난이란 위험한 장소로부터 물러나게 하는 물리력 행사를 말한다. 예를 들어 홍수에 반려견이 빠져 구하려고 뛰어들려고 하는 사람이 있다면 그 사람을 제지하고 추가적으로 좀 더 안전한 곳으로 대피시키고, 전염병 발생지역의 주민으로 하여금 타 지역으로 이전하도록 퇴거시킬 수 있다.

### (3) 통제제한 및 출입금지

경찰관서의 장은 대간첩 작전의 수행이나 소요(騷擾) 사태의 진압을 위하여 필요하다고 인정되는 상당한 이유가 있을 때에는 대간첩 작전지역이나 경찰관서 · 무기고 등 국가중요시설에 대한 접근 또는 통행을 제한하거나 금지할 수 있다. 대간첩작전을 수행하거나 데모 등의 소요사태 진압을 위해서 필요할 때 통행을 제한, 출입을 금지하는 것이다.

## 3. 범죄의 예방과 제지

경찰관이 행하는 범죄의 예방과 제지는 경찰직무로서 중요한 비중을 차지하고 있는 당연한 직무이다. 따라서 경찰관직무집행법상의 '경찰관은 범죄행위가 목전(目前)에 행하여지려고 하고 있다고 인정될 때에는 이를 예방하기 위하여 관계인에게 필요한 경고를 하고, 그 행위로 인하여 사람의 생명 · 신체에 위해를 끼치거나 재산에 중대한 손해를 끼칠 우려가 있는 긴급한 경우에는 그 행위를 제지할 수 있다.'는 규정(동법 제6조)은 모든 범죄예방과 제지에 관한 일반적 근거규정으로서의 성격을 지닌다.

### (1) 범죄의 예방과 제지의 요건

범죄행위가 목전(目前)에 행하여지려고 하고 있다고 인정될 수 있어야 한다. 여기서 '목전'이란 어떠한 행위가 범죄구성요건에 해당하는 이른바, 실행의 착수하기 직전을 말한다.

〈관련 판례〉

비록 장차 특정 지역에서 구 집회 및 시위에 관한 법률에 의하여 금지되어 그 주최 또는 참가행위가 형사처벌의 대상이 되는 위법한 집회·시위가 개최될 것이 예상된다고 하더라도, 이와 시간적·장소적으로 근접하지 않은 다른 지역에서 그 집회·시위에 참가하기 위하여 출발 또는 이동하는 행위를 함부로 제지하는 것은 경찰관직무집행법에 의한 행정상 즉시강제인 경찰관의 제지의 범위를 명백히 넘어서는 것이어서 허용될 수 없으므로, 이러한 제지 행위는 공무집행방해죄의 보호대상이 되는 공무원의 적법한 직무집행에 포함될 수 없다.

이와 달리, 예방하려고 하는 범죄행위와 시간적·장소적으로 밀접한 상황이 아니라고 하더라도 여러 사정을 살펴 현재 감행되려고 하는 행위를 저지하지 못하면 그 이후에는 범죄행위를 예방하는 것이 현저히 어려워질 사정이 있어서 그 행위를 저지하는 것이 가장 적절하고 유효한 범죄행위 예방조치인 경우라면 경찰관직무집행법에 근거한 경찰관의 제지 행위가 허용될 수 있다는 전제 아래, 서울 시청 앞 광장 등에서 개최될 예정이었던 이 사건 집회에 관하여 관할 경찰관서장으로부터 구 집회 및 시위에 관한 법률에 의하여 금지되는 집회·시위라는 이유로 주최 금지통보가 있은 상태임을 알면서도 이에 참가하려고 하는 행위는 범죄행위에 해당하고, 서울로 출발하려는 행위를 각 지역에서 미리 차단하지 않으면 이후에 그 범죄행위를 예방하는 것이 현저히 어려우므로, 제천시 보양읍 주민자치센터 앞마당에서 위 집회·시위에 참가하기 위하여 출발하려고 하는 행위를 제지한 이 사건경찰관의 행위는, 비록 집회·시위 예정시간으로부터 약 5시간 30분 전에 그 예정장소로부터 약 150㎞ 떨어진 곳에서 이루어진 것이라고 하더라도 경찰관직무집행법에 근거한 적법한 직무집행에 해당한다고 판단한 원심에는, 경찰관직무집행법 의 해석·적용에 관한 법리를 오해한 위법이 있다.[대법원 2008. 11. 13., 선고, 2007도9794, 판결]

### (2) 범죄의 예방과 제지의 수단

범죄의 예방과 제지의 수단으로는 '필요한 경고'와 '행위의 제지'가 있다. 경찰관직무집행법은 '관계인에게 필요한 경고를 하고, 그 행위로 인하여 사람의 생명·신체에 위해를 끼치거나 재산에 중대한 손해를 끼칠 우려가 있는 긴급한 경우에는 그 행위를 제지할 수 있다.'고 규정하고 있다(동법 제6조).

## 4. 위험방지를 위한 출입

### (1) 위험방지를 위한 출입의 의의

위험방지를 위한 출입권은 위해의 방지, 피해자의 구조와 대간첩작전의 수행을 위하여 경찰관이 일정한 요건 하에서 일정한 장소에 출입할 수 있는 권한이다. 경찰관은 위험한 사태가 발생하여 사람의 생명·신체 또는 재산에 대한 위해가 임박한 때에 그 위해를 방지하거나 피해자를 구조하기 위하여 부득이하다고 인정하면 합리적으로 판단하여 필요한 한도에서 다른 사람의 토지·건물·배 또는 차에 출입할 수 있다(동법 제7조 제1항).

또한 흥행장(興行場), 여관, 음식점, 역, 그 밖에 많은 사람이 출입하는 장소의 관리자나 그에 준하는 관계인은 경찰관이 범죄나 사람의 생명·신체·재산에 대한 위해를 예방하기 위하여 해당 장소의 영업시간이나 해당 장소가 일반인에게 공개된 시간에 그 장소에 출입하겠다고 요구하면 정당한 이유 없이 그 요구를 거절할 수 없다(동법 제7조 제2항).

주거의 불가침은 국민의 기본권 중에 하나지만, 개인의 주거 내에서 발생한 사태라고 하더라도 응급한 경우 및 범죄 또는 위해를 예방할 경우에 개인의 주거 및 공개된 장소에 출입할 수 있는 권한을 경찰관에게 부여한 것이다.

### (2) 긴급출입

긴급출입이 가능한 경우는 ①사람의 생명 또는 신체에 위해를 끼치거나 재산에 중대한 손해를 끼칠 우려가 있는 천재(天災), 사변(事變), 인공구조물의 파손이나 붕괴, 교통사고, 위험물의 폭발, 위험한 동물 등의 출현, 극도의 혼잡, 그 밖의 위험한 사태 ②대간첩 작전의 수행이나 소요(騷擾) 사태의 진압을 위하여 필요하다고 인정되는 상당한 이유가 있을 때 ③범죄행위가 목전(目前)에 행하여지려고 하고 있다고 인정될 때 등이 있다. 경찰관은 이러한 경우에 따른 위험한 사태가 발생하여 사람의 생명·신체 또는 재산에 대한 위해가 임박한 때 다른 사람의 토지·건물·배 또는 차에 긴급출입 할 수 있다.

경찰관의 긴급출입을 거절하거나 방해 또는 기피한 자에 대하여 벌칙규정은 없다. 다만, 경찰관의 정당한 출입을 폭행 또는 협박으로 제지한다면 공무집행방해죄를 구성할 수 있다.

## (3) 예방출입

예방출입은 경찰상 공개된 장소에 대한 출입으로 경찰관직무집행법은 흥행장(興行場), 여관, 음식점, 역, 그 밖에 많은 사람이 출입하는 장소를 경찰상 공개된 장소의 예시로 규정하고 있다(동법 제7조 제2항). 그 외에도 교통시설, 유원지, 백화점도 포함이 된다.

'그 밖에 많은 사람이 출입하는 장소'는 불특정다수인이 출입하는 장소를 의미하므로 특정다수인을 대상으로 하는 강연회장, 친목회장 등은 여기에 해당하지 않는다. 다만, 특정다수인의 출입장소는 긴급출입의 요건이 충족되는 경우에는 출입할 수 있다고 본다.

'해당 장소의 영업시간이나 해당 장소가 일반인에게 공개된 시간에 그 장소에 출입'하여야 하므로, 실질적인 영업시간이나 제한된 영업금지시간이나 영업휴일일지라도 일반인에게 공개된 시간이라면 출입할 수 있다. 다만, 일반적인 영업시간일지라도 특별히 휴업을 하고 있는 경우에는 예방출입은 허용되지 않는다고 해석된다.

## (4) 대간첩작전을 위한 검색

남북분단의 특수한 상황으로 인하여 우리나라 경찰은 국내 치안업무와 더불어 국가 안보임무도 함께 수행하고 있다. 경찰관은 대간첩 작전 수행에 필요할 때에는 작전지역에서 예방출입에 따른 장소를 검색할 수 있다(동법 제7조 제3항). 특수한 목적상 긴급출입의 성격을 띨 것으로 볼 수 있을 것 같지만, 예방출입에 따른 장소라고 명시한 것으로 보아 영업시간 내로 한정하는 것이 입법취지에 맞다. 경찰상 공개된 장소에 대해서만 검색을 할 수 있으며 사인의 주거를 검색할 수는 없다.

## 5. 사실의 확인

경찰관서의 장은 직무 수행에 필요하다고 인정되는 상당한 이유가 있을 때에는 국가기관이나 공사(公私) 단체 등에 직무 수행에 관련된 사실을 조회할 수 있다. 다만, 긴급한 경우에는 소속 경찰관으로 하여금 현장에 나가 해당 기관 또는 단체의 장의 협조를 받아 그 사실을 확인하게 할 수 있다(동법 제8조 제1항). 또한 경찰관은 ①미아를 인수할 보호자 확인 ②유실물을 인수할 권리자 확인 ③사고로 인한 사상자(死傷者) 확인 ④행정처분을 위한 교통사고 조사에 필요한 사실 확인의 직무를 수행하기 위하여 필요하면 관계인에게 출석하여야 하는 사유 · 일시 및 장소를 명확히 적은 출석 요구서를 보내 경찰관서에 출석할 것을 요구할 수 있다(동법 제8조 제2항).

경찰관서의 장은 행정안전부장관, 경찰청장, 해양경찰청장, 시 · 도경찰청장, 경찰서장, 경비단장, 경찰특공대장, 지구대장, 파출소장을 의미한다. 대부분의 다른 권한의 주체가 '경찰관'으로 규정되어 있음에도 불구하고 사실의 확인 권한 규정에는 '경찰관서의 장'으로 권한 주체를 한정하고 있으므로, 개별 경찰관은 상사의 지시 없이 자의적으로 사실을 조회하는 행위는 허용되지 않는다. 같은 맥락에서 '소속 경찰관'은 당해 업무에 대하여 경찰관서장으로부터 수명을 받은 경찰관을 말한다.

사실조회 및 직접 확인의 대상인 '국가기관이나 공사(公私) 단체 등'에는 행정관청은 물론 국회와 각급 법원도 포함되며, 지방자치단체와 기업 등 모든 단체가 여기에 속한다. 단체는 법인격 취득 여부를 불문한다. 따라서 자연인은 사실관계의 조회대상이 아니다. 사생활의 자유를 침해하지 못하게 함이다.

출석요구의 사유는 법문에서 규정한 ①미아를 인수할 보호자 확인 ②유실물을 인수할 권리자 확인 ③사고로 인한 사상자(死傷者) 확인 ④행정처분을 위한 교통사고 조사에 필요한 사실 확인에 한한다. 예시적 규정이 아닌 열거적 · 제한적 규정이라고 해석된다.

## 6. 국제협력

외국 경찰 및 국제경찰 관련 기구와의 경찰공조, 상호교류방문, 경찰관 교육파견, 기관

간 자매결연, 경찰 및 범죄관련 국제회의 및 세미나 참석 등을 활성화하여 외국경찰이나 인터폴 등 국제 경찰관련 기구와의 협력관계를 증진하는 것은 물론, 범죄정보 교환 등을 통하여 광역화 · 조직화 · 신속화된 국제범죄에 보다 능동적이고 효과적으로 대처하기 위하여 국제협력이 요구된다. 이에 따라 경찰청장 또는 해양경찰청장은 경찰관직무집행법에 따른 경찰관의 직무수행을 위하여 외국 정부기관, 국제기구 등과 자료 교환, 국제협력 활동 등을 할 수 있다(동법 제8조의2).

국제형사경찰기구 회원 간 협력의 기본원칙으로는 ①경찰협력은 각 회원국 경찰기관들이 자국 영토 내에서 국내법에 따라 행하는 통상적인 업무수행의 범위 내에서만 협조한다(주권의 존중). ②일반 범죄와 관련된 범죄의 예방 · 진압에 국한하고, 정치 · 군사 · 종교 · 인종적 사항에 대해서는 어떠한 관여나 활동도 배제한다(일반 형법의 집행). ③모든 회원국은 타 회원국과 협력할 수 있으며, 그 협력은 지리적 · 언어적 요소에 의해 방해받지 않는다(보편성). ④재정 분담국의 규모와 관계없이 동일한 혜택과 지원을 받는다(평등성). ⑤국가중앙사무국을 통해 일반 범죄의 예방 · 진압에 관여하고 있는 타 국가기관과도 협조할 수 있다(타 기관과의 협력) 등이 있다.

## 7. 유치장

### (1) 유치장의 개념과 현황

유치장은 법률이 정한 절차에 따라 구속되거나 신체의 자유를 제한하는 판결 또는 처분을 받은 자를 수용하기 위하여 경찰서에 두는 시설을 말한다. 적법절차에 의해 구속되거나 자유를 제한받는 판결 또는 처분을 받은 자를 수용하는 시설이므로 요보호자를 수용하는 보호실과는 구별된다. 현실적으로 구속영장이 집행된 피의자나 피고인을 경찰서 유치장에 수용하는 경우가 있는데 이러한 경우의 유치장을 대용감방이라고 부르기도 한다. 교정시설이 없는 일부 지역의 경우에는 경찰서 유치장이 대용감방으로 사용되고 있는 상황이 벌어지고 있다. 교정시설 과밀수용 문제에서 파급된 결과이다. 교정시설 확충과 함께 가석방 적극적 활용, 대도시 교정시설 미취업 수형자 분산 수용, 수도권 교도소의 구치소 기능 수행 등 과밀수용 해소를 위해 노력 등의 대책이 제시되고 있다.

〈표 12-1〉은 유치장 현황을 보여주고 있다. 경찰서 유치장 수와 유치실 수는 감소세를 나타내고 있다. 유치장에 근무하는 남자경찰의 인원은 줄어드는 반면 여자경찰의 인원은 꾸준한 증가세를 보인다. 유치인 실제 수용인원에서 여자 유치인 수용인원이 등락을 보이지만 유치장의 수용 특성상 수용인원의 절대량 보다는 운용하여야 하는 여성 유치실의 비중의 증가로 인한 필요인원의 증가로 분석된다.

**표 12-1 ▌유치장 현황**

(단위: 개소, 명)

| 구 분 | 유치장 수 | 유치실 수 | 근무자 현황 | | | | 유치인 실제 수용인원 | | |
|---|---|---|---|---|---|---|---|---|---|
| | | | 계 | 남경 | 여경 | 의경 | 계 | 남자 | 여자 |
| 2010 | 137 | 1,118 | 1,371 | 1099 | 89 | 6 | 121,916 | 110,468 | 11,448 |
| 2011 | 112 | 925 | 1,075 | 965 | 110 | - | 100,956 | 91,894 | 9,062 |
| 2012 | 112 | 925 | 1,073 | 968 | 105 | - | 92,310 | 84,560 | 7,750 |
| 2013 | 112 | 925 | 1,063 | 949 | 114 | - | 96,435 | 88,307 | 8,128 |
| 2014 | 110 | 885 | 1,061 | 942 | 119 | - | 95,295 | 87,475 | 7,821 |
| 2015 | 110 | 872 | 1,123 | 991 | 132 | 0 | 104,105 | 94,681 | 9,424 |
| 2016 | 109 | 854 | 1,097 | 954 | 143 | 0 | 100,329 | 91,184 | 9,145 |
| 2017 | 111 | 801 | 1,102 | 941 | 161 | 0 | 82,582 | 74,847 | 7,735 |
| 2018 | 111 | 801 | 1,101 | 926 | 175 | 0 | 69,673 | 62,622 | 7,051 |
| 2019 | 111 | 801 | 1,101 | 926 | 175 | 0 | 69,873 | 61,993 | 7,880 |
| 2020 | 106 | 767 | 1,042 | 873 | 169 | 0 | 59,182 | 52,940 | 6,242 |

출처: 경찰청, 2020 경찰통계연보, 2021.

### (2) 수용기간과 처우

유치장에의 수용기간은 구속영장의 집행인 경우에는 구속영장에 명시된 구속기간이다. 구류판결의 경우에는 판결 직후부터 구류기간의 만료일까지이다. 미결수는 무죄추정의 원칙에 따라 일반시민으로서의 인권을 보장해 주어야 한다. 구류의 경우에는 무죄추정의 원칙이 적용되지 않지만 헌법상의 기본권인 인간의 존엄과 가치 및 행복추구권은 제한할 수 없다.

# 제3장 경찰장비 및 장구의 사용, 무기의 사용 등

## 1. 경찰장비의 개념과 사용 기준

경찰력의 본질은 공공의 질서와 안녕을 위하여 필요한 경우 상대방을 물리적으로 제압할 수 있는 법적 권한을 갖고 있다는 점이다. 물론 여기에는 필요최소한의 물리력 행사로 시민을 보호해야 한다는 경찰권 발동의 기본적 요건은 전제된다. '경찰장비(警察裝備)'란 경찰장구, 최루제(催淚劑)와 그 발사장치(분사기), 무기, 살수차, 감식기구(鑑識機具), 해안 감시기구, 통신기기, 차량 · 선박 · 항공기 등 경찰이 직무를 수행할 때 필요한 장치와 기구를 말한다. 특히 사람의 생명이나 신체에 위해를 끼칠 수 있는 경찰장비는 '위해성 경찰장비'라고 부르며, 이러한 위해성 경찰장비를 사용할 때에는 필요한 안전교육과 안전검사를 받은 후 사용하여야 한다. 필요한 최소한도에서 사용하여야 함은 물론이다.

경찰실무상 인정되는 경찰장비는 무기, 경찰장구, 최루제 및 그 발사장치, 과학수사기구, 해안감시기구, 정보통신기기, 차량 · 선박 · 항공기 등 경찰의 직무 수행을 위해 필요한 장치와 기구 등이 인정되고 있다(경찰장비관리규칙 제2조 제4호). 각 경찰기관의 장은 효율적인 경찰장비의 사용 및 관리를 위하여 소속 전 경찰관을 대상으로 매 분기별 2시간 이상 장비사용 교육을 실시하여야 한다(경찰장비관리규칙 제67조 제1항).

살수차는 특수진압차나 가스차와 함께 사람의 생명신체에 위해를 가할 우려가 있는 장비로 특별한 관리를 하도록 각급 경찰기관의 장에게 의무를 부과하고 있다(경찰장비관리규칙 제97조 제1항). 따라서 살수차를 사용하기 전에 경고방송과 경고살수를 통하여 자진해산을 유도하여야 하고, 살수차 사용시 시위대의 거리와 수압 등은 제반 현장상황을 고려하여 집회시위관리에 필요한 최소한도로 하여야 한다(경찰장비관리규칙 제67조 제2항 3호).

## 2. 경찰장구의 개념과 사용 요건

경찰관직무집행법상 '경찰장구(警察裝具)'란 경찰관이 휴대하여 범인 검거와 범죄 진압 등의 직무 수행에 사용하는 수갑, 포승(捕繩), 경찰봉, 방패 등을 말한다(동법 제10조의2 제2항). 호송용 포승, 호신용경봉, 전자충격기, 전자방패 등도 허용된다(경찰장비관리규칙 제75조). 다만, 경찰봉 등 경찰장구도 그 사용이 인명의 살상이나 심각한 위해를 끼칠 정도에 다다르면 이를 무기사용의 범주에 포함시켜야 한다는 견해도 있다.

동법에서는 경찰관은 ①현행범(現行犯)이나 사형 · 무기 또는 장기 3년 이상의 징역이나 금고에 해당하는 죄를 범한 범인의 체포 또는 도주 방지 ②자신이나 다른 사람의 생명 · 신체의 방어 및 보호 ③공무집행에 대한 항거(抗拒) 제지의 경찰직무를 수행하기 위하여 필요하다고 인정되는 상당한 이유가 있을 때에는 그 사태를 합리적으로 판단하여 필요한 한도에서 경찰장구를 사용할 수 있도록 규정하고 있다(동법 제10조의2 제1항).

현행범의 경우에는 범법행위가 급박하고 일정 기간은 경찰의 조직적인 대응이 어렵다는 현실을 반영한 것이고, 사형 · 무기 또는 장기 3년 이상의 징역이나 금고에 해당하는 죄와 같이 중범죄인으로 제한한 것은, 이러한 기준을 없애거나 낮출 경우에는 대부분의 형사상의 범인에게 경찰장구를 사용할 수 있게 되어 중범죄자가 아닌 경우에도 영장 없이 인신을 구속하게 되므로 그 사용범위를 일정부분 축소하려는 것이 입법취지이다.

하지만, 수갑사용과 관련하여 경찰관의 정당한 공무집행임에도 불구하고 이에 항거하여 경찰관에게 폭력을 행사하거나 기물파손 등 난동을 부리거나 자해행위를 하는 현실에 비추어 불합리하므로 이를 개선해야 한다는 반론도 경찰현장을 중심으로 대두되고 있다.

## 3. 분사기 등의 사용

경찰관은 ①범인의 체포 또는 범인의 도주 방지 ②불법집회 · 시위로 인한 자신이나 다른 사람의 생명 · 신체와 재산 및 공공시설 안전에 대한 현저한 위해의 발생 억제의 목적으로 직무를 수행하기 위하여 부득이한 경우에는 현장책임자가 판단하여 필요한 최소한의 범위에서 분사기 또는 최루탄을 사용할 수 있다. 여기서 분사기는 「총포 · 도검 · 화약

류 등의 안전관리에 관한 법률」에 따른 분사기를 말하며, 그에 사용하는 최루 등의 작용제를 포함한다.

분사기를 사용할 경우에는 1미터 이내의 거리에서 얼굴을 향해서 쏠 수 없도록 하고 있으며 최루탄 발사기를 사용할 경우에는 30도 각도, 또 이것을 가스차나 살수차 · 특수진압차에 최루탄발사대를 거치하여 발사하는 경우에는 15도 이상유지하여야 한다(경찰장비관리규칙 제97조 제2항). 직사를 할 경우에는 실명 등 여러 가지 상해를 입을 수 있기 때문이다.

## 4. 무기의 종류와 사용 요건

일반적으로 무기라 함은 사람을 살상할 수 있는 성능을 가진 기구 일반을 총칭한다. 경찰관직무집행법상 무기의 종류는 사람의 생명이나 신체에 위해를 끼칠 수 있도록 제작된 권총 · 소총 · 도검 등을 말한다(동법 제10조의4 제2항). 대간첩 · 대테러 작전 등 국가안전에 관련되는 작전을 수행할 때에는 개인화기(個人火器) 외에 공용화기(共用火器)를 사용할 수 있다(동법 제10조의4 제3항). 개인화기는 권총 · 소총 등 개인이 운용하는 장비를 의미하며 여기에는 자동소총 및 기관단총을 포함한다. 공용화기는 유탄발사기 · 중기관총 · 박격포 · 저격총 · 산탄총 · 로프발사총 · 다목적발사기(고폭탄을 사용하는 경우) · 물발사분쇄기 · 석궁 등 부대단위로 운용되는 장비를 말한다(경찰장비관리규칙 제113조).

경찰관직무집행법은 경찰관으로 하여금 범인의 체포, 범인의 도주 방지, 자신이나 다른 사람의 생명 · 신체의 방어 및 보호, 공무집행에 대한 항거의 제지를 위하여 필요하다고 인정되는 상당한 이유가 있을 때에는 그 사태를 합리적으로 판단하여 필요한 한도에서 무기를 사용할 수 있도록 하고 있다(동법 제10조의4 제1항). 무기를 사용하는 경우에도 원칙적으로 사람에게 위해를 끼쳐서는 안된다.

다만, ①「형법」에 규정된 정당방위와 긴급피난에 해당할 때 ②대간첩 작전 수행 과정에서 무장간첩이 항복하라는 경찰관의 명령을 받고도 따르지 아니할 때에는 사람에게 위해를 발생시켜도 위법성이 인정되지 않는다. 또한 사형 · 무기 또는 장기 3년 이상의 징역이나 금고에 해당하는 죄를 범하거나 범하였다고 의심할 만한 충분한 이유가 있는 사람이 경찰관의 직무집행에 항거하거나 도주하려고 할 때, 체포·구속영장과 압수·수색영장을 집행하는 과정에서 경찰관의 직무집행에 항거하거나 도주하려고 할 때, 제3자가 이러한 중범죄자나 영장집행 과정에 있는 사람을 도주시키려고 경찰관에게 항거할 때, 범인이나 소요를 일으킨 사람이 무기·흉기 등 위험한 물건을 지니고 경찰관으로부터 3회 이상 물건을 버리라는 명령이나 항복하라는 명령을 받고도 따르지 아니하면서 계속 항거할 때에는 그 행위를 방지하거나 그 행위자를 체포하기 위하여 무기를 사용하지 아니하고는 다른 수단이 없다고 인정되는 상당한 이유가 있을 때에는 위해의 결과가 발생하여도 이는 적법하다(동법 제10조의4).

〈관련 판례〉

피해자의 하체 부분을 향하여 발사하는 등의 방법으로 그 위해를 최소한으로 줄일 여지도 있었음에도 불구하고 우측 흉부를 향해 실탄을 발사하여 피해자로 하여금 사망에까지 이르게 한 과실이 있으며, 한편 경찰관의 위 총기사용은, 그 동기나 목적, 경위, 상황에 참작할 만한 사정이 있고 그 때문에 형사사건에서는 무죄판결이 선고, 확정되었다고 하더라도, 위와 같은 과실의 내용 및 총기사용의 구체적인 태양이 사람에게 결정적인 위해를 가할 수 있는 것이었고 실제로 피해자의 사망이라는 중대한 결과를 초래한 점에다가 이 사건 사고로 발생한 손해의 공평한 분담이라는 측면까지 종합하여 고찰하면, 민사상 불법행위를 구성한다.

불법행위에 따른 형사책임은 사회의 법질서를 위반한 행위에 대한 책임을 묻는 것으로서 행위자에 대한 공적인 제재(형벌)를 그 내용으로 함에 비하여, 민사책임은 타인의 법익을 침해한 데 대하여 행위자의 개인적 책임을 묻는 것으로서 피해자에게 발생한 손해의 전보를 그 내용으로 하는 것이고, 손해배상제도는 손해의 공평·타당한 부담을 그 지도원리로 하는 것이므로, 형사상 범죄를 구성하지 아니하는 침해행위라고 하더라도 그것이 민사상 불법행위를 구성하는지 여부는 형사책임과 별개의 관점에서 검토하여야 한다.

[대법원 2008. 2. 1., 선고, 2006다6713, 판결]

## 5. 테이저 건

### (1) 개념과 법적 근거

무기는 강력한 살상력으로 인해 국민의 생명과 신체에 매우 위험하고 위협적이다. 그

동안 '비례의 원칙'에 의해 필요 최소한도로 사용하도록 하고, 규정에 의해 방어적으로 사용하도록 하였더라도 일반 시민들을 대상으로 사용하기에는 어려움이 없지 않은 게 현실이다. 테이저 건(Taser Gun)은 2004년 폭행 용의자를 체포하는 과정에서 경찰관 2명이 피의자가 휘두른 흉기에 맞아 숨진 것을 계기로 2005년부터 도입되었다. 최근에 총기 사용의 부담을 덜고 현장의 위험한 상황을 해소하기 위해 테이저 건의 사용빈도가 증가하고 있다.

경찰관직무집행법에서는 무기 외에 '경찰장구'를 규정하면서 '수갑, 포승, 경찰봉, 방패 등'으로 규정하고 있으나(동법 제10조의2 제2항). 이는 예시규정이므로 테이저 건을 이와 같은 경찰업무를 수행하는데 필요한 경찰장구에 해당하는 것으로 해석하고 있다. 다만, 「위해성 경찰장비의 사용기준 등에 관한 규정(대통령령 제31380호, 2021. 1. 5. 시행)」에서 경찰장구의 종류에 '전자충격기'를 명시하고 있고(동 규정 제2조 1호), '전극침 발사장치가 있는 전자충격기'라는 조항으로 테이저 건을 일반 전자충격기와 구별하고 있다(동 규정 제8조 제2항).

### (2) 제압 능력과 사용지침

경찰은 직무수행의 위험성 증가와 공권력의 효과적인 행사를 위하여 테이저 건(발사형 전자충격기)을 사용해 오고 있다. 밀접하게 근접하지 않은 상태에서 경찰관이 자신을 보호하면서 강한 전기충격으로 범죄자나 공권력에 항거하는 사람을 진압하는데 효과가 있다. 하지만 테이저 건을 맞고 사망하거나 실명(失明)하는 등 피해가 발생하여 사회적 문제가 되기도 한다. 경찰이 현재 사용 중인 테이저 건은 미국 테이저 인터내셔널(TASER International)에서 제조한 X26모델로, 크기는 길이 15.3cm, 높이 8.2cm, 폭 3.3cm, 중량 340g, 최대사거리 6.5m, 5만 볼트의 전기가 흐른다. 테이저 건은 구입가격 외에도 유지비용이 비싼 것으로 알려져 있다. 사용 후에는 전극침의 교환이 필요한데, 회당 7-10만원의 비용(2019년 기준)이 소요된다.

「경찰 물리력 행사의 기준과 방법에 관한 규칙」(2019. 5. 20. 경찰위원회 의결)에 따르면, 피의자의 폭력성 정도에 따라 〈표 12-2〉에서 보는 바와 같이 경찰은 5단계에 걸쳐 대응하도록 하고 있다. 행사의 기준은 피의자의 순응 수준에 따라 ①순응 단계 ②소극적 저항 단계 ③적극적 저항 단계 ④테이저 건 사용 가능 단계 ⑤권총 사용 가능 단계의 5단계로 나누어진다.

**표 12-2 | 경찰물리력 행사의 기준과 방법**

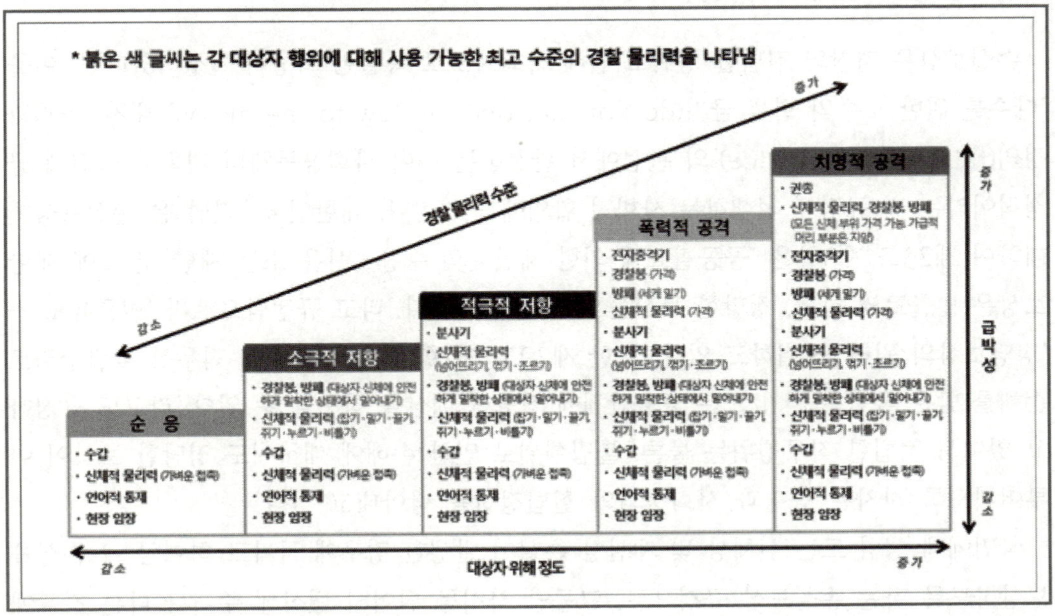


출처: 구글 이미지(2022. 8. 10. 검색)

### (3) 테이저 건 사고 사례와 과잉진압 비판

2010년 테이저 건 사용으로 첫 사망자가 발생한 이래, 2017년 경남 하동에서 경찰이 쏜 테이저 건에 맞은 정신질환을 앓던 남성이 사망한 사건, 2019년 서울 암사역 칼부림 난동에서 삼단봉과 테이저 건, 권총으로 무장한 경찰들이 흉기를 소지한 피의자 한 명을 제대로 제압하지 못한 사건 등이 보고되고 있다.

테이저 건을 사용한 결과 사망사건이 발생하면 총기사용의 경우와 마찬가지로 경찰의 '적법한 법집행'이라는 수용 의견과 '과잉 진압'이라는 비난 의견이 대립하게 된다. 위해성 장비의 사용에 따른 불가피한 면에 비추어 현장경찰관의 판단을 얼마나 신뢰하는가의 정도에 따라 경찰관의 무기와 장비사용의 빈도와 정도가 결정되는 양상을 보이고 있다.

## 6. 손실보상

### (1) 손실보상제도의 취지

손실보상은 경찰의 적법한 행위로 인해 사회적으로 특별한 희생이 발생하였다면, 이를 '다수를 위한 소수의 희생 금지(do not sacrifice the few to the many)' 내지 '공평과 정의(fairness and justice)'의 관점에서 관철하는 것이 사회공동체의 지속과 발전에 긍정적이라는 법 규정에 선행하는 사회적 합의에 근거한다. 대한민국 「헌법」은 손실보상에 대하여 제23조 제3항은 '공공필요에 의한 재산권의 수용·사용 또는 제한 및 그에 대한 보상은 법률로써 하되, 정당한 보상을 지급하여야 한다.'라고 규정함으로써 '법률유보'와 '정당보상의 원칙'을 취하고 있다. 또한 제29조 제1항에서 '공무원의 직무상 불법행위로 손해를 받은 국민은 국가 또는 공공단체에 정당한 배상을 청구할 수 있다.'라고도 규정하고 있어서 적법한 직무행위는 물론, 불법행위로 인한 손해에 대하여도 정당한 보상이 이루어지도록 하자는 공평과 사회정의의 헌법정신을 담아내고 있다.

국민에게 생명 또는 신체상 및 재산상 손실이 발생한 경우에 국가로 하여금 그 손실을 보상하도록 하는 손실보상 규정으로, 그동안 사비를 털어서 변상해 주거나 다른 경찰예산항목을 전용하여 궁여지책으로 보상하는 것에 급급했던 경찰관으로 하여금 이러한 법적·제도적 장치를 통해 보다 적극적으로 법집행을 할 수 있도록 하였다는 점에서 안정적인 직무집행에 실질적인 도움을 주고 있다.

### (2) 손실보상제도의 내용

국가가 경찰관의 적법한 직무집행 과정에서 발생한 재산상 손실 외에 생명 또는 신체상의 손실에 대하여도 보상을 하도록 하되, 거짓 또는 부정한 방법으로 보상금을 받은 사람에 대하여는 해당 보상금을 환수하도록 하고, 손실보상심의위원회는 보상금 지급 후 경찰위원회에 정기적으로 보고하게 하며, 경찰청장 또는 시·도경찰청장은 보상금을 반환하여야 할 사람이 대통령령으로 정한 기한까지 그 금액을 납부하지 아니한 때에는 국세 체납처분의 예에 따라 징수할 수 있도록 함으로써 해당 손실에 대한 국민의 권리구제를 강화함과 동시에 경찰관의 충실한 직무수행 및 투명한 보상금 지급절차가 되도록 하고 있다.

경찰관직무집행법은 국가로 하여금 경찰관의 적법한 직무집행으로 인하여 ①손실발생의 원인에 대하여 책임이 없는 자가 생명 · 신체 또는 재산상의 손실을 입은 경우 또는 ②손실발생의 원인에 대하여 책임이 있는 자가 자신의 책임에 상응하는 정도를 초과하는 생명 · 신체 또는 재산상의 손실을 입은 경우에는 손실을 입은 자에 대하여 정당한 보상을 하여야 한다고 규정하고 있다(동법 제11조의2). ①의 경우에는 손실발생의 원인에 대하여 책임이 없는 자가 경찰관의 직무집행에 자발적으로 협조하거나 물건을 제공하여 생명 · 신체 또는 재산상의 손실을 입은 경우를 포함한다.

### (3) 손실보상제도의 문제점과 개선방안

#### ① 손실보상 법규의 엄중 적용

손실보상제도가 법제화됨에 따라 현장 경찰관의 보다 적극적인 경찰권 행사가 어느 정도 담보되고 있다. 손실보상심의위원회가 개최되면 손실보상금 청구사건과 관련된 직무집행 경찰관이 통상 참석한다. 위원회가 이를 요청하여서 이루어지는 절차인데 참석 경찰관들은 대체적으로 관련 청구사건이 인용되기를 원한다. 피해자들에게 일정한 보상을 해 줌으로써 직무집행 과정에서 발생한 일정한 손실을 보상하는 것은 물론, 여전히 관내에 거주하고 있는 관련자들과의 원만한 관계회복 내지 관계지속을 원하기 때문이다.

경찰청에서 손실보상제도를 실질적으로 운영하려는 의지를 가지고 이를 적극 홍보하고 적극적으로 활용하려고 한다는 것은 손실보상 제도의 초기정착을 위해 바람직하다고 할 수 있다. 하지만 현행 「경찰관직무집행법」하에서도, 해당 근거규정이 존재하기 않는 손실사례에까지 적극적으로 적용하려고 법해석을 무리하게 확장하려는 사건담당 경찰관의 의욕은 손실보상제도의 취지와 관련한 경찰관의 선의에도 불구하고 일반의 지지를 받기는 어렵다.

#### ② 전국단위의 세부보상 기준 마련

경찰관직무집행법은 구체적 손실보상의 범위와 보상액 산정을 대통령령에 위임하고 있다. 이는 다양한 사건을 보다 합리적으로 해결하기 위한 입법기술의 하나라고 생각된다. 다만, 대통령령의 해석에 있어서 보상심의위원회의 운영과 보상기준의 잣대가 들쑥날쑥하거나 시 · 도경찰청 간에 현격한 차이가 있어서는 안될 것이다. 제도가 시행되고 여러 해가 지났으므로 어느 정도의 보상의 기준이 마련될 토대가 되었다. 시 · 도청 단위의 손실보상심의 결과를 종합분석하여 경찰청 차원의 전국단위의 세부보상의 구체적 기준을 마련하는 작업도 필요하다.

### ③ 손실보상심의위원회의 법적 지위와 권한 명시

「경찰관직무집행법」은 '손실보상신청 사건을 심의하기 위하여 손실보상심의위원회를 둔다.'라고 규정하고 그 구성 및 운영, 그 밖에 필요한 사항은 대통령령으로 정하도록 하고 있다. 이는 필요적 전치주의를 채택한 배상심의회의 법적 지위와 권한에 비추어 보면 상대적으로 취약한 법적 내용을 갖추고 있다. 손실보상심의 결정에 대한 불복으로는 손실보상심의결정이라는 경찰청장 결정의 처분에 대하여 행정심판이나 행정소송(취소소송이나 무효등확인소송 기타 부작위위법확인소송 등) 그리고 민사소송으로도 그 구제가 가능하므로, 손실보상 청구권자의 재판청구권을 저해하지 않는 범위 내에서 보상액을 결정할 수 있는 구체적 권한과 지급절차 및 방법 등을 「경찰관직무집행법」에 직접 근거를 두도록 하는 것이 필요하다.

### ④ 감정절차의 실질화

「경찰관직무집행법」은 '손실보상신청 사건을 심의하기 위하여 손실보상심의위원회를 둔다.'라고 규정(동법 제11조의2 제3항)하고, 동 시행령에서는 '물건을 멸실 · 훼손한 경우'만을 규정하고 있다(동 시행령 제9조). 이 때 '수리할 수 있는지 여부'와 수리나 교환으로 인하여 영업을 계속할 수 없는 기간 중 '영업상 이익'에 상당하는 금액, 기타 물건의 멸실 · 훼손으로 인한 '손실 외의 재산상 손실' 등의 판단에 있어서 이를 감정할 수 있는 전문가의 조력이 필요하다.

감정이란 통상 재판을 함에 있어서 판단에 도움을 받기 위하여 해당분야의 전문가에게 의견을 구하는 보충적 증거수집의 한 방법이다. 손실보상심의위원회의 성격상 감정인의 운용을 보다 실질화 할 필요가 있다. 손실보상의 대상이 되는 사실관계가 복잡할수록 감정의 결과가 손실보상액의 결정적인 기준으로 작용할 수 있어서 손실보상 심의의 청구금액 결정에 직·간접적인 사실상의 영향력을 지닌다. 통상의 경우에는 예산상의 어려움 등 현실적인 문제를 이유로 한 명의 감정인을 두고 감정의견을 청취하고 있는 실정이다. 아무리 심의위원이 전문화된다고 하더라도 항상 객관적으로 타당한 손실가치를 검증할 수 있는 수단이나 능력을 갖출 수 있는 것도 아니어서 결국 감정인의 판단에 의존할 수밖에 없다. 손실보상심의가 청구인에게 공정하고 합리적인 결과로 받아들여지지 않아서 불복으로 이어질 경우 결과적으로 소송비용과 국민 세금의 낭비를 초래할 수 있다.

## 7. 범인검거 등 공로자 보상

경찰청장, 시·도경찰청장 또는 경찰서장은 ①범인 또는 범인의 소재를 신고하여 검거하게 한 사람 ②범인을 검거하여 경찰공무원에게 인도한 사람 ③테러범죄의 예방활동에 현저한 공로가 있는 사람 ④범인의 신원을 특정할 수 있는 정보를 제공한 사람 ⑤범죄사실을 입증하는 증거물을 제출한 사람 ⑥그 밖에 범인 검거와 관련하여 경찰 수사 활동에 협조한 사람 중 보상금 지급 대상자에 해당한다고 보상금심사위원회가 인정하는 사람에게 보상금을 지급할 수 있다(경찰관직무집행법 제11조의3 및 동시행령 제18조).

보상금 지급 기준은 ① 사형, 무기징역 또는 무기금고, 장기 10년 이상의 징역 또는 금고에 해당하는 범죄: 100만원 ②장기 10년 미만의 징역 또는 금고에 해당하는 범죄: 50만원 ③장기 5년 미만의 징역 또는 금고, 장기 10년 이상의 자격정지 또는 벌금형: 30만원이다. 기타, 연쇄 살인, 사이버 테러 등과 같이 피해 규모가 심각하고 사회적 파장이 큰 범죄의 지급기준 금액은 따로 정하고, 경찰청장 또는 경찰청장의 승인을 받은 시·도경찰청장이 미리 보상금액을 정하여 수배할 경우에는 보상금 지급기준에도 불구하고 예산의 범위에서 금액을 따로 결정할 수 있다. 다만, 동일인에게 지급결정일을 기준으로 연간 5회를 초과하여 보상금을 지급할 수 없다(범인검거 등 공로자 보상에 관한 규정 제6조).

〈관련 기사〉

전남경찰청(청장 최관호)은 14일 검거보상금 심사위원회를 개최해 보이스피싱 등 범인 검거에 기여한 주민 4명에게 보상금으로 160만 원을 지급했다.

'범인검거 등 공로자 보상금'(이하 검거보상금)은 현행 경찰관직무집행법에 따라 범인 또는 범인의 소재를 신고해 검거하게 한 사람, 범인을 검거해 경찰공무원에게 인도한 사람, 범인의 신원을 특정할 수 있는 정보를 제공한 사람 등을 대상으로 지급하는 것이며, 보상금액은 검거에 기여한 정도, 범죄 피해 규모 등 여러 정황을 고려하여 정하게 된다.

전남경찰청은 '제복 입은 시민'으로서의 경찰 정신을 구현하고 안전한 치안을 확보하기 위해 2019년 3월까지 범인검거 공로자 11명에게 검거보상금으로 총 410만 원을 지급하는 등 주민 협력 치안활동을 강화하고 있으며, 향후에도 범인 검거에 기여한 주민에게 보상금 지급을 적극 추진할 예정이다.

호남타임즈 2019. 3. 18.

# 참고문헌


경찰청. (2021). 「2020 경찰통계연보」: 제64호, 범신사.

김양현. (2004). “경찰과 매스미디어 관계 개선에 관한 연구”, 「동국대 대학원 석사학위논문」.

박미랑 · 황의갑 · 곽대훈. (2021). “지속가능한 발전목표(UN-SDGs)와 제3세대 CPTED”, 한국셉테드학회지 12(3): 31-56.

박선영. (2008). “한국여자경찰관제도의 문제점 및 활성화방안에 대한 연구: 각국 여자경찰관 비교연구”, 한국공안행정학회보 17(4): 170-211.

박현호. (2017). 「CPTED와 범죄과학 : 범죄예방 환경설계」, 박영사.

배종대. (2006). 「형법각론」, 홍문사.

석청호. (2004). “순찰지구대 운용에 관한 연구”, 「동국대 대학원 박사학위논문」.

송건섭 · 김상길. (2004). “치안서비스 공동생산유형별 시민평가와 영향요인”, 「지방정부연구」, 7(4): 233-252.

심희기. (2004). 「치안현장에서의 법질서 침해 실태와 효율적 대응방안」, 치안정책연구소 연구보고서 2004-21.

이원일. (2008). “순찰지구대로의 개편 이후 일선경찰관들의 직무태도 분석 : 서울지방경찰청을 중심으로”, 「성균관대학교 국정관리대학원 석사학위논문」.

이윤호. (2014). 「경찰학」, 박영사.

이재상. (2006). 「형법각론」, 박영사.

이창무. (2007). “국내 · 외 집회시위 및 경찰관리방식의 변천과정연구”, 치안정책연구소, 「치안논총」 제23집: 317-403.

이황우 · 임창호. (2017). 「현대 경찰학개론」, 제2판, 법문사.

임준태. (2009). 「범죄예방론」, 대영문화사.

임준태. (2003). 「범죄통제론」, 좋은세상.

## 참고문헌

최선우. (2021). 「민간경비론(제6판)」, 진영사.

최응렬 · 박상진. (2008). 한국형 지역사회경찰활동의 발전방안, 동국대학교 「사회과학연구」 14(2): 27-54.

최응렬. (2006). 「경찰행정학」, 경찰공제회.

한국언론진흥재단. (2021). 「2021 한국의 언론인: 제15회 언론인 조사」.

Campbell, H. & Marshall, R. (2000). Public involvement and planning: Looking beyond the one to the many. International Planning Studies 5, no.3 (Published online: 21 Jul 2010); 321-344.

## 저자약력

### 이상훈(李相勳 · Sanghun Lee)

대전대학교 경찰학과 교수
동국대학교 경찰행정학과 졸업
동국대학교 대학원 경찰행정학과 졸업(경찰학박사)
뉴욕 존제이 형사사법대학(John Jay College of Criminal Justice) 연구방문교수

대통령소속 자치분권위원회 정책자문위원
행정안전부 자치경찰 전문가 자문단 위원
경찰청 성과평가위원(경비 · 정보 분과위원장)
대전광역시자치경찰위원회 위원
서울경찰청 인권위원회 위원
충남경찰청 제5기 손실보상심의위원회 위원장
중앙경찰학교 · 경찰인재개발원 외래교수
경찰간부후보생 · 경찰공무원 채용시험 출제 · 면접위원
국가직 7급 · 9급 공채시험 출제위원
경비지도사 선정출제위원(경비업법, 경호학, 민간경비론)
청원경찰 채용시험 출제위원(민간경비론 · 청원경찰법)

〈저서〉
「문재인 정부의 자치경찰」, 대통령 소속 자치분권위원회(2021, 공저)
「포스트코로나 대한민국」, 한울아카데미(2020, 공저)

〈학회 활동 등〉
한국경찰학회장, 한국시큐리티정책학회장, 한국민간보안산업연구원장
대전대학교 홍보기획실장, 대전대학교 신문방송사 주간

〈표창 수상〉
대통령 표창, 행정안전부장관 표창, 경찰청장 표창